本书是国家社科基金重大专项"元明清时期中国'大一统'理念的演进与周边关系研究（LSYZD21009）"、云南大学哲学社会科学创新团队"中华法系演进与中华民族共同体形成创新团队（CY2262420205）"的阶段成果。

胡兴东／著

中华法系特质新探

基于法律形式和司法技术

人民出版社

自　序

本书是笔者近二十年研究中国古代法律形式、司法技术的成果。在一个民族的法律体系，或一个地区的法系中，法律形式、司法技术是最能反映相应法制文明特质的。本书的十章是中国古代法律成就中的重要内容，也是中华法系基本特质的体现所在。本书共分上下两篇，上篇讨论了中国古代帝制时期法律形式种类、关系及变迁，共有五章；下篇讨论了中国古代帝制时期司法技术，具体考察了帝制时期比类逻辑、中道司法价值、判例制度、守法行权等问题，共有五章。

中国古代法律形式在构成上，基本分为"设范立制"和"正刑定罪"两大类，前者为设教，后者为处罚。这是中国古代儒家在国家治理上基本价值的选择，即先教而后罚思想在法律中的体现。中国古代"设范立制"的内容主要由官制、礼仪、设制三大部类组成，在规范上由典、礼、令等形式构成；在"正刑定罪"上，主要由"律"构成。所以中国古代西周至战国时的礼—法、西晋至元朝的令—律、明清的典—律，本质上都是"设范立制"与"正刑定罪"两种规范的简称。

中国古代在法律形式发展中，法典法是最重要的成就，也是最重要的法律形式。中国古代法典法的源头是战国时李悝制定的《法经》，因为《法经》六篇之间存在自成体系的内在逻辑关系，而且篇名采用抽象的事类命名，但现在

《法经》无法获得传世和出土文献的二重证据的有效实证,这让中国古代法典法体系形成的准确时间推迟至西晋泰始四年(268 年)的令、律两典的颁行。泰始四年的令、律两典的修成颁行,标志着中国古代构建起体例完备、内容全面的法典法体系。从人类法律形式发展史看,真正意义的法典法应是始于中国西晋年间的泰始令、律两典。虽然人类法典最早出现在两河流域,并有完整的《汉穆拉比法典》保存下来。但该法典本质上属于一种汇编式法典,内部没有严密逻辑的篇章结构。唐朝律令格式及《唐六典》《开元礼》的出现,让中国古代独具特色的法典法体系达到顶峰,因为官制、礼仪、法律都有了相应内在逻辑结构篇章的法典,如律以 12 篇为编撰法典的体例,令格式以令典篇名为编撰法典的体例,礼仪以"吉、凶、军、宾、嘉"五礼为篇章的礼典编撰体例,官制"以官统事,以事隶官"的法典编撰体例等。

中国古代法律形式变迁的重要特点是自秦朝开始就形成稳定性强的基本法律和可变性高的因事因时制定的法律,现在一般被学术界称为"律—例"关系。如秦汉时期的律与令、决事比,三国两晋南北朝时期律令与故事、科格,唐宋时期的律令与格后敕、指挥、断例,明清时期律、会典与条例、则例、事例等。这种法律形式结构与中国古代立法上采用"实践"下因事因时制定特定法律后再编撰成法典有关,同时也是满足法律实践中稳定性和可变性需要的产物。

中国古代司法技术的基本类型,现在有不同的理论,如情理司法、实质理性司法等。其中情理司法影响较大,构成了宋元明清时期中国传统司法样式的主要理论。然而,分析中国古代司法技术,主要是受到比类逻辑思维的影响,导致中国古代在法律形式分类、案件分类、司法适用等诸多方面都体现出一种"则天法象"下"类"的"比"后产物特征。这种思想让中国古代司法体现出一种"守法下权变"的特点。同时,由于比类技术的适用,让中国古代司法出现复杂的分类体系,如死刑中有决不待时和秋后行刑、真犯死罪与杂犯死罪;在人命案中有七杀,七杀中又分出"四杀"(谋、斗、故、劫)作为死刑适用的重点等。在司法价值上,帝制时期受到儒家"中道"思想的影响,在司法中存在很强的取"中"而判的价值取向,这让中国古代司法呈现出较强的实质正义的取向,也是"情理"成为司法裁量时衡平的依据所在。为实现"中道"的司法价值,在司法中形成了守法下行权的法律原则,即司法中守法是基本前提,但为实现"中道"的司法结果,可以对相关法律进行"权变"。当然,为约束行权司法,提出情重法轻、情轻法重、情有可矜的案件类型,分别采取制度化的司法。从司法上看,行权司法的依据是"情理",或说情理司法本质是行权司法的一种实践上的俗称。中国古代判例制度受制于立法技术、司法机关之间的权力结构、形式与实质在个案中"完美"实现等因素的制约。中国古代判例制度是一种成文法下的判例制度,与近代普通法系的判例法存在着不同。

通过对中国古代,特别是帝制时期法律形式、司法技术的考察,可以清楚地看到中国古代法律文明的特质,也为全面深入理解中华法系的精神实质提供了更好的途径。这是本书所期望达到的目标,也是本书形成的目的所在。

是为序!

胡兴东

2023 年 10 月 26 日

于东陆园

目　　录

自　序 ……………………………………………………………… 001

上　篇 | 设范立制和正刑定罪分类下 法律形式的演进

第一章　中国古代法律形式理论依据与结构体系 ……… 003

一、经义化:律令的兴起与法典法的形成 ……………… 004

二、因事随时损益:格后敕与断例 ………………………… 009

三、经权的协同:典—律与条例—判例 ………………… 018

第二章　秦汉魏晋律令在法律形式及法典法中的转型 ……… 027

一、秦汉律令的性质、篇名、法典化等问题的争论 ……… 034

二、秦汉出土简牍所见律令篇名及特点 ………………… 040

三、秦汉律令在西晋律令分类标准下的重组归类 ……… 058

第三章　周制想象下帝制时期法典法体系再造 ………… 081

一、法典法视野下的"开元六典" ………………………… 083

二、律典为中心的刑法体系的创制 ·············· 085

三、令格式三典下非刑事法律体系的形成 ·········· 086

四、官制与礼制的法典化再造 ················ 089

第四章　"开元六典"的继受传播及中华法系的形成 ······· 100

一、"开元六典"在8—14世纪中华大地诸王朝中的继受

和适用 ·························· 103

二、"开元六典"在日本、朝鲜、越南的移植与传播 ····· 128

三、"开元六典"在中国古代法制文明史上的作用及特点 ··· 134

第五章　明清"典、律一例"法律形式和法律体系的形成 ····· 139

一、复古与创新：明太祖效法"唐制"的成与败 ······· 140

二、自信与不信任：明太祖"祖训"下的立法困境 ······ 145

三、会典：固守祖宗成训与因时而制的混合产物 ······· 149

四、律典经化与会典令典化的完成 ············· 152

五、"典、律一例"法律体系：传统与理性的融汇 ······ 159

下　篇 │ 比类、中道价值、守经行权下的
司法技术发展

第六章　比、类和比类：中国古代司法的逻辑思维 ········ 167

一、司法技术中的"比" ·················· 168

二、比的思想基础：类 ··················· 173

三、比类的逻辑思维 ···················· 177

四、比类对中国古代法制的影响 ·············· 181

第七章　中道:中国古代司法的基本原则 …………… 194

一、中道:帝制时期司法制度中的基本价值原则 ………… 194

二、舍服取义:血缘伦理困境下的出路 …………… 199

三、置物责情:财产与生存中的情理选择 …………… 213

四、"常理"与"非理"司法原则的出现及运用 …………… 221

第八章　经权理论下宋元行权司法模式的形成及影响 ……… 232

一、经权合一:宋元经权理论的基本立场 …………… 233

二、宋元经权理论下行权司法的实践 …………… 246

三、宋元时期行权司法的历史启示 …………… 255

第九章　中国古代立法的确定性与判例制度的形成 ……… 263

一、绝对确定的立法技术 …………… 264

二、社会个案情节的无穷多样性 …………… 277

三、司法适用中案件情节与法律责任精确对应的理想

追求 …………… 281

第十章　中国古代死刑分类制度及其作用 …………… 286

一、决不待时与待时而决 …………… 287

二、殊死与非殊死 …………… 289

三、真犯死罪与杂犯死罪 …………… 293

四、立决罪与监候罪 …………… 300

主要参考文献 …………… 306

后　记 …………… 315

上 篇

设范立制和正刑定罪分类下

法律形式的演进

第一章　中国古代法律形式理论依据与结构体系

　　中国古代法律形式在结构上，自秦朝以来就由多层次、相互间具有内在逻辑关系的不同种类组成。不同种类和层次的法律形式在稳定性、效力及司法适用上各不相同，相互间构成了一个有机整体。当然，不同王朝或时期，不同法律形式会因为得到统治者高度重视而重点发展。当某个时期特别依赖某种法律形式时，都会导致该种法律形式出现数量剧增、适用不便等问题。在司法实践中，往往出现某种法律形式的立法成功并不必然带来司法实务上的成功。中国古代法律形式通过长期发展逐渐形成效力越高、稳定性越强、抽象性越高、数量越少和相反准确性越强、数量越多、效力越低、可变性越强的两种相辅相成的法律形式结构模式。这种法律形式结构模式解决了法律功能上多样性需求的冲突，实现了法律的稳定性与可变性、抽象性与准确性、及时性与继承性等方面的需要。中国古代法律形式的发展变迁是在中国古人的认识观、司法价值取向及不同法律形式的客观特点等因素综合作用下形成的。本章拟对中国古代法律形式变迁中不同法律形式出现的原因、变迁的推动力及最后形成以法典、条例、判例为主体的法律形式结构体系的演进史进行考察，指出这种法律形式变迁的价值作用。但要指出的是，由于本章仅分析法律形式，得出的结论与法律实质性评价得出的结果会存在不一致的地方。一种合理的法律形式体系并不必然带来合理的法律内容,两者是存在区别的。法律形式的结构体系仅解决法律体系建构中形式上的合理性和有效性,而不是解决实质内容上的合理性和正义性。

一、经义化:律令的兴起与法典法的形成

整体上看,中国古代法律形式发展史中,战国以前在法律适用上否定成文法的重要性,承认个案的特殊性和重要性,基本上采用比类和"议事以制"的司法。当然,夏商周时期,特别是西周时期判例法是否构成了法律形式的主体,现在难有确凿的史料加以证明。春秋后期,随着法家学派的兴起,开始对成文法倍加推崇,构成了国家法律形式发展中的动力。战国至汉朝中前期大量制定成文法,想通过完备的立法达到社会治理上的"大治"。这种对成文法的推崇加上"依法治国"思想的兴起,导致法律数量不断增加,至西汉中期出现了法律篇章数量过多的问题。现在出土的不同简牍中可以看到秦朝立法中"律"的数量内容十分庞杂,到汉武帝、成帝时期,现行律令达359篇,决事比达到13472个。"律令凡三百五十九章,大辟四百九条,千八百八十二事,死罪决事比万三千四百七十二事,文书盈于几阁,典者不能遍睹。是以郡国承用者驳,或罪同而论异。奸吏因缘为市,所欲活则傅生议,所欲陷则予死比。"①汉成帝时,"律令烦多,百有余万言,奇请它比,日以益滋,自明习者不知所由,欲以晓喻众庶,不亦难乎!"②汉成帝时律令数量达到顶峰,字数多达100多万,出现难以适用的问题。若把《晋书·刑法志》记载李悝制定的《法经》篇目当

---

① 《汉书》卷23《刑法志》,中华书局1964年版,第1102页。
② 《汉书》卷23《刑法志》,中华书局1964年版,第1103页。

成真实,从战国初期到汉武帝时,仅"律"的篇名数量就从 6 篇增加到 189 篇,①增长了 31 倍之多;若按律令 359 篇,增加了近 60 倍。秦汉时期国家法律形式发展的重点是律令,以律令成文法为中心建构国家法律体系。从前面看,律令的数量大体一致,都在 170 篇以上。

从《睡虎地秦墓竹简》《张家山汉墓竹简》看,秦汉时期"律"可能仅是一种法律形式的名称,并没有形成严格的法典法结构,虽然战国时李悝对"律"的基本内容和体例有过创制,但没有形成律令篇章数量上的严格限制及内在的严格分类。从《睡虎地秦墓竹简》《岳麓秦简》等看,律的内容有民事、行政、经济、刑事等,篇目现在可以确定的就有几十种;同样,从《张家山汉墓竹简》中看,篇目数量远远超过 9 章之数。秦汉时期律令数量增加的同时,还存在决事比、故事、廷行事等因事因时而形成的法律形式。决事比、故事、廷行事的具体形式包括有成文化的法律解释和具体个案为载体的法律补充解释两大类,即明清时期条例和判例两种法律类型的前身。这些内容在当时都出现过快速增长,如武帝时决事比多达 13472 个。若决事比就是判例,那就有 13472 个判例。② 汉朝这个时期法律形式上的问题是律令问题,而不是"决事比、廷行事"等问题,因为这两类形式的出现是解决律令中数量过多带来适用上的困难。所以国家立法的重点是解决律令数量过多带来的问题,特别是"律"的问题。

汉武帝朝后,为解决"律"的数量过多,主要由儒家化的律学家借用儒家经义技术来进行删减。汉武帝后期儒家思想在国家法律思想上获得了主导地位,但此时的儒家不再和战国时期儒家那样简单否定成文法的作用,而是在承认成文法的必要性下对其内容和形式进行改造。在内容上,儒家反对法家完全依靠法律而治、严刑峻法、否定道德重要性的法制主张,改为以德为主、以刑为辅、内容适中的"法治原则";在形式上,儒家反对无限制的制定成文法律,

---

① 　日本《令集解》中有"董仲舒书云:'令百七十篇,莫善于令甲'。"(《令集解》卷 1《官位令》,吉川弘文馆 1981 年版,第 5 页)

② 　按笔者的分析,汉代决事比中有些内容不是判例。

要求制定法律时要简要、经典化。于是，西汉中后期通过由儒学家转化成律学家的"法家"群体的努力，在立法上开始兴起把成文的"律令"法典化的新立法，努力减少成文律令条文和篇目。其中，对"律"的性质，通过儒学化律学家比类五经，开始提升"律"的作用地位，同时把"律"经典化。在法律结构上，提出以简洁、合理为目标的内在结构。这成为三国时曹魏《新律》法典法出现的根本原因，同时积极减少"令"的数量与篇名。如曹魏修法时是"制《新律》十八篇，《州郡令》四十五篇，《尚书官令》《军中令》，合百八十余篇"①。从此次修法看，律令篇名总数与西汉武帝时的359篇相比减少了一半，其中律的篇名减少了近十分之九，实现了法律数量上的简约。西晋初年的修法让律令篇名数量进一步合理化，其中主要是减少令类法律的篇名。"凡律令合二千九百二十六条，十二万六千三百言，六十卷，故事三十卷。"②"晋氏受命……命贾充等十四人增损汉、魏律，为二十篇……凡一千五百三十条。"③"晋命贾充等撰令四十篇。"④从记载看，西晋修法时《泰始律》的篇名较魏新律增加了2篇，达20篇，条文数量是1530条；《泰始令》的篇名为40篇，共有1396条。律令两典共为60篇，有60卷是每篇1卷。比较三国时魏国与西晋时期律令的篇名数量，前者有180篇，后者仅有60篇，篇名上减少了三分之二。比较西汉武帝与成帝时期律令法律篇名、字数，会发现从359篇减少到60篇，字数从100多万字减少到12.63万字。从内容和形式上看，律令都实现了儒家化律学家的简约法律的目标。

进入南北朝后，"律"在坚持魏晋法典法的同时，篇目和条文数量都在减少，如南朝齐律为1532条，梁律为2529条，北齐律为949条，北周《大律》为1530条，隋朝《开皇律》为500条，唐朝《贞观律》为500条，《永徽律》为502

① 《晋书》卷30《刑法》，中华书局1974年版，第923页。
② 《晋书》卷30《刑法》，中华书局1974年版，第927页。
③ （唐）李林甫等：《唐六典》卷6《刑部》，陈仲夫点校，中华书局2005年版，第181页。
④ （唐）李林甫等：《唐六典》卷6《刑部》，陈仲夫点校，中华书局2005年版，第184页。

条。经过三国两晋南北朝近 400 年的努力,终于在隋朝时形成完善的新律令法典法结构。唐朝时法典法立法达到顶峰,体现在《贞观律》《贞观令》和唐玄宗时期《唐六典》《开元礼》等法典法的出现。唐朝贞观年间制定了律典和令典,结构合理、逻辑自洽、内容简要。"贞观十一年正月十四日,颁新格于天下,凡律五百条,分为十二卷,减大辟者九十二条,减流入徒者七十一条。令分为三十卷,二十七篇,一千五百九十条。格七百条,以为通式。"①唐贞观年间律令两典的篇名只有 39 篇,较西晋泰始律令 60 篇减少了 21 篇;律令条文数量 2090 条,较西晋泰始律令 2926 条减少了 836 条。贞观律令篇名与汉武帝时的 359 篇相比,减少了 320 篇,仅是前者的十分之一。从这些数字的变化中可以看出,汉武帝朝至唐贞观朝之间,中国法律在发展中重点解决的是律令篇名数量和结构问题。中国古代自西汉后,在儒化的律学家努力下,法律发展以化繁为简为手段,实现儒家五经为模范的构建法典法取得了实质性的成功,构建起中国古代中世法典法体系。对此,可以从律令两类法律篇名变化上看出,具体如表 1-1 所示。

表 1-1　汉唐之间律令篇名变化表

篇名＼时期	西汉武帝、成帝	曹魏	西晋	唐贞观年间
律	169	18	20	12
令	170	162	40	27
总数	359	180	60	39

贞观年间法典法是在律、令、格上进行,因为制定了律典、令典、格典三典。唐朝法典化中最成功的是律令两典,其中以律典为最。律典在篇与篇之间经过深入思考选择,形成总则和分则两大部分,并根据当时法理学取向,分排 12 篇,条文 500 条的结构。唐初制定《贞观律》实现了儒家对法律形式的两大追

---

① 《唐会要》卷 39《定格令》,上海古籍出版社 2012 年版,第 819 页。

求,即在内容上实现了适中、宽平,在形式上条文实现了简要。《贞观律》是春秋以来中国对成文法,特别是法典法推崇达到的最高水平和完美结晶的产物。然而,律令的法典立法成功并不必然带来司法适用上的方便准确,反而由于法典内容的简约古雅,条文的抽象,导致法律适用中解释上问题频出。《贞观律》制定不到30年,《永徽律疏》就出现,标志着中国古代对法典法的成功喜悦开始消失,让位于司法实践的真实需要,于是不同的法律形式开始出现。对此,《唐律疏议》中明确指出为什么要进行解释,因为完美的法典法在司法适用中出现了完全不同的判决结果。"刑宪之司执行殊异;大理当其死坐,刑部处以流刑;一州断以徒年,一县将为杖罚,不有解释,触涂睽误"①等严重问题,即法典法的成功并没有带来法律适用上的准确和统一。这不得不说是法典法崇拜下的悲剧。

国家为了统一法律适用,只好出面进行解释。这种解释不管是官方自觉的、统一的进行,还是司法机关自发的解释,都同样说明法典法在司法适用中的不足。更为可悲的是,法典法与解释的完美并不必然带来法律适用上的更加准确与统一。唐高宗在形式上承认法典法的重要性,反对对法典法的解释。因为当他知道详刑少卿赵仁本撰写《法例》三卷用以"断狱"时就公开反对,认为法典法已经十分完备。"引以断狱,时议亦为折衷。后高宗览之,以为烦文不便,因谓侍臣曰:'律令格式,天下通规,非朕庸虚所能创制。并是武德之际,贞观已来,或取定宸衷,参详众议,条章备举,轨躅昭然,临事遵行,自不能尽。何为更须作例,致使触绪多疑。计此因循,非适今日,速宜改辙,不得更然'。自是,《法例》遂废不用。"②此《法例》虽然在唐高宗的反对下被废止,但它的出现就是问题所在。认真考察唐高宗的言行,仅说明他反对的是大臣拥有立法权及司法解释权,而非对法典的解释,因为唐高宗本人就下令大臣注释律典。唐玄宗朝再次全面修法后,统治者发现要在法典法上超越《贞观律》和

---

① 刘俊文:《唐律疏议笺解》卷1《刑名》,中华书局2015年版,第3页。
② 《旧唐书》卷50《刑法志》,中华书局1975年版,第2142页。

《永徽律疏》已经不可能。在司法适用上,由于社会变化太快,于是国家把发展法律的中心转向解决适用问题而不是理性构建法典法。

二、因事随时损益:格后敕与断例

唐朝中后期司法实践中转向加强对新法律形式的发展,适应社会变化的需要。这种变化始于唐玄宗天宝年间,体现在对律令格式法典法停止修订,转向发展因事、因案引起的"敕"的整理和编纂,并逐渐成为8—12世纪中国法律形式发展的中心。"敕"成为法律形式的重要组成部分,体现在唐德宗至唐宣宗时期,中央不再修订律令格式为主体的法典法,而是集中编纂"敕",或称为"格后敕"的法律。① 学术界认为唐中后期出现的条格,或说"格后敕"是独立于"格"的一种法律形式,是因事、因时制定的"敕"中整理出来。"格后敕"的"格"是指法典法的"律、令、格、式",而不是"格"这一种法律形式。"自唐玄宗开元十九年(731年)起,唐开始采用直接编纂皇帝制敕的方式,使之法律化,制定成格后敕,用以调整变化了的社会关系。唐后期修纂的格后敕,条文体例与唐格不同,乃取适宜普遍和长久使用的敕,按照二十四司分门别类,直接修纂成一种独立于格的新法典。对收载的敕文通常不再进行大幅度改写加工,最大程度地保持了诏敕的原貌,并保留了当初皇帝颁布制敕的日期,每条末尾署有年月日。"②这里戴建国指明了唐朝"格后敕"的形成特点。宋朝在法律形式的种类上,基本上继承了唐朝。宋朝在法典上制定了《宋刑统》,但律典则是适用唐律,仅增加了"格后敕"内容。这说明了两个问题:首先,宋朝建国者认为无力超越唐律,不能超越,就不必为制定全新的律典浪费时间和精

---

① "格"在唐朝有广义和狭义两种含义,广义的"格"指"律令格式",相当于现在的"法律";狭义的"格"是南北朝至唐朝时期形成的一种法律形式,与律令并称的法律形式。"格后敕"的"格"是广义的,指律令格式四种法律形式下解释和补充时出现的新法律形式。

② 戴建国:《唐格后敕修纂体例考》,《江西社会科学》2010年第9期。

力;其次,希望国家有一个稳定的但又能适应新需要的法律形式,于是因时制宜地制定《宋刑统》,但在后来法律发展中却提高因时因事而出现的"敕"和"断例"的地位,让它们成为整个法律发展的新形式,以便有效地适应社会发展的需要。《宋史·刑法志一》中有"宋法制因唐律、令、格、式,而随时损益则有编敕"①。这说明"敕"是对律令格式的一种解释和补充。宋朝法律形式是在可变性极强的敕和断例上充分发展,同时两者的可变性、随意性带来的问题在宋朝不同时期都十分突出。

唐中期到宋朝时,在法律形式上格后敕与编敕及成例、断例等法律形式补法典法的不足成为法律形式发展的重要内容。但由于格后敕与断例之间没有形成较好的流通机制,导致两种内容都会出现无限增加。首先是格后敕出现问题。格后敕数量增加带来的问题在唐朝时并不明显,但宋朝时就十分明显。宋朝时编敕出现越编越繁杂的问题,最后出现一司一务、一州一县皆有敕的现象。这样导致国家法律适用上出现混乱不堪的情况。宋朝前期编敕的情况,《宋史·刑法志一》中有记载:

> 建隆初,诏判大理寺窦仪等上《编敕》四卷,凡一百有六条……太平兴国中,增《敕》至十五卷,淳化中倍之。咸平中增至万八千五百五十有五条,诏给事中柴成务等芟其繁乱,定可为《敕》者二百八十有六条,准律分十二门,总十一卷。又为《仪制令》一卷。当时便其简易。大中祥符间,又增三十卷,千三百七十四条。又有《农田敕》五卷,与《敕》兼行……庆历又复删定,增五百条,别为《总例》一卷。后又修《一司敕》二千三百十有七条,《一路敕》千八百二十有七条,《一州一县敕》千四百五十有一条。其丽于法者,大辟之属总三十有一,流之属总二十有一,徒之属总百有五,杖之属总百六十有八,笞之属总十有二。又配隶之属总八十有一,大辟而下奏听旨者总六

---

① 《宋史》卷199《刑法志一》,中华书局1975年版,第4962页。

十有四。凡此,又在《编敕》之外者也。……自庆历四年,距嘉祐二年,敕增至四千余条……又别为《续附令敕》三卷。①

由此可知编敕在宋朝前期之繁,与汉武帝至成帝时期律令之繁出现的情况是一致的。对此,司马光在元祐年间奏折中有具体描述。"近据中书门下后省修成《尚书六曹条贯》,共计三千六百九十四册,寺监在外。又据编修诸司敕式所申修到敕令格式一千余卷册。"②这里仅尚书省下六部及中央其他部门的编敕就多达4694册,按宋代装订书的习惯,一册为一卷计算,中央诸部门的"敕"多达4694卷。若加上全国各地州县所编的一州、一县等别敕,"一司、一路、一州、一县又别有《敕》"③,数量就要更多,可能达到8000册(卷)以上,敕条数量繁多庞杂导致国家司法难以有效运行。宋神宗元丰二年(1079年)不得不进行法律形式上的改革,具体是改变唐中后期以来形成的综合性编敕的立法传统,转向专编刑事类敕,同时对令格式基本法律形式进行全面修撰制定法典法。这种转变把编敕从数量复杂繁多中解脱出来。这次立法改革后,编敕在宋朝数量锐减,敕不再是法律形式上的主要问题。如《绍兴重修敕令格式》《乾道重修敕令格式》仅有12卷。当然,宋神宗朝的这种立法改革,让宋朝新法律形式——"断例"迅速发展,成为新的法律形式,随之而来的问题是断例数量开始增加,成为法律形式的新问题。

"例"作为一种特殊的法律形式,在中国古代自秦汉以来就以不同名称形式存在。唐朝例获得较快发展,特别是以判例形式存在的成例发展最快。唐朝最早记载"例"是唐高宗时期,当时称为《法例》,后因唐高宗反对被废除。从记载看,这次仅废除赵仁本个人编纂的《法例》,因为武则天时成例仍然在司法中适用。史书记载徐有功在做司刑寺丞时,对韩纯孝因参与徐敬业案判

---

① 《宋史》卷199《刑法志一》,中华书局1975年版,第4962—4963页。
② (北宋)司马光:《温国文正司马公文集》卷54《乞令六曹删减条贯札子》,载《四部丛刊初编》本。
③ 《宋史》卷199《刑法志一》,中华书局1975年版,第4962页。

决量刑时异议改判的先例就成判例被广泛适用。最初审理者的判决是"伪官同反，其身先死，家口合缘坐。奉敕依曹断，家口籍没"。但徐有功提出异议，认为"伏唯逆人独孤敬同柳明肃之辈，身先殒没，不许推寻。未敢比附敕文，但欲见其成例。勘当尚犹不许，家口宁容没官？"最后是"申复，依有功所议，断放。此后援例皆没官者，三数百家"①。这说明徐有功引用"成例"异议是获得承认的，同时判决后又成为先例被适用。此外，《宋刑统》中有开元二十五年（737 年）《刑部格》记载，"如闻诸司用例破敕及令、式，深乖道理。自今以后，不得更然"②。这里明确指出诸司有用"例"的问题。唐中宗景龙三年（709 年）八月九日敕文中有，"应酬功赏，须依格式，格式无文，然始比例，其制敕不言自今以后永为常式者，不得攀引为例"③。这说明在唐朝司法中"例"是存在的。

　　宋朝时"敕"与"例"，特别是"断例"发展到元朝形成了条格和断例。元朝的条格前身应是唐朝中后期以来形成的格后敕和宋朝时敕的新称谓。宋元时期的"断例"则是由秦汉以来不同时期的决事比、故事、成例等发展起来法律形式。断例在宋元时期具有相对特殊性，主要是解决刑事案件中的量刑问题，在内容上不完全由判例组成，有成文法的内容。宋朝的法律实践导致"断例"大量编纂，解决了法律发展中的及时性和可变性。按史书记载，整个宋朝都有"断例"汇编。时间上主要集中在北宋中后期及南宋时期，如《熙宁法寺断例》《元丰断例》《熙宁绍圣断例》《元符刑名断例》《崇宁断例》；南宋有《绍兴刑名疑难断例》《乾道刑名断例》《乾道新编特旨断例》《开禧刑名断例》《淳熙新编特旨断例》等。宋朝断例有些由判例组成是有史料证明的。元祐六年（1091 年）任永寿案在判决时出现大理寺、刑部和尚书省在量刑上的争议，其中大理寺和刑部引用先例说明自己的量刑依据。本案的具体情况在御史中丞

---

① （唐）杜佑：《通典》卷 169《刑法七·守正》，王文锦等校，中华书局 1992 年版，第 4379 页。
② 《宋刑统》卷 30《定罪引律令格式门》，岳纯之校证，北京大学出版社 2015 年版，第 405 页。
③ 《唐会要》卷 39《定格令》，上海古籍出版社 2012 年版，第 824 页。

赵君锡的奏议中有反映。"臣伏见近降敕命,任永寿特依大理寺前断,决臀杖二十,千里编管……都省以开封府见任永寿冒请食料钱等未结案,退送刑部,候案到从一重断罪。相次刑部、大理寺将后案再断,徒一年,并具例数件,皆是编配。上尚书省,兼言永寿情重,合取旨。遂奉特旨施行。"①此外,景德年间发生兵部员外郎邵晔因为曾经保举光禄寺官员李随,后来因为李随犯赃罪被除名,所以大理寺提出追究邵晔保举不当之罪。审刑院提出反驳,认为"当用正月德音减降",但大理寺认为李随案虽然事发在德音颁降之前,但法律规定"官典受赇不在恩宥之例",为此审刑院引用先例作为自己的判决依据。"是春刑部员外郎郑文宝坐举张舜举当徙(徒),大理引德音降从杖,晔当如其例。"②这里明确引用了先例郑文宝保荐张舜举连坐案。

南宋对断例等司法实践产物的重视还与当时国家连年与北方金朝作战,南宋和金朝统治者对科举出身官员不熟吏事现象的失望,于是大量起用吏员出身人员为官有关。吏员出身的官员由于自己的知识、受教育方式与科举出身的官员不同,更加注视实务中形成的先例,客观上增加了对成文法典的轻视,到元朝时达到顶峰。元朝在法律形式上不再制定唐律式的法典法,而是制定敕例结合的汇编式法典,代表性成果主要有《通制条格》《至正条格》等。元朝在法律形式上,形成了以判例为中心的法律形式结构,出现"今天下所奉以行者,有例可援,无法可守","审囚决狱官每临郡邑,惟具成案行故事"③的司法现象。

元朝法律形式主要是吸收了唐朝中后期至宋朝时形成的格后敕与断例两种法律形式。然而,元朝法律形式上由于没有唐宋时期律典、令典,特别是超稳定的律典,导致元朝法律发展中必须对条格和断例加快整理编撰,以便让国

①　《续资治通鉴长编》卷458"元祐六年五月丙子"条,中华书局2004年版,第10964页。
②　《续资治通鉴长编》卷66"景德四年八月乙酉"条,中华书局2004年版,第1482页。原文为"是春刑部员外郎郑文宝坐举张舜举当徙大理,引德音降从杖,晔当如其例"。笔者根据内容改。
③　(元)郑介夫:《上奏一纲二十目·定律》,载《元代奏议集录》(下),陈得芝等辑点,浙江古籍出版社1998年版,第82、83页。

家法律形式具有稳定性,克服两者无限发展带来的问题。这就解释了元朝法律修撰上至元二十八年(1291年)制定的《至元新格》的性质问题。《至元新格》是唐朝以来格后敕的新形式,是条格法典化的产物。然而,从《元典章》来看,元朝整个国家法律形式中条格和断例是并重的。因为从元朝《通制条格》《至正条格》两部重要法典看,两者基本形式是条格和断例。并且,元朝的断例性质与宋朝是一致的,主要解决的是正刑定罪问题。从《通制条格》《至元新格》等法典看,元朝条格和断例两种法律形式中都存在判例,并且判例成为重要法律形式。这是元朝法律形式上与其他帝制时期王朝不同的重要内容。

对元朝法律形式是唐朝中后期至宋朝时中国古代法律发展的一种必然结果的问题,日本学者宫崎市定有中肯评论。"元代未曾颁布律令,这绝非因为元是异族统治的王朝,相反,它正是中国自身在经历了唐至宋的社会大变迁后,已无暇顾及像中世一样立法的后果。对此表现得最充分的,就是宋以后所见的法律权威的动摇。"①这种动摇主要是来自对成文法典的实用效果的失望,具体表现在"格后敕"和"断例"地位的上升。北宋后期,断例和敕地位迅速上升,法律适用上与律文相同。南宋朱熹认为"今世断狱只是敕,敕中无,方用律"②。

---

① 〔日〕宫崎市定:《宋元时代的法制和审判机构》,载《日本学者研究中国史论着选译(法律制度)》(卷八),中华书局1993年版,第252—253页。

② (宋)黎靖德:《朱子语类》卷128《祖宗二·法制》,王星贤点校,中华书局1985年版,第3080页。从司法时法律适用角度看,这并没有什么问题,更不意味"律"的地位下降。因为在司法判决时,任何法官适用法律都会从特别法考察起,优先适用特别法,在没有特别法时才会从一般法上进行考察。这与学术界对法律认识是存在不同的。因为特别法规定的规则在逻辑上与个案往往具有更高的契合度。对此,五代时后唐的法律中就有相应的表达。后唐长兴二年(931年)八月十一日敕条规定法律适用时应遵守以下原则:"今后,凡有刑狱,宜据所犯罪名,须具引律、令、格、式,逐色有无正文,然后检详后敕,须是名目、条件同,即以后敕定罪。后敕内无正文,即以格文定罪,格内又无正文,即以律文定罪。律、格及后敕内并无正条,即比附定刑,亦先自后敕为比。"(《宋刑统》卷30《断罪引律令格式》,岳纯之校证,北京大学出版社2015年版,第405—406页)从法律形式的结构层次看,律、令、格、敕之间越来越具体。从法律适用时的准确性与个案的恰当性看,适用越具体的法律两者之间的契合度就会越高。敕条对此就明确指出,"敕"条与待判案件能做到"名目条件同",具体是在法律适用上罪名、案情事实类型与量刑都能做到与条文高度契合,让案件判决实现"情罪相应"的司法目的。这里不能说"敕"的法律效力高于"律","敕"是否在法律效力上高于"律",主要是看在原则上"敕"是否能推翻"律"。

由于"敕"的广泛运用,使"断例"在政府编纂并颁行下盛行起来。宋朝的"敕条"和断例到元朝时转变成"条格"和断例。元朝由于没有公开制定法典法式的律典,在法律形式结构上,不必要把因事因时而制的法律称为"敕",以区别稳定的律典、令典,而是直接用条格和断例称之。宋朝"敕"的出现是因为存在"律典"内容,皇帝在制定因事因时而形成的法律时只能用"敕"称之,且"敕"在法律精神和原则上皆受制于"律"。

唐中后期到元朝之间,中国社会变化激剧,社会发展快速,使得法典的稳定性暴露出无法有效适应社会发展需要的问题,这在一定程度上削弱了国家对法典法的需求热情。如元成宗大德七年(1303年)郑介夫在所上的《太平策》中指出:"试阅二十年间之例,较之三十年前,半不可用矣。更以十年间之例,较之二十年前,又半不可用矣。"①元朝加上国土辽阔,民族众多,各地风俗迥异,要实行统一法典更加困难。对此,主张制定法典的儒士官员胡祗遹也认识到当时社会的特殊,指出"法之不立,其原在于南不能从北,北不能从南。然则何时而定乎? 莫若南自南而北自北,则法自立矣"。为什么要"南自南北自北"呢? 他解释说:"以南从北则不可,以北从南则尤不可。南方事繁,事繁则法繁;北方事简,事简则法简。以繁从简,则不能为治;以简从繁,则人厌苦之。"②这些原因结合在一起,导致元朝在法律形式上无法产生西晋以来的律典法律形式。

当然,宋朝中后期到元朝时,虽然断例成为法律中的重要法律形式,但认真分析断例的内容,基本渊源就"律典",即断例是在律条基础上发展起来的。同时,断例的出现,导致法律内容会无限增加,形成法律规定越具体,存在问题越多的现象。这是宋朝中后期出现事类编纂体例和断例编纂体例的原因。元朝中后期国家开始对条格和断例进行不停的整理编纂,并且出现法典化倾向。

---

① (元)郑介夫:《上奏一纲二十目·定律》,载《元代奏议集录》(下),陈得芝等辑点,浙江古籍出版社1998年版,第82页。

② (元)胡祗遹:《紫山大全集》卷21《杂着·论治法》,载《文渊阁四库全书》。

如《通制条格》《至正条格》,从结构上看存在条格和断例法典化。总之,元朝在法律发展中形成的特殊模式是中国法律形式发展史中内在动因和时代因素结合的产物。这种发展提供了中国古代法律形式发展样式上的多样化。加强对这种模式的研究,对了解中国古代法律形式发展史是十分重要的。从另一个角度看,明清两朝在律典下出现条例和判例的法律形式结构是元朝法律形式发展的一种新动向、新结果,也是秦朝以来中国法律形式发展中寻找新结构的产物。

从唐中后期到元朝法律形式发展的整体态势看,明朝是中国古代法律形式发展中的重要转变时期。明太祖在建立政权后,出于反对"元政"的政治需要,提出恢复"中华"。明太祖和大臣认为"中华"的典型代表是唐朝。于是,在法律形式上不再继承唐朝以来公开承认判例法的重要性而轻视成文法典的新传统,转向制定以《唐律》为标准的《大明律》。对此,《明实录》中记载朱元璋在平定武昌时就开始此项恢复工作。"上以唐宋皆有成律断狱,惟元不仿古制,取一时所行之事为条格,胥吏易为奸弊。自平武昌以来,即议定律。"①《大明律》以《唐律》为标准制定是明太祖君臣公开宣称的,洪武六年(1373年)刘惟谦在《进大明律表》中指出"《大明律》篇目皆准于唐"②。虽然此后《大明律》有较大修改,但以唐律为宗的现象并没有改变。从明初《大明令》《大明律》看,在法律形式上是存在刻意恢复唐朝法律形式的现象,但从内容上看,则是主要继承宋元时期的新发展。明初制定《大明律》的努力使中国法律形式发展回到了唐朝前期的法律形式结构中。然而,历史发展是无法完全脱离当前回到过去的。明太祖在复古的同时仍然继承宋元时期法律发展中的新形式,因为从形式上看,他的《大诰三编》就是条格和断例的混编,其中很多内容是通过具体判例建立起的。若比较《大诰》与《通制条格》《至正条格》的编撰体例,会发现两者是十分相似。这在事实上

---

① 《明太祖实录》卷26"吴元年十月甲寅"条,中国台北"中研院"点校版,第389页。
② 《明太祖实录》卷86"洪武六年十一月己丑"条,中国台北"中研院"点校版,第1534页。

成为对宋元时期立法传统的继承。

明太祖认为《大明律》《明大诰》能让明朝法律完美运行仅是一厢情愿的想法。明初的皇帝多有相同的想法,如明成祖永乐十九年(1421年)下诏,"法司问囚,一依《大明律》拟议",成化元年下诏"谳囚者一依正律,尽革所有条例"①。但这些努力都以失败而告终。明朝中后期由于《大明律》无法适用社会发展的需要,通过因事因时出现的对律条解释的"条例"大量产生,形成了重要的法律形式。国家为了让这类法律发展不至过于繁多,于是弘治五年(1492年)修撰了《问刑条例》,并"与《大明律》兼用,庶事例有定,情罪无遗"②。此后,《问刑条例》成为与《大明律》并行的两大基本刑事法律。认真分析《问刑条例》条文的渊源,皆出自《大明律》的相关律条。同时,从条例产生看,则是因时因事制定或产生的法律解释或补充的产物。明朝这种法律形式的发展纠正了唐朝中期以来法律形式发展中敕与断例存在的不足,发展出新的法律形式,克服了"敕""申明""指挥""断例"等法律形式的零乱及类型化不足的缺点,形成了判例上更加稳定的"条例",把案例和判例分离,同时再把判例与"条例"分离。三者有明确区别,但又能相互转化,构成了三种不同的法律形式。清朝《大清律例》的出现标志着中国古代法律形式发展经过春秋战国至清朝时,找到了一种能够同时满足稳定性、可变性的法律形式体系。清朝的法律形式由成案、通行、条例、律典—会典四层次结构。四种层级的法律形式承担起法律适用中不同法律渊源的功能,构建起法律形式上稳定性和可变性的动态体系。通过这一法律形式的结构,让中国古代法律形式发展形成了独具特点的结构,解决了法律发展中稳定性与及时性,形式与实质等不同价值同时获得的困境。

---

① 《明史》卷93《刑法志(一)》,中华书局1974年版,第2286页。

② 《明孝宗实录》卷65"弘治五年七月壬午"条,中国台北"中研院"点校版,第1245页。

三、经权的协同:典—律与条例—判例

中国古代判例法的形成与决事比、故事、廷行事、例、断例等法律形式有密切的关系。同时律与例、判断的形成充分体现了中国古代判例法形成和变迁的历史。要了解中国古代法律形式结构中律、例、判例的关系,必须先从春秋时期子产公开制定成文法后司法适用情况考察起。现在无法知道子产公开制定的法律是律典式,还是分散的单行法律,但制定法在法律创制上是主动的,与判例法创制是事后性有着本质的区别。主动式与被动式是人类法律创制中两种基本形式。主动式是指立法者通过对以往法律成果的总结,再加上自己的理论构建,预先制定出相应的法律规则;被动式则是指某一法律规则的出现不是由预先制定,而是因为社会生活中出现了某一必须解决的法律问题或事件,相关机关通过特定程序和法定方式创制出相应的法律规则。被动式是因为社会中出现了某一特定案件或事件而引起。在中国古代法律形式上,李悝制定《法经》后,特别是商鞅改法为律后,主动式立法的重要成果是律典和令典。

"律"在秦朝以后成为中国古代法律形式中具有经义化功能刑事法律的专称。① 汉朝以后"律"成为稳定性极强的法律形式,之下往往会引申出各种各样的法律形式,如令、决事比、廷行事等。汉朝"令"开始法典化,与"律"并列为两种基本法律形式,但"令"在内容上往往构成"律"的补充和

---

① "律"最早并不是使用在法律上,而是使用在音乐上。但"律"用来指称某一类型的法律后,自战国商鞅开始就发生重大变化。"律"在三国后,特别是唐朝后,成为特定法律术语,具有特定含义。元人王亮在注傅霖的《刑统赋解》中对"律"的解释是"禁人为非者,法;法之中理者,律;事之合宜者,义"。(元)郄韵:《刑统赋解》卷上,载《丛书集成续编(第52册)》,中国台湾新文丰出版社1990年版,第424页。从这里看,王亮把"律"上升为法律中的"原理""规律""原则"。这种认识在宋元时成为通识。如元人沈仲纬认为"律为万世准则,绳约使人知而不敢违犯"。(元)沈仲纬:《刑统赋疏》,载《丛书集成续编(第52册)》,中国台湾新文丰出版社1990年版,第499页。这里强调了"律"在效力上的至上性。

细化。西晋开始,令成为法典法后,开始独立构成设范立制的法律形式,不再是律类法律的派生物。此外,还有不同法律形式在不同时期构成律的派生法,如秦朝的廷行事,汉朝的决事比,晋朝的故事,唐朝的格后敕,宋朝的"敕""例",宋以后的"条例""断例""则例"等。在性质上构成了对律典和令典的解释和补充。清人王明德指出:"然而定例新例,虽云本朝所特重,然其因时通变,随事致宜,又皆不外正律及名例为权衡。夫非例律并行不悖,律非例不行,例非正律不著之的据,是岂愚之独为好异以欺世,而徒为是聒聒,以眩众听为耶? 知此,则知前贤所以定乎例之义矣。知例之所以为例,不愈知律之所为律也乎?"①这里虽然讲的是清朝,却是对中国古代"律"与其他法律形式之间的准确表述。由于它们的制定是被动性的,所以在产生上一般由以下途径完成:一是因特定事件引起法律问题,国家相关司法机关在解决相关法律问题时进行了立法性解释或司法性解释,这类行为并不必然导致司法先例的出现;二是具体案件出现后,在法律适用时出现对相关法律的解释或因案件判决确立了新的法律规则,从而形成具有典型意义的判例。对案件判决包含的特定法律规则,有时把这些法律规则抽象出来,制定为特定法律规范。除元朝外,中国古代判例,或说判例制度在司法中的作用至少自秦以后,就是自成体系而非是近代西方普通法式的判例法。中国古代判例法的基本作用是对成文法,或法典法的具体化和作为对新事物、新问题立法的法律渊源。

清朝法律形式中律典、条例、通行、成案、案例之间有相当明显的区别和转化过程。它们之间构成一个相互依存、相互制约的循环体系。清朝与判例有关的主要有"成案"和"通行"两类,其中仅有"成案"完全由具体个案组成,"通行"则由两部分组成,即具体个案和法律解释,就是有判例和成文法两部分。所以说清朝判例由成案与部分"通行"组成。清朝个案判决到成案较为

① (清)王明德:《读律佩觿》卷2《例》,何勤华等点校,法律出版社2001年版,第25页。

容易,只要任何生效的案件判决被其他司法机构引用都可以成为成案。成案到"通行"却不同,具体有两种形式:一是某个案件在判决时明确规定具有法定的效力,构成通行判例;二是某一成案具有稳定的法律效力,被特定机关提出,通过法定程序上升为通行。"通行"到条例却需要由法定程序完成,通过相关立法机关整理才能上升为条例。条例的形成有立法机关的司法解释和"通行"立法上升两种。

清朝法律形式中"律"下的"条例"不是判例是没有问题的。① 乾隆五年(1740年)制定《大清律例》时在《三泰等大清律例附记·凡例》中明确指出,"笺释、辑注等书,但意在敷宣,易生支蔓,又或义本明显,无事笺疏,今皆不载。其中有于律义有所发明,实可补律之所不逮,则竟别立一条,著为成例,以便引用"②。这说明《大清律例》中有些"成例"是对相关律条解释后发展起来,而不是由判例发展起来。清代的"例"或"成例"有很大部分是从具体判例发展起来,这是不可否认的事实。这就是学术界为什么会把"条例"作为"判例"的问题所在。清代从判例到条例的过程是:生效判决发展为成案,成案再发展为通行,通行最后发展为条例。从数量上看,清朝成案到通行再到条例的发展过程是一个递减过程。清朝一个具体的判决并不必然成为后来同类案件的先例,其中"成案"和"通行"是广义的判例,区别是"成案"仅有说服力,"通行"具有拘束力,"条例"已经是成文法,只是条例稳定性相较于律典法条低,可以根据需要进行适时修订。"虽系远年成案,非定例可比,惟立论与例义相符,引断自应照办。"③旧例成案虽然没有法定约束力,但有说服力,并且当地方督抚在审理案件时认为某一个成案具有一定普遍性时,可以引用并提请刑部确认。若刑部认为提出的建议有理,可以奏请皇帝裁准,把成案上升为通

---

① 虽然以前有学者认为"条例"是判例,但这种认识现在已经被学界纠正,因为条例在清朝已经是成文法化的立法成果。

② 《大清律例·凡例》,田涛、郑秦点校,法律出版社1999年版,第27页。

③ 《刑案汇览》卷26《刑律·人命·杀死奸夫·母被逼嫁其子捕殴奸夫致毙》,北京古籍出版社2004年版,第959页。

行,成为判例通行于全国。"因令刑部堂官查明旧例成案,详悉具奏。"①"通
行"经过法定年限后进行修订,大部分通行上升为条例,撰入《大清律例》。清
代条例有两部分来源:一是对律文的法定解释,可以由地方督抚等高级官员和
中央各部官员提出对某一法律问题的解释或立法等而产生;二是通过具体判
决发展起来,是"通行"成为条例的重要来源。清代虽然并不把所有"通行"都
上升为条例,但"通行"作为条例的重要来源是明确的。在《刑案汇览》和沈家
本编辑的《通行章程》中明确指出,如所有编入"通行"的是"业经纂例无庸采
入外"的部分,②即已经纂入条例的"通行"就没有收录。如道光十四年(1834
年)出现听从尊长殴死期亲尊长的"条例"就是对相关案件进行具体化、类型
化,把以前不同成案中复杂的内容进行归纳整理,解决成案之间的矛盾。最
后,刑部做出对这类案件一律按照本律拟斩决,法司核拟时夹签声请,呈请皇
帝裁决。并提出"臣部通行各省一体遵照,并俟修例时将下手伤轻止科伤罪
之例删除"③。从此便能理解通行与条例的关系。从记载看,清代判例的有效
期在十年之内,因为刑部律例馆对判决案例存档时间是十年。十年后就不再
存档于律例馆中,除非已经写入"条例"。对"条例"整理、清理的期限,乾隆五
年(1740年)规定是"定限三年一次编辑,附律例之后,颁行直省,从此永著为
例",后来发展成为三年小修,五年大修的传统。清朝通过这种方式,终于在
制度上找到了解决成文法与判例法各自缺点的途径。同时通过这种机制,把
两种法律形式的长处有机制结合起来,构成一个具有稳定性和可变性的动态
法律形式体系。清朝律文和例文最大区别在于两者随着时代的变化不同,律
文不进行修改与废除,例文可以修改和废止。沈家本在《通行章程序》中指

---

① 《刑案汇览》卷32《刑律·人命·戏杀误杀过失杀伤人·因疯及误杀夫之案向不夹签》,
北京古籍出版社2004年版,第1191页。
② 沈家本:《寄簃文存》卷6《通行章程序》,载《历代刑法考(四)》,中华书局2006年版,第
2220页。
③ 《刑案汇览》卷42《刑律·斗殴·殴期亲尊长·听从尊长殴死次尊仍遵本律》,北京古籍
出版社2004年版,第1559页。

出："律者，一成不易者也。例者，因时制宜者也。于律、例之外，而有通行，又以补律、例之所未尽也……盖律、例之有通行，譬犹江沱汉潜，而非骈拇枝指也。"①这里对三者关系和作用进行了总结说明。

中国古代律、例与判例的关系自秦朝至清朝基本相同，仅是不同时期称谓不同，形式上区分的明晰程度不同而已，具体看是越来越清晰，越来越明确。清朝时最为明确。清朝刑部大臣曾明确指出："臣寻绎例文，窃以为例从律出，例有因时变通，律乃一成不易，有增减之例，无增减之律，古今皆然。"②这里明确说出律与条例关系。清代条例是律条的具体化、特别化、类型化的产物。清人袁枚在《答金震方先生问律例书》中指出："律者，万世之法也，例者一时之事也。万世之法有伦有要，无所喜怒于其间；一时之事则人君有宽严之不同，见相有仁刻之互异。"③清代律学家王明德解释更加深刻："盖以条例所在，乃极人情之变，用补正律本条所未详，采择而并行之……律非例，则不可以独行，而例非律，又无由以共著。"④这说明清朝"律"是稳定的、基本的，"例"是根据时代和个案发生变化的。对于律与条例在法律适用中的作用，有人指出："不知例无以见法之所同，不知制无以见法之所异。"⑤这里指出了"条例"对律条的作用。至于例，特别是判例会因司法实践而无限增加，导致"例则朝例未刊，暮例复下，千条万端，藏诸故府，聪强之官不能省记"⑥。这样会导致司法适用时无所适从的问题。这是中国古代历代学者与官员反对判例法的主

---

① 沈家本：《寄簃文存·通行章程序》卷6，载沈家本《历代刑法考（四）》，中华书局2006年版，第2220—2221页。

② 《刑案汇览》卷42《刑律·斗殴·殴期亲尊长·听从尊长殴死次尊仍遵本律》，北京古籍出版社2004年版，第1557页。

③ （清）袁枚：《小仓房文集》卷15《答金震方先生问律例书》，上海古籍出版社1988年版，第1241页。

④ （清）王明德：《读律佩觿》卷2《例》，何勤华等点校，法律出版社2001年版，第18—19页。

⑤ （元）沈仲纬：《刑统赋疏》，载《丛书集成续编（第52册）》，中国台湾新文丰出版社1990年版，第531页。

⑥ （清）袁枚：《小仓房文集》卷15《答金震方先生问律例书》，上海古籍出版社1988年版，第1241页。

要原因。为此,清朝时在立法上发展成为一种动态机制,具体是中央刑部的律例馆定期对成案、通行、条例等法律形式进行清理、整理,尽量把成案、通行中具有类型化必要的部分上升为条例,把条例中重复、交叉的部分统一,不合时宜的部分删除,让可变部分在变中有稳、稳中有变。清代中央刑部律例馆是专门负责法律解释、修订、编纂出版各种官方法律成果的机构,如律例馆专门汇编发行"通行"本,即法定判例集,如《刑案汇览》的一些案件明确注明是出自"通行本内案"。这样清朝的律典、条例与通行、成案解决了秦朝以来法律形式中律令问题、敕的问题和判例的问题,让三者的优点得到保留的同时缺点也得到克制。

从法律适用的逻辑学和解释学上看,清朝法律形式构成了一个封闭循环体系。律典是整个法律适用的逻辑起点和解释起点,通过类比、比附等司法技术使律条适应整个纷繁复杂、案情多变的社会需要。同时,所有条例、通行、成案最终解释及渊源都可以回溯到律典中某一具体律文,让法律解释不会走向整体性迷失及混乱,让整个法律体系在逻辑上构成自洽的、自我循环的体系。如道光二年(1822年)山西李贾氏因通奸殴烙童养儿媳李乔氏杀人灭口案,是清代成案、通行、条例在司法中适用的具体体现。此案出现后,在法律适用上需要用类比适用母亲杀死子女的律文解决这方面立法上的漏洞。但类比中存在儿媳与婆婆关系是否与母亲与子女的关系是一样的问题,因为中国古代有"三父八母"之分,不同性质的"母亲"与子女在伦理服制上存在严格差别,互犯时构成的法律事实是不同的,法律责任也是不同的。清朝时儿媳与婆婆的关系有亲姑、继姑、嫡姑等不同分类,子女与母亲关系有嫡母、亲母、继母等关系。不同关系中母亲致子女死亡的法律责任是不同的,具体是嫡母致子女死亡的适用绞监候,继母致子女死亡的适用斩监候。本案中李乔氏与李贾氏关系是儿媳与亲姑,判决是"应仍照例拟绞监候,入于缓决,永远监禁"。此案由于是婆婆通奸杀儿媳,在法律上加重处罚,在缓决时增加为"永远监禁"。本案成为姑姑通奸杀儿媳灭口的典型判例,案件被确定为"通行",成为此类案件中具有约束力的先例。同时,刑部在检查相关成案时发现这类案件以前存在把亲姑、嫡姑比照为继母适用的判决,所以提出对这类案件统一解释,规定"嗣后奸妇致死伊媳灭口之案,系亲姑嫡姑即照嫡母例拟绞监候,系继姑即照继母例拟斩监候,均入于缓决,永远监禁,以昭画一"①。这一部分内容后来修订条例时纂入"条例",上升为成文法。

中国古代法律形式在历史发展中,形成了相对自成体系的法律形式结构,使法律在稳定性和及时性中找到了动态平衡。这是在经历对成文法典和判例法两种法律形式绝对推崇的实践后慢慢形成的,是一种经验理性的产物。清朝时形成的法律形式是在普遍性和特殊性之间找到了一个过渡性法律形式,让两个极点都能够发挥所长而克制住所短。中国古代判例法的出现,不仅在法律形式上弥补了成文法的不足,还在法律适用中对实现实质正义的司法追求提供了法律机制上的保障。当然,判例制度是中国古代成文法典下实现司法实质正义需要的必然选择,是整个法律形式运行中的重要环节。从某个角度看,判例法是中国古代法律形式结构下的必然产物,是解决成文法典所存在问题的重要制度保障,构成了整个法律形式中的重要内容。

结　　论

中国古代法律形式发展的历史中,从春秋时郑国子产公布成文法开始,主要经历了三种形式的迭兴时期,即"律、令"两种法律形式在篇目和数量上剧增,再到格后敕或敕的剧增,最后是断例剧增三个时期。三个问题的出现是中国古代法律形式发展史中的重要问题,为解决这三个问题,中国古代法律形式在不同时期出现过重点发展,或重点解决某类法律形式的发展时期。

春秋至汉武、成帝时期,基于对成文法的推崇,律令两种法律形式得到重

---

① 《刑案汇览》卷23《刑律・人命・谋杀祖父母父母・因奸致死子媳分别斩绞通行》,北京古籍出版社2004年版,第815页。

点发展,终于在汉武帝、成帝时期发展到顶峰。但实践证明绝对的成文法是存在不足的,为解决律令过多带来的问题,从汉武帝、成帝时开始到唐朝前期,经过 8 个世纪的发展,形成了以律、令两典为主体的法典法体系,解决了律令数量增加导致司法适用时出现混乱的问题,但司法实践中还是存在问题。当然,这个时期整个法律形式上都出现简约化、法典化的发展,可谓是法典法崇拜时期,具体体现在三国时魏国开始制定律典等,唐贞观年间形成了结构合理、内容简练的律典、令典、格典、式典等。唐贞观年间立法中法典法的成功并不必然带来司法上的有效,于是唐玄宗朝到宋神宗朝时期,中国古代法律形式开始以灵活性极强的"格后敕"为中心,大量制定因时因事制定的法律形式。编敕的成功带来的问题是法律适用中的问题更加繁杂。宋神宗朝后,国家把法律形式的发展转向了以断例为中心的法律形式,克制编敕带来的问题,到元朝时出现条格和断例并行,整个法律完全建立在两类法律形式之上。明初重新对法典重视,同时对断例、条格进行新的形式化,具体是通过对条例定期整理并制定法典,解决两者带来的问题。如《问刑条例》的出现解决了格后敕及后来条格产生的问题,国家找到了让它们与律典有机结合的途径。

判例作为一种法律形式,中国古代自秦汉以来就存在,但宋元时期出现严重问题,因为这个时期"断例"数量倍增,导致法律形式混乱,清乾隆年间最终把判例融入中国古代以律典为中心的法律形式中去。清朝通过把判例分为成案、通行,通过技术化处理,让通行中判例上升为条例。这样,清朝乾隆年间在法律形式上终于解决了律典、条例、判例三者之间的问题,让三种法律形式发挥自己的优势时克制住各自的不足,构建起中国古代法律体系合理化机制。从现存的清朝乾隆至光绪年间的司法材料看,中国古代这种法律体系是能解决法律形式发展中立法数量有限、法律可发展性、司法适用准确性、个案适用公正性等多种法律价值的需要。

面对当前世界法律形式发展中遇到的问题,分析西方近现代以来普通法系的判例法发展中遇到的问题和大陆法系法典法遇到的困境,以及第二次世界大战后西方国家法律发展中的混合法律形式发展的趋势,我们对当前中国法律体系构建上的法律形式结构选择时,可以借鉴并充分继承中国古代法律形式发展中的成功经验和具体做法,否则现在在法律体系建设中,法律形式结构上出现的问题可能就是历史上已经存在过的问题。

第二章　秦汉魏晋律令在法律形式
及法典法中的转型

在中国古代,特别是对帝制时期的法律分类标准、法律形式种类、法典编撰体例、法律体系构成等基本法律问题的讨论中,都会涉及律令问题。律令作为帝制时期中华法系的法律知识谱系中的两个核心概念,对中华法系的法律体系形成产生了重要影响。律令作为传统法律知识体系的概念出现在战国时期,秦①汉时期成为国家法律的总称和法律形式种类的特称。魏晋时期律令开始在法律分类、法律形式和法典体例中获得了稳定且完整的含义,南北朝至宋时律令作为法律分类标准、法典编撰体例等内容,一直是国家法律体系中的基石。近代随着西方法学的传入,讨论律令在帝制时期法律问题时,还涉及宏观比较法学中法系论下中华法系的基本法律问题。日本学者和中国学者开始用中华法系来指称中华文化圈内的传统法律制度的基本特征。日本学者中田薰在使用"律令法"时,是把它作为日本法与罗马法比较时的概括特征使用的。池田温认为"律令法是指发达于中国而为东亚各地区所接受的以律令为中心的法体系"。② 在此语境下,中国和

---

① 本章中的"秦",不仅指秦国统一六国后的秦朝(公元前 221—前 207 年),还包括战国晚期的秦国,在本章中至少包括秦王嬴政即位以来(公元前 246 年)统一前的秦国时期。

② [日]池田温:《律令法》,载杨一凡、[日]寺田浩明主编:《日本学者中国法制史论著选(先秦秦汉卷)》,中华书局 2016 年版,第 87 页。

日本学者开始对中国古代法律形式中的"律令"问题展开讨论。① 20 世纪 80 年代后,中日学者在讨论中国传统法律形式时用"律令"来指称,并对"律令法体系"进行了深入精细的分析,让中华法系特征及中国传统法律形式、法律体系研究获得了丰富成果。② 2000 年后,随着秦汉出土简牍中法律史料公布的加快,学术界在对中国古代帝制时期法律体系的争论中形成了"律令""礼法"两派。③

---

① 如沈家本、程树德等人对传世文献中的秦汉律令史料进行收集整理。同期,日本学者中田薰、仁井田陞等人开始把中国古代法律特征总结为律令法系或律令法体系等。其中,日本学者中田薰对"律令法""律令法系"在学理上进行了全面讨论,让律令法系成为日本学者研究中国古代法律形式中的重要概念。具体参见中田薰的《古法杂观》《关于中国律令法系的发达》《关于中国律令法系的发达的补考》等论文(载[日]中田薰:《法制史论集》(第 4 卷),岩波书店 1964 年版)。中国学者较早使用律令法体系的是高明士、张建国,他们在 20 世纪 80 年代后引入此术语。高明士在 1984 年出版的《唐代东亚教育圈的形成——东亚世界形成史的一个侧面》中指出:"中国律令制的起源,从战国到西晋为止,令不过是律的追加法"(高明士:《唐代东亚教育圈的形成——东亚世界形成史的一个侧面》,中国台北"国立"编译馆 1984 年版,第 41 页)。张建国在 1998 年发表了《中国律令法体系概论》(《北京大学学报》1998 年第 5 期)等。

② 日本的滋贺秀三、大庭脩、冨谷至、堀敏一、池田雄一等人对"律令法体系"在日本法制史中的含义及中国帝制时期法制史中可以适用的时期、含义等进行过详细讨论,他们并不把中国古代全部法律史都用"律令法体系"来指称。中国学者高明士、张建国等人引入这个概念后,对这个概念进行了重新解释,其中张建国曾指出过,这个概念存在的问题及在解释中国帝制时期特定王朝上的有效性及不足等问题。

③ "礼法派"主要代表学者有俞荣根、高明士、马小红等,近期代表性论文有俞荣根和秦涛合写的《律令体制抑或礼法体制?——重新认识中国古代法》(《法律科学》2018 年第 2 期)一文。"礼法体系"在讨论中国古代法律形式中最大问题是"礼"的所指。因为西周时期礼与法的关系就是后来令与律的关系,即"设范立制"的非刑事法律与"正刑定罪"的刑事法律。汉朝国家法律制度中,有大量内容是规定皇帝、朝廷、官员的礼仪、仪注类法律。对此,汉初叔孙通制定的《傍章律》就属于礼仪类法律。《史记·叔孙通传》中记载:"高帝悉去秦苛仪法,为简易……臣原颇采古礼与秦仪杂就之。上曰:'可试为之,令易知,度吾所能行为之'。"(《史记》卷 99《叔孙通传》,中华书局 1963 年版,第 2722 页)《汉书·高帝纪》中记载:"天下既定,命萧何次律令,韩信申军法,张苍定章程,叔孙通制礼仪,陆贾造《新语》"(《汉书》卷 1《高帝纪下》,中华书局 1964 年版,第 81 页)。从此看,秦朝后按儒家礼制思想制定最早的礼仪法律是汉初叔孙通的《傍章律》。东汉末年应劭在修律时按记载是制定《汉仪》,西晋在修法时专门修造礼制法律,称为新礼。这个时期礼与律令的关系是混杂的,礼与律令并没有构成现在想象的那样截然分离,礼律令是没有明确区分的。西晋后,"令"的大量内容是礼制礼仪,这与"礼"属于"设范立制"有关。秦汉时期专门制定礼仪的法律有《外乐律》《祠令》等。西晋以后很多令涉及礼仪制度,如《祠令》《衣服令》《仪制令》《乐令》《丧葬令》《卤簿令》《祀令》《仪注令》《五服制令》《大礼仪》《明堂令》等。西晋的令大量是礼制礼仪,和唐朝后礼典和令中大量制定礼制法律的内容是否同属于一般"礼"之所指,还是"礼"只指被抽象作为一种价值的"礼义"思想没有进行过有效区分。从现在看,

两派近年相互批驳。① 这些争议实质上涉及如何评价中国古代帝制时期法律分类标准、法律形式种类、不同法律形式在国家治理中的作用及关系、法典法形成与法典编撰体例等方方面面的问题。当然，这些争议本身也反映出当前中国法律史学界对中国古代法律问题研究进入精细及转向更多内部考察的进展，对准确理解传统法律制度的内在问题是具有十分重要意义的，也是对 20世纪 50 年代特别是 80 年代以来形成的，中国法律史研究中存在的一种基于碎片化历史文献而形成的简单化、抽象化的法律史知识的宏观规律描述研究模式的改进。

考察中国古代法律分类、法律形式、立法体例（特别是法典体例）等问题时，必须弄清楚秦汉与魏晋两个时期的变化是什么。② 三国魏和西晋虽然在中国古代历史长河中存在的时间较短，但在中国古代立法史、法典法形成史、法律分类史、法律形式变迁史等问题上是重构变革的关键时期。魏晋两朝修法虽然从立法渊源看，只是对秦汉时期累积形成的立法成果进行全面重新编

帝制时期礼与律令等法律明确区分始于修法时制定独立新礼，特别是唐朝由于礼的内容被独立制定成礼典，如《贞观礼》《显庆礼》《开元礼》等，这样才导致礼与律令格式等狭义法律明确分开来。所以，在中国古代法律形式研究中，"礼法体系"听起来十分准确，但在规范实证分析上是无效的，也不能正确反映中国古代法律分类的标准、法律形式的种类、立法技术的体系、法典体例等核心问题。

① 对日本与中国学者在"律令法系"和"礼法体系"问题的争议与相关问题的评论上，可以参见朱腾的《从君主命令到令、律之别——先秦法律形式变迁史纲》（《清华法学》2020 年第 2期）。该文对这些问题进行了全面评论。此外，他在文章中还对"令"在秦汉时期发展有深入考察。本章在考察点上与他有所不同，本章重点考察律令作为两种法律形式及国家法律编撰载体，在秦汉时期国家法律体系中的形态和作用问题。

② 对魏晋时期律令分离及律令法典体例的形成，以及律典和令典的篇名体例、历史意义等问题，学术界有很多研究。这方面的学者国内主要有张建国、李玉生、邓长春等人，代表作有：张建国的《魏晋律令法典比较研究》（《中外法学》1995 年第 1 期）、李玉生的《魏晋律令分野的几个问题》（《法学研究》2003 年第 5 期）、邓长春的《西晋律令法制体系研究》（西南政法大学博士学位论文，2015 年）等；日本学者有滋贺秀三和堀敏一等，代表作有滋贺秀三的《关于曹魏新律十八篇篇目》和《再论魏律篇目》，堀敏一的《晋泰始律令的制定》（载杨一凡、［日］寺田浩明主编：《日本学者中国法制史论著选（魏晋隋唐卷）》，中华书局 2016 年版）等。这些研究都深入讨论了魏晋修法的影响，但在很多问题上囿于日本学者之说无法展开深入讨论。

撰,如条文、篇名来源、篇名下所包括的法律等都直接来自秦汉时期的立法积累,①但后面蕴含的思想却让这种变化对中国古代法律发展产生了革命性转型。秦汉的律令与魏晋的律令在所指上发生的变化,让整个律令法体系发生了转折。虽然学术界对这些问题展开了很多研究,但仍然有很多问题没有得

---

① 分析这种整理重修立法,汉武帝后就开始,特别是进入东汉后越来越多,成果也越来越成熟,其中东汉和帝时陈宠修法和献帝时应劭修法是两次具有奠基意义的总结性私家修法。两人在修法时利用秦汉时期形成的律学、经学等知识,对积累的成果进行重构整合。陈宠修法在东汉中期,即汉和帝永元六年(94年),陈宠在儒家理论指导下对整个法律进行重新整理。"永元六年,宠又代郭躬为廷尉,复校律令,刑法溢于《甫刑》者,奏除之。"对自己的修法标准和原则,他在奏折中有明确说明:"故《甫刑》大辟二百,五刑之属三千……今律令,犯罪应死刑者六百一十,耐罪千六百九十八,赎罪以下二千六百八十一,溢于《甫刑》者千九百八十九……汉兴以来,三百二年,宪令稍增,科条无限……刑法繁多,宜令三公、廷尉集平律令,应经合义可施行者,大辟二百,耐罪、赎罪二千八百,合为三千,与礼相应。其余千九百八十九事,悉可详除……未及施行,会宠抵罪,遂寝。"(《晋书》卷30《刑法》,中华书局1974年版,第920页)从记载看,陈宠对汉朝300多年的律令进行了全面整理,只是他希望按《吕刑》原则修成3000条刑律的计划没有实现。对修法,他提出的标准是"应经合义""与礼相应"的原则,按《尚书·吕刑》:"五刑之属三千"标准,把当时刑事类法律进行大规模删减重合,条文减少到3000条,删除1989条。从中可以看出汉和帝永元六年全国刑事法律达4989条。(此内容在《后汉书》卷46《陈宠传》中有相同记载,中华书局1973年版,第1554页)应劭修法在汉献帝建安元年(196年),《晋书·刑法》中记载:"献帝建安元年,应劭又删定律令,以为《汉仪》。表奏之曰:'……臣窃不自揆,辄撰具《律本章句》《尚书旧事》《廷尉板令》《决事比例》《司徒都目》《五曹诏书》及《春秋折狱》,凡二百五十篇,蠲去复重,为之节文。又集《议驳》三十篇,以类相从,凡八十二事。"(《晋书》卷30《刑法》,中华书局1974年版,第920—921页)这次修法,《后汉书·应劭传》中记载:"又删定律令为《汉仪》,建安元年乃奏之。曰……臣累世受恩,荣祚丰衍,窃不自揆,贪少云补,辄撰具《律本章句》《尚书旧事》《廷尉板令》《决事比例》《司徒都目》《五曹诏书》及《春秋断狱》凡二百五十篇。蠲去复重,为之节文。又集驳议三十篇,以类相从,凡八十二事。其见《汉书》二十五,《汉纪》四,皆删叙润色,以全本体。其二十六,博采古今瑰玮之士,文章焕炳,德义可观。其二十七,臣所创造。"(《后汉书》卷48《应劭传》,中华书局1973年版,第1612—1613页)结合两处记载,应劭修法进行了两个方面的重点工作:一是制定成《汉仪》,二是对整个汉朝法律进行整理,形成对汉朝各类法律的全面分类整理,在内容上有法律、官制、礼制;在形式上有成文法、判例法、法律理论。两人在不同时期的修法工作,是对秦朝以来,特别是汉朝300多年立法成果的大规模删改、整合,为魏晋立法做了准备工作。应劭立法和整理为后来立法从官制、礼制、法律三个方面进行开了先河。如《晋书·文帝纪》卷2记载咸熙元年(264年)秋七月"帝奏司空荀𫖮定礼仪,中护军贾充正法律,尚书仆射裴秀议官制,太保郑冲总而裁焉"。(《晋书》卷2《文帝纪二》,中华书局1974年版,第44页)这里指出西晋修法是从法律、礼仪、官制三个方面进行。这种立法开创了中国古代国家法律分类上的新体例,同时也是礼与律令等法律分开立法的开始,是唐朝律令格式、《唐六典》《开元礼》等分典立法的直接来源。

到很好解决。本章将对秦汉律令与魏晋律令在法律分类标准、法律形式、法典结构等方面进行讨论,揭示这两个时期中国古代法律形式发展中的变化及意义。

在中国古代法律形式的形成和发展过程中,秦汉与魏晋是两个必须认真对待的时期。这是因为帝制时期法律体系中的"律"和"令"在这两个时期发生了实质性变化。魏晋时期律令分类体系与法典编纂体例的出现在中国古代法律发展史中"正意味着一个时代的终结、下一个时代的开始"①。虽然秦汉与魏晋的律令在名称上是相同的,但在帝制时期的法律体系中却代表两个完全不同的内容,形成两种不同特质的法律体系。这种意义虽然成为中日学者考察的重点,也有了大量成果,但分析这些研究成果,仍然没有很好地解释这种转变中的相关问题。这是因为学术界在讨论这个问题时,要么集中解释《法经》《九章律》《魏律》之间篇名在传世文献学和出土文献上的不统一问题,或者解决秦汉律令中国家法律形式分类结构如何转变成西晋时律令分典的问题。这种解释是把不同法律问题混成同一法律问题来讨论。在对中国古代法律形式和法典形成问题进行讨论时,没有在长周期视角下,对帝制时期法律分类标准、法典编撰体例、法律渊源结构、立法程序和成果载体、不同法律效力差异等问题进行综合考察,厘清这些问题之间的区别、关系及变迁等。这种研究上的不足,可以从大庭脩的研究中看出。在他的代表作——《秦汉法制史研究》一书中,从具有对中国古代法律形式变迁史总结性讨论的"第一章律令法体系的变迁与秦汉法典"来看,会发现他对中国古代法律分类标准及变迁,法典结构、篇名体例变迁,法律内在的统一等问题是存在困惑和认识不清的。②要解决这个问题,就必须解决魏晋时期是如何创制出新的法律分类标准及这种分类标准对当时法律形式、法典体例的影响。

从长周期看,在中国古代法典法发展过程中,法典的结构与分类经历了逻

---

① ［日］大庭脩:《秦汉法制史研究》,徐世虹等译,中西书局 2017 年版,第 8 页。

② 具体参见［日］大庭脩的《秦汉法制史研究》,徐世虹等译,中西书局 2017 年版,第 3—12 页。

辑分类（律令体）到实用分类（事类体或条法事类），再到逻辑与实用结合（律典体与事类体结构下的会典体）的三种取向的变迁。法典的变化往往与法律规范分类标准的变化交合。这让中国古代法律形式分类形成与法典编撰体例问题混在一起。因为有时法律分类与法典编撰体例是一致的。如律令在西晋至宋朝时，不仅是法律形式还是法典的分类。帝制时期的法典编撰体例基本可以推定最早始于战国初期李悝的《法经》。① 此外，在中国古代法律载体形式上，法典很早就成为基本形式。帝制时期的法典法，从《法经》到1905年清政府法律改革引入近代西方法典体例之前，有自己独立的法典知识，构成国家法典编撰中的重要知识来源。从《法经》到清末《大清新刑律》出现之前，中国古代法典法经历了三个时期。第一个时期是法典法的形成时期，具体是《法经》到曹魏《新律》修成，这个时期基本内容是以《法经》篇名体例为基础，在体例与篇名上构成秦汉时期法典的编撰知识来源，但没有严格区分"律"与"令"两种法律形式上的编撰体例，法典知识没有严格理论化、体系化。第二个时期是古典法典法时期，从西晋泰始四年（268年）制定《泰始律》《泰始令》为开始，到明初《大明令》和《大明律》为止，这个时期在法典编撰体例上以律令两典体例为基础，分别在两种法典编撰体例下编撰成不同法律形式的法典，如宋朝的敕典和断例、元朝的断例等律典，以及隋唐格式、宋朝格式、元朝条格等是"令典"。同时，这个时期的律令不仅是法典编撰体例的知识，还是法律分类的标准。第三个时期是后法典法时期，主要是明清两朝，法典编撰体例把事类体与律令体混合，构成新的法典体例，如《大明律》从篇名结构上看，一级篇名

---

① 因为中国古代法典法始于什么时候、代表成果是什么是难以确定的。先秦时期很多问题是很难有效解答的，如《禹刑》《汤刑》《吕刑》等是指什么。它们在立法史上，特别是法典法编撰史上具有什么样的地位等是无法有效讨论的。现在《法经》虽然在文献上存在可疑，但从出土的秦汉律类篇名看，是与传世文献记载相符的。所以在中国古代，特别是帝制时期，法典编撰源于《法经》是可以证实的。《法经》虽然不是一部严格意义上的法典，但在立法中开始有内在结构体例和篇名间有内在逻辑关系是没有问题的，或说《法经》立法开创了中国古代体系化立法的先河是成立的。

中六部分类是事类体,二级篇名是律典和令典的混合结构。这样,在国家立法中法典不再以逻辑分类为取向,转向实用取向,法典之间没有严格体例分类和有机配合。例如在清乾隆朝时虽然有《大清律》和《大清会典》作为"正刑定罪""设范立制"两类法律的基本法典,但两类法典在体例上是一致的,其他法律形式,如条例和事例的编撰体例也采用唐朝会典和宋朝会要的混合体例。分析这种法典体例的变化,会发现这并不完全与法律形式分类同步进行。所以,在秦汉至魏晋律令相关问题的研究中应注意区分这两种知识体系的不同与联系。

为此,本章将集中考察秦汉与魏晋时期律令在国家法律形式、立法技术、法典编撰体例中的相关问题,不考察律令,特别是令在秦汉时期国家立法中的作用和特点问题。① 因此,本章将深入考察两个时期律令在三个方面的转变:首先,把秦汉出土的现有律令法律形式放在帝制时期国家法律形式变迁的历史框架中去考察;②其次,把魏晋时期及此后的唐宋元明清时期律令,或律令格式与秦汉律令进行比较;最后,在分析法律形式与法典体例变化时基于法律分类标准、法典体例结构、法律制定程序、法律效力等级等方面展开讨论。

---

① 这里不考察令的复杂多样的含义,因为这涉及国家结构形成,以及国家立法、司法、行政中皇帝与官僚之间的复杂关系,而且令在中国古代存在立法上的、司法上的、行政上的三个不同领域的功能和性质。这些构成了学术界对"令"的相关问题争议上的来源。对这方面,日本学者和国内学者都有丰富研究。如日本中田薰的《汉律令》[《中国古代法律文献研究》(第3辑),中国政法大学出版社2007年版]、大庭脩的《秦汉法制史研究》(中西书局2017年版)、冨谷至的《通往晋泰始律令之路》[载中国政法大学法律史研究院编:《日本学者中国法论著选译》(上册),中国政法大学出版社2012年版];国内,如徐世虹的《出土法律文献与秦汉令研究》[《出土文献与法律史研究》(第1辑),上海人民出版社2012年版]、凡国栋的《秦汉出土法律文献所见"令"的编序问题》[《出土文献研究》(第10辑),中华书局2011年版]、陈松长的《岳麓书院藏秦简中的行书律令初论》(《中国史研究》2009年第3期)、杨振红的《出土简牍与秦汉社会》(广西师范大学出版社2009年版)、徐世虹等的《秦律研究》(武汉大学出版社2017年版)等。

② 对帝制之前,即夏商西周春秋战国法律形式变迁中"令"的形成和发展问题,学术界有较多研究,其中朱腾在《从君主命令到令、律之别——先秦法律形式变迁史纲》(《清华法学》2020年第2期)中有详细考察。

一、秦汉律令的性质、篇名、法典化等
问题的争论

"律令"一词并非日本学者首创,把国家法律简称为"律令",现在可以确定在秦始皇时就已经存在。如出土文献《睡虎地秦墓竹简·语书》中有"法律令"之语。"法律未足,民多诈巧,故后有间令下者。凡法律令者,以教道(导)民,去其淫避(僻),除其恶俗,而使之之于为善殹(也)。今法律令已具矣。"①从这里看,当时把法律称为"法、律、令",而且指出"法律令"的功能是"教民止恶"。秦汉其他出土简牍中,"律令"已经大量作为通用法律术语总称使用。《岳麓书院藏秦简(四)·金布律》中有"卖瓦土壐粪者,得贩卖室中舍中,租如律令"②。《里耶秦简》中地方官在各类公文中常用"以律令从事"之语。此外,在秦汉传世文献中,如《史记》《汉书》《后汉书》中也大量使用"律令"。当然,把"律令法"用来专指秦汉隋唐时期法律基本特征的则是日本学者中田薰,即在一种比较法学视角下,作为某一区域法律的总体特征使用是始于中田薰。从学术视角看,国内学者对帝制时期"律令法体系"质疑和争议与帝制时期中国与日本国家法律体系中律令两种法律的地位不同有关。从比较法看,中国和日本在西晋律令法律分类以及成为不同法典后,对两种法律和法典在国家法律体系和知识阶层中的重视程度是存在差异的。考察隋唐时期日本对中国律令法律的移植,会发现日本在移植隋唐法律时以"设范立制"的"令"为首选,而中国长期是以"律"及律典为中心。中国古代在两种法律形式的地位和认识上,如体现古代国家价值的正史中的《刑法志》在评论每个王朝立法、司法等成绩和经验时,都只以"正刑定罪"的刑律及律典为中心,对"设范立

---

① 睡虎地秦墓竹简整理小组编:《睡虎地秦墓竹简》,文物出版社1978年版,第15页。
② 陈松长主编:《岳麓书院藏秦简(四)》,上海辞书出版社2015年版,第109页。

制"的令及令典很少作评论。此外,在帝制时期专门研究法律知识的律学中,也只以律为对象,形成律学,而非律令学,或说令学。① 虽然晋朝至明初都有令典,但没有一部专门讨论令及令典注释成果的专著,相反,律及律学从秦朝开始就十分发达,东汉时大家辈出,研究成果斐然。② 从中国古代文化,特别是儒家文化看,律令法律体系的准确表达应是"令律法律体系"。因为儒家"礼法之说"是有内在的价值选择的,遵循的是"先教而后杀"的国家治理理念,所以称为"礼法"之治,把"禁于未然"的"礼"放在前,"禁于已然"的"法",或"刑""律"放于后,正是这种价值的体现。这种立场在帝制时期构成了重要的法学立场,如汉代《盐铁论》中,不管是代表法家的"大夫"还是代表儒家的"文学",在讨论国家法律体系时,对令与律(或法)的性质和作用开始形成相同认识。《刑德》篇中"大夫"有:"令者所以教民也,法者所以督奸也。令严而

---

① 中国古代研究"设范立制"的令及令典相关学术不发达应与存在发达的"礼学"有关。认真分析礼学,特别是汉朝礼学,往往是令类法律的学术成果。当然,从令典看,中国古代礼学并不提供令典发展的知识体系。这确实是中国古代法学理论知识体系上的一种特殊现象。对汉朝礼与律令不分,礼往往就是律令的问题,清末学者章太炎早有考论,此外在《后汉书·应劭传》中记载他修成的律令称为《汉仪》,从中可以看出这种现象。相反,日本在大化改新后,形成了发达的令学与丰富的令学研究成果,如《令义解》《令集解》等。

② 分析日本在隋唐时期学习中国法律制度的历史会发现,他们最先移植的是设制类法律,其中以令典为主。日本历史上最早模仿唐朝法典制定的是《近江令》。在大宝元年(701年)修成《大宝律》《大宝令》和养老二年(718年)修成《养老律》《养老令》后,对令典的解释形成了《令义解》《令集解》等注释成果。唐朝中后期,日本加大对格式移植,从弘仁十年(819年)到延喜五年(905年)近100年时间内,制定了《弘仁格》《弘仁式》,《贞观格》《贞观式》,《延喜格》《延喜式》等。它们都是"设范立制"类法律。中国虽然在西晋时形成了完全独立于律典的令典,隋唐宋时期令典是国家法律两大支柱,立法成果十分丰富,但是从西晋至元朝,对令典,在律学家中就没有出现过完整的研究成果。而同期对律典,西晋制定《泰始律》后就有张斐、杜预的《律注》,唐朝有《唐律疏议》,宋朝有《刑统赋》,元朝有《刑统赋疏》等经典成果。对此,池田温指出:"奉敕为日本《养老令》而撰写的《令义解》(承和元年,834年施行),以具有与令相同的法律效力行用于世,它正好和唐律之疏[永徽四年(653年)发布,开元二十五年(737年)改订]与律并用的情形形成对应。唐、日均有加注范本(《唐律疏议》和日本的《令义解》)流传后世,只有律、令原文的原典则基本不存(唐律总算有宋刊本传存,但直至近年,它的存在也不大为人注意,一直被《唐律疏议》所掩盖)。由此应当充分意识到,《唐律疏议》和《令义解》各自在唐和日本所发挥的作用具有决定性的重要意义。"([日]池田温:《律令法》,载杨一凡、[日]寺田浩明主编:《日本学者中国法制史论著选(先秦秦汉卷)》,中华书局2016年版,第91页)

民慎,法设而奸禁。"①《诏圣》篇中"文学"有:"令者教也,所以导民人;法者刑罚也,所以禁强暴也。"②分析双方对国家治理中两种不同规范,即"令"与"法"及两者的作用认识是高度一致的。从这里看,当时官僚知识精英中,不管是法家立场的官员还是儒家立场的官员,都开始对"令"与"法"的性质和功能进行区分,把"令"作为"设教",把"法"作为"禁恶"。汉朝在学理上对"令律"的这种分类和认识,在西晋时是得到继承的,根据日本《令集解》的注中所引杜预的奏折,就有"凡令以教喻为宗,律以惩正为本。此二法虽前后异时,并以仁为旨也"③。这些知识成为西晋时期"律令"分类及分典立法的学理基础,为西晋律令分离并作为两种基本法律形式提供了理论支持。

对于国家法律体系中令及令典的重要性,西晋后有官员讨论过,如北魏孙绍在延昌年间奏请国家制定令典时,对令典和律典在国家法律体系中的作用及关系进行过有代表性的阐述,指出令典是国家法律体系中的"根本大法"。

> 然则,王者计法之趣,化物之规,圆方务得其境,人物不失其地。又先帝时,律令并议,律寻施行,令独不出,十余年矣。臣以令之为体,即帝王之身也,分处百揆之仪,安置九服之节,经纬三才之伦,包罗六卿之职,措置风化之门,作用赏罚之要,乃是有为之枢机,世法之大本也。然修令之人,亦皆博古,依古撰置,大体可观,比之前令,精粗有在。但主议之家,太用古制。若全依古,高祖之法,复须升降,谁敢措意有是非哉? 以是争故,久废不理。然律令相须,不可偏用,今律班令止,于事甚滞。若令不班,是无典法,臣下执事,何依而行?④

这里孙绍从作用上指出令典是国家法律体系的基本大法,是"帝王之身""有为之枢机,世法之大本"。这种思想与儒家在国家治理中"先设教,后刑

---

① 《盐铁论》第55《刑德》,王贞珉注译,吉林文史出版社1996年版,第471页。
② 《盐铁论》第58《诏圣》,王贞珉注译,吉林文史出版社1996年版,第511页。
③ 《令集解》卷1《官位令》,吉川弘文馆1981年版,第7页。
④ 《魏书》卷78《孙绍传》,中华书局1974年版,第1724—1725页。

杀"的价值选择有关,在法律取向上体现的是构建国家令律法体系。对此,成书于唐朝的日本《令集解》中有相同解释。"问:律令谁先谁后? 答:令有律语,律有令语,以此案之耳,谓共制。但就《书义》论,令者教未然事,律者责违犯之然,则略可谓令先萌也。又上宫太子并近江朝廷,唯制令而不制律,以斯言也,亦令先萌也。"①这里的解释虽然反映了日本特有国情,但在对律令认识上也反映了隋唐时期中国的主流思想。

这种思想在朱熹身上同样有所体现,如朱熹指出北宋神宗朝时,把国家法律中"敕""令"称为"敕令"是错误的,应是"令敕"。

> "令"则条令禁制其事不得为、某事违者有罚之类,所谓"禁于未然"者。敕,则是已结此事,依条断遣之类,所谓"治其已然"者。格、令、式在前,敕在后,则有"教之不改而后诛之"底意思。今但欲尊"敕"字,以敕居前,令、格、式在后,则与不教而杀者何异? 殊非当时本指……本合是先令而后敕,先教后刑之意。自荆公用事以来,定为"敕、令、格、式"之序。②

这里朱熹认为是王安石不懂法律体系中"设制"与"设罚"的关系所致。其实,这是朱熹站在儒家立场对法律规范中两类不同性质法律选择的结果。

从西周时国家治理理论,特别是春秋儒家理论看,在秦汉后,法律形式"律令"表达上用"令律"才符合他们的内在价值取向。所以说从中国古代法律规范分类及对两种法律规范功能认识上看,称为"令律法体系"才符合当时的价值立场。

回到本章讨论的主题,会发现这些学术争议与当前学术界对秦汉律令法律理解是建立在以下知识前提上的。

---

① 《令集解》卷1《官位令》,吉川弘文馆1981年版,第7页。
② (宋)黎靖德:《朱子语类》卷128《祖宗二·法制》,王星贤点校,中华书局1985年版,第3081—3082页。

第一,秦汉时期律已经是稳定、完整的法典法,即秦朝的《法经》、①汉朝的《九章律》都是结构合理、体系完整的法典。"秦六律、汉九章律、魏律十八篇、晋律二十篇,均为篇目顺序固定的整全性法典。因此,这类法典可以被视为基本法。"②在此基础上,对现在出土的秦汉法律文献中篇名多于这两部法律篇名的问题,想办法进行后构建解释。具体有两种:第一种是用基本律典和单行律及追加律加以解释,即认为《法经》和《九章律》是基本法典,其他的属于单行律和追加律。"以秦六经、汉萧何九章律为基本法典的秦汉律,它的外围存在着为数众多的单行律和追加律。"③这样解释了传世文献与出土文献之间在篇名上不统一的问题。第二种是认为秦时《法经》和汉朝时《九章律》属于"正律",是一级法典篇名,其他出土篇名是二级篇名,二级篇名在一级篇中,即一级篇名构成了一个个相对独立的次法典,每个独立的一级篇名再由数个二级篇名组成。"秦汉律典存在二级分类,张家山汉简《二年律令》以及传世文献中出现的凡不属于九章的律篇应均是九章之下的二级律篇。"④这种解释无法解决不同时期篇名增加,而非一开始一级二级篇名就固定不变的问题。此外,也不能解释出土中很多律与《法经》《九章律》篇名中性质不同的问题。

第二,在秦汉令的问题上,秦汉时期令已经法典化,或说已经有令典。在秦汉律令法典问题上,日本学者中田薰认为律令两典在汉初就已形成。"律

---

① 学术界认为商鞅把李悝《法经》移植入秦国,所以在秦朝法律中《法经》是基本法律。

② [日]冨谷至:《通往晋泰始律令之路(Ⅰ):秦汉的律与令》,朱腾译,载中国政法大学法律史研究院编:《日本学者中国法论著选译(上)》,中国政法大学出版社2012年版,第132页。不少学者持有这种观点,如大庭脩、张建国等人,就用"正律"和"旁律"来解释这个问题。当然,从现在荆州胡家草场汉简看,当时对律的分类是用"正律"与"旁律"来区分的。

③ [日]冨谷至:《通往晋泰始律令之路(Ⅰ):秦汉的律与令》,朱腾译,载中国政法大学法律史研究院编:《日本学者中国法论著选译(上)》,中国政法大学出版社2012年版,第188页。

④ 杨振红:《秦汉律篇二级分类说——论〈二年律令〉二十七种律均属九章》,《历史研究》2005年第6期。对于此问题的讨论与争议可以参见孟彦弘的《秦汉法典体系的演变》(《历史研究》2005年第3期),李振宏的《萧何"作律九章"说质疑》(《历史研究》2005年第3期),张建国的《魏晋律令法典比较研究》(《中外法学》1995年第1期),杨振红的《从〈二年律令〉的性质看汉代法典的编纂修订与律令关系》(《中国史研究》2005年第4期)等文。

与令这两个用以实施统治的根本性法典,始于汉萧何立法。"①堀敏一认为秦朝没有令典,汉朝时已经有令典。"他认为,在秦代,令作为单行法令出现,被略加法典化之后则成为了律。在汉代,令已非单纯的单行法令,而是作为法典而成立。"②宫宅潔则认为令典始于秦朝,甚至是秦始皇统一六国前。冨谷至认为:"这意味着在秦代,作为法典的令还没有成熟,但此种情形在汉令也是如此。"③对秦汉令典问题,主要是如何理解法典,特别是令典作为帝制时期一种特别法典体例的问题。若法典是指法律编撰成相对体系化的汇编成果,那么汉朝时期就存在令典,但若令典是指具有内在篇名结构和体例,即按晋朝的令典标准,秦汉时期只有令的汇编成果,还没有体系化的令典。

总结上面的观点,可以看出,当前学术界对秦汉律令基本有以下几种观点:秦汉律令已经是法典法;秦汉律有律典和单行法两种,秦汉时期令还没有法典化;秦汉律令只是单行法等。分析产生学术上争议的原因,是把《法经》六篇和《九章律》九篇与曹魏《新律》、西晋律令两典作为同样法典,在此前提下来解释秦汉时期出土的各种律令篇名问题,而现实是《法经》《九章律》及秦汉律令篇名和法律分类都不是魏晋时期的,自然这种努力无法有效作出解释。对这种学术困境,日本学者冨谷至指出:"对既包含追加法又保有非刑罚法规的秦汉律,究竟应如何理解才能不致产生龃龉呢?"④所以笔者认为,对秦汉时期的《法经》六篇、《九章律》九篇⑤及律令问题,不能用魏晋律令分类标准及

---

① [日]中田薰:《法制史论集(四)》,岩波书店1964年版,第74页。

② [日]冨谷至:《通往晋泰始律令之路(Ⅰ):秦汉的律与令》,朱腾译,载中国政法大学法律史研究院编:《日本学者中国法论著选译(上)》,中国政法大学出版社2012年版,第137页。

③ [日]冨谷至:《通往晋泰始律令之路(Ⅰ):秦汉的律与令》,朱腾译,载中国政法大学法律史研究院编:《日本学者中国法论著选译(上)》,中国政法大学出版社2012年版,第161页。

④ [日]冨谷至:《通往晋泰始律令之路(Ⅰ):秦汉的律与令》,朱腾译,载中国政法大学法律史研究院编:《日本学者中国法论著选译(上)》,中国政法大学出版社2012年版,第133页。

⑤ 这个问题的根源是唐朝时人在追溯律典篇名和编撰体例来源时,把《法经》和《九章律》作为律典的来源。这种知识上的追源本身没有问题,产生问题的是后人由此用魏晋唐时期律典体例及令典体例反推秦汉的律典和令典,特别是《法经》和《九章律》,而不是考察两者变迁的原因及具体表现。

法典结构体例来追加解释,而是要基于秦汉时期的立法体例、法律分类、法律篇名的命名等知识本身来考察,最后得出它们的法律体系。之前学术界产生这种学术问题的原因有二:一是日本学者为论证律令法体系,必须回答秦汉律令是什么的问题;二是秦汉时期法律史料太少,传世文献不足以支撑足够的知识体系来"恢复"秦汉律令法律的"原貌"。现在这两个问题都解决了:秦汉律令体系与西晋后特别是隋唐宋存在不同,但并不影响律令法体系理论的存在意义;大量出土的秦汉律令法律解决了《睡虎地秦墓竹简》和《张家山汉墓竹简》的单一性、随机性问题。总之,在此问题研究中,关键是如何理解《法经》六篇和《九章律》九篇与曹魏《新律》、西晋律令两典之间的关系、性质等问题。

二、秦汉出土简牍所见律令篇名及特点

要对秦汉律令法律作出较为合理的解释,就必须基于秦汉法律本身来进行,而不是基于后面的魏晋法律体系及法典结构体例进行反推。为了全面了解秦汉时期律令,笔者对已出土并且公开的法律资料进行律令篇名及内容的整理,以恢复秦汉律令在法律篇名与内容构成上的"原状"。当前,较能反映秦汉律令篇名和内容的有《睡虎地秦墓竹简》《岳麓书院藏秦简》《张家山汉墓竹简》《胡家草场汉简》《居延汉简》[1]等,其中公布法律最多的是《睡虎地秦墓竹简》《岳麓书院藏秦简》《张家山汉墓竹简》。下文笔者对秦汉律令所见篇名进行整理,再把它们与西晋、唐宋时期相关内容进行比较,从比较视角揭示两者之间的异同及变迁情况。

---

[1] 现在出土的秦汉简很多,但从公布的看,法律资料不多,其中里耶秦简虽然数量不少,但很多是公牍文书,记载律令篇名和条文的很少。现在按报道,秦汉法律资料最集中的还有荆州胡家草场西汉简和南昌海昏侯墓汉简,两处皆有大量法律资料,但现在没有全部公布内容。

（一）秦汉出土简牍中律令篇名辑录

1.《睡虎地秦墓竹简》

《睡虎地秦墓竹简》中可以见到的"律"的篇名共有29个,具体如下。

《田律》《厩苑律》《仓律》《金布律》《关市律》《工律》《工人程律》《均工律》《徭律》《司空律》《军爵律》《置吏律》《效律》《传食律》《行书律》《内史杂律》《尉杂律》《属邦律》《除吏律》《游士律》《除弟子律》《中劳律》《藏律》《公车司马猎律》《牛羊课》《傅律》《敦(屯)表律》《捕盗律》《戍律》。

2.《岳麓书院藏秦简》

《岳麓书院藏秦简》中可以见到的"律"的篇名共有22个,具体如下。

《亡律》《田律》《金布律》《尉卒律》《徭律》《傅律》《仓律》《司空律》《内史杂律》《奔敬(警)律》《戍律》《行书律》《置吏律》《贼律》《具律》《狱校律》《兴律》《杂律》《关市律》《索律》《内史律》《廷律》。①

《岳麓书院藏秦简》中可以见到"令"的篇名较多,是现在见到秦朝令的篇名及内容最多的秦简,它让我们对秦朝令的了解有了原始资料。具体如下。

《廷令》《卒令》《迁吏令》《郡卒令》《尉郡卒令》《备盗贼令》《内史户曹令》《内史仓曹令》《内史旁金布令》《内史官共令》《内史郡二千石官共令》《廷内史郡二千石官共令》《迁吏归吏群除令》。

---

① 《内史律》《廷律》篇名出现在具体法律条文中。"如《廷律》""如《内史律》"(《岳麓书院藏秦简(四)》,上海辞书出版社2015年版,第194、195页)。分析它的用语,与"皆以舍匿罪人律论之"(《岳麓书院藏秦简(四)》,上海辞书出版社2015年版,第40页),"如告不审律"(《岳麓书院藏秦简(四)》,上海辞书出版社2015年版,第45页)是不同的,而与"有以《亡律》论之"(《岳麓书院藏秦简(四)》,上海辞书出版社2015年版,第54页)相同。《内史律》与《内史杂律》应不同,因为在秦人法律中《杂律》是专用语,而非泛指。

3.《张家山汉墓竹简·二年律令》

《张家山汉墓竹简·二年律令》中所见"律"的篇名共有 32 个,具体如下。

《金布律》《贼律》《盗律》《囚律》《捕律》《杂律》《具律》《户律》《兴律》《田律》《均工律》《徭律》《爵律》《置吏律》《效律》《传食律》《行书律》《傅律》《亡律》《置后律》《复律》《关市律》《均输律》《史律》《告律》《钱律》《收律》《赐律》《户效》《秩律》《蛮夷律》《奴婢律》。

《张家山汉墓竹简·二年律令》中所见"令"的篇名有:《关津令》《传令》《阑令》《越塞令》《越塞阑关令》。

从法律篇名看,这里的《越塞令》《越塞阑关令》应不是令的篇名,而是令中特定法律条文的名称,属于条文条标。此外,从现在公布的张家山 336 号汉墓中还见到《迁律》《朝律》《功令》等律令篇名。

4. 湖北胡家草场汉墓简牍

湖北胡家草场汉墓简牍所见法律,根据整理者介绍,整个法律是,律令"三千余枚简。简长约 29.9 厘米、宽约 0.6 厘米。三道编绳,简背有刻画线。其中律分三卷。第一卷的内容与睡虎地七十七号汉墓出土'□律'基本相对应,第二卷自题'旁律甲',第三卷自题'旁律乙'。三卷皆有目录,目录有小结,分别记作'凡十四律''凡十八律''凡十三律'。令分两卷。第一卷自题'令散甲'。两卷自有目录,目录有小结,分别记作'凡十一章''凡廿六章'"。① 这样,律三卷分别是"凡十四律""凡十八律""凡十三律",共 45 篇;令两卷分别是"凡十一章""凡廿六章",共 37 篇。从公布的资料看,"凡十四律"的具体篇名是《告律》《捕律》《兴律》《厩律》《盗律》《囚律》《关市律》《效律》《贼律》《具律》《杂律》《亡律》《复律》《钱律》;"凡十八律"有《朝律》《田

---

① 荆州博物馆、武汉大学简帛研究中心编著:《荆州胡家草场西汉简牍选粹》,文物出版社 2021 年版,"前言",第 2 页。

律》《户律》《置吏律》《赐律》《置后律》《仓律》《行书律》《金布律》《傅律》等；"凡十三律"有《腊律》《治水律》《外乐律》《葬律》《蛮夷诸律》《祠律》等。有一些篇名是第一次见，如《外乐律》《蛮夷诸律》等。令37篇只有"凡十一章"有具体篇名，分别是《令甲》《令乙》《令丙》《令丁》《令戊》《壹行令》《少府令》《功令》《卫官令》《市事令》《蛮夷卒令》。但由于现在没有完全公开律和令的具体篇名，无法对篇名及其下内容进行考察。对这次出土的法律，整理者认为是西汉的律典和令典。"法律文献主要是律典和令典，约3000枚。"①

5.其他地区出土汉朝简牍所见律令篇名

现在出土的汉朝简牍中，西北地区数量较多，其中有名的有《楼兰尼雅汉简》《敦煌汉简》《居延汉简》等。这些简牍中，出土律的篇名有：《盗律》《贼律》《囚律》《捕律》《兴律》《厩律》《户律》《金布律》。出土令的篇名有：《功令第五》《北边挈令第四》《大鸿胪挈令》《戍卒令》《赦令》《赏令》《祠社稷令》《军法》《军令》。此外，《悬泉汉简》中有《贼律》《田律》《置吏律》《盗律》《令乙》《兵令》《仓令》；《武威汉简》中有《王杖诏书令》；《武威旱滩坡律令简》中有《王杖诏书令》《令乙》《公令》《御史挈令》《兰台挈令》《卫尉挈令》《尉令》《田令》。

此外，根据李均明统计，在秦汉其他简牍中，与"令"有关的还有：《令甲》《令乙》《令丙》《版诏令》《赦令》《甲子赦令》《功令》《北边挈令》《御史挈令》《兰台挈令》《卫尉挈令》《尉令》《大尉挈令》《大鸿胪挈令》《赐劳令》《兰台令》《御史令》《击匈奴降者令》《王杖诏令》《将军令》《兵令》《军斗令》《合战令》等。② 这当中很多令的篇名可能存在重复，或者是同一法律的两个不同名称，如《御史挈令》《兰台挈令》与《御史令》《兰台令》等。

从上面看，秦汉律令篇名数量现在仍然无法获得准确的数据。

---

① 蒋鲁敬、李志芳：《胡家草场简牍的若干个"最"》，《人民日报》2020年2月8日，第5版。
② 参见李均明的《秦汉简牍文书分类辑解》，文物出版社2009年版，第147页。

(二) 秦汉出土简牍中的律令篇名总汇

为了更好反映秦汉律令篇名的情况,笔者对律令篇名进行了总结统计,见表 2-1。

1. 秦汉出土简牍所见"律"的篇名

表 2-1 秦汉出土简牍所见"律"的篇名

律篇名	睡虎地秦墓竹简	岳麓书院藏秦简	张家山汉墓竹简	其他汉简
1	《田律》	《田律》	《田律》	《田律》
2	《金布律》	《金布律》	《金布律》	《金布律》
3	《置吏律》	《置吏律》	《置吏律》	《置吏律》
4	《徭律》	《徭律》	《徭律》	
5	《关市律》	《关市律》	《关市律》	《关市律》
6	《行书律》	《行书律》	《行书律》	
7	《仓律》	《仓律》		
8	《均工律》		《均工律》	
9	《厩苑律》			《厩律》
10	《司空律》	《司空律》		
11	《军爵律》		《爵律》	
12	《效律》		《效律》	《效律》
13	《传食律》		《传食律》	
14	《捕盗律》		《捕律》	《捕律》
15	《傅律》*	《傅律》	《傅律》	
16	《戍律》	《戍律》		
17	《工人程律》			
18	《除弟子律》			
19	《中劳律》			
20	《藏律》			
21	《属邦律》			《蛮夷律》

续表

律篇名	睡虎地秦墓竹简	岳麓书院藏秦简	张家山汉墓竹简	其他汉简
22	《除吏律》			
23	《游士律》			
24	《公车司马猎律》			
25	《牛羊律》			
26	《工律》			
27	《敦(屯)表律》			
28	《内史杂律》	《内史杂律》		
29		《贼律》	《贼律》	《贼律》
30		《兴律》	《兴律》	《兴律》
31		《亡律》	《亡律》	《亡律》
32		《具律》	《具律》	《具律》
33		《杂律》	《杂律》	《杂律》
34			《盗律》	《盗律》
35			《囚律》	《囚律》
36			《户律》	《户律》
37		《索律》		
38		《奔敬(警)律》		
39		《尉卒律》		
40		《狱校律》		
41		《内史杂律》		
42		《廷律》		
43			《复律》	《复律》
44			《均输律》	
45			《告律》	
46			《钱律》	《钱律》
47			《收律》	
48			《赐律》	
49			《史律》	
50			《秩律》	
51			《奴婢律》	

律篇名	睡虎地秦墓竹简	岳麓书院藏秦简	张家山汉墓竹简	其他汉简
52			《置后律》	
53				《告律》

* 在郑曙斌等编著《湖南出土简牍选编·龙山里耶秦简》选入的"8—1198"枚中有"守起书言《传律》曰"(岳麓书社 2013 年版,第 74 页)。从此看,秦汉时期还有《传律》。

2. 秦汉出土简牍中所见"令"的篇名

从现在已公布出土的秦汉简牍及秦汉传世文献两个方面收集到的"令"的篇名达 55 个以上,具体有。

《令甲》《令乙》《令丙》《功令》《兵令》《尉令》《水令》《田令》《卒令》《赦令》《公令》《厩令》《棰令》《祠令》《廷令》《宫卫令》《辞式令》《御史令》《郡卒令》《关津令》《迁吏令》《将军令》《军斗令》《合战令》《赐劳令》《兰台令》《给供令》《版诏令》《养老令》《捕盗贼令》《秤官令》《甲子赦令》《御史絜令》《光禄絜令》《兰台絜令》《卫尉絜令》《大尉絜令》《大鸿胪絜令》《北边絜令》《乐浪絜令》《廷尉絜令》《击匈奴降者令》《王杖诏令》《居室共令》《食官共令》《尉郡卒令》《内史户曹令》《内史仓曹令》《内史旁金布令》《四司空共令》《司空卒共令》《内史郡二千石官共令》《廷内史郡二千石官共令》《内史官共令》《安台居室、居室共令》等。

从上可知,令的篇名有编撰顺序、适用对象、机构名称等命名方式,其中在特定名称下采用数字分类,成为秦汉令类立法中篇名和条标的重要特征,体现了秦汉令在立法中具有浓厚的汇编立法性质。

秦汉时期律令的篇名,按史书记载,在汉武帝时达到顶峰,共有 359 篇。《汉书·刑法志》记载武帝时"其后奸猾巧法,转相比况,禁网寖密,律令凡三百五十九章"①。《晋书·刑法》卷三十中记载武帝时"集为令甲以下三百余

---

① 《汉书》卷 24《刑法志》,中华书局 1964 年版,第 1101 页。

篇"①。两处记载是一致的。此外,日本《令集解》引唐存世文献,记载汉武帝时令有170篇。"董仲舒书云:'令百七十篇,莫善于令甲'。"②从这里看,令与律的篇名大体各占一半。从上文整理出的律令篇名看,各有50多篇,总数有110篇,占汉武帝时律令总数的1/3。结合上面考察到的出土律令篇名数量,与传世文献记载大体一致,说明传世文献记载是真实的。

(三) 秦汉时期律令立法技术与表达形式

1. 秦汉时期"律"的立法技术与表达形式

从秦汉简牍看,律的表达有把篇名写在条文后、篇名写在条文前、先把篇名写在整个法律前三种形式,如《睡虎地秦墓竹简》中有:

> 匿敖童,及占瘅(癃)不审,典、老赎耐。百姓不当老,至老时不用请,敢为酢(诈)伪者,赀二甲;典、老弗告,赀各一甲;伍人,户一盾,皆□(迁)之。《傅律》③

《捕盗律》中有:

> 捕盗律曰:捕人相移以受爵者,耐。求盗勿令送逆为它,令送逆为它事者,赀二甲。④

《岳麓书院藏秦简(四)》中有:

> 《金布律》曰:诸亡县官器者,必狱治,臧(赃)不盈百廿钱,其官自治,勿狱。⑤

《张家山汉墓竹简·二年律令》中《盗律》有:

> 盗臧(赃)直(值)过六百六十钱,黥为城旦舂。六百六十到二百

---

① 《晋书》卷30《刑法》,中华书局1974年版,第922页。

② 《令集解》卷1《官位令》,吉川弘文馆1981年版,第5页。

③ 睡虎地秦墓竹简整理小组编:《睡虎地秦墓竹简》,文物出版社1978年版,第143页。

④ 睡虎地秦墓竹简整理小组编:《睡虎地秦墓竹简》,文物出版社1978年版,第147页。

⑤ 陈松长主编:《岳麓书院藏秦简(四)》,上海辞书出版社2015年版,第106页。

廿钱,完为城旦舂。不盈二百廿到百一十钱,耐为隶臣妾。不盈百一十到廿二钱,罚金四两。不盈廿二钱到一钱,罚金四两。①

从现存秦汉律的条文看,律类法律在秦汉立法上具有以下特征:第一,具体立法中不再写明立法来源、程序和效力设定等问题;第二,律的篇名和具体条文不再用制定时间和在篇中具体顺序作为条标;第三,律类篇名采用抽象的事类概括命名;第四,条文载体形式上没有制诏和个案等具体形式;第五,篇名命名上较为规范,在指明某条属于某篇名时,篇名标注有:标于条文首,用"《某某律》曰",或标于条文后,载明"某某律",或在最前面写明篇名,不在具体条文前或后标注;第六,条文起首用语有"诸"字为起首和具体内容为首两种形式,不存在"制曰"或具体时间等"令"的表达形式。

2. 秦汉时期"令"的立法技术与表达形式

出土的秦汉简牍中"令"作为一种法律形式,在立法技术和载体特征上十分明显。从立法技术看有:第一,各种具有法律效力的诏令汇编;第二,国家对这些诏令进行立法技术处理后形成成熟的法律条文,在形式上与律文已经一致。对秦汉令的两种立法样式,李均明在考察汉朝出土"令"时已经发现。"令有两种形式:一为诏书,亦称诏书令;⋯⋯二为令条,以条款形式见存。"②为此,他以《张家山汉墓竹简》中《关津令》和《居延汉简》中《功令》为例证明。秦汉在令的创制上主要是大臣奏请制定的特定法律,得到皇帝裁定后成为法律,是令类法律的主要来源,如"□军□为令。奏。制曰:可。布以为恒令。尉郡卒令乙"。③ 这说明此条令的来源是大臣奏请立法,而后面的"制曰:可",是获得永久效力的标志。在效力上有"布以为恒令",即具有永久性法律

① 张家山二四七号汉墓竹简整理小组编著:《张家山汉墓竹简》,文物出版社2006年版,第16页。
② 李均明:《简牍法制史料概说》,《中国史研究》2005年增刊。
③ 陈松长主编:《岳麓书院藏秦简(五)》,上海辞书出版社2017年版,第118页。

效力。此条"令"被按适用对象编撰入《尉郡卒令》中作为"乙"篇中的一条。

（1）汇编"制诏"是秦汉时期令类法律立法中最常见的形式。典型代表是《张家山汉墓竹简·关津令》，如《关津令》中第 23 条是：

> 廿三、丞相上备塞都尉书，请为夹黔河置关，诸漕上下河中者，皆发传，及令河北县为亭，与夹黔关相直。阑出入、越之，及吏卒主者，皆比越塞阑关令。丞相、御史以闻，制曰：可。①

这种立法技术在秦朝时已经十分突出，《岳麓书院藏秦简》中有大量令是按这种立法技术编撰而成的。

《岳麓书院藏秦简（四）》中有：

> 制诏丞相御史：兵事毕矣，诸当得购赏贳责（债）者，令县皆亟予之。令到县，县各尽以见（现）钱，不禁者，勿令巨罪。令县皆亟予之，丞相御史请："令到县，县各尽以见（现）钱不禁者亟予之，不足，各请其属所执法，执法调均；不足，乃请御史，请以禁钱贷之，以所贷多少为偿，久易（易）期，有钱弗予，过一金，赀二甲。"内史郡二千石官共令第戊。②

《岳麓书院藏秦简（五）》中有：

> 御史言：予徒隶园有令，今或盗牧马、牛、羊徒隶园中，尽蹂其嫁（稼）。请：自今以来盗牧马、牛、羊徒隶园中壹以上，皆赀二甲。吏废官，宦者出宦，而没其私马、牛、羊县官。有能捕、讦告犯此令□□伤树木它嫁（稼）及食之，皆令偿之，或入盗牧者与同法。请：诸盗牧马、牛、羊县官园者，皆用此令。廿③

从这些令中可以看出，令的创制在当时有三种形式：一是以中央官员，特

---

① 张家山二四七号汉墓竹简整理小组编著：《张家山汉墓竹简》，文物出版社 2006 年版，第 88 页。

② 陈松长主编：《岳麓书院藏秦简（四）》，上海辞书出版社 2015 年版，第 197—198 页。

③ 陈松长主编：《岳麓书院藏秦简（五）》，上海辞书出版社 2017 年版，第 50—51 页。

别是宰相、御史等高级官员名义提出立法;二是地方郡守、县道官员提出立法;三是具体司法案例和法律解释的产物。

> 制诏御史:闻狱多留或至数岁不决,令无罪者久(系)而有罪者久留,甚不善,其举留狱上之。御史请:至计,令执法上最者,各牒书上其余狱不决者,一牒署不决岁月日及(系)者人数为,最,偕上御史,御史奏之,其执法不将计而郡守丞将计者,亦上之。制曰:可。①

> 制诏御史:吏上奏当者,具傅所以当者律令、比行事。固有令,以令当,各署其所用律令、比行事。曰:以此当某。今多弗署者,不可案课,却问之,乃曰:以某律令某比行事当之,烦留而不应令。今其令,皆署之如令。②

> 廿六年四月己卯丞相臣状、臣绾受制相(湘)山上:自吾以天下已并,亲抚晦(海)内,南至苍梧,凌涉洞庭之水,登相(湘)山、屏山,其树木野美,望骆翠山以南树木□见亦美,其皆禁勿伐。臣状、臣绾请:其禁树木尽如禁苑树木,而令苍梧谨明为骆翠山以南所封刊。臣敢请。制曰:可。③

> 令曰:南阳守言:兴吏捕罪人,报日封诊及它"诸"?官□□□□者,皆令得与书史、隶臣、它所与捕吏徒□□令。丞相议:如南阳议。它有等比。④

说明此案在覆审时,丞相裁定同意拟判,并规定作为后来同类案件的先例,让判决获得普适性效力。

> 令曰:河间守言,河间以苇及蔡薪夜。议:令县官卖苇及蔡薪,入钱县官□及□□□□□府夜治书,丞相议许,它比御史请,诸它所以

---

① 陈松长主编:《岳麓书院藏秦简(五)》,上海辞书出版社2017年版,第58—59页。
② 陈松长主编:《岳麓书院藏秦简(五)》,上海辞书出版社2017年版,第60—61页。
③ 陈松长主编:《岳麓书院藏秦简(五)》,上海辞书出版社2017年版,第57—58页。
④ 陈松长主编:《岳麓书院藏秦简(五)》,上海辞书出版社2017年版,第198页。

夜为烛物而欲卖以责□□□□□□□□①

前面两条令在条头之处用"令曰"作为起首语,但具体内容是地方郡守针对具体案件和事件的奏请,报中央得到丞相、御史同意后成为令。这反映出秦朝令的来源与载体中有大量是个案和具体事件的产物。

从《岳麓书院藏秦简(五)》看,令的来源不仅有各地郡守的奏请,还有具体案件。

> 泰山守言:新黔首不更昌等夫妻盗,耐为鬼薪白粲。子当为收,被(彼)有婴儿未可事,不能自食,别传输之,恐行死。议:令寄长其父母及亲所,勿庸别输。丞相议:年未盈八岁者令寄长其父母、亲所,盈八岁辄输之如令。琅邪郡比。十三。②

此条令是一个完整判决,具体是一位叫"昌"的男子和妻子犯偷盗罪,子女应被"收",其中儿子年纪太小,若与父母分开会导致死亡,所以泰山郡守提出由父母带在身边抚养。丞相在覆审时同意拟判,并要求到八岁后再按"令"执行"收"。这个案件中有"琅邪郡比",说明是比类琅邪郡先例判决的产物,同时这里明确撰入"令"中成为令文。

以上立法形式严格来说是相关法律的单行法和判例的汇编,属于立法中较为初级的阶段。

(2)秦汉时期令的立法表达越来越抽象。秦朝在令的立法中抽象立法特征已经十分明显,这从《岳麓书院藏秦简(五)》的令中可以看出。

> 令曰:御史、丞相、执法以下有发征及为它事,皆封其书,毋以檄。不从令,赀一甲。卒令乙八③

> 令曰:诸所上而为令,诏曰可,皆以书下曰定,其奏曰下之,其当

---

① 陈松长主编:《岳麓书院藏秦简(五)》,上海辞书出版社 2017 年版,第 198—199 页。
② 陈松长主编:《岳麓书院藏秦简(五)》,上海辞书出版社 2017 年版,第 63 页。
③ 陈松长主编:《岳麓书院藏秦简(五)》,上海辞书出版社 2017 年版,第 101 页。

以时下,各以下时定之。卒令乙廿七①

令曰:遣吏市者必遣真官啬夫吏、令史,不从令,赀各二甲。内史旁金布令乙四②

从秦朝对令的编撰技术看,在命名和编序上越来越规范,如《岳麓书院藏秦简(五)》中有:

令曰:邮人行书,留半日,赀一盾;一日,赀一甲;二日,赀二甲;三日,赎耐;过三日以上,耐。卒令丙五十③

令曰:吏岁归休卅日,险道日行八十里,易(易)道百里。诸吏毋乘车者,日行八十里,之官行五十里。吏告当行及择(释)归居家,皆不用此令。卒令丙五十一④

上面两条《卒令丙》是前后相连,而且编号顺序相连,可以看出当时在令的名称上,是用调整对象加上编成顺序作为条标。"卒令""丙""五十""五十一"。这样每条令的条标是唯一而明确的。此处《卒令丙五十一》虽然在两个简上,但这种情况被两条各自在一枚简上的全文证实。下文两条令各在一枚简的同面上。

令曰:守以下行县,县以传马、吏乘给不足,毋赁黔首马。犯令及乘者,赀二甲,废。郡卒令己十二⑤

令曰:郡守有覆治及县官事当案行及尉事不□者,□□□□□及给(?)。郡卒令己十三⑥

这两条令都是《郡卒令己》,而且每条内容都各自在同一枚简的同面上。两条令的名称与顺序标注说明了当时的立法特点。从这两条令的内容和名称

---

① 陈松长主编:《岳麓书院藏秦简(五)》,上海辞书出版社2017年版,第103页。
② 陈松长主编:《岳麓书院藏秦简(五)》,上海辞书出版社2017年版,第184页。
③ 陈松长主编:《岳麓书院藏秦简(五)》,上海辞书出版社2017年版,第112页。
④ 陈松长主编:《岳麓书院藏秦简(五)》,上海辞书出版社2017年版,第112页。
⑤ 陈松长主编:《岳麓书院藏秦简(五)》,上海辞书出版社2017年版,第113页。
⑥ 陈松长主编:《岳麓书院藏秦简(五)》,上海辞书出版社2017年版,第113页。

编序中可以看出当时"令"的立法技术。

从《岳麓书院藏秦简(五)》中"令"的内容看,有些令虽然已经被正式撰入令篇中,不再是简单汇编,在格式上采用"令曰:……。《某某令》"的表达,但整条内容还是一个完整的独立诏令。如《岳麓书院藏秦简(五)·第二组·尉郡卒令乙》条中有:

> 令曰:吏从军治粟将漕长挽者,自敦长以上到二千石史,居军治粟漕长挽所,得卖(买)所饮食衣物及所以饮食居处及给事器兵。买此物而弗饮食衣服用给事者,皆为私利。毋重车者,得买以给事,舍,毋过□□□人。丞相、御史言:前军军吏治粟将曹(漕)长挽,吏或不给吏事而务为私利,侵苦卒。吏已请行其罚。为牛车若一轺车,数者皆为私利。与卒、官属同舍,同舍者蔄(卤)、所饮食物、得与饮食之及得傅(使)为所以给舍事者物。非此物,皆为私利。诸不在此令中而买为之,及虽在令中买为而□□,皆为私【利】。□□□钱以上,皆毋行其劳论、赐。其毋劳论而有赐及毋劳论、赐者,皆罚戍故徼四岁,有(又)毋行其赐而皆没入其所为私利县官。为私利,私利者与同罪。军初到,车军治粟曹(漕)长挽到官治粟,皆用此令。军罢去,车军治粟曹(漕)长□军□为令。奏。制曰:可。布以为恒令。尉郡卒令乙。①

这条令是一个完整的单行法,详细规定了转运官粮的官员在运输中的食宿费用及法律责任。

这种令的立法标准在汉代已经较为普遍,如《居延汉简·功令》中有:

> (2)功令第卌五:候长、士吏皆试射,射去墩躞、弩力如发弩,发十二矢,中躞矢六为程,过六,矢赐劳十五日。②

> (5)功令第卌五:士吏、候长、烽隧长常以令秋试射,以六为程,

---

① 陈松长主编:《岳麓书院藏秦简(五)》,上海辞书出版社 2017 年版,第 116—118 页。
② 李均明:《秦汉简牍文书分类辑解》,文物出版社 2009 年版,第 209 页。

过六,赐劳矢十五日。①

上文两条中原文分别是"过六,矢赐劳十五日","过六,赐劳矢十五日",从上下行文看,应是"过六矢,赐劳十五日"才对。

《居延汉简·戍卒令》中有:

> 《戍卒令》②:"令曰:卒戍边郡者或以□。"③

此外,从秦朝出土简牍看,令的篇名越来越标准化,有的在名称上标出法律适用范围,如"共令"。这种立法在宋朝时称为"通用",如《廷内史郡二千石官共令》,即适用于"朝廷、京城、郡守二千石以上官的令"。宋朝时以"通用"为名的法律很多,如《三省通用令》《六曹通用令》《三省枢密院通用令》等。这说明中国古代立法时对适用范围会采用明示界定。

(四)秦汉时期律令的分类标准和立法技术特点

从现在出土法律文献和传世文献综合来看,秦汉时期律令在篇名结构和内容性质上有以下特点。

第一,秦汉时期律令分类是基于法律效力和制定程序,而不是基于法律规范的性质,即不是以"正刑定罪"和"设范立制"为标准。秦汉时期律令及律令的篇名与西晋时期律令的律令典及律令典篇名在性质上是不同的。秦汉时期律的认定标准是法律效力和制定程序,即律具有基本法律效力。律在创制形式上,最大特点是不再以机构名义提出,再由皇帝裁准,而是直接以国家名义颁布,所以现在可以见到的秦汉律中,没有用令的颁布程序或用语的,也没有用具体判例作为条文内容的。律在适用范围上包括:一是国家普通法,即适用于全国的法律;二是适用于特定部门、对象、区域的法律。

---

① 李均明:《秦汉简牍文书分类辑解》,文物出版社 2009 年版,第 209 页。
② 《史记·汉兴以来将相名臣年表》中有孝文十三年(公元前 167 年)"除肉刑及《田租税律》《戍卒令》"(《史记》卷 22《汉兴以来将相名臣年表第十》,中华书局 1963 年版,第 1127 页)。
③ 李均明:《秦汉简牍文书分类辑解》,文物出版社 2009 年版,第 213 页。

令是指因时因事制定的法律,在法律效力上没有获得律的稳定性,令在产生上有:一是中央官员提出特定立法提案,通过皇帝裁准颁布,称为"制曰:可";二是地方郡守、县道官①提出特定立法提案,奏请中央丞相、御史审查后,呈请皇帝裁决颁布;三是特定司法案件在审理时发现存在特定法律意义,通过法定程序颁布作为以后解决同类问题的先例,也有在行政中遇到法律问题时奏请作出的法律解释等。在编撰体例上,一是按照颁布时间顺序编撰成法律汇编,如令甲、令乙等;二是根据令的调整对象及适用范围形成篇名,编撰成单行令,如《功令》《田令》《卒令》《宫卫令》《辞式令》等。从现有资料看,令甲、令乙是某特定令的法律篇名下再分成的部分,如《卒令甲》《卒令乙》《卒令丙》等,而非独立的令篇名。

第二,秦汉时期律令不存在曹魏新律、西晋泰始律令、唐朝贞观律令格式的法典。秦汉时期的《法经》六篇和《九章律》九篇可能只是对当时通行全国的律类法律中具有较为成熟的篇名及内容的分类体系而非独立的法律总称。《法经》六篇与《九章律》九篇在当时律类法律中,获得了三个特殊的意义:一是篇名具有事类性,即篇名下归入的法律对象具有明确标准;二是形成的篇名在律类法律中具有基础性;三是篇名之间开始具有内在的结构和关系。所以说《法经》六篇与《九章律》九篇只是律类法律中具有稳定性的特定部分,其他律的篇名与《法经》和《九章律》之间不构成主次、正旁、一级二级等关系。这种立法与宋朝令典、类令典、单行令等复杂令类立法是一致的。② 现在学术界最大问题是把《九章律》用《永徽律》《大明律》这样的律典体例来理解。③ 当

---

① 对县道官提请的立法程序,《张家山汉墓竹简·二年律令·置吏律》中有规定,"县道官有请当为律令者,各请属所二千石官,二千石官上相国、御史,相国、御史案致,当请,请之,毋得径请。径请者,罚金四两"(张家山二四七号汉墓竹简整理小组编著:《张家山汉墓竹简》,文物出版社 2006 年版,第 38 页)。

② 参见笔者《宋朝立法通考》(中国社会科学出版社 2018 年版)一书。

③ 对这种问题的困惑,可以参见杨振红的《从〈二年律令〉的性质看汉代法典的编纂修订与律令关系》(《中国史研究》2005 年第 4 期)和《秦汉律篇二级分类说——论〈二年律令〉二十七种律均属九章》(《历史研究》2005 年第 6 期)等文。

然,秦汉《法经》《九章律》的结构与体系为魏晋律典形成提供了直接体例基础是可以肯定的。

第三,秦汉时期令类法律不存在晋令式的令典,只是各种立法技术下令类法律的立法产物。秦汉时期令在立法技术上是西晋时的故事、唐朝格后敕、宋朝指挥、明清时期事例等编撰成果的产物。秦汉令在篇名上有事类、机构、时间、调整对象等不同类型,但并没有构成完整法典体例。秦汉时期在立法上对特定篇名下的令采用"甲乙丙丁戊己庚辛"的数字分类,是让某个特定令的编撰有法典化的倾向,但这种编序是一种时间先后上的关系而非内容结构上的逻辑关系。

第四,秦汉时期律令在国家法律渊源上属于基本法与派生法的关系。秦汉律令之间的关系相当于西晋时期律令与故事,隋唐时期律令与诏敕,宋朝时期敕令与申明、指挥,明清时期律会典与条例、事例的关系。这种关系构成了国家法律体系中的第一性规则和第二性规则的关系,这让秦汉时期律令分类构成了一种体系化的法律结构,让国家法形成了一个具有凯尔森式的金字塔法律效力等级体系。

(五) 秦汉律令的特点及性质

第一,律令在帝制时期具有多重意义,从它们在国家治理中的作用看,律令在帝制时期有四个方面的含义:一是作为法律形式分类的种类;二是作为法律性质分类的种类;三是作为法典种类与结构的体例;四是作为帝制时期法律的普通简称,相当于现在广义上的"法律"。如《廷卒乙廿一》条中有"行其所犯律令罪,有(又)驾(加)其罪一等"①。这里把"律令罪"并用,说明当时律令在性质上没有严格区分。

第二,秦汉时期的"律"有两个方面的用法:一是作为一种法律形式,二是

---

① 陈松长主编:《岳麓书院藏秦简(五)》,上海辞书出版社 2017 年版,第 124 页。

作为一种法律编撰体例。作为法律形式,秦汉时期的律是一种由国家制定、具有基本法律效力的法律形式。作为法律编撰体例,《法经》六篇、《九章律》九篇,是国家法中"海行法"的篇名,是当时立法者在全国各种法律中提炼出来的具有独立性质与范围的法律篇名,《法经》六篇与《九章律》九篇篇名是律类法律中的基本刑事法律,但不是魏晋法典法下的律典篇名。同时,《法经》与《九章律》仅是对这种"海行法"的总称,而不是魏晋时期形成的律典及律典体例的名称。

第三,令在秦汉时期作为法律形式,在立法体例上存在两种基本形式:一是已经抽象化的法律类型,条文已经较为规范;二是获得长久效力的各种法律的汇编。这从秦汉律令现有资料中存在两种不同条文载体形式中可以看出,前者在行文上用"某某令曰"或"令曰",后者是某个地方郡守、中央官衙的具体奏请、个案判决等。

第四,秦汉律令在编撰体例与篇名命名上自成体系。秦汉律令两类法律在编撰体例与命名上存在不同。秦汉律令在编撰体例上,基本以每个篇名为一个独立法律单位,不同于魏晋一个法典中各篇间的内在结构。秦汉律令法律篇名在命名上与之相适应,可以分为:基于法律性质、调整对象两种基本原则,名称上事类篇名、机构篇名、适用官吏群体篇名、管理事务篇名、调整职业群体篇名等。在这个法律篇名分类和命名体例下,《法经》六篇和《九章律》九篇是适用于全国的海行事类篇名,机构篇名是《司空律》《内史仓曹令》《廷令》等,管理事务篇名是《尉卒律》《卒令》等,调整职业群体的篇名是《工人程律》《游士律》《属邦律》《除吏律》《尉杂律》等。在令的结构中,最大特点是在篇名下以时间顺序进行二次分类,形成相对独立的部分,如《内史郡二千石官共令》篇下,现在从出土的资料中可以看到"甲、乙、丙、丁、戊、己、庚、辛"八个二次分类篇名。而且这种编排会随着时间不停变化,因为在《内史郡二千石官共令第己》后有"今辛",《内史郡二千石官共令第庚》中有"今壬"等,说明这两部分的顺序存在变化。在将甲、乙、丙、丁、戊、己、庚、辛等区分为独立部分后,每个单位下再加上具体编号作为条文标题,让每个条文都有确定的标题名称,如"卒令乙八""卒令丙三""卒令丙卅四"等。秦汉在令篇名命名上,主要是根据法律适用范围,具体来说,秦汉时期法律适用的范围分为全国的、中央某个部门的、地方某个区域的。这成为秦朝令类法律的重要特征,如《卒令》《廷卒令》《尉卒令》《郡卒令》《尉郡卒令》是依据适用人员对象不同而命名;《内史郡二千石官共令》《廷内史郡二千石官共令》《内史户曹令》《内史旁金布令》等是依据适用机构而命名。"内史"在秦汉时是京城管辖区,"郡"是地方最高行政区,"廷"是指中央政府即朝廷。这种法律命名方式在宋朝令的命名中同样存在。宋朝根据法律适用范围分为:适用全国的"海行法",如《政和令》《绍兴敕》等;适用中央某个部门的"一司一务"法,如《刑部令》《户部令》《大宗正司令》《金部令》等;适用某个区域的"一路一州一县"法,如《开封府令》《两浙福建路令》等;适用几个部门和地区的"通行"法,如《三省通用令》《三省枢密院通用令》《吏部四选通用令》等。

三、秦汉律令在西晋律令分类标准下的重组归类

结合出土的《睡虎地秦墓竹简》《岳麓书院藏秦简》《张家山汉墓竹简》等收集到秦汉律令篇名及法律条文史料,依据西晋泰始四年(268年)修法时把法律按正刑定罪——律和设范立制——令分类标准,以及隋唐宋时期律令格式的分类标准,比较分析出土的秦汉律令条文,会发现秦汉律令与西晋律令、隋唐宋时期律令格式分类相比,秦汉律令中每种都有晋朝律令和唐宋时期的律令格式的法律。为了更好比较秦汉律令与西晋律令分类标准是如何被重新分类,下文按西晋律令标准来考察秦汉律令在西晋律令标准下发生的变化。根据分析,这种变化具体有:秦汉时期的律属于西晋的律;秦汉时期的律属于晋朝的令,或是隋唐宋时期的令格式;秦汉时期的令属于西晋时期的律;秦汉

时期的令属于西晋时期的令,或隋唐宋时期的令格式等四种情况。此处重点介绍后三种情况。

(一) 秦汉律令在西晋律令中的重组归并

1. 秦汉"律"调入西晋时的"令"中

秦汉时期律的很多内容是"设范立制"类非刑事法律成为秦汉律类法律的重要特点。这些内容在西晋律令分典后被归入令类法律及令典中。[①] 从现在看,秦汉时期很多律的篇名及内容构成了西晋及此后令的篇名和内容。其中,最典型的有《田律》《金布律》《关市律》《置史律》《置后律》《行书律》《厩苑律》《厩律》《传律》《传食律》《工律》《户律》《均输律》《赐律》《史律》《秩律》等。这些秦汉时期律篇的内容从性质上看是"设范立制",是西晋时令典篇名及内容的主要来源。分析现在所见秦汉律的篇名及内容,秦汉时期的《田律》是田租、田亩面积计量、牛马践踏庄稼的赔偿等,唐宋时成为《田令》《赋役令》《田格》等。《金布律》在秦汉两朝差异较大,秦朝时的《金布律》《工人程律》《仓律》《均工律》《司空律》与汉朝时的《金布律》内容大体相同,涉及国家各类工役口粮供给、劳役工资支付、官物买卖价格等,这是因为秦朝时国家大量使用劳动力和国家专营各种物资,使国家经济管理立法十分发达,唐宋时成为《军防令》《仓库令》《营缮令》《关市令》《仓令》《牧马令》《度支令》《公用令》等。《关市律》是市场管理,其中涉及物价、交易欺诈等管理,唐宋时成为《关市令》《场务令》等。《置史律》是选举、保举官吏,文书申报传送,官员的职权界定,官员假宁日期,地方立法提议成为律令程序等方面,唐宋时成为《选举令》《荐举令》《假宁令》《吏卒令》《职制令》《选举格》《荐举格》《假宁

---

① 这里要注意的是,秦汉律在进入西晋后,随着律令分类标准及律令两典的不同体例出现,并不是所有秦汉时期律中非刑事法律都被纳入令典中,有些只是归入令类法律中。在性质上两者是存在不同的。

格》《吏卒格》等。《行书律》是国家驿传制度、官员出差口粮供给等，唐宋时成为《驿令》《驿格》《马递铺令》等。《厩苑律》或《厩律》是国家牛马和铁等战略物资的管理法律，唐宋时成为《厩牧令》《群牧司令》等。《传律》是对各类特殊群体的界定、赋役减免、抚恤等规定，如老年人界定，爵位继承、职业者继承，唐宋时成为《户令》《常平免役令》等。《户律》是基层治安防控、官吏占田与宅地限制，分家立户、田地和房屋买卖，分家析产等，唐宋时成为《户令》《职田令》《职田格》等。《均输律》是国家财税转运，唐宋时成为《辇运令》《辇运格》等。《赐律》是赏赐、赗赐、支赐等；《置后律》是官爵继承、官员死亡优恤封赐，唐宋时期成为《赏令》《给赐令》《封赐令》《封爵令》《支赐令》《赏格》《给赐格》《封赐格》《封爵格》《支赐格》等。《秩律》是官品、官制的设置等规定，唐宋时期成为《官品令》《官制令》《职制令》等。《史律》是专业知识群体管理，如史、卜、祝等专业群体的管理和培养，宋朝成为《国子监令》等教育类法律。

秦汉时期《户律》中官员占田数及官员家宅占地数限制法律到唐宋时期成为《田令》《限田格》等法。如《张家山汉墓竹简·二年律令·户律》中有：

> 关内侯九十五顷，大庶长九十顷，驷车庶长八十八顷，大上造八十六顷，少上造八十四顷，右更八十二顷，中更八十顷，左更七十八顷，右庶长七十六顷，左庶长七十四顷，五大夫廿五顷，公乘廿顷，公大夫九顷，官大夫七顷，大夫五顷，不更四顷，簪袅三顷，上造二顷，公士一顷半顷，公卒、士五（伍）、庶人各一顷，司寇、隐官各五十亩。不幸死者，令其后先择田，乃行其余。它子男欲为户，以为其□田予之。其已前为户而毋田宅，田宅不盈，得以盈。宅不比，不得。①

宋朝《政和令格》中有：

> 品官之家，乡村田产得免差科，一品一百顷，二品九十顷，下至八

---

① 张家山二四七号汉墓竹简整理小组编著：《张家山汉墓竹简户律》，文物出版社 2006 年版，第 52 页。

品二十顷,九品十顷。其格外数悉同编户。①

比较两个条文可以看出在调整对象上是一致的。

《岳麓书院藏秦简》中的《田律》《金布律》《行书律》等很多法律条文在西晋,特别是唐宋时期是令典中的《田令》《关市令》《公式令》等的内容,如《岳麓书院藏秦简(四)·金布律》中有:

> 金布律曰:有买及卖殹(也),各婴其贾(价),小物不能各一钱者,勿婴。②

> 金布律曰:出户赋者,自泰庶长以下,十月户出刍一石十五斤;五月户出十六钱,其欲出布者,许之。十月户赋,以十二月朔日入之,五月户赋,以六月望日入之,岁输泰守。十月户赋不入刍而入钱者,入十六钱。吏先为?印,敛,毋令典、老挟户赋钱。③

这两条是关于价格、赋税标准、交纳时间的规定,在唐朝时是令或格类法律。《张家山汉墓竹简》中的《行书律》《赐律》《户律》《置后律》《傅律》《金布律》《秩律》《爵律》《传食律》《田律》《关市律》在唐宋时期成为令典及令类法律的主要部分,具体是《官品令》《职制令》《文书令》《吏卒令》《户令》《公式令》《田令》《赋税令》《仓库令》《关市令》《给赐令》《封赠令》《理欠令》《輦运令》《封爵令》《赏赐令》《职田令》等。为了更好比较这种关系,下面把《岳麓书院藏秦简(四)·行书律》与宋朝《公式令》的内容进行比较。

> 行书律曰:传行书,署急辄行,不辄行,赀二甲。不急者,日觱(毕)。留三日,赀一盾;四日【以】上,赀一甲。二千石官书不急者,毋以邮行。

> 行书律曰:有令女子、小童行制书者,赀二甲。能捕犯令者,为除半岁徭,其不当徭者,得以除它人徭。

① 《宋会要辑稿·食货六一·限田杂录之78》,上海古籍出版社2014年版,第7484页。
② 陈松长主编:《岳麓书院藏秦简(四)》,上海辞书出版社2015年版,第106页。
③ 陈松长主编:《岳麓书院藏秦简(四)》,上海辞书出版社2015年版,第107页。

行书律曰:毋敢令年未盈十四岁者行县官恒书,不从令者,赀一甲。行书律曰:县请制,唯故徼外盗,以邮行之,其它毋敢擅令邮行书。①

□律曰:传书受及行之,必书其起及到日月夙莫(暮),以相报,报宜到不来者,追之。书有亡者,亟告其县官。不从令者,丞、令、令史主者赀各一甲。②

宋朝可见《公式令》的内容较多,在不同史料中都有明确记载。下文主要从两个基本史料《宋会要》和《续资治通鉴长编》来看《公式令》的内容。

《元丰公式令》:诸州解发金银钱帛,通判厅置簿,每半年具解发数目及管押、附载人姓名,实封申尚书省。《元祐敕》误有删去,合重修立。从之。③

《公式令》:朝参行立,职事同者先爵,爵同者先齿。④

《元丰公式令》:诸赦书许官员诉雪过犯。自降赦日二年外投状者,不得受接。即是常赦许官员诉理,刑部犹限二年。⑤

《天圣公式令》:皇太妃宝,经云以金为之。⑥

《元祐公式令》:诸奉制书,及事已经奏而理有不便者,速具利害奏闻。⑦

---

① 以上诸条引自陈松长主编:《岳麓书院藏秦简(四)》,上海辞书出版社 2015 年版,第 131—133 页。

② 陈松长主编:《岳麓书院藏秦简(四)》,上海辞书出版社 2015 年版,第 142 页。此条疑是《行书律》,因为规定的是邮传问题。

③ 《宋会要辑稿·刑法一·格令一之15》,上海古籍出版社 2014 年版,第 8228 页。此条在《续资治通鉴长编》卷 437 中"元祐五年正月己丑"条下有相同记载(中华书局 2004 年版,第 10531 页)。

④ 《宋会要辑稿·仪制三·朝仪班序之10》,上海古籍出版社 2014 年版,第 2334 页。

⑤ 《宋会要辑稿·职官三·诉理所之76》,上海古籍出版社 2014 年版,第 3093 页。

⑥ 《续资治通鉴长编》卷 393"哲宗元祐元年十二月丙午"条,中华书局 2004 年版,第 9575 页。

⑦ 《续资治通鉴长编》卷 465"哲宗元祐六年闰八月"条,中华书局 2001 年版,第 11119 页。

从秦汉法律史料看，《行书律》是国家立法的重点，这与进入帝制后，国家治理高度统一、中央与地方的紧密关系只能依靠文书作为手段有关。国家为了强化中央与地方关系，特别是中央对地方的控制，在公文制度上进行大量立法，形成成熟的《行书律》。西晋后，这方面的法律被分到《驿令》《公式令》《文书令》《假宁令》《文书格》《假宁格》《刑部格》《吏部格》《文书式》《职制式》《考课式》等多种令格式中。从此看，秦汉时期《行书律》的基本内容是后来的"令"，只有少量刑事法律属于"律"。

曹魏修新律时对秦汉时期律的篇名及所属内容进行全面调整及重新归类是有传世文献可考的。按《晋书·刑法志》记载，魏修新律时把《行书律》中与机构职责和官员职务有关的法律进行重新分类，属于"正刑定罪"的归入《职制律》，属于"设范立制"的归入《邮驿令》。"秦世旧有厩置、乘传、副车、食厨，汉初承秦不改，后以费广稍省，故后汉但设骑置而无车马，而律犹著其文，则为虚设，故除《厩律》，取其可用合科者，以为《邮驿令》。"①从此看，这次修律把这类法律进行了大规模重新归并，把之前属于《行书律》《传律》等涉及国家公文传递有关的"律"纳入《邮驿令》中，形成具有相同性质的单行令。这些内容在西晋时，特别是唐朝后被撰入《驿令》《职制令》《公式令》《文书令》《假宁令》等中。这种变化在唐朝最为典型，如《唐律·职制律》"驿使稽程"条中有"诸驿使稽程者，一日杖八十，二日加一等，罪止徒二年"。在《疏议》中有："曰：'依《令》：给驿者给铜龙传符，无传符处为纸券。量事缓急，注驿数于符契上。'据此驿数以为行程。"②这里说明在西晋律令的分类标准下，秦汉时同一律文是如何被分入不同律和令中的情况。

秦汉时期针对官员赏赐开始大量立法。这类法律在律类中主要有《赐律》《军爵律》《置后律》《傅律》等。从《张家山汉墓竹简·二年律令·赐律》看，不仅涉及赏赐还涉及赙赠，在赏赐上不仅有衣布、酒肉、米谷、酱醋等日用

①　《晋书》卷30《刑法》，中华书局1974年版，第924—925页。
②　刘俊文：《唐律疏议笺解》卷10《职制·驿使稽程》，中华书局1996年版，第813—814页。

品，甚至还有棺椁等丧葬用品；对象上有官、吏、皇帝身边内宦、皇家公主等。这些内容在唐宋时期形成了内容复杂的赏赐令格法律，如《赏令》《封赠令》《封爵令》《给赐令》《支赐令》《赏格》等。

《张家山汉墓竹简·二年律令·赐律》中有：

> 赐衣者六丈四尺、缘五尺、絮三斤，襦二丈二尺、缘丈、絮二斤。绔（袴）二丈二尺、絮一斤半，衾五丈二尺、缘二丈六尺、絮十一斤。五大夫以上锦表，公乘以下缦表，皆帛裹；司寇以下布表、裹。二月尽八月赐衣、襦，勿予裹、絮。二千石不起病者，赐衣襦、棺及官衣常（裳）。郡尉，赐衣、棺及官常（裳）。千石至六百石吏死官者，居县赐棺及官衣。五百石以下至丞、尉死官者，居县赐棺。①

此外，在同条篇名下还有给官员赐肉、酒、米、酱等日用生活品的内容。

> 赐吏酒食，卫（率）秩百石而肉十二斤、酒一斗；斗食令史肉十斤，佐史八斤，酒七[升]。
>
> 二千石吏食粲、粲、糯各一盛，醢、酱各二升，芥一升。②

《宋会要》中有太宗太平兴国九年（984年）五月，"赐臣僚时服，自是岁以为常"。具体赏赐物是：

> 凡五月五日赐服：二府宰相至同签书枢密院事、亲王、三师、三公、使相、东宫三师、观文殿大学士、仆射、宣徽使、殿前都指挥使至马步军都虞候、节度使、驸马都尉；（五事：润罗公服、绣抱肚、黄（谷）汗衫、熟线绫夹袴、小绫勒帛。银装扇子二。旧式，大绫夹袴、勒帛，都尉须观察使已上。）金吾将军、皇亲刺史已上；（五事、扇子并同宰臣，惟小绫勒帛。）两使留后、观察使、四厢都指挥使、忠佐领团练使；（五

---

① 张家山二四七号汉墓竹简整理小组编著：《张家山汉墓竹简》，文物出版社2006年版，第48页。

② 张家山二四七号汉墓竹简整理小组编著：《张家山汉墓竹简》，文物出版社2006年版，第50页。

事、扇子同皇亲刺史,惟大绫夹〔袴〕,无润罗)……①

《张家山汉墓竹简·二年律令·赐律》中有给死亡官员的賻赠。这类法律在宋朝称为式,其中最典型的是《熙宁賻赠式》。对此,《宋会要》中有:

> 国朝凡近臣及带职事官薨卒非诏葬者,如有丧讣及迁葬,皆赐賻赠,鸿胪寺与入内内侍省以旧例取旨。其尝践两府或任近侍者,多增其数。熙宁七年,命官参酌旧例,著为新式,付之有司。旧例所载不备,今并其数俱存之新式。②

《张家山汉墓竹简·二年律令·赐律》中有:

> 赐棺享(椁)而欲受资者,卿以上予棺钱级千、享(椁)级六百;五大夫以下棺钱级六百、享(椁)级三百;毋爵者棺钱三百。③

《宋会要·熙宁賻赠式》中有:

> 宰相薨(钱五百贯,绢五百匹,法酒五十瓶,秉烛、小烛各五十条,湿香三斤。新式:绢八百匹,布三百匹,生白龙脑一斤,秉烛、常料烛各五十条,湿香、蜡面茶各五十斤,法酒、法糯酒各五十瓶,米面各五十硕,羊五十口。枢密使带使相同。其后龙脑并烛、香、茶、酒之类,皆仿此。)母、妻之丧(绢五百匹,米、面各三十硕或二十硕,酒三十瓶或二十瓶,羊三十口或二十口。)兄弟、子孙之丧,及姑、姊妹、女之〔在〕室者(绢三百匹,酒三十瓶或二十瓶,羊三十口或二十口,米二十石并面二十石,或无之。)殇子、诸侄之丧(绢百五十匹,酒二十瓶,羊十口。新式:三年服,绢五百匹,酒各三十瓶,米面各三十石,羊三十口。期年服第一等,绢减一百匹,酒、羊各减三之一;第二等,绢减一百匹,余同第一等;第三等,绢减五十匹,余减半。大功服,减五

---

① 《宋会要辑稿·礼六二·赉赐一之3》,上海古籍出版社2014年版,第2114页。
② 《宋会要辑稿·礼四四·賻赠之1》,上海古籍出版社2014年版,第1691页。
③ 张家山二四七号汉墓竹简整理小组编著:《张家山汉墓竹简》,文物出版社2006年版,第49页。

十四,余同期服第三等。枢密使带使相亲并同。)①

《岳麓书院藏秦简四·傅律》中有：

> 傅律曰：隶臣以庶人为妻,若群司寇、隶臣妻怀子,其夫免若冗以免、已拜免,子乃产,皆如其已免吏(事)之子。女子怀夫子而有罪,耐隶妾以上,狱已断而产子,子为隶臣妾,其狱未断而产子,子各如其夫吏(事)子。收人怀夫子以收,已赎为庶人,后产子,子为庶人。②

《张家山汉墓竹简·二年律令·置后律》中有：

> 疾死置后者,彻侯后子为彻侯,其毋适(嫡)子,以孺子□□□子。关内侯后子为关内侯,卿后子为公乘,【五大夫】后子为公大夫,公乘后子为官大夫,公大夫后子为大夫,官大夫后子为不更,大夫后子为簪袅,不更后子为上造,簪袅后子为公士,其毋适(嫡)子,以下妻子、偏妻子。③

《唐令拾遗·封爵令》中"王公以下子孙承嫡者传袭条"中有：

> 诸王公侯伯子男,皆子孙承嫡者传袭,若无嫡子及有罪疾,立嫡孙;无嫡孙,以次立嫡子同母弟,无母弟,立庶子;无庶子,立嫡孙同母弟;无母弟,立庶孙。曾、玄以下准此。无后者国除。④

宋朝《封爵令》中有：

> 公侯伯子男皆子孙承嫡者传袭。若无嫡子及有罪疾,立嫡孙。无嫡孙,以次立嫡子同母弟,无母弟立庶子,无庶子立嫡孙同母弟,无母弟立庶孙。曾孙以下准此。⑤

分析秦汉时期的《军爵律》《赐律》《爵律》《置后律》等篇名下的条文,会

---

① 《宋会要辑稿·礼四四·赙赠之2》,上海古籍出版社2014年版,第1691页。
② 陈松长主编：《岳麓书院藏秦简(四)》,上海辞书出版社2015年版,第121页。
③ 张家山二四七号汉墓竹简整理小组编著：《张家山汉墓竹简》,文物出版社2006年版,第59页。
④ [日]仁井田陞：《唐令拾遗·封爵令》,栗劲等译,长春出版社1989年版,第219页。
⑤ 《宋会要辑稿·礼三六·丧服·斩衰服之4》,上海古籍出版社2014年版,第1538页。

发现在唐宋时期变成了以赏赐为中心的各种令格式,如《赏令》《给赐令》《封赠令》《封爵令》《支赐令》《赏赐令》《孝赠式》《赏赐格》《赏赐式》《熙宁郊祀赏赐式》等。

秦汉时期大量制定官制类律,如《尉卒律》《除史律》《除弟子律》《史律》《内史杂律》等。这类法律在唐宋时期成为《户令》《职制令》《官制令》《选举令》《吏卒令》等令类法律。其中,《岳麓书院藏秦简(四)·尉卒律》中关于乡里基层社会组织人员的设置,与唐朝《户令》中的规定是相同的。

《岳麓书院藏秦简(四)·尉卒律》中有:

> 尉卒律曰:里自卅户以上置典、老各一人,不盈卅户以下,便利,令与其旁里共典、老,其不便者,予之典而勿予老。公大夫以上擅启门者附其旁里,旁里典、老坐之。置典、老,必里相谁(推),以其里公卒、士五(伍)年长而毋(无)害者为典、老,毋(无)长者令它里年长者。为它里典、老,毋以公士及毋敢以丁者,丁者为典、老,赀尉、尉史、士吏主者各一甲,丞、令、令史各一盾。毋(无)爵者不足,以公士,县毋命为典、老者,以不更以下,先以下爵。其或复,未当事戍,不复而不能自给者,令不更以下无复不复,更为典、老。①

此条是对当时基层社会组织中"里"的设置及里内典、老人员设置的详细规定。

《通典》卷3《食货三·乡党》引《大唐令》中有:②

> 诸户以百户为里,五里为乡,四家为邻,五家为保。每里置正一人,[若山谷阻远,地远人稀之处,听随便量置。]掌按比户口,课植农桑,检察非违,催驱赋役。在邑居者为坊,别置正一人,掌坊门管钥,督察奸非,并免其课役。在田野者为村,别置村正一人。其村满百

①　陈松长主编:《岳麓书院藏秦简(四)》,上海辞书出版社2015年版,第115—116页。
②　此条《田令》,日本学者仁井田陞认为是《开元二十年令·田户》,参见《唐令拾遗》,第123—124页。

家,增置一人,掌同坊正。其村居如[不]满十家者,隶入大村,不需别置村正。天下户为九等,三年一造户籍,凡三本,一留县,一送州,一送户部。常留三比在州县,五比送省。[仪凤二年二月敕,自今以后装潢省籍及州县籍也。]诸里正,县司选勋官六品以下白丁清平强干者充。其次为坊正。若当里无人,听于比邻里简用。其村正取白丁充,无人处,里正等并通取十八以上中男、残疾等充。①

秦汉时期的《秩律》在西晋时成为令典的首篇——《官品令》的来源。《官品令》是整个令典中的重要组成部分。

《张家山汉墓竹简·二年律令·秩律》中有:

御史大夫,廷尉,内史,典客,中尉,车骑尉,大仆,长信詹事,少府令,备塞都尉,郡守、尉,卫将军,卫尉,汉中大夫令,汉郎中、奉常,秩各二千石。御史,丞相、相国长史,秩各千石。②

唐朝《官品令》中有:

一品:尚书令、太师、太傅、太保、太尉、司徒、司空、太子太傅、太保;二品:中书令、侍中、左右仆射、太子少师、少傅、少保、诸州府牧、左右金吾卫上将军。③

宋朝《政和官品令》节文中有:

诸中亮、中卫大夫,防御、团练使,诸州刺史,为从五品;诸知、同知内侍省事,拱卫、左武、右武大夫,为正六品。④

秦汉时的《置后律》《爵律》《军爵律》《赐律》《传律》等,涉及官爵品级人员、为国家死亡人员及一般民户户主死后的官爵、户主身份继承和国家给予抚

---

① (唐)杜佑:《通典》卷3《食货三·乡党》引《大唐令》,王文锦等校,中华书局1992年版,第63—64页。

② 张家山二四七号汉墓竹简整理小组编著:《张家山汉墓竹简》,文物出版社2006年版,第69页。

③ 《宋会要辑稿·舆服四·朝服之12》,上海古籍出版社2014年版,第2236—2237页。

④ 《宋会要辑稿·职官五六·官制别录之47》,上海古籍出版社2014年版,第4552页。

恤封赠等内容。在唐朝时成为《封赠令》《丧葬令》等令,在宋朝时成为《给赐令》《封爵令》《支赐令》等。秦汉时的《金布律》《厩苑律》《厩律》成为唐宋时期的《厩牧令》。秦汉时的《秩律》是关于职官品级、官职名数设置、俸禄等,在西晋令典中被分成官品、官制、俸禄三个部分,形成不同令的篇名,如在唐朝令典中是《官品令》《三师三公台省职员令》《寺监职员令》《卫府职员令》《东宫王府职令》《州县镇戍岳渎关津职员令》《禄令》等,在宋朝令典中是《官品令》《职制令》《官制令》《禄令》等。《置史律》被分为《职制令》《吏卒令》等。《传食律》《关市律》成为《关市令》等。《效律》是关于国家会计制度和审计制的规定,这类法律在宋朝时成为格的主要内容,如《供奉库格》《度支格》《金部格》等。

2. 秦汉"令"归入西晋后的"律"中

秦汉时期"令"类法律在三国曹魏和西晋修法时,根据新的标准被归入"律"中的情况很多。秦汉时期很多"令"的法律在性质上是"正刑定罪"的刑律。《岳麓书院藏秦简》中有很多,如《廷令》中有"自今以来,殴泰父母,弃市,虽诣罟之,黥为城旦舂。殴主母,黥为城曰舂,虽诣罟之,完为城旦舂。殴威公,完为舂,虽诣罟之,耐为隶妾。奴外妻如妇。殴兄、姊、假母,耐为隶臣妾,虽诣罟之,赎黥。同居、典、伍弗告,乡啬夫□,廷甲十三"[1];《内史郡二千石官共令》中有"如下邦庙者辄坏,更为庙便地洁清所,弗更而祠焉,皆弃市"[2];《卒令》中有"令曰:制书下及受制有问议者,皆为薄(簿),署初到初受所及上年日月、官别留日数、传留状,与对皆(偕)上。不从令,赀一甲"[3]。《廷卒令》是关于刑罚适用时的减加规定。《张家山汉墓竹简·关津令》从性质上看是刑律,是关于偷渡关津、私出国境等罪的规定。此外,秦朝大量"令"类法律中

---

① 陈松长主编:《岳麓书院藏秦简(五)》,上海辞书出版社 2017 年版,第 135—136 页。
② 陈松长主编:《岳麓书院藏秦简(五)》,上海辞书出版社 2017 年版,第 201 页。
③ 陈松长主编:《岳麓书院藏秦简(五)》,上海辞书出版社 2017 年版,第 101 页。

有"与某某同法""以某某律论"的规定,这些法律在性质上也属于刑律。如"令曰:诸从者有卖买而给(诒)人,与盗同法,有(又)驾(加)其罪一等,耐罪以下有(又)迁之,从而奸,皆以强与人奸律论之"①等。

这种立法,有两条十分相似。从行文看,甚至是同一法令在编修时被编入不同令篇中。因为时间都是"十三年"及"辛丑",只是一条在三月,一条在六月。

> 十三年三月辛丑以来,取(娶)妇嫁女必参办券。不券而讼,乃勿听,如《廷律》。前此令不券讼者,治之如《内史律》。谨布令,令黔首明智(知)。廷卒□。②

> 十三年六月辛丑以来,明告黔首:相贷资缗者,必券书吏,其不券书而讼,乃勿听,如《廷律》。前此令不券书讼者,为治其缗,毋治其息,如《内史律》。③

分析这两条法律,前条写明是《廷卒令》,后条没有注明是什么篇名,但整理者把它放在《内史户曹令》中。从这里可以看出当时令在立法上的技术风格。

从很多令的条文内容看,就是刑事法律,如下文两条十分典型。

> 令曰:县官所给祠,吏、黔首、徒隶给事祠所,斋者,祠未而敢奸,若与其妻、婢并□,皆弃市,其□□。④

> 令曰:吏父母死,已葬一月;子、同产,旬五日;泰父母及父母同产死,已葬,五日之官。官去家五百里以上,父母妻子死。⑤

秦汉时期很多"令"类法律在魏晋制定律典时被按性质调整入"律典"是有传世文献记载的。《晋书·刑法志》中记载三国曹魏修律时对秦汉时期律

---

① 陈松长主编:《岳麓书院藏秦简(五)》,上海辞书出版社2017年版,第195页。
② 陈松长主编:《岳麓书院藏秦简(五)》,上海辞书出版社2017年版,第130—131页。
③ 陈松长主编:《岳麓书院藏秦简(五)》,上海辞书出版社2017年版,第194—195页。
④ 陈松长主编:《岳麓书院藏秦简(五)》,上海辞书出版社2017年版,第200页。
⑤ 陈松长主编:《岳麓书院藏秦简(五)》,上海辞书出版社2017年版,第196页。

令两类法律根据分类标准,重新分类归并。对此,魏新律的"序略"中有详细说明。从记载看,魏新律中的《诈律》是把《令丙》和《贼律》《囚律》重新整合而成。"《贼律》有欺谩、诈伪、逾封、矫制,《囚律》有诈伪生死,《令丙》有诈自复免,事类众多,故分为《诈律》。"《请赇律》是把《令乙》和《盗律》《杂律》重新整合而成。"《盗律》有受所监受财枉法,《杂律》有假借不廉,《令乙》有呵人受钱,科有使者验赂,其事相类,故分为《请赇律》。"《惊事律》是把《变事令》和《兴律》中相关内容重组而成。"上言变事,以为《变事令》,以惊事告急,与《兴律》烽燧及科令者,以为《惊事律》。"①这样,魏新律中《诈律》有来自汉朝《令丙》,《请赇律》中有来自汉朝《令乙》,《惊事律》中有来自汉朝《变事令》。这种调整重组是有标准的,并非随意的,说明秦汉时期"令"中存在大量"正刑定罪"类法律。这里的记载与出土令文是一致的,说明《晋书·刑法志》记载是真实的,两者互证说明秦汉时令在法律性质上具有双重性,同时也说明魏晋修撰律典时分类标准发生了实质性转变。

3. 秦汉时期"令"归入西晋的令

秦朝"令"类法律在西晋时归入"令",或者唐宋的"令格式"之中。从出土秦汉令看,有很多令在西晋时成为新令的来源,如《卒令》从内容看是官衙办公程序、奏折文体、法律颁布时间确定、新旧法适用时间确定等。从性质看,有处罚规定,但多是行政处罚,如处以废、移"新地"为官,或者罚赀、盾,或处以耐等耻辱刑。如"令曰:守以下行县,县以传马、吏乘给不足,毋赁黔首马。犯令及乘者,赀二甲,废。郡卒令己十二"②。从秦汉令看,有些令的篇中内容开始是以"设范立制"为主,因为在令的立法中,已经有不遵守令,按什么处罚的两种不同法律结构出现。如"丞相其以制明告郡县,及毋令吏苛徭夺黔首春夏时,令皆明焉。以为恒,不从令者,赀丞、令、令史、尉、尉史、士□吏、发弩

---

① 《晋书》卷30《刑法》,中华书局1974年版,第924、925页。

② 陈松长主编:《岳麓书院藏秦简(五)》,上海辞书出版社2017年版,第113页。

各二甲"①。此条就有"不从令"如何处罚的详细规定,前半部分属于"设范立制"。分析秦汉时期令的内容,会发现在西晋令典中有很多之前是同一令的内容而被重新调整到其他令篇中,如《功令》被分配到《考课令》《选举令》中。《卒令》的很多内容在令典中被分入《公式令》《文书令》《史卒令》《职制令》中。此外,按西晋分类标准,很多令是后来的令格式的混合体,如《卒令丙四》条等。

> 诸上对、请、奏者,其事不同者,勿令同编及勿连属,事别编之。有请,必物一牒,各劈(彻)之,令易(易)智(知),其一事而过百牒者,别之,毋过百牒而为一编,必皆散取其急辞,令约具别白易(易)智(知)殹(也)。其狱奏殹(也),各约为鞠审,具傅其律令,令各与其当比编而署律令下曰:以此当某某,及具署罪人系不系,虽同编者,必章□之,令可别报、鋻却殹(也)。用牒者,一牒毋过五行,五行者,牒广一寸九分寸八,四行者,牒广一寸泰半寸,三行者,牒广一寸半寸。皆谨调护好浮书之,尺二寸牒一行毋行过廿六字。尺牒一行毋过廿二字。书过一章者,章□之。辞所当止皆胲之,以别易知为故。书却,上对而复与却书及事俱上者,鋻编之,过廿牒,阶(界)其方,江(空)其上而署之曰:以此右若左若干牒,前对、请若前奏。用疏者,如故。不从令及牒广不中过十分一,皆赀二甲。请:自今以来,诸县官上对、请书者,牒厚毋下十分寸一,二行牒厚毋下十五分寸一,厚过程者,毋得各过其厚之半。为程,牒牒各一。不从令者,赀一甲。御史上议:御牒尺二寸,官券牒尺六寸。制曰:更尺一寸牒牒。卒令丙四。②

分析此条令的内容涉及不同文书制定的具体规定,特别是不同文书在同一简中写多少字的规定。这种法律后来属于格式的内容。

---

① 陈松长主编:《岳麓书院藏秦简(四)》,上海辞书出版社 2015 年版,第 217—218 页。
② 陈松长主编:《岳麓书院藏秦简(四)》,上海辞书出版社 2015 年版,第 105—108 页。

（二）西晋律令分类标准下帝制时期法典法的形成

西晋在修法时，由于采用了新的法律分类标准，不仅对秦汉律令全面重新分类，而且还导致了法典法体例的形成。西晋在法典法形成上，创制了三个法典编撰体例，即律、令、故事。对此，《晋书·刑法志》中记载晋朝泰始四年①（268年）修成律、令、故事三个独立法典的内容和体例。

> （律）就汉九章增十一篇，仍其族类，正其体号，改旧律为《刑名》《法例》，辨《囚律》为《告劾》、《系讯》、《断狱》，分《盗律》为《请赇》、《诈伪》、《水火》、《毁亡》，因事类为《卫官》、《违制》，撰《周官》为《诸侯律》，合二十篇，六百二十条，二万七千六百五十七言。蠲其苛秽，存其清约，事从中典，归于益时。其余未宜除者，若军事、田农、酤酒，未得皆从人心，权设其法，太平当除，故不入律，悉以为令。施行制度，以此设教，违令有罪则入律。其常事品式章程，各还其府，为故事……凡律令合二千九百二十六条，十二万六千三百言，六十卷，故事三十卷。②

这段话是修史者的总结，指出这次修成三个独立法典的名称、内容和数量。分析这里对律令的界定，是存在误读的，而且从定义句和作用句看，在逻辑上也存在矛盾。在定义句中指出"令"是"其余未宜除者，若军事、田农、酤酒，未得皆从人心，权设其法，太平当除，故不入律，悉以为令"。在作用句上，令是"施行制度，以此设教，违令有罪则入律"。令的作用是"施行制度，以此设教"，这与《太平御览》引杜预的"律序"总结是一致的。"杜预《律序》曰：律以正罪名，令以存事制。"③《晋书·刑法志》对西晋泰始年修法时令的效力总

---

① "《晋朝杂事》曰：'泰始四年，岁在戊子，正月二十日，晋律成'。"《太平御览》卷637《刑法部三·律令上》，中华书局1960年版，第2855页。

② 《晋书》卷30《刑法》，中华书局1974年版，第927页。

③ 《太平御览》卷638《刑法部四·律令下》，中华书局1960年版，第2859页。杜预的定义，在晋朝后成为隋唐时期律令的通行定义，因为在日本的《令集解》中有同样记载。"杜预《律序》曰：律以正罪名，令以存事制。"《令集解》卷1《官位令》，吉川弘文馆1981年版，第6页。

结也不准确,即认为是"权设其法"。因为这个时候令的法律效力不再是"权设",而与律一样是基本法。这种令的法律效力是秦汉时期的而非西晋时期的。《晋书·刑法志》记载西晋泰始年修成的"故事"就是后来的"格式",其中主要是式类法律。因为这时的"故事"是"常事品式章程",即各种官府公文程式,属于唐宋时期的"式"。如宋朝式是"人物名数、行遣期限之类为式"①"其名数式样之类为式"②等。从秦汉时的内容看,这里的"故事"有一部分应是隋唐宋时期的"格"。从中可以看出,西晋的法律分类实质上创制出了隋唐时的律令格式,只是南北朝时"故事"慢慢分化成"格""式"两种。这是因为"故事"中"格"与"式"的形式差异较大,"式"是各种图表和公文格式,而"格"是对具体行政、民事管理中的数量、标准、等级等内容十分详细具体的规定。两者混在一起,不利于立法上的统一,但两者性质是一致的,都属于国家行政管理中的内容。③分析《晋书·刑法志》在对曹魏修法与西晋修法时的记载,会发现在曹魏修法总结时引用修撰者的原"序",而晋朝则是修史者自己总结。这造成了在准确性上,曹魏修法中魏律篇名来源和每篇下的内容十分准确,④而在西晋修法总结上则出现不足,甚至是矛盾。所以,对《晋书·刑法志》中两次记载立法的准确性的不同应给予足够的重视,否则会导致理解上的问题。

通过分析可以看出,魏晋对律和令的分类与法典编撰体例的改变是实质性的,全面性的重构。同时,对曹魏律令与西晋律令的区别,认为"在汉代,令是主要的追加法。未被魏律典吸纳的令至晋时得到编纂"⑤是不够准确的,因

---

① 《续资治通鉴长编》卷 269"神宗熙宁八年十月辛亥"条,中华书局 2004 年版,第 6604 条。
② 《宋会要辑稿·职官二六·司法寺之 12》,上海古籍出版社 2014 年版,第 3694 页。
③ 对唐宋两朝格式载体形式的具体差别论述,可以参看仁井田陞的《唐令拾遗》和笔者的《宋朝立法通考》。
④ 从现在所见《睡虎地秦墓竹简》《岳麓书院藏秦简》《张家山汉墓竹简》三个简中律的篇名和内容看,《晋书·刑法》记载的魏新律篇名变化是真实的,也是可以相互验证的。
⑤ [日]大庭脩:《秦汉法制史研究》,徐世虹等译,中西书局 2017 年版,第 7 页。

为曹魏律令与西晋律令在分类和法典重构上是一种结构性的,而非唐朝时格后敕,明清时例、事例与律典的关系。

西晋修法时把法律分成"设范立制"与"正刑定罪"两种并非西晋突然创制。这种分类在西周初年就已经形成,分析西周的礼与法的关系就是这种分类。认真分析西周礼与法,在性质上分别是"设范立制"与"正刑定罪"。西周时期的"礼"是一种法律规范并没有太多争议。西周时期的"礼"在性质上是刑事法律还是非刑事法律,学术界没有太多争议。从古代对礼的性质界定看,礼就是"设范立制"的非刑事法律。汉初贾谊指出"礼"是"禁于将然","贵绝恶于未萌,而起教于微眇,使民日迁善远罪而不自知也"①的规范。此外,汉朝陈宠对礼与刑关系的总结是"礼之所去,刑之所取,失礼即入刑,相为表里者也"②。夏商周时期"刑""法""律"是同义词,在性质上属于"正刑定罪"的刑律是可以肯定的。西周、春秋、战国初期"法"是"律"有很多记载。古代把"律"与"法"互训。如《唐六典》中记有"律,法也。魏文侯师李悝集诸国刑书,造《法经》六篇"③。此外,李悝制定的《法经》在性质上是刑律,也说明"法"在当时是"正刑定罪"的法律。对此,《晋书·刑法志》中的记载是"是故所著六篇而已,然皆罪名之制也"④。李悝撰成的《法经》在法律性质上是刑律而非诸法合体的法典,这是《法经》作为整体性质所在。所以要注意西周、春秋和战国初期的"礼法"与战国晚期形成的"法礼"在性质上是存在不同的。西汉中期开始有按法律性质分类的趋势。这在《盐铁论》中不管是"大夫"还是"文学"在讲到"法"和"令"的作用时,都指出法是"刑罚",令是"设制"。秦汉时期律令在指称法律上出现变化是受儒家对法律分类的影响。因为儒家强调国家治理中的先教而后罚,这在法律上首先需要有"设范立制"的法律引

---

① 《汉书》卷48《贾谊传》,中华书局1964年版,第2252—2253页。
② 《晋书》卷30《刑法》,中华书局1974年版,第920页。
③ (唐)李林甫:《唐六典》卷6《刑部》,陈仲夫点校,中华书局2005年版,第180页。
④ 《晋书》卷30《刑法》,中华书局1974年版,第922页。

导，再有对违犯禁令时的刑律处罚，这样就形成令与律两种基本法律形式。

（三）秦汉与魏晋律令不同分类标准的历史作用

在研究中国古代法律发展史，特别是法律形式变迁史中，不可避免会涉及"律令"问题，它不仅涉及法律形式、法律分类，还涉及法典体例等问题。现在最大问题是：战国晚期、秦汉三国时期的律令与西晋至明初的律令存在什么样的实质差异。通过对出土法律史料及传世文献资料综合考察，会发现战国晚期至三国时期律令作为两种法律种类的名称，主要是基于法律效力等级及法律制定程序，具体来说，"律"是以国家名义制定的、在效力上稳定且是基础性规范。在法律渊源上，类似近现代西方分析法学派所讲的第一性规则，或说基础规范。令在产生上具有派生性，属于第二性规则，很多是由地方官员和中央官府提出，获得皇帝同意后，以"制诏"的形式颁布，进而获得永久性效力。[1]现在可以看到较多秦汉令的是《岳麓书院藏秦简》和《张家山汉墓竹简》，其中秦朝"令"最多的是《岳麓书院藏秦简》（四、五册）。秦朝在立法上，对"令"的性质和制定程序有明确界定是在《卒令乙廿七》中。《卒令乙廿七》中有"令曰：诸所上而为令，制曰可，皆以书下日定，其奏日下之，其当以时下，各以下时定之。卒令乙廿七"[2]。此条明确指出是"令"，规定成为"令"的都是用"制"颁行，就是说这个时期律令区分的标准是法律效力和制定程序而非规范性质。西晋泰始四年（268年）修法在律令分类史上的转变是对律令分类不再基于效力和制定程序，而是基于法律规范的性质，即把"律"界定在"正刑定罪"的刑事法律内；把"令"界定在"设范立制"的非刑事法律内。对此，不管是《太平御览》引杜预的《律序》还是《晋书·刑法志》中都有相同记载。同时，西晋泰始

---

① 对秦汉时期令的形成与发展问题，近年学术界有很多研究，其中代表作有朱腾的《秦汉时代律令的传播》（《法学评论》2017年第4期）和肖洪泳的《秦汉律令性质及其关系新解》（《中南大学学报》2019年第6期）等。

② 陈松长主编：《岳麓书院藏秦简（五）》，上海辞书出版社2015年版，第103页。

年间修法不仅把律令所指赋予了特定法律性质,而且在两种法律编撰体例上开创了两种不同篇名结构的法典体例,形成了两种不同体例的法典法。① 所以对"律令"在战国晚期至明朝初期的含义必须进行严格区分,这样才能准确理解律令法律体系在不同时期的含义。秦汉时期基于法律效力等级和制定程序的"律令"分类与明清时期"典—律例"分类有相似之处,因为两者都是基于法律效力和制定程序的不同。

魏晋修法时由于对法律分类标准和法典篇名结构等的认识发生了变化,导致曹魏新律和西晋泰始律在篇名上与秦汉,特别是《法经》六篇和《九章律》九篇完全不同。而学术界对此却认识不够,如田中氏与滋贺氏在对魏新律与晋律篇名来源相关问题的争议就源于他们死守魏律与晋律篇名之变与篇名下内容不变的问题而出现。② 魏晋修法,特别是曹魏修律时,对秦汉相关篇名是有沿用的,但在归入同一篇中的法律在性质上都已经发生了革命性的变化。所以在研究魏晋修法时,对律典篇名及相关问题不能死守秦汉时的篇名名称和篇下内容,而是要用相应标准进行分析。

魏晋立法在中国古代法律发展史中,特别是法律形式和法典发展史中的意义十分重要,因为魏明帝修法时,"律"上重新对秦汉时律的性质和篇名进行全面总结和归类,创制出新律典,并对律典中的篇名和律典篇名下包含的法律进行重新归类。西晋修法在中国古代立法史上的革命性作用体现在:首先,在法律分类上,形成"正刑定罪"与"设范立制"的分类标准;其次,在法典法上,形成律令分典,且各自有相应的结构、篇名的法典体例;最后,在法律形式

---

① 西晋泰始年间修撰成的律令两典虽然与曹魏修的律与令有继承关系,但在性质上有实质性不同,因为曹魏律令类法律两种法律在性质上没有严格的区分,且令类法律没有形成完整的法典结构。从记载看,是秦汉时期令编撰体例的沿袭。邓长春在《西晋律令法制体系研究》(西南政法大学博士学位论文,2015 年)中讨论过此问题。日本学者对此问题的讨论较为深入,成果也较为丰富。

② 滋贺秀三有两篇专门讨论曹魏新律篇名的论文。由于他讨论时没有出现现在这么丰富的秦汉律令篇名和条文,所以他的很多看法当前不用再去争议了。

上,形成了律令—故事体系。此外,"故事"把秦汉时期形成的各种与国家行政公文格式、国家行政机关设置数量等有关法律合在一起,让秦汉时期大量公文程式类法律有了独立的领域。这种法律分类和法典法体例的创立,让中国古代法律分类体例和法典结构有了全新的、可操作的立法技术。在令及令典研究上,应该明确作为与律并列且构成帝制时期两种不同性质法律分类下的法律形式的令是在西晋修法后才出现,即"作为法典的律令只能从晋律与晋令开始"①。

结　论

通过上文的分析,会发现中国古代"律令"和"律令法体系"所指的对象和含义上,在战国秦汉时期与魏晋至明初是完全不同的。从现在看,在中国古代法律体系问题上较能反映 1905 年清末法律改革前的基本法律分类标准和法律体系的是"正刑定罪"的刑律与"设范立制"的非刑事令格式互补的法律体系,即中国古代法律体系是"刑律"与"设制"有分且互补的法律体系。依据法律规范的实质性质进行分类是中国古代法律分类中的基本特征。这样,中国古代法律体系可以称为"刑律—设制"法律体系。② 在这种法律体系中,"刑律"与"设制"法律形式的载体在不同时期是有不同的,具体体现在西周春秋时期是"礼法",西晋至明初是"令律",清朝乾隆开始是"典律"。在此之下,可以再详细分为:西周春秋时期是礼法体系、秦朝至明初是律令体系、明清时期是典律—例体系。这种表达有较高的合理性,也能真实反映当时国家法律形式的结构特征。当然,这种概括性表述只能反映整个法律体系的核心内容

---

① ［日］冨谷至:《通往晋泰始律令之路(Ⅱ):魏晋的律与令》,朱腾译,载中国政法大学法律史研究院编:《日本学者中国法论著选译》(上),中国政法大学出版社 2012 年版,第 189 页。

② 把这种法律体系称为礼法体系或律令法体系,都存在字义需要重新界定的问题。然而这两种称谓在字义所指上已经有稳定内涵,若重新界定后使用仍然会存在误读的现象,所以不再使用。

和特征,在准确性上仍然存在不足。因为中国古代不同时期法律形式是复杂的,如秦汉时期主要有律、令、比三种,晋及南北朝时期主要有律、令、故事(后来是科)三种,隋唐时期是律、令、格、式四种,两宋时期是敕、令、格、式四种,元朝是条格和断例两种,明至清朝乾隆年间是律、例两种,乾隆朝后是律、会典、例三种,等等。所以,如要抽象出中国古代法律体系的概括性表述,若仅用某个时段的特定术语来表达是无法获得成功的。造成这一问题的根源是中国古代在法律分类上存在基于规范性质、规范效力、制定程序三种基本分类标准,而且很多时候是同时采用两种或三种标准进行交叉分类,于是导致同一时期法律形式名称会出现交叉混杂,无法有效提炼简约的问题。

在对中国古代法律形式和法律体系分析时,应把法典编撰体例与之严格区分,即不同的法典编撰体例与法律形式和法律体系之间是不同的,它们之间的关系不是单线的,而是十分复杂的。中国古代在法典编撰体例上,从现在看,存在"正刑定罪"的律典体例和"设范立制"的令典体例。此外,在国家机构与官吏设制立法上,存在《周礼》《唐六典》体例,在礼制礼仪立法上有《仪礼》《开元礼》体例等。从法律史角度看,近代法学界关注的中心是"正刑定罪"的律典,这与律典编撰体例在四类法典编撰体例中最为成熟有关。帝制时期,律典编撰体例形成最早,战国《法经》开始对"正刑定罪"刑事法律进行体系化立法,汉初《九章律》让这种立法技术获得了进一步发展,三国曹魏时对秦汉律类立法实践进行总结和提炼后,创制出严格意义上的刑律法典,西晋泰始年间修法撰成律典,标志着中国古代刑事立法中法典法体例的最终形成。帝制时期"设范立制"类法典严格来说由三部分组成,即体现民众日常生活和国家管理行为的令典,形成于西晋《泰始令》;体现皇帝及皇室、官僚贵族政治生活的礼仪规范的礼典,初创于西晋,完成于唐朝《开元礼》;体现文武分离、科层结构的国家机构和职能界定的官制法典,初创于《周礼》,形成于《唐六典》,后经《元丰官制》的改进,到明初的《诸司职掌》形成了独具风格的官制立法体系。礼制法典和官制法典在渊源上都源自反映西周时期礼法成就的《周礼》《仪礼》《礼记》三部春秋以来儒家撰成的经典上。中国古代在国家立法上，刑事的律典，非刑事的令典、礼典、官制典，构成了国家立法上"刑律"和"事制"两类基本法律类型。这种基于法律性质分类而形成的不同法典往往让研究者把法典编撰体例与法律形式混在一起，导致分析国家法律体系和法律形式时出现混乱。此外，西晋律令两典形成后，在立法上出现了两种不同的传统，即对"正刑定罪"的法律，除法典中用"律"外，其他同类性质的刑律在没有撰入律典前不再用"律"来指称，而是采用其他名称，如格后敕、断例、条例等；"设范立制"类法律，是令典和非撰入令典的都称为"令"，即存在独立于令典之外的大量单行令。这让研究令时常产生混乱。这在宋朝最为典型，因为宋朝令在载体上有综合性令典、专门性令典、单行令等，如《政和令》《吏部七司令》《保甲令》等。

总之，在讨论中国古代法律形式和法律体系问题时应注意区分不同时期法律分类标准、法典编撰体例、法律制定程序的不同，以及由此导致的多样性和复杂性。只有这样才能对中国古代不同时期法律形式和法律体系进行更加有效的讨论，同时也只有这样才能对中国古代法典法及法典体例变迁作出更好的分析和评论。

第三章　周制想象下帝制时期
法典法体系再造

　　唐朝是中国古代法制文明发展史中的重要时期,所创制的法律典章制度成为后来王朝的典范,垂范后世,让中华法系能够独立于世界法制文明之列。① 细考唐朝法律典章制度在编撰上是远承秦汉,中继魏晋,近袭北周及隋,以法典法为中心,形成中国古代法典法发展史上的顶峰时期,是中华法制史上古典法典法的辉煌时期。

---

　　①　笔者认为中国古代法制文明发展史可以分为远古、上古、中世、近世四个时期。这种分期是受到日本和国内相关学者分期的影响,如日本学者桑原骘藏在《中等东洋史》(在中国改为《东洋史要》)中对中国古代史分期采用上古、中古、近古、近世四个时期。此外,民国时期中国文学史学界多采用这种分期,如《谢无量文集(第9卷):中国大文学史》(1918年初版)中就按上古、中古、近古、近世四个时段分期论述。远古时期是传说中的三皇五帝至禹之时,这个时期是中华法制文明萌芽和初创期,代表成果有《洪范》《禹贡》《皋陶谟》等。这个时期由于史料纷杂,难成确证,只能说是中华法制文明开始有不同程度的创制。上古时期从夏启建夏朝至西周,这个时期中华法制文明已经初步形成,且开始呈现出自己的风格体系,这个时期法典范是西周的礼法成果,现在可以看到的有《周礼》《礼记》(虽然两书并非西周时的成果,但基本内容却是反映西周时的法律制度)《吕刑》等。中世时期是春秋至元朝,形成了中国古代自成体系的官制、礼制、法律为基本内容的法制文明,成果以法典法为载体,代表性成果是唐朝"开元六典",这个时期的法制文明属于古典法典法时期。近世时期是明清两朝,法律分类以"实用"为取向,种类有律典、会典、条例、则例等,代表性成果在明朝有《大明律》《诸司职掌》《大明集礼》《问刑条例》等,清朝有《大清会典》(以《乾隆会典》《嘉庆会典》《光绪会典》为代表)《大清律例》《六部处分则例》等。这个时期可以称为后法典法时期。

　　唐朝法典编撰有两个关键时期:第一个时期是贞观年间,此时主要是对律令格式和礼制五典进行系统编撰,内容上体现了对秦汉以来,特别是魏晋南北朝时期形成的法典和礼制进行总结和融合,是"融汇"建设期;第二个时期是玄宗朝开元年间,此时唐朝立国一百多年,法典编撰主要是对唐朝建国一百多年来的法制成就进行总结和提升,编撰出具有时代特色的法典,可以称为"重建再创"时期。开元年间不仅修撰成中国古代法典法发展中最高成就的律、令、格、式分类下的狭义法典法,还制定了广义法典——《唐六典》《开元礼》。开元年间在编撰律典的同时,还继承《永徽律疏》的传统,撰成《开元律疏》,终成中国古代刑事法典的标志成果。《唐六典》《开元礼》的制定,实现了汉朝以来儒家追求的"官制"和"礼制"的重构。[1]《唐六典》本质上是唐玄宗想创制与《周礼》相比肩的官制宏典的产物,但由于时代不同,无法机械沿袭《周礼》体例,最后修成以国家机构为纲,把机构设立、职能界定、职官职数、历史沿革等相关法律类编在一起的职官事类体法典,终成唐朝以后国家官制立法的典范。[2]《唐六典》虽然存在很多理想成分,但却能反映秦朝以来帝制王朝国家的官制结构和职能分类,是秦朝以来中国国家机构和官僚体系成熟后,对机构和职官职责界定上最成功的编撰总结产物。

　　中国古代自春秋起,儒家为中心的学者始终认为西周的礼制是国家治理中的善纪、大经、大法,于是,对《礼记》展开深入研究,上升为经。入汉之后,儒学大师们孜孜以求重建理想中的宏纲新礼。经过郑玄、王肃等人的努力,礼制终于有了全面系统的理论体系。唐朝建立后,经过贞观年间和显庆年间两

----

　　① 相对于《周礼》《礼记》而言。

　　② 《唐六典》本身是否属于行政法典,学术界多有争议,但它作为中国中世、近世官制立法的模范是没有问题的。如宋神宗朝在官制改革时就以《唐六典》为依据,进行国家官制改革,最终形成了完整的官制立法《元丰官制敕令格式》。对此,陈振孙在《直斋书录解题》卷6中"《唐六典》"条下指出"本朝裕陵好观《六典》,元丰官制尽用之"。(徐小蛮、顾美华点校,上海古籍出版社2016年版,第172页)明代的《诸司职掌》在编撰体例上是继承《唐六典》体例。对此,在《明史》卷一百三十八《陈修传》中有"仿《唐六典》,自五府、六部、都察院以下诸司设官分职,编集为书曰《诸司职掌》"。(中华书局1974年版,第3964页)

次编撰,构建了新礼典,却因两部礼典各以某一学者理论为指导,难成一代之制。至开元朝,终于放弃以《礼记》为基准,以某一学者理论为来源的立法模式,采取"折衷"原则,参考古今之制,按"五礼"①创制出中世礼制典范——《开元礼》。这样,中国自春秋以降,经过一千多年的发展,在儒家、法家诸家学者的争论和努力下,终于重构起儒家追求"理想"治国中的法律规范体系,即"礼法"并用、"德刑"互补的国家治理体系。唐朝"开元六典"的形成,让春秋以来儒家的治国理想成为现实,塑造了中华传统文化中国家治理体系,成为中世以来法律典章制度的核心,构成中华法文化的基础,结出了中华法系的结晶。"开元六典"之所以重要,除它们是春秋以来的法律典章制度建设的集大成外,还成为8—19世纪帝制时代国家法律、官制、礼制建设的直接渊源,同时为东亚地区各国广泛继受,为中华法系成为世界性法系提供了基础。

一、法典法视野下的"开元六典"

"开元六典"是指形成于唐玄宗开元二十五年(737年)前后的六部法典,即《律》《令》《格》《式》《唐六典》《开元礼》。"开元六典"中的"典"是广义上的法典,而非狭义上的法典,具体是日本学者穗积陈重《法典论》下的法典。因为穗积陈重在定义"法典编纂"时是"指对一国法律进行分科编制而形成具有公力的法律书之事业,或者是指将既有法令进行整理编辑而成法典的工作,或者是将新设法令归类编纂而形成一编的法典工作"②。从此定义看,律令格式属于第一种意义上的法典编纂产物,《唐六典》《开元礼》属于第二种意义上的法典编纂产物。此外,穗积陈重还指出法典编纂目的有"治安、守成、统一、整理、更新"③五

---

① 唐礼在分类上继承周礼,分为吉礼、嘉礼、宾礼、军礼、凶礼五类,所以又称为"五礼"。
② [日]穗积陈重:《法典论》,李求轶译,商务印书馆2014年版,第5页。
③ [日]穗积陈重:《法典论》,李求轶译,商务印书馆2014年版,第25页。

种,编纂体例有"沿革体、编年体、韵府体、论理体"四种。① 若细考之,"开元六典"中律令格式在编纂目的上是守成、统一,《唐六典》是整理、更新,《开元礼》是统一、更新;在编纂体例上,律令格式及《开元礼》是论理体,而《唐六典》则是沿革体与论理体的结合。

"开元六典"若按中国古代国家治理中法律规范性质界定都属于"法律"。② 中国在古代国家治理中规范分类上,若按"刑制"和"礼制"分类,那么"开元六典"中的律令格式属于"刑制",《唐六典》和《开元礼》属于"礼制";若按"定罪正刑"和"设范立制"分类,则律典及其义疏③属于"定罪正刑",令格式、《唐六典》和《开元礼》属于"设范立制";若按法礼分类,则律令格式四典及《唐六典》属"法",《开元礼》属于"礼"。所以从中国传统法律规范视角看,"开元六典"在性质上都是"法典"。只是若从制定当时是否行用上看,律令格式四典更具有"实在法"的特点,而《唐六典》《开元礼》更具有"理想法"的特点。当然,若从当代西方法律分类看,六典中律典属于刑事法律,其他五典则属于非刑事法律,包括行政、民法等各种法律。

"开元六典"在开元二十五年(737 年)前后修成,是一种历史必然与偶然相结合的产物。"历史必然"是中国古代法律典章制度发展到唐朝时已经到综合整理融创时期,特别是经过隋文帝、唐太宗、唐高宗朝的反复修撰法典,为形成体例完整、分工合理的法律典章制度提供了扎实的基础。"历史偶然"是唐玄宗在开元二十四年(736 年)前的励精图治,让大唐王朝国力昌盛,导致玄宗自我陶醉,为表盛世,想在法律典章制度上成一代之制。同时,李林甫等奸佞之臣为平服他人非议,讨玄宗欢心,而不顾众议,快速编撰修成各种法典。

---

① ［日］穗积陈重:《法典论》,李求轶译,商务印书馆 2014 年版,第 54 页。
② 按分析法学派对法律的定义,法律是由国家制定且具有国家强制力保障实施的规范。按此标准,《唐六典》和《开元礼》是可以称为法律,因为它不仅由国家制定,且在国家政治生活中得到适用,且具有国家强制力。
③ 唐代对律典所作的注释是"义疏"而不是"疏议",把"义疏"称为"疏议"始于元朝。

这样,终于在上述多种原因作用下,让体现中国古代法律典章制度内容的法典在开元二十五年(737 年)前后完成。

二、律典为中心的刑法体系的创制

从唐朝制定过的律典史料看,至少有六部不同版本的律典。唐朝最早制定的律典是武德七年(624 年)修成的《武德律》,但《武德律》在本质上只是对《开皇律》的简单修改后的产物,从史料看最大变化是增加了 53 条新格。唐初在律典编撰上发生实质性变化的是《贞观律》。唐太宗贞观十一年(637 年)在制定《贞观律》时,全面贯彻轻刑主义,在法典中把死刑减少了 92 条,流刑减入徒刑 71 条,此外还把大量死刑转入加役流。唐朝律典发展中的第二个重要成果是唐高宗永徽二年(651 年)撰成《永徽律》[①],后又编成《永徽律疏》。[②]《永徽律疏》成为秦汉以来的官方律学,特别是东汉和三国两晋南北朝时期中国古典律学的集大成。唐朝律典在武则天年间有过两次修撰,分别是垂拱元年(685 年)的《垂拱律》和神龙元年(705 年)的《神龙律》,但这两次修撰的律典没有什么特别成就。唐朝律典修撰中最后两次分别是唐玄宗开元七年(719 年)的《开元七年律》和开元二十五年(737 年)的《开元二十五年律》,其中《开元二十五年律》最具特色,成就也显著,因为它对此前的律典成果有所发展。此后,唐朝对刑事法律修撰不再修律典,而是通过“格后敕”及后来形成的“刑统”体例进行修撰。在律疏上,开元二十五年(737 年)在修撰律典的同时还修成《开元二十五年律疏》。此后中国古代律典立法上,明洪武年间修成《大明律》之前,六百多年中,修撰全新律典的仅有三次。第一次是五代后梁重修过律令格式四典,称为《大梁新修律令格式》。按《五代会要》记

---

① 学术界多认为日本的《大宝律》《养老律》继受对象是《永徽律》《永徽义疏》。

② 分析中国古代律学发展的过程,可以分为唐朝之前以官方律学为主导的时期和宋元明清以民间律学为主导的时期。

载,后梁制定的律令格式及义疏在卷数上与《唐六典》记载的开元二十五年(737年)律令格式及义疏卷数完全相同,所以可以推定这次修法只是对开元律令格式四典进行简单修订而已,变化很小。第二次是西夏制定的《天盛律令》,西夏修成的《天盛新订律令》在内容上已经出现把令格式融合的现象,不再是严格意义上"正刑定罪"的唐朝律典。西夏这种刑律编撰实质上成为《大明律》编撰体例的前身。第三次是金朝修撰的《泰和律义》。金朝这次修法从形式上看才是严格意义的唐朝律典和疏议模式。金朝《泰和律义》以唐律和义疏为样本,分别制定律典和义疏,总称为《泰和律义》。对《泰和律义》,元人认为"实《唐律》也"。① 其他王朝则直接把《开元二十五年律》和《义疏》作为公开的法律渊源,直接地或者间接地适用。从司法适用看,《开元二十五年律》和《义疏》在五代、辽、宋、金、元等王朝都公开承认为刑法渊源,构成中国古代适用最长的律典。《开元二十五年律》和《义疏》超越王朝更替和民族群体被适用,成为这个时期法典法的核心,是人类法典法适用史上的重要事件。

三、令格式三典下非刑事法律体系的形成

在唐朝律令格式四典中,令格式制定情况较为复杂,且内容多与后来成书的《唐六典》《开元礼》交错,究其原因是它们同属于"设范立制"的范围。唐朝令典是在《开皇令》的基础上编撰而成,唐朝制定过的令典有《武德令》《贞观令》《永徽令》《开元令》等。其中,《贞观令》在唐朝诸令典中居于重要地位。对《贞观令》情况,史料上记载有27篇,30卷,1590条。开元二十五年(737年)制定的《令典》是唐朝令典的典范,长期被适用和继受。五代十国以及宋朝在制定《天圣令》前都直接适用《开元令》。宋朝在令典上发生较大

---

① 《金史》卷45《刑志》,中华书局1975年版,第1024页。

改变是在天圣七年（1029 年）修撰《天圣令》时，但最终形成宋朝时代风格的令典是宋神宗元丰七年（1084 年）形成的《元丰令》。唐朝制定式典始于永徽二年（651 年），当时唐高宗命令删撰律令式，撰成《永徽式》，共 40 卷。武则天年间两次修撰式典，分别是垂拱元年的《垂拱式》，共 20 卷；神龙年间的《神龙式》，共 20 卷。开元二十五年（737 年）重新修撰律令格式时修成《开元式》20 卷。五代及宋辽金元时期人们称唐朝的"律令"或"令式"都指开元二十五年（737 年）修成的律典、令典、格典、式典。宋朝时人对令式两典修撰时间上有两种看法，即二十五年或二十六年。① 如《玉海》中记载有"太宗以开元二十六年所定令式，修为淳化令式"和"《唐式》二十卷，开元七年上，二十六年李林甫等刊定，皇朝淳化三年校勘"。这两处史料认为开元年间制定令典和式典的时间是在开元二十六年。从宋朝史料看，唐开元年间制定的《开元令》《开元式》被后来王朝长期适用，五代十国和宋朝虽然会进行时代化处理，但基本内容却是不变的。宋朝式典也同样如此，长期适用《开元式》，直到宋朝元丰三年（1080 年）修撰式典，元丰七年完成敕令格式四个法典的修撰后，《开元式》才被真正取代。② 辽朝对《开元令》和《开元式》一直适用，国家并没有进行专门的修撰。因为辽朝在二元制下的汉人适用"律令""汉法"就是唐朝的律令格式等。金朝对《开元令》大量适用可以从《大金集礼》中看出，因为在《大金集礼》中有很多内容直接引用《开元令》。

---

① 仁井田陞认为这是宋人之误。从史料看，认为"令式"制定时间是开元二十六年（738年）的仅有两处史料，整个宋朝其他史料中涉及令式制定的时间都是开元二十五年（737 年）。如《太常因革礼》中有数十处引用到唐朝令式，在时间上都明确记载是开元二十五年（737 年）。

② 宋代虽然继承唐朝法典法的传统，而且在法典上以敕令格式四种为立法样式，但宋朝的令格式三典在前期和后期是不同的。宋朝形成自己风格的令格式三典是与宋神宗对敕令格式的定义有关。分析宋神宗的定义，会发现他改变了唐朝在律令格式四类法律分类上的标准，让宋朝的令格式三典与唐朝的令格式三典在内容上出现不同。

　　唐朝格典制定较为复杂和活跃，究其原因是唐朝格典制定中存在律令格式分类下的格典和编敕体例下的格典两种法律形式。唐朝与格典有关的法律成果十分丰富复杂，按史料记载有《武德新格》《贞观格》《贞观留司格》《永徽散颁格》《永徽留司格》《垂拱格》《垂拱新格》《垂拱留司格》《垂拱散颁格》《神龙格》《开元前格》《开元后格》《开元新格》《贞元格》《元和格》《太和格》《开成格》等17种之多。分析这17种格典，律令格式分类体例下的格典有贞观年间修撰的《贞观格》，该格典修撰是"删武德、贞观已来敕格三千余件，定留七百条，以为格十八卷"①。《贞观格》是唐朝法典法中格典的重要成果。永徽二年（651年）唐高宗在删定律令格式时对格典采取分别处理，其中适用于中央诸司的称为《永徽留司格》，适用于全国地方的称为《永徽散颁格》。"《散颁格》下州县，《留司格》本司行用。"②武则天年间修撰过《垂拱新格》和《神龙格》等，此外，在唐中宗景龙年间再次修格，到唐睿宗太极元年（712年）修成《太极格》。唐玄宗开元三年（715年）修成《开元格》6卷，开元七年（719年）修成《开元后格》，开元十九年（731年）修成《格后长行敕》6卷。从上可知，唐朝前期频繁修订格典，让格典内容和性质都十分不稳，很多格典的修订，在本质上只是对历年因事而颁的敕进行整理，成为后来修敕立法的前身。最后一次编撰律令格式法典分类下的格典是开元二十五年（737年），这次修格典是"共加删辑旧格式律令及敕"，修成了《开元新格》，共10卷，成为《贞观格》后的格典典范。唐玄宗朝后，虽然多次修撰格或"格后敕"，但实质上都是编敕立法，内容不再是律令格式体例分类下的"格"。对此，五代时人们就发现唐朝存在不同性质的格典。《五代会要》记载后唐天成元年（926年）十月，御史台、刑部、大理寺在联合奏文中指出唐朝的"《开元格》多定条流公事，《开

---

① 《旧唐书》卷50《刑法志》，中华书局1975年版，第2138页。
② 《唐会要》卷39《定格令》，上海古籍出版社2012年版，第820页。

成格》关于刑狱"。① 这里指出：《开元格》与《开成格》分别属于"设范立制"和"正刑定罪"两种不同性质的法律。实质上，《开元格》是律令格式体例下的格典，《开成格》则是编敕立法下的综合法典。对唐朝格典讨论时一定要注意区别两者，否则会出现理解上错误。本章讨论的格典是律令格式体例下的专门格典，不是编敕立法意义下的综合性"格典"。②

四、官制与礼制的法典化再造

在本章提出的"开元六典"中，最会引起争议的就是《唐六典》和《开元礼》，因为两者在近代西方法律分类体系中，很易产生否定它们是法典的立场。然而，若从传统中国法律体系视角考察，《唐六典》和《开元礼》属于"法律"是没有问题的，自然称为法典是没有问题。对《唐六典》，宋朝陈振孙指出"今案《新书·百官志》皆取此书，即太宗贞观六年所定官令也"。③ 这里指出《唐六典》在修编时核心内容是当时国家官制令式法律。对《唐六典》和《开元礼》在唐朝国家法律体系中的地位，唐德宗时的吕温有过较为中肯的评价。他说："以论材审官之法，作《大唐六典》三十卷；以导德齐礼之力，作《开元新礼》一百五十卷。网罗遗逸，芟翦奇邪，亘百代以旁通，立一王之定制。"④这里正确指出两部法典的修撰纲领和历史地位，成为最早对两部法典中肯评价的

---

① 《五代会要》卷9《定格令》，上海古籍出版社2012年版，第147页。

② 宋朝时编敕立法发生实质性变化是在淳化年间。此前编敕立法是国家对分散颁布的"敕"类法律进行法典化整理编撰。此后，"编敕"和"敕典"成为两个不同的法律术语。编敕是指国家的立法活动，敕典是指编敕立法中修撰而成的专门性刑事法典。但从具体史料看，宋朝对敕典和编敕在使用上一直没有严格区分，很多时候"某某编敕"与"某某敕"都是指编敕中形成的刑事法典——敕典。

③ （宋）陈振孙：《直斋书录解题》卷6《职官类·唐六典》，徐小蛮、顾美华点校，上海古籍出版社2016年版，第172页。

④ （唐）吕温：《代郑相公请删定施行六典开元礼状》，载李昉编：《文苑英华》卷644，中华书局1982年版，第3306页。

代表。对于唐玄宗修撰两部法典的动因,近人多认为是唐玄宗想以此粉饰王道、虚荣心作祟,①或营造和标榜盛世心理下的产物。② 这种评价对于传统中国国家治理的规范官制、礼制建设来说应是较为合理和切实的。当然,从历史看,中国古代经历春秋战国时期对西周确定的"礼乐"之制破坏后,重构"礼乐"之制成为历代儒家努力的目标,经过一千多年儒家学者的努力,唐朝结出成果是一种内在必然,而不是某个人一时心血来潮能做成的。《开元礼》在国家治理中的作用,宋朝周必大曾在《拟唐开元礼序》中指出,此法典的修成让"朝廷有大疑,不必聚诸儒之讼,稽是书而可定;国家有盛举,不必蒐野外之仪,即是书而可行"。③ 这里认为《开元礼》在国家治理上中具有十分重要的法典作用。

《唐六典》制定始于开元十年(722 年),最终修成于开元二十六年(738年),修成时间与律令格式四典修成的时间大体是一致的。《唐六典》以官制为纲,职能和演变为内容,对每个官衙机构和职官来源、沿革进行详细考述,同时对各机构和职官职能进行明确界定,并把所述机构和职官在运行中涉及的律令格式等有关法律按职官类别分别作为附注撰入,成为中世国家官制法律大全。④ 据史料记载,《唐六典》在开始修时,唐玄宗确实是想严格按照《周礼》体例编撰,为此还手书六条原则给负责人徐坚。然而在编撰过程中,由于唐朝官制和周朝官制差异太大,让编撰负责人徐坚是"沈吟岁余,谓人曰:'坚承乏。已曾七度修书,有凭准皆似不难。唯《六典》历年措施,未知所从'"⑤。

---

① [日]奥村郁三:《〈大唐六典〉研究》,[日]内藤乾吉:《关于〈唐六典〉的施行》,载杨一凡主编:《日本学者中国法制史论著选·魏晋隋唐卷》,中华书局 2016 年版。
② 吴丽娱:《营造盛世:〈大唐开元礼〉的操作缘起》,《中国史研究》2005 年第 3 期。
③ 《大唐开元礼·拟唐开元礼序》,民族出版社 2000 年版,第 5 页。
④ 法典有不同含义。《唐六典》称为法典在广义是没有问题的。如没有人会否定公元 5世纪东罗马帝国查士丁尼编撰成的《学说汇纂》不是法典一样,但《学说汇纂》只是对古罗马时期历代法学家的学说成果进行体系化编撰的产物,而非国家法律的原创性立法的成果。
⑤ (唐)刘肃:《大唐新语》卷9《著述第十九》,许德楠、李鼎霞点校,中华书局 1984 年版,第136 页。

由于编撰体例上的问题,《唐六典》编撰经过 16 年之久,反复争议,换过 5 位主持人,原因是"《唐志》内外官与周制迥然不同,而强名'六典'可乎?"最后是"始以令式入六司,象《周礼》六官之制,其沿革并入注"①的体例编撰而成。《唐六典》在编撰体例上创制出"以官统事,以事隶官"的官制法典编撰体例,为明清会典编撰提供了新体例。

　　"开元六典"中《开元礼》的作用十分显著,但从法律视角讨论它的性质的成果却很少,②可是从中国古代法律典章制度上看,它却是重要的组成部分。唐朝制定礼典始于唐太宗时的《贞观礼》,此后唐高宗朝修成《显庆礼》,开元二十年(732 年)修成《开元礼》,终成中国中世礼制立法的典范。对《开元礼》的内容及地位,史料有记载。《新唐书·艺文志·开元礼》中有"开元中,通事舍人王岩请改撰《礼记》,附唐制度"的重修提议。从这里看是希望重新修成唐朝的《礼记》。当然王岩要求以《礼记》为范式的修撰建议在实践中无法实施。对此,主持修撰工作的张说建议的修撰模式是"《礼记》,汉代旧文,不可更。请修贞观、永徽五礼为《开元礼》"③。张说的建议是综合《贞观礼》和《永徽礼》,而不是固守《礼记》。对《开元礼》的编撰原则上的争议,《通典·礼序》中有较为详细的记载。王岩提出重新编撰礼典的时间是开元十四年(726 年),原则是"请改撰《礼记》,削去旧文,编以今事";张说的原则是"《礼记》,汉朝所编,遂为历代不刊之典,去圣久远,恐难改易。但今之五礼仪注,已两度

---

　　① (宋)陈振孙:《直斋书录解题》卷 6《唐六典》,徐小蛮、顾美华点校,上海古籍出版社 2016 年版,第 172 页。

　　② 对《开元礼》的性质,学术界多认为仅是"礼",且因西周之时就有"法"和"礼"之分。此后中国古代一直把律令与礼分述。当然,法史学界对礼的性质存在两种基本认识:一种认为中国古代法律就由两大规范体系构成,即律令与礼,或说是法与礼,那么礼就是法律的一种;另一种认为在法礼之分中,礼和法是两种不同的规范体系,礼不属于法律。礼在魏晋后,大量内容与令式混同,即令式中很多内容就是礼。这样导致礼法存在混同和区别。当然,从唐宋对礼的适用看,礼往往起到国家法律作用,可以视为广义的法律。但礼与习惯、习惯法在古代国家治理中规范上是不同的,礼是一种国家创制的规范,而非民间规范或习惯。

　　③ 《新唐书》卷 58《艺文志·开元礼》,中华书局 1975 年版,第 1491 页。

增修,颇有不同,或未折衷。请学士等更讨论古今,删改行用"①。从上面记载看,王岩提出的修撰原则是以《礼记》为主,参考唐朝"今制";张说认为《礼记》是汉朝时的产品,难以为准,应采用《贞观礼》和《显庆礼》为对象,折衷两书内容,参考古今,修撰成新礼典,与《礼记》并肩。从最后修撰情况看,《开元礼》的修撰原则是采纳了张说的主张。唐朝初期在修撰礼典上,唐太宗朝的《贞观礼》和唐高宗朝的《显庆礼》在编撰吸收的内容取向上存在显著不同,各以某一学派为中心,原因是汉朝时在《礼记》注疏上形成郑(玄)、王(肃)两大学术流派。南北朝时出现北朝承袭郑学,南朝承袭王学的学术局面。唐朝初期在编撰《贞观礼》时以郑学为准,在修撰《显庆礼》时以王说为准。②《贞观礼》在具体编撰上是"皆周隋所阙,凡增多二十条,余并依古礼",这说明《贞观礼》在本质上仅是《礼记》和《隋礼》的简单融合,"古礼"就是汉朝以来礼制成果和学者的研究成果。这样《贞观礼》在内容上"古礼"太多,无法适应当时社会需要。唐高宗在重修时反其道而行,以当时礼制为中心,进行全面重修,所以在篇数和内容上都出现大量增加。唐高宗时《显庆礼》数量增加的原因是在礼典中"杂以式令",把令式两法典中与礼制相关的内容大量撰入,成为"时制"产物。这样在内容上形成《贞观礼》太保守,《显庆礼》太激进的问题。从《开元礼》编撰上看,最后选择的原则是"折衷",具体是调和郑、王学说之争,

① (唐)杜佑:《通典》卷41《·礼一·沿革一·礼序》,王文锦等点校,中华书局1982年版,第1122页。

② 学术界对《开元礼》与《贞观礼》《显庆礼》的关系,以及前两部礼典的编撰体例、内容、渊源等之间差异及关系问题已经有深入研究,代表性成果有:赵澜的《〈大唐开元礼〉初探——论唐代礼制的演化历程》(《复旦学报(社会科学版)》1994年第5期);吴丽娱的《营造盛世:大唐开元礼的撰作缘起》(《中国史研究》2005年第3期)、《兼融南北:〈大唐开元礼〉的册后之源》[《魏晋南北朝隋唐史资料》(第23辑),2006年]、《对〈贞观礼〉渊源问题的再分析——以贞观凶礼和〈国恤〉为中心》(《中国史研究》2010年第2期)、《关于〈贞观礼〉的一些问题——以所增"二十九条"为中心》(《中国史研究》2008年第2期)、《从经学的折衷到礼制的折衷——由〈开元礼〉五方帝问题所想到的》(《文史》2017年第4期);杨华的《论〈开元礼〉对郑玄和王肃礼学的择从》(《中国史研究》2003年1期)等。

解决"稽古"和"时制"的矛盾,做到"故能不泥不肆,克辑成书",①最终重构起中世中国的礼制,成为后世礼典的榜样。

要肯定《唐六典》《开元礼》的法典性质,首先需要解决的问题是它们的性质和在唐朝的适用情况,即法律效力问题。② 在两部法典的性质上,《唐六典》争议最大,基本看法分为行政法典和官修政书典志。其中,认为是行政法典的主要代表学者有张晋藩、乔伟、王超和宁志新等;认为是官修政书典志的主要代表学者有陈寅恪、韩长耕、严耕望、钱大群等。③ 考察争议双方的论据,会发现争议双方都有过偏的见解,或说都在现代法律分类体系下来审视《唐六典》的性质。这里笔者把《唐六典》作为法典是建立在作为国家法制建设适用中的法律渊源上,及穗积陈重的法典类型中的统一、整理目的下的沿革体和论理体法典类型视角下。

对《开元礼》,若把它作为严格意义上的法典是会存在争议,但若认为它具有法律的规范性功能,起到法典作用是没有问题的。④ 这里把《开元礼》作为法典是从功能角度。其实,从唐朝及后人对两部法典内容的分析上看,两部

---

① 《大唐开元礼·拟唐开元礼序》,民族出版社 2000 年版,第 5 页。

② 对两部法典在唐玄宗朝制定后是否得到适用的问题,在唐宋时期就存在争议。此后,在乾隆朝时四库馆臣们对此在不同地方表达上也存在差异。近代以来,日本和国内学者对两部法典的适用问题进行了详细考察,得出两部法典存在刚制定时适用不力,甚至是没有适用的现象。但"安史之乱"后开始被大量适用,进入唐朝后期,成为国家官制、礼制法律的重要法典。此方面的研究成果代表作在国内主要有韩长耕的《关于〈大唐六典〉行用问题》(《中国史研究》1983 年第 3 期)和宁志新的《〈唐六典〉性质刍议》(《中国史研究》1996 年第 1 期)等文。其中,宁志新在文章中通过对可以见到适用《唐六典》的事例进行统计,得出在唐朝和五代时期共有 35 例引用到《唐六典》的事例。现在,在中日学者的努力下,基本弄清楚了两法典制定后被适用的情况及演变的过程。

③ 前者见宁志新的《〈唐六典〉性质刍议》(《中国史研究》1996 年第 1 期)和〈唐六典〉仅仅是一般的官修典籍吗?》(《中国社会科学》1994 年第 2 期);后者见于陈寅恪的《隋唐制度渊源略论稿》(生活·读书·新知三联书店 2004 年版),钱大群、李玉生的《〈唐六典〉性质论》(《中国社会科学》1989 年第 6 期)和钱大群的《〈唐六典〉不是行政法典——答宁志新先生》(《中国社会科学》1996 年第 6 期)等。

④ 自西晋泰始律令分典编撰后,令典中不管是从篇名还是内容看,大量内容就是礼仪、礼制。在立法上,出现了礼制礼仪立法与令类立法重复交叉的现象,在法典编撰上出现《礼典》与《令典》,乃至后来的《式典》重复交叉的现象。

法典核心内容是"令式"，只是在编撰时为适应两个法典调整对象的需要，对相关"令式"内容进行事类化的重新整合，形成新的法典。这种法典编撰上的重复交叉是律令体系中法律逻辑分类下分典立法的缺点之一，也是明清时期法典编撰体例发生转变的原因。

在两部法典的实施问题上，最早认为《唐六典》制定后没有被实施的是唐玄宗朝的韦述。韦述在撰写的《集贤注记》中的《六典》条下是这样评价《唐六典》的适用情况。"二十六年奏草上，诏下有司，百僚表贺。至今在书院，亦不行用。"①此后，唐德宗朝的吕温也认为两法典是"草奏三复，只令宣示中外，星周六纪，未有明诏施行"②。这种认识被宋朝藏书家和学者继承，如《直斋书录解题》称《唐六典》是"至今在书院，亦不行用"③。清朝的四库馆臣也继承了这种观点。近代学术界对这一问题进行了重新考察，最早是日本学者，国内学者继之，后来有学者利用出土文献进行考察，指出唐玄宗朝就存在适用。④ 现在弄清了《唐六典》刚制定时适用范围较小，加之很快遇上"安史之乱"，自然没有很好适用，但在唐德宗建中、贞元年间后开始被全面适用。⑤ 从此之后，一直到近代西方行政法和官制传入，《唐六典》都是中国古代官制法律的基本渊源，被广泛适用和继受。《开元礼》的适用情况同样如此，只是从出土文献看，《开元礼》应在唐玄宗朝就开始在中央和地方官府中适用，如学者结合敦煌、

---

① （宋）王应麟：《玉海》卷51《艺文·唐六典》，江苏古籍出版社、上海书店1987年版，第970页。韦述撰《集贤注记》的时间是天宝十五年（756年）二月。韦氏在开元八年（720年）入丽正书院，参加《唐六典》修撰工作。

② （唐）吕温：《代郑相公请删定施行六典开元礼状》，载李昉编：《文苑英华》卷644，中华书局1982年版，第3306页。

③ （宋）陈振孙：《直斋书录解题》卷6《唐六典》，徐小蛮、顾美华点校，上海古籍出版社2016年版，第172页。

④ 如日本学者内藤乾吉的《关于〈唐六典〉的施行》（杨一凡主编：《日本学者中国法制史论著选·魏晋隋唐卷》）；中国学者有严耕望的《略论〈唐六典〉之性质与施行问题》（《历史语言研究所集刊（第24本）》），韩长耕的《关于〈大唐六典〉行用问题》（《中国史研究》1983年第1期），刘逖的《试说〈唐六典〉的施行问题》（《北京师范学院学报（社会科学版）》1983年第2期）等。

⑤ 对此问题，笔者在第四章中对"开元六典"在中国8—13世纪继受和适用问题展开专门探讨。

吐鲁番出土的《开元礼》残片，加上其他文献，指出《开元礼》制定后就被适用，只是其中一些规定没有被适用，如"养老礼"。"《开元礼》在唐代基本上是得到行用的，其中不少原则规定仍然在唐代中后期礼仪生活中发挥重要的作用。"①

对两部法典的适用情况，真实情况应是存在一个制定后先在特定范围适用到"安史之乱"后慢慢地全面适用的过程。唐德宗朝国家出现专门以《开元礼》为中心的礼制专科考试。《开元礼》作为基本法律，与律令格式一样被全面适用，甚至上升为"经"。综合考察吕温的批评，其目的就是要求中央政府对两法典进行全面适用，所以在否定此前适用上有夸大之处。因为他在奏折中明确要求对两个法典的重修，"然后敢尘睿览，特降德音，明下有司，著为恒式，使公私共守，贵贱遵行，苟有愆违，必正刑宪。如此，职官有制"②。对此，唐朝李涪提出："伏以《开元礼》，玄宗所修，上纂累圣，旁求礼经，其道昭明，其文彰著，藏之秘府，垂之无穷，布在有司，颁行天下，率土之内，固定遵行，有违斯文，命曰败法乱纪。伏请正牒，以明典章。"③这种努力在唐德宗贞元二年（786年）变成政府行为，当年下诏称："《开元礼》，国家盛典，列圣增修。今则不列学科，藏在书府，使效官者昧于郊庙之仪，治家者不达冠婚之义。"④这样，《开元礼》在唐中后期作为法典产生的作用十分广泛。这些说明唐德宗朝出现要求全面适用《开元礼》和《唐六典》的呼吁，同时国家开始把两部法典全面适用。所以说《开元礼》和《唐六典》在唐朝中后期开始起到法典的作用。对此，正如内藤乾吉指出《唐六典》和《开元礼》在唐中后期和五代宋元时期"至少应当承认它们是极有效力的法律渊源"⑤。这里仅从法律效力上看，若综合

---

① 刘安志：《关于〈大唐开元礼〉的性质及行用问题》，《中国史研究》2005 年第 3 期。

② （唐）吕温：《代郑相公请删定施行六典开元礼状》，载李昉编：《文苑英华》卷 644，中华书局 1982 年版，第 3306 页。

③ 李涪：《刊误》卷下，辽宁教育出版社 1998 年版，第 20 页。

④ 《唐会要》卷 76《贡举中·开元礼举》，上海古籍出版社 2012 年版，第 1653 页。

⑤ ［日］内藤乾吉：《关于〈唐六典〉的施行》，载杨一凡主编：《日本学者中国法制史论著选·魏晋隋唐卷》，中华书局 2016 年版，第 318 页。

两部法典中的规范生成特点以及效力,可以说《开元礼》更具法律性,《唐六典》在法律性上相对要差一些。因为《唐六典》所载律令格式条文皆引自唐之前和唐时律令格式四典,①整部法典中创制性内容相对较少,但依然有不少属于原创性法律,具体是那些对国家机构和职官职能界定的内容。《唐六典》对国家中央和地方机构、职官职能和官吏人员的设定、官品界定等方面的原创性规范,构成了此法典中的原创性法律,所以对《唐六典》性质、作用分析时,必须区分法典中不同内容的性质。

结 论

考察"开元六典"的形成渊源,会发现它们在本质上是春秋以来儒家为主体的学者对西周法律、官制、礼制想象下的一种理想化产物。这当中虽然继承和发展了春秋至隋朝期间各朝立法成果,但驱动这种立法发展的动力却是儒家对西周国家法律制度的想象。在不同法典的制定中,都体现出儒家对西周国家法律典章制度的理想化理解的特质。

"开元六典"在法典编撰史上,是中国古代法典法时代的伟大产物。而法典法虽然体现的是法制建设上的理性主义,但本质上是一种理想主义。可以说,"开元六典"代表了中国古代法典法发展中逻辑分类取向下的最高成就。此后,中国法典法开始走向以实用为取向的事类体和会典体立法时代。事类体和会典体法典编撰体例更多地表现出一种法律汇编,而非逻辑意义上的法

---

① 《唐六典》注文所引律令格式,对唐以前的,有学者进行过统计,具体是《隋令》3 次,《晋令》25 次,《晋令式》1 次,后魏《职品令》4 次,北齐《河青令》2 次,梁《官品令》3 次,隋《官品令》1 次,晋《官品令》2 次,魏《甲辰令》2 次,《梁令》1 次等。从所引文献看,前朝至唐时的有 110 种,具体分为历朝职官文献,如《汉官仪》《齐职仪》《汉旧仪》等;诸子文献,如《庄子》《列子》;经史文献,如《尚书》《礼记》《史记》《后汉书》等;语言文字类,如《释名》《方言》《说文》。(具体参见钟兴龙的《〈唐六典〉注文撰修研究》,《古籍整理研究学刊》2016 年第 4 期)该文对《唐六典》注文所引文献资料进行了详细考证。其实,这种全面精选的编撰,在法典编撰上就是一种立法形式。

律实质分类立法。

"开元六典"作为中国历史上中世法制建设上的集大成，在唐朝"安史之乱"后，在面临地方政权割据，各少数民族纷起争雄，且与汉族政权并存的历史局面下，成为塑造和维系中华大地上各民族建立政权的法制核心和纽带。通过8世纪至18世纪，近千年时间的不断继受和适用，"开元六典"终于让中华民族通过法制文明纽带联系，形成牢不可破的文化共同体，让"中国"概念具有了丰富法律内涵，融成具有共同的法律、官制和礼制文化共同体，即现在的中华民族。

"开元六典"中礼制规范和律令格式规范是两个相互支持、相互补充的规范体系。唐朝律令格式四个法典和礼典在玄宗朝之前被频繁修撰，但到唐玄宗开元二十五年（737年）前后最终修成律令格式和《唐六典》《开元礼》后，终成中华法典法之典范，构建起"礼法共用"的新国家治理体系，形成西周以后新的礼法体系。① 此后，在历朝法制建设中，不管是修撰律令或律例，或是官制、礼制皆以此六典为基本渊源，进行损益而构，但皆不出此基槽。② 对此，欧阳修认为《开元礼》在唐朝及此后的作用是基础性的。"唐之五礼之文始备，而后世用之，虽时小有损益，不能过也。"③这里欧阳修指出《开元礼》在唐以后成为礼制的标准。欧阳修的看法得到清人的认同，因为在《四库全书总目提要》中对《开元礼》的历史评价是"诚考礼者之圭臬也"④。这种评价同样适

---

① "开元六典"中的《唐六典》和《开元礼》，唐朝时很多人将它归为"礼"的范畴，认为《唐六典》不是官制法律，而是一种"礼制"。此外，日本学者也多认为《唐六典》《开元礼》一样，在本质上是"礼制"，如内藤乾吉和奥村郁三等，具体参见他们两人关于《唐六典》前引研究专文。

② 如宋朝的《开宝通礼》《通礼义纂》《太常因革礼》等是在《开元礼》的基础上损益发展而成。明初洪武时期制定了《孝慈录》《洪武礼制》《礼仪定式》《诸司职掌》《稽古定制》《国朝制作》《大礼要议》《皇朝礼制》《大明礼制》《洪武礼法》《礼制集要》《礼制节文》《太常集礼》《礼书》等14种官制和礼制法律规范，其渊源皆出自《唐六典》《开元礼》。这些都有相关史料明确记载。

③ 《新唐书》卷11《礼乐志一》，中华书局1975年版，第309页。

④ 《四库全书总目》卷82《吏部・政书类二・开元礼》，中华书局2016年版，第702页。

用于其他五典在中世、近世中华大地法制建设上的作用。"开元六典"的出现在东北亚诸国中世、近世法制建设上,犹如苍茫大海上的灯塔,为中华大地上出现的诸王朝及东亚日本、朝鲜和越南诸国在近代西法传入之前提供了法制、官制、礼制建设的源泉,构成有别于希腊—罗马、印度和伊斯兰法文化圈的人类法制文明样式。

当然,认真考察中国古代法制发展的历史,会发现存在着两个不同时期的制度渊源的想象对象,具体是春秋至唐初存在着对西周,特别是周公时代的理想想象,"安史之乱"后存在着对唐太宗朝和唐玄宗朝的想象。唐朝在"安史之乱"后,特别是唐德宗朝后,开始在法制建设上对唐太宗朝和玄宗朝的理想化想象,而且作为法制追求的对象。具体是在明君圣主上把唐太宗作为理想对象,并以《贞观政要》为载体;在狭义法律上以律令格式四典为对象,其中《唐律》和义疏是律典的典范;在官制上以《唐六典》为样式;在礼制上以《开元礼》为渊源。这样构成了中世以来帝制时代中华法制文明的核心。这种理想化下的唐太宗朝和玄宗朝的法制成果让五代至清的历朝法制建设获得一种源源不断的动力。如在律典上,《四库全书总目提要》认为《唐律》是"上稽历代之制,其节目备具,足以沿波而讨源者,要惟《唐律》为最善"①。在明君圣主及君臣关系上,唐太宗是典范,记载其言行的《贞观政要》成为此后历代君臣的必读书,仿效的对象。这种理想化的认识其实从《贞观政要》的修撰者吴兢就开始,因为他在说明撰写《贞观政要》的动因上就指出:"唐之极治,贞观为最。"②这种认识在五代后,特别是宋元时得到加强,到明朝时达到极致,如明宪宗公开宣称唐太宗朝是"三代而后,治功莫胜于唐。而唐三百年间,尤莫若贞观之盛"③。若深入分析会发现对"开

---

① 《四库全书总目》卷82《吏部·政书类二·唐律疏议》,中华书局2016年版,第712页。

② (唐)吴兢撰:《贞观政要集校·附录一·郡斋读书志卷六·杂史类》,谢保成集校,中华书局2003年版,第574页。

③ (唐)吴兢撰:《贞观政要集校·附录一·明宪宗序九》,谢保成集校,中华书局2003年版,第579页。

元六典"和《贞观政要》的推崇更多是建立在一种理想的想象之下。这些代表性成果在当时并没有如此完美,甚至没有产生过很好的效果。当然,这种具有完整体例载体的法制想象却能给后世法制建设指明方向,让法制建设有了固定的价值体系。

第四章 "开元六典"的继受传播及中华法系的形成

　　考察中国古代法制文明发展史,会发现有几个时间点是具有重要的节点意义,具体是西周初年周公对"礼法体系"①的创制,唐玄宗朝在开元二十五年(737 年)前后以"开元六典"②为核心及以"正刑定罪"与"设范立制"为分类的古典法典法体系的形成,明洪武朝以《大明律》《诸司职掌》《皇明礼制》等载体的后法典法体系的形式。其中,"开元六典"构成的法律体系是人类历史上第一次有严格分类标准和结构完整的法典法体系。③ 这种法典法体系只有19 世纪初期法国拿破仑时代形成的新部门法分类下的法典法体系④可与之比

---

　　① 从相关史料看,西周时的"礼"与"法"与西晋时的"律"与"令"是相同的,即"礼"是"设范立制"类法律,"法"是"正刑定罪"类法律。西周春秋战国初期"法"就是"律"是有很多史料证明的。如《唐六典》中用"法"解释"律"。"律,法也";对《法经》的性质,《晋书·刑法志》中记载是"是故所著六篇而已,然皆罪名之制也"。(《晋书》卷 30《刑法志》,中华书局 1974 年版,第 922页)《唐六典》中记载是"魏文侯师李悝集诸国刑书,造《法经》六篇"。(《唐六典》卷 6《刑部》,中华书局 2005 年版,第 180 页)由此可知,李悝制定的《法经》是一部刑律,而非诸法合体的法典。于是,要注意西周春秋及战国初期的"礼法"与战国晚期开始形成的新"法礼",在性质上的不同。
　　② 本章与前一章是一个整体,本章重点考察的是"开元六典"在"安史之乱"后在中华大地各王朝中的继受和适用情况。
　　③ "开元六典"是以西晋泰始年间确立的律令分类标准为准,只是从调整对象上,还可以分为礼制、官制、法律三种。
　　④ 法国大革命后制定的民法典、商法典、刑法典、民事诉讼法典、刑事诉讼法典、宪法等构成了新的法典法体系。

肩。"开元六典"在中国古代法制文明史上最重要的是它上承周公时代的礼法体系的精神,形成严格区分刑事法律与非刑事法律的法律分类体系,即西晋泰始年间形成的"律令"法律分类体系,而非秦汉时期的"律令"法律体系。①"开元六典"不管在唐玄宗朝存在什么样的适用问题,但作为一种法典法的经典成果,对"安史之乱"后的唐朝中后期,及后来的五代、辽、宋、金、西夏、大理、元,以及明朝初期,甚至是在清末法制改革之前,都是中华大地上不同民族、区域的王朝、政权法制建设的共同渊源,同时也是东亚日本、朝鲜、越南等国近代西方法制文明传入前移植和借鉴的主体。在中国文化和政治史上,"开元六典"的继受和适用促进了"中国""中华民族"等近代主权国家性质的"国族"概念的形成。分析唐朝政治文化成果对中华文化圈的影响,会发现最重要的载体不是体现文学艺术成就的诗歌,而是体现法制文明成就的"开元六典"。

"开元六典"的出现虽然有唐玄宗自夸文治武功心理作祟的因素,但之所以能在这个特定时期形成则并非全因他个人的主观原因。因为在中国古代历朝君主中,有这种想法的皇帝很多,然而实现理想的只有唐玄宗一人。认真分析,会发现这是因为中国古代法制文明发展史上,经历春秋战国时期诸子百家的争论和发微,秦汉两朝法制建设上的融合和创新,魏晋南北朝时期新立法技术和法律分类的成熟,唐朝太宗、高宗、武后年间经济文化的繁荣,加上隋朝至武周时期立法上积极融合南北朝时期形成的南北方不同特色的法制成就,以及唐玄宗在开元年间励精图治下让政治获得稳定、经济空前发展,才让国家能够在法制建设上进行革命性的"重构再创",终于创制出世界历史中独具一格的中华法典法体系。

---

① 本章中的"律令体系"与当前学术界的"律令体系"是存在差别的。本章中的"律"和"令"是作为传统中国法律分类意义下的分类体系。从史料看,秦汉时期的律令分类是基本法律效力等级,与明清时期律例分类相似,与西晋至宋朝时期的律令分类存在实质的不同。因为秦汉时律和令中都有"范制立设"和"正刑定罪"的法律,这在出土的秦朝《云梦竹简》《岳麓竹简》和汉朝《张家山汉墓竹简》中都有具体条文佐证。

唐玄宗开元年间的修法不仅创制了代表中国古典法典法①时期最完美的律、令、格、式四部狭义法典以及体现中国古代律学成就的划时代成果——《开元律疏》,还实现了战国以来儒家所追求的,以周公礼制为理想的重构"官制"和"礼制"的官制和礼制法典化成果,即修成《唐六典》和《开元礼》。《唐六典》和《开元礼》实质上最能体现唐玄宗的政治抱负。开元年间唐玄宗正当年富力强,在他的励精图治下,唐王朝国力达到极盛,于是他想通过创制与《周礼》比肩的官制宏典,实现自己"盛世明君"的政治抱负。然而,终因时代不同,唐朝官制与《周礼》所载西周官制差异太大,最后只能创制出以国家机构为中心,把机构设制、职能界定、职数相关法律类编而成的职官事类体法典——《唐六典》,终成新的中国古代官制法典,奠定了唐朝以后,清末官制改

---

① 对中国古代法典法的发展史,若从李悝制定《法经》开始,至1905年清政府法律改革之前,可以分为三个时期。第一个时期是法典法的形成时期,具体是《法经》至曹魏《新律》修成,这个时期出现了《法经》为基础的刑事法律法典化过程,但没有严格区分"律"与"令"的关系,法典的结构没有严格理论化、体系化。第二时期是古典法典法时期,以西晋泰始年间制定《泰始律》《泰始令》为开始,到元朝的《至正条格》为止,这个时期在立法中严格区分律令两种法律,其中,隋朝形成律令格式分典立法,宋朝形成敕令格式分典立法,元朝形成条格、断例立法体例。第三个时期是后法典法时期,主要是明清两朝,在立法上以律典为主体,大量制定法典化的各种法律,但法典之间没有形成严格的分类和有机的配合关系。在载体上法典仍然是主要的,但在分类上开始出现新的变化,明初有《大明令》《大明律》,但由于洪武朝中后期没有对《大明令》按唐宋时期的《令典》体例对国家基本"设范立制"类法律重新法典化修撰,导致洪武年间属于隋唐宋时期的"设范立制"类法律被分散到不同类型的法律中,如《大明集礼》《诸司职掌》《大明官制》等,虽然到中期制定了综合性法典,如《正德大明会典》《万历大明会典》等,但这种法典在体例上仍然属于宋朝会要体和《唐六典》的混合,由清朝《康熙会典》《雍正会典》继承。这种体例直到《乾隆会典》才开始把会典变成"设范立制"类法典。这样,清朝在乾隆年间通过制定《大清律例》和《大清会典》,重新把国家法典体例恢复到晋朝泰始年间确立的"正刑定罪"和"设范立制"分类之中。此外,乾隆朝通过编撰《大清会典事例》,把明朝确立的典例合体的会典立法体例保留下来。明清两朝在立法上,由于对晋朝至元朝之间的律令分典立法传统的中断,让国家法律形成具有"律令"性质(指晋朝至元朝之间律令法典)的"第一性规则"没有定期重修,在法律形式上开始在此之下形成具有派生性的"第二性规则"——"例",如条例、则例、事例等。同时,国家把立法中心转向制定各种例,如《问刑条例》《吏部则例》《吏部处分则例》等,导致明清两朝,特别是清朝则例、条例成为国家立法的中心。从法律效力上看,明清时期国家的法律体系是律——例,或典、律——例是具有合理性的。这样让明清两朝的法典法体系不同于西晋至元朝的法典法体系,所以可以把明清时期称为后法典法时期。

革之前,官制法律制度的基石。

自春秋开始,儒家学者始终认为西周的礼制是国家治理中的善纪、大经、大法。"治国以礼"是国家治理中的最高理想。于是,对《周礼》《礼记》《仪礼》等记载西周礼仪制度、精神成就的典籍深入研究,进入西汉后,儒学大师们孜孜以求重构一代礼制宏纲,经过东汉时郑玄、王肃等人的努力,礼制不管是从内容上还是理论上,终于形成具有划时代的、全面系统的理论体系。唐朝建立后,经过贞观和显庆两次修撰礼典,构建起新的礼制典章,却因存在各以某一理论为宗的缺点,难成一代之制。唐玄宗开元年间,以《周礼》为基准,放弃郑王理论之争,采用"折衷"原则,参考古今之制,按"五礼"体例创制出中世礼制典范——《开元礼》。

这样自春秋以降,经过一千多年的发展,在儒家、法家等诸家学者的争论和努力下,终于重构起以儒家价值为指导,融合法、道、阴阳诸家思想的治国中的理想法典。"开元六典"的出现终于让春秋以来儒家学者的理想变成治国的文本法典,再塑了中华传统文化中自成体系的国家法律文明范式。

一、"开元六典"在 8—14 世纪中华大地诸王朝中的继受和适用

(一)"开元六典"在五代时的继受和适用

唐朝在修成"开元六典"后,此后诸帝都没有对"开元六典"进行过全面的、实质性的重修,整个法制以"开元六典"为中心进行损益立法。五代十国时期,仅有后梁在开平四年(910 年)十二月,修成了《大梁新定格式律令》,但这次修成的律令格式四典和义疏,在卷数上与开元二十五年(737 年)修成的完全相同。这次修法应只是更换名称、删改避讳字词及对少量条文补改。其他四朝及南方十国在法制建设上则是全面继承和适用"开元六典",或以"开

元六典"作为对象,简单改名后加以适用。后唐建立者认为自己是唐王朝的正统继承者,在法律上全面继承唐朝是此种理论的体现。后唐天成元年(926年)九月二十八日,御史大夫李琪提出"今莫若废伪梁之新格,行本朝之旧章,遵而行之"。从记载看,中央接受了李琪提议,同年九月二十八日敕文规定"宜依李琪所奏,废伪梁格,施行本朝格令者"①。这里的"本朝"是唐朝;"格""格令"是当时对律令格式等法律的简称。这样后唐全面恢复适用开元朝的律令格式。后周时这种现象仍然得到全面遵循,显德四年(957年)中书省奏称,当时适用的法律是"朝廷之所行用者,律一十二卷,律疏三十卷,式二十卷,令三十卷,《开成格》一十卷,《大中统类》一十二卷,后唐以来至汉末编敕三十二卷,及皇朝制敕等"②。这里明确指出国家法律"行用"的律令格式是唐朝的。从中可知,后唐至后周国家的基本法律都是唐朝的,具体是开元四典为核心的法律。五代十国对律令格式四典的适用还可以从《直斋书录解题·法令类·唐令式》中看出,因为此条下有"考《艺文志》卷数同,更同光、天福校定"。《宋会要辑稿·刑法一·格令一》中有"法寺于刑部写到令式,皆题伪蜀广政中校勘,兼列伪国官名衔"③。这些说明五代十国时律令格式被直接适用,只是各个政权会根据自己的情况,对律令格式四典中的帝号、国讳、节假日等进行时代化处理。

《开元礼》在五代时各朝仍然把它作为科举专科考试的法定内容。后唐长兴二年(931年)七月一日敕中有"其明法科,今后宜与《开元礼》科同,其选数兼赴举之时,委贡院别奏请,会法试官,依格例考试"④。在遇到具体礼制问题,五代常把《开元礼》直接适用。后唐清泰三年(936年)二月,在讨论叔嫂服制时,尚书左仆射刘昫等指出:

---

① 《五代会要》卷9《定格令》,上海古籍出版社2012年版,第147页。
② 《五代会要》卷9《定格令》,上海古籍出版社2012年版,第149页。
③ 《宋会要辑稿·刑法一·格令一》,刘琳等校点,上海古籍出版社2014年版,第8212页。
④ 《五代会要》卷23《明法》,上海古籍出版社2012年版,第371页。

伏以嫂叔服小功五月,《开元礼》、《会要》皆同,其令式正文内,元无丧服制度,只一本编在《假宁令》后,又不言奉敕编附年月。除此一条,又检七八条令式,与《开元礼》相违者,所司行已多年,固难轻改。凡当议事,须按旧章。今若鄙宣父之前经,紊周公之往制,隳太宗之故事,废开元之礼文,而欲取差误之近规,行编附之新意,称制度且为大典,言令式又非正文,若便改更,恐难经久。臣等集议:嫂叔服并诸服纪,请依《开元礼》为定,如要给假,即请下太常依《开元礼》内五服制度,录出一本,编附令文。从之。①

这里涉及《开元礼》与相关令式不同规定时如何适用问题。

后晋在建成新皇宫时,对如何进行朝贺礼仪就直接适用《开元礼》的规定。

晋天福四年(939年)十二月:"太常礼院申:'奉敕,约《开元礼》重正定旦朝会。'按《开元礼》,三品已上升殿,群官在下。请法近礼,依内宴列坐。据《开元礼》,称贺后皇帝戴通天冠,服绛纱袍;百官朝服侍,坐解剑履于乐府之西北。"最后是"诏曰:'三品之官,尚书方得升殿,余依所奏'"②。

《唐六典》在五代时作为官制法典被适用是十分明确的。后唐李愚当宰相时,曾奏请"请颁《唐六典》示百司,使各举其职"③。后唐长兴二年(931年)闰五月下敕令,要求各官衙把涉及自己部门的相关法律抄录出来,放在官衙内时常查阅和学习,并要求把相关法律写在公厅墙壁上。"应律令、格式、《六典》,准旧制,令百司各于其间录出本局公事,具细一一抄写,不得漏落纤毫,集成卷轴,兼粉壁书在公厅。若未有廨署者,其文书委官主掌,仍每有新授官到,令自写录一本披寻。或因顾问之时,须知次第,仍令御史台告谕。"④后

---

① 《五代会要》卷8《服纪》,上海古籍出版社2012年版,第131—132页。
② 《五代会要》卷5《受朝贺》,上海古籍出版社2012年版,第84—85页。
③ 《新五代史》卷54《杂传·李愚传》,中华书局1974年版,第622页。
④ 《五代会要》卷10《刑法杂录》,上海古籍出版社2012年版,第161页。

唐在对皇贵妃等册封时品级按《唐六典》规定。"已上皆长兴三年九月敕,其名号皆中书门下按《六典》内职叙而行之。"①后晋很多涉及官员职能和行为时,都适用《唐六典》的规定。晋天福二年(937 年)十一月,在对京城百官如何朝参规定时,中书门下省就适用了《唐六典》的规定。"应供奉官、常参官朔望朝参。按《六典》,凡京百司有常参官,谓五品已上职事官、八品已上供奉官、员外郎、监察御史、太常博士。诸司长官谓三品已上……按《六典·礼部》,凡京百司文武职事,九品已上每朔望朝参,五品已上及供奉官、员外郎、监察御史、太常博士每日朝参。"②晋天福四年(939 年)三月,御史台在对台内不同官员的职责界定时直接适用《唐六典》的规定。"按《六典》,侍御史掌纠举百僚,推鞫狱讼。居上者判台知公廨杂事,次知西推赃赎三司受事,次知东推理匦。伏乞今后准故事施行。"③

此外,《五代会要》中大量记载五代时诸政权直接适用"开元六典"及唐朝各个时期制定的编敕。五代时适用的"令式"所指就是"开元令式"已被学者考证清楚。④ 所以说五代十国时各政权在法制上是全面继承、适用"开元六典"。"开元六典"成为国家法律上的直接渊源。在立法上,是通过编撰诏敕形成"编敕",以适应时代变化的需要。这个时期国家法律以"开元六典"为基础,因时诏令编修而成的"编敕"作为补充,构成国家法律体系。

(二)"开元六典"在两宋时的继受和适用

宋朝在法制建设中,基本特点是全面继承和适用"开元六典"。对此,宋英宗治平元年(1064 年)五月六日,司马光在奏折中指出:"本院旧有国子监所

---

① 《五代会要》卷 1《内职》,上海古籍出版社 2012 年版,第 14 页。
② 《五代会要》卷 5《朔望朝参》,上海古籍出版社 2012 年版,第 87 页。
③ 《五代会要》卷 17《侍御史》,上海古籍出版社 2012 年版,第 287 页。
④ 对此,仁井田陞有详细考察,详见《〈唐令拾遗〉序论》(《唐令拾遗》,栗劲、霍存福、王占通、郭延德编译,长春出版社 1989 年版)。

印书籍粗备,惟阙《唐书》。以国家政令多循唐制,得失之监近而易行。"①详细考察,会发现宋朝对"开元六典"的继承和适用可以分为神宗朝之前和之后两个时期。之前,"开元六典"大量被直接适用是基本特点,其中虽然对令格式三典有过不同程度的修改,但只是在"开元六典"的基础上,对避讳用字进行时代化处理。之后,由于宋神宗对敕令格式进行重新界定,导致令格式内容构成发生变化,让制定的令格式法典越来越体现出宋朝的风格,"开元六典"中的令格式三典越来越成为参用补充。但"开元六典"中的《开元律》在整个宋朝一直作为直接渊源被适用,没有制定新的律典替代《开元律》是宋朝刑事立法中的重要特点。宋朝刑事立法中虽然建国时修撰过《宋刑统》,后来大量修撰《敕典》作为刑法的时代化法典,但就是"敕典"在太宗朝后从综合法典转变成专门刑事法典后,②都一直没有废除《开元律》《开元律疏》作为刑事法律渊源的情况。

宋朝法律渊源按《宋会要·刑法》记载,基本是"国初用唐律、令、格、式外,又有元和《删定格后敕》、太和《新编后敕》、开成《详定刑法总要格敕》,后唐同光《刑律统类》、清泰《编敕》、晋天福《编敕》、周广顺《续编敕》、显德《刑统》,皆参用焉"③。这里明确指出宋朝前期法律渊源中开元律令格式四典是基础。④ 宋朝对唐令式的适用发生实质性变化是北宋仁宗天圣年间和神宗元丰年间的修法,此前虽然有"淳化令式"的修订,但仅是对开元二十五年(737年)"令式"中文字和避讳进行时代化处理,制成所谓的"淳化令式"。在宋朝令典修撰上,发生重要变化的是宋仁宗天圣年间修成《天圣令》,因为《天圣令》正文中已经有很多发生实质性改变。当然,天圣七年(1029年)修成的令

---

① 《宋会要辑稿·职官三·谏院之54》,刘琳等校点,上海古籍出版社2014年版,第3071页。
② 对宋朝编敕立法及敕在宋朝的性质变化历程,可以参见笔者的拙著《宋朝立法通考》(中国社会科学出版社2018年版)一书。
③ 《宋会要辑稿·刑法一之1》,刘琳等校点,上海古籍出版社2014年版,第8211页。
④ 宋朝时"唐律令格式"包括开元二十五年(737年)前后修成的律令格式及义疏。

典与《开元令》关系十分密切,因为不仅在主要条文上大量以《唐令》为主,还把过时的作为"附录",附在正文后作为"参用"。《天圣令》修撰是"凡取《唐令》为本,先举见行者,因其旧文,参以新制定制之。其今不行者,亦随存焉"①。这里明确指出《天圣令》与《唐令》的关系。据戴建国考证,《天圣令》残本有514条,其中293条是依宋朝"行用"修成,221条全录《唐令》而不行用的旧《唐令》。宋朝令典发生实质性变化是在宋神宗元丰七年(1084年)修成《元丰令》。《元丰令》由于对"令"的认定标准发生变化,不管从内容还是形式上都发生实质性变化,如《元丰令》篇名有35篇,条文数量增加了很多。当然,从史料看,最能体现宋朝令典和令类法律性质的应是《政和令》。《政和令》不管从篇名结构、法律内容、卷数等方面都自成风格,且成为南宋令典和令类法律的标准。《唐式》在宋朝被新法典取代是神宗元丰三年(1080年),当时详定重修编敕所奏称"见修敕、令与格、式兼见,其《唐式》二十卷,条目至繁,又古今事残,欲取事可通行及一路、一县在外一司条件照会编修,余送详定诸司敕式所"②。这里说明到神宗朝还在适用《唐式》,直到修成《元丰式》后才发生变化。元丰年间修成敕令格式三典后,直接适用开元令格式的情况开始发生变化,但开元令格式三典仍然作为补充法律渊源被直接或间接适用。

在礼典上,宋朝虽然较早就制定了新的礼典——《开宝通礼》,但在政和年间修成《政和五礼》之前,基本上是以《开元礼》为基础,此后虽然不再全面适用《开元礼》,但在涉及礼制问题时,《开元礼》一直作为补充渊源被直接适用,或作为修订礼制的依据被间接适用。对此,可以从南宋高宗朝修成的《中兴礼书》中大量引用《开元礼》原文和唐朝令式中看出。对《开元礼》在宋朝的适用情况,南宋叶梦得总结指出"国朝典礼,初循用唐《开元礼》"③。这种评价反映了《开元礼》在宋朝的适用情况。宋朝对《开元礼》的继受主要体现在

---

① 《宋会要辑稿·刑法一之5》,刘琳等校点,上海古籍出版社2014年版,第8215页。
② 《续资治通鉴长编》卷304"元丰三年五乙亥"条,中华书局1994年版,第7407页。
③ (南宋)叶梦得:《石林燕语》卷1,侯忠义点校,中华书局1984年版,第8页。

两个方面:首先,以《开元礼》为基础修成《开宝通礼》。《开宝通礼》的制定情况是,"五代之衰乱甚矣,其礼文仪注往往多草创,不能备一代之典。宋太祖兴兵间,受周禅,收揽权纲,一以法度振起故弊……开宝中,四方渐平,民稍休息,乃命御史中丞刘温叟、中书舍人李昉、兵部员外郎知制诰卢多逊、左司员外郎知制诰扈蒙、太子詹事杨昭俭、左补阙贾黄中、司勋员外郎和岘、太子中舍陈鄂撰《开宝通礼》二百卷,本唐《开元礼》而损益之。既又定《通礼义纂》一百卷"①。这里指出《开宝通礼》是以《开元礼》为基础修成,就是《通礼义纂》也是在《开元礼义纂》的基础上修成;其次,很多与礼制、礼仪有关的问题直接适用或以《开元礼》为依据制定,如《太常因革礼》中就大量引用《开元礼》及唐朝令式。此外,在具体礼制问题中以《开元礼》为依据制定的非常多。如"巡幸之制,唐《开元礼》有告至、肆觐、考制度之仪,《开宝通礼》因之"②。"《开元礼·义罗》云:'帝有五坐,一在紫微宫,一在大角,一在太微宫,一在心,一在天市垣。'即帝坐者非直指天帝也。"③这种情况在《宋史·礼志》中比比皆是。宋朝修订礼制发生重要变化是政和年间,政和三年(1113 年)四月二十九日,郑居中等指出唐朝礼典的影响是"远则开元所纪,多袭隋余;近则开宝之传,间存唐旧",并指出当时修成的"《政和五礼新仪》并《序例》总二百二十卷,《目录》六卷,共二百二十六册"是"辨疑正误,推本六经,朝著官称,一遵近制"④。可知政和修礼仍然是以《开元礼》为准,只是在"官称"上适用宋朝"近制"。郑居中的总结是真实可信的,因为他是《政和五礼》修撰时的主持人。

《唐六典》在宋朝适用存在不同时期的变化,在神宗朝前十分明显,元丰官制改革后,由于制定了新的完整官制法——《元丰官制敕令格式》,对《唐六典》的适用受到较大影响。但考察整个宋朝,《唐六典》作为官制法是一直存

---

① 《宋史》卷 98《礼一·吉礼》,中华书局 1975 年版,第 2421 页。
② 《宋史》卷 114《志六十七·巡幸》,中华书局 1975 年版,第 2703 页。
③ 《宋史》卷 99《礼二·吉礼》,中华书局 1975 年版,第 2436 页。
④ 《宋会要辑稿·职官五·议礼局之 23》,刘琳等校点,上海古籍出版社 2014 年版,第3132 页。

在的。《唐六典》在宋朝的适用情况可以从宋哲宗元祐四年(1089年)范祖禹的奏折中看出。"自魏、晋以后,官名不正,国家承平日久,未遑制作。元丰中,先帝置局讲求,此诚一代大典,然有司亦失先帝本意,一切遵用唐之《六典》。《大唐六典》虽修成书,然未尝行之一日,今一一依之,故自三省以下,无不烦冗、重复、迂滞,不如昔之简便。"①这里范祖禹指出《唐六典》在宋朝,特别是元丰官制改制前被"一切遵用""一一依之"。这种评价虽有夸张之嫌,但《唐六典》在宋朝国家官制法律中具有直接法律渊源是可以肯定的。对此,晁公武在《郡斋读书志》卷七《六典》中有"诸司遵用殆过半,观《唐会要》,请事者往往援据以为实"②。程大昌在《雍录》中说:"唐世制度,凡最皆在《六典》。"于是,《唐六典》成为宋朝国家官制法律的基本法典,成为官员了解官制法律的权威,是官员必读的官制法律书。程大昌指出:"草制之官,每入院,必首索《六典》,则时制尽在故也。"③《直斋书录解题》中记载宋神宗十分重视《唐六典》。"本朝裕陵好观《六典》,元丰官制尽用之。"④这在反映宋朝国家法律制度建设的具体情况的史书中,随处可见适用《唐六典》《开元礼》的事例,如《宋会要》《续资治通鉴长编》等中就十分普遍。

(三)"开元六典"在辽金等少数民族王朝中的继受和适用

辽、西夏、金、大理等少数民族王朝的法制建设,基本特点是以"开元六典"为宗,结合自己的地区、民族特色,进行适当变通,构建本朝法律制度。可以说,"开元六典"成为这个时期少数民族政权法制建设中的基本来源,是让这些少数民族政权从部落社会很快进入中华传统帝制王朝国家的重要法制条

① 《续资治通鉴长编》卷433"元祐四年九月乙酉"条,中华书局1994年版,第10442—10443页。

② (宋)晁公武撰,阮元辑:《郡斋读书志》卷7,江苏古籍出版社1988年版,第210页。

③ 《四库全书总目》卷79《史部三十五·职官类·唐六典》,中华书局2016年版,第682页。

④ (宋)陈振孙:《直斋书录解题》卷6《唐六典》,徐小蛮、顾美华点校,上海古籍出版社2016年版,第172页。

件,是让少数民族政权能够有效治理百年以上的法制保障。

辽朝对"开元六典"的适用是十分直接和全面的,这与五代和北宋前期是相同的。辽朝在建国之初就确立汉人适用"律令"的法制原则。辽太祖神册六年(921年)"诏大臣定治契丹及诸夷之法,汉人则断以律令"①。这里适用于汉人的"律令"是什么呢? 以前学术界很少讨论,其实就是唐朝的律令格式,具体是开元二十五年(737年)的律令格式。辽太宗时有"治渤海人一依汉法"②。这样辽朝把唐法适用对象扩大到渤海人中。辽圣宗统和十二年(994年)有"诏契丹人犯十恶,亦断以律"③。辽朝时"律令""汉法""汉律"都指唐朝律令格式等法典,具体是开元二十五年(737年)的律令格式等。这是因为辽朝与唐朝直接相连,在适用法律上只能是唐朝的。

金朝人主中原是在灭辽朝和北宋下实现的,于是,获得了大量辽朝和北宋的法律典籍,在法律上基本是继受唐辽宋的法律制度成果。若认真分析,唐法更为主流,它在法制建设上遵循的是唐法为主,兼参辽宋的原则。对此,金朝后期郑汝翼在所撰《永徽法经·序》中有总结:"金朝嘉尚制科,皇统大定权定大略,未成章目。道陵敕详定校定两所,自明昌至泰和,以隋、唐、辽、宋遗文,参定篇目,卷帙全依唐制。其间度时增损者十有一二。"④这里指出金朝后期制定的《泰和律令格式》中《泰和律义》的新增内容只有十分之一二,十之八九都是唐朝《开元律》《开元疏议》等。其他,如《泰和令》《泰和格式》等仍然有大量直接源自唐朝。金朝在太宗朝开始"稍用辽宋法"。金熙宗天眷三年(1140年)复取河南后,有"诏其民,约所用刑法皆从律文"⑤。这里的"律文"是《开元律》,这样把《开元律》作为直接法律渊源适用。金熙宗天会年间虽

① 《辽史》卷61《刑法志上》,中华书局1974年版,第937页。
② 《辽史》卷61《刑法志上》,中华书局1974年版,第937页。
③ 《辽史》卷61《刑法志上》,中华书局1974年版,第939页。
④ 《四库全书总目》卷84《吏部·政书类存目二·永徽法经》,中华书局2016年版,第726页。
⑤ 《金史》卷45《刑志》,中华书局1975年版,第1015页。

然制定了《皇统制》,但仍然适用《开元律》。"天会以来,渐从吏议。皇统颁制,兼用古律。"①此处"古律"就是唐朝的《开元律》,也说明金朝时唐朝《律典》是有很好的保存的。这说明皇统时在制定《皇统制》后仍然把《开元律》作为法律渊源。而且,《皇统制》在制定上是"诏诸臣,以本朝旧制,兼采隋、唐之制,参辽、宋之法,类以成书"②。从中可知,《皇统制》是在隋唐和辽宋的刑律基础上,结合女真传统习惯制定而成。这说明金朝在《泰和律令格式》制定前,唐朝、辽朝和宋朝的法律是作为直接渊源被适用。金朝《泰和律义》在结构和体例上完全沿袭《唐律》,采用 12 篇结构并按《唐律疏议》修成《泰和律义》。整部法典共有 563 条,其中有 126 条完全抄袭唐律,282 条是对唐朝律文进行适当修改后形成,仅有 149 条是全新创制。所以元人认为《泰和律义》"实《唐律》也"③。此次修法还制定了《泰和令》《六部格式》三十卷,《新定敕条》三卷。金朝泰和年间修订的律令格式等法典是唐朝灭亡后,北支法律发展中律令格式四个法典唯一的一次全面重修,也是开元律令格式四典制定后重修撰律令格式法典中最完善的成果,是唐朝后北方法律发展中的最高成就。④ 金朝在泰和年间制定《考课法》时直接以《唐令》中"四善十七最"为抄袭对象。"泰和四年,定考课法,准《唐令》,作四善、十七最之制。"⑤

辽金两朝对《唐六典》和《开元礼》的适用略有不同。辽朝由于直接与唐朝相接,所以在适用唐朝官制和礼制时主要通过二元制国家结构全面继承,即采用统治下汉人适用汉法,即全面适用唐朝法律制度。这样南面官制适用的

---

① 《金史》卷 45《刑志》,中华书局 1975 年版,第 1013 页。
② 《金史》卷 45《刑志》,中华书局 1975 年版,第 1015 页。
③ 《金史》卷 45《刑志》,中华书局 1975 年版,第 1024 页。
④ 唐朝灭亡之后,元朝统一之前,在法律发展上,可以把五代、十国和两宋称为南支,辽、金、西夏称为北支。南北两支虽然存在建立政权的民族不同,但它们在法制建设上都以唐朝的"开元六典"为继受对象。
⑤ 《金史》卷 55《百官一·县令》,中华书局 1974 年版,第 1227 页。

法律制度自然是"开元六典"为核心的唐法。辽太宗南侵后,在攻下北汉政权时把大量后唐、后晋、后汉三朝的法律礼制资料掠得,进而影响到辽朝官制和礼制的发展。从史料看,辽朝对《唐六典》和《开元礼》的适用情况反而没有宋朝和金朝的记载多。对此,可以从《辽史》记载金吾、黄麾六军礼仗的情况看出整个辽朝礼制的基本情况。"金吾、黄麾六军之仗,辽受之晋,晋受之后唐,后唐受之梁、唐,其来也有自。"①此外,《辽史》对很多礼仪来源记载说明也如此。如:

> 太平元年,行此仪,大略遵唐、晋旧仪。又有《上契丹册仪》,以阻午可汗柴册礼合唐礼杂就之。又有《上汉册仪》,与此仪大同小异,加以《上宝仪》。②

> 大同元年正月朔,太宗皇帝入晋,备法驾,受文武百官贺于汴京崇元殿,自是日以为常。是年北归,唐、晋文物,辽则用之。③

结合上面史料,可知辽朝礼制来源是唐朝和后晋、后汉,而后晋、后汉的礼制是全面继承《开元礼》,所以辽朝在礼制上行"汉礼""唐礼"时就是适用《开元礼》。这种适用构成了辽朝礼制的重要特色。

金朝由于去唐朝已远,加之国家制度中没有像辽朝那样全面实行二元官制、法制,所以对"开元六典"中的《唐六典》和《开元礼》适用具有更多选择性,所以在史料记载上反而更加明显。此外,金朝在灭北宋后,获得了大量法律礼制典籍,在国家官制和礼制建设中,北宋的法律和礼制成为重要渊源。如大定十一年(1171年)太常寺在讨论礼仪时,就提到《唐六要》《开元礼》《开宝礼》《宋会要》《五礼新仪》等,体现出金朝在制定礼仪时的渊源特点。《直斋书录解题·金国官制》中有"虏雍伪大定年所颁。窃取唐及本朝旧制"④。对

---

① 《辽史》卷58《仪志四·仪仗》,中华书局1974年版,第917页。
② 《辽史》卷52《礼志五·嘉仪上》,中华书局1974年版,第859页。
③ 《辽史》卷56《仪志二·汉服》,中华书局1974年版,第907页。
④ (宋)陈振孙:《直斋书录解题》卷6《金国官制》,徐小蛮、顾美华点校,上海古籍出版社2016年版,第181页。

此,《元史·祭祀志》中有"唐《开元礼》、杜佑《通典》,五礼略完。至宋《开宝礼》并《会要》与效庙奉祠礼文,中间讲明始备。金国大率依唐、宋制度"①。这里指出金朝礼制所继承的四部礼书。"按《唐会要》旧制,南北郊宫县用二十架,周、汉、魏、晋、宋、齐六朝及唐《开元》、宋《开宝礼》,其数皆同。《宋会要》用三十六架,《五礼新仪》用四十八架,其数多,似乎太侈。今拟《太常因革礼》,天子宫县之乐三十六虡,宗庙与殿庭同,郊丘则二十虡,宜用宫县二十架,登歌编钟、编磬各一虡。"②从金朝礼制渊源看,唐《开元礼》和宋朝《开宝礼》是两个基本来源。如泰和三年(1203 年)尚书省奏:"太常寺言:'《开元礼》祭帝喾、尧、舜、禹、汤、文、武、汉祖祝版请御署。《开宝礼》牺、轩、颛顼、帝喾、陶唐、女娲、成汤、文、武请御署,自汉高祖以下二十七帝不署。'"③"其州郡祭享,一遵唐、宋旧仪。"④当然,金朝在礼制适用上,唐朝的优先于宋朝,因为很多地方明确记载适用唐制或《开元礼》,如"礼官参酌唐《开元礼》,定拟释奠仪数"⑤。《仪注》中"斋戒:用唐制"⑥。"其诸州释奠并遵唐仪。"⑦大定十七年(1177 年)"五月,尚书省奏,定皇家袒免以上亲燕飨班次,并从唐制"⑧。这些说明金朝礼制中存在大量直接适用《开元礼》的情况。在金朝礼制和法制中,适用"开元六典"还可以从《大金集礼》中看出,此书大量引用《唐令》和《开元礼》。金朝甚至在制定礼仪制度时直接适用唐朝开元年间的其他法律。如明昌三年(1192 年)三月癸巳有:

> 尚书省奏:"言事者谓,释道之流不拜父母亲属,败坏风俗,莫此为甚。礼官言唐开元二年敕云:'闻道士、女冠、僧、尼不拜

---

① 《元史》卷 72《祭祀一·效礼》,中华书局 1975 年版,第 1790 页。
② 《金史》卷 39《乐上·雅乐》,中华书局 1975 年版,第 884 页。
③ 《金史》卷 35《礼八·武成王庙》,中华书局 1975 年版,第 819 页。
④ 《金史》卷 34《礼七·社稷》,中华书局 1975 年版,第 809 页。
⑤ 《金史》卷 35《礼八·宣圣庙》,中华书局 1975 年版,第 816 页。
⑥ 《金史》卷 28《礼一·郊》,中华书局 1975 年版,第 694 页。
⑦ 《金史》卷 35《礼八·宣圣庙》,中华书局 1975 年版,第 817 页。
⑧ 《金史》卷 7《世宗中》,中华书局 1975 年版,第 167 页。

二亲,是为子而忘其生,傲亲而徇于末。自今以后并听拜父母,其有丧纪轻重及尊属礼数,一准常仪。'臣等以为宜依典故行之。"制可。①

这里在讨论释道人员见父母是否行常人礼时,直接引用唐朝开元二年(714年)的敕文。从结果看,是直接把此法律作为渊源。从金朝所修《金纂修杂录》和《大金集礼》看,主要渊源是《开元礼》《开宝礼》《政和五礼新仪》。对金朝礼制,有学者总结是"以中原历朝特别是唐、宋礼为主体,参用辽礼,并把契丹、女真之礼俗揉于金代礼制之中,是金代礼制结构的一个显著的特点"②。这一结论反映了金朝礼制的渊源。

(四)"开元六典"在元朝的继受和适用

元朝虽然以北方蒙古族为核心建立,但整个法律制度是以"唐制"为宗,只是受到蒙古族习惯和辽金时期形成的北方法制传统影响较深,所以出现了与两宋法律风格有所差异的现象。"开元六典"作为重要法律渊源被直接适用及作为制定相关法律损益对象,进而对元朝法制产生影响是继受和适用的基本特点。

元朝对唐律的适用主要在至元八年(1271年)后。元朝建立时主要适用金朝的法律,特别是《泰和律》等,但至元八年(1271年)元中央明确禁止适用金朝《泰和律》时国家又没有制定新律典。这样在国家法律体系中刑事法律出现空缺,只好转向适用和变通适用《开元律》。对此,《四库提要·政书类·唐律提要》中有"论者谓:《唐律》一准乎礼,以为出入,得古今之平,故宋世多采用之,元时断狱亦每引为据"③。这里指出《唐律》在宋元之际的适用情况。元人刘有庆在《唐律纂例序》中指出"国家律书未颁,比例为断,然例本于律,

① 《金史》卷9《金章宗一》,中华书局1975年版,第221页。
② 张博泉:《金代礼制初论》,《北方文物》1988年第4期。
③ 《四库全书总目》卷82《史部·政书类·唐律疏议》,中华书局2016年版,第712页。

参用其意不泥其文"①。当时由于没有刑律,所以在司法中只好适用《唐律》。元朝对《唐律》的继受和适用可以从元人大量律学著作都以《唐律》为中心展开中看出,如郑汝翼的《永徽法经》(30 卷),吴莱的《唐律删要》(30 卷),梁综的《唐律类要》(6 卷),《唐律明法类说》(1 卷),《唐律棋盘抹子》、《唐律文明法会要录》(1 卷)、泰定年间刊印《故唐律疏议》时同时刊印《唐律释文》《唐律纂例》等多种与《唐律》有关的律学著作。据仁井田陞考据,元朝对《唐律疏议》刊印多达五次,具体是宋刻本、泰定本、至顺本、湖北本和至正本,至少也有三次,即泰定本、湖北本和至正本,而明朝时仅有洪武七年(1374 年)刘惟谦所撰的《唐律疏议》十二卷本被刊印,此后再无刊印,以致到清朝元刻本《唐律》已经成为珍稀版本。对此,仁井田陞认为:"恐怕是以这种实用为目的的。"②元朝对《唐律疏议》的大量刊印不是出于对唐朝律典收藏,而是因为当时司法需要。由于《唐律》在当时司法中大量被适用,从官方到民间才会有需求。元朝大量刊印《唐律》及相关律学书籍,说明这类图书在当时存在很大需求量。这种需求说明了元朝法律结构中《唐律》成为重要渊源的现实。此外,还可以从元朝前期和后期两部有名的律学著作所引律典不同中看出。元朝前期王结在撰写的《刑统赋解》中是以《泰和律》作为注解;后期沈仲伟在《刑统赋疏》中所引则是《唐律》。虽然,在立法上,元朝在《大元通制》和《至元条格》中,刑事立法是"断例",但两个法典中的"断例"与《唐律》相比更像唐宋时期的敕,作为法典法的核心仍然是《唐律》,即《开元律》。

元朝在令格方面,在立法上较为积极,其中最早制定较成熟的法典是至元

---

① (元)刘有庆:《故唐律疏议序》,余志安"勤有堂元"(1271—1368)刻本,"中华古籍资源库·善本书号 A00886"。
② [日]仁井田陞、牧野巽:《〈故唐律疏议〉制作年代考(下)》,载杨一凡、寺田洁明编:《日本学者中国法制史论著选·魏晋隋唐卷》,中华书局 2016 年版,第 104 页。

二十八年(1291年)的《至元新格》。①《至元新格》从内容看,属于"设范立制"类法律,具体看是唐宋时期令格式类法律。元朝在令格式方面,特别是令方面,主要是通过"条格"来整合唐宋金时期的"设范立制"类法律。

元朝对"开元六典"中的《唐六典》和《开元礼》的继受和适用十分明显。对此,元朝很多史料中都有明确记载。元朝最早制定礼仪规范是至元六年(1269年)的《朝仪》。"至元六年,始立朝仪,太保刘秉忠言于世祖,诏文与诸儒,采唐《开元礼》及近代礼仪之可行于今者,斟酌损益,凡文武仪仗、服色差等,皆文掌焉。"②这里明确记载采用《开元礼》。统一南宋后,元朝在制定礼制时更加以唐朝为主,其中"唐制"多是《开元礼》。下面两条史料说明了这个问题。

> 唐《开元礼》、杜祐《通典》,五礼略完。至宋《开宝礼》并《会要》
> 与郊庙奉祠礼文,中间讲明始备。金国大率依唐、宋制度。圣朝四海
> 一家,礼乐之兴,政在今日。况天子亲行大礼,所用仪注,必合讲求。
> 大德九年,中书集议,合行礼仪依唐制。至治元年已有祀庙仪注,宜
> 取大德九年、至大三年并今次新仪,与唐制参酌增损修之。③

这里记载大德年间制定郊礼,至治、至大年间制定礼仪时依据的是"唐制",而对什么是"唐制",此处一开头就指出是《开元礼》和杜祐的《通典》,而杜祐《通典》中唐朝礼制就是《开元礼纂类》,而《开元礼纂类》是《开元礼》的事类体成果。

> 宋、金多循唐制,其坛壝礼器,考之于经,固未能全合,其仪法具
> 在。当时名儒辈出,亦未尝不援经而定也,酌古今以行礼,亦宜焉。

---

① 对《至元新格》的性质,可以从黄时鉴所辑录的辑文,或《元典章》《至正条格》等法典中引用到的条文中看出。从笔者所见的近百条《至元新格》遗文看,性质都是"设范立制"类的法律,没有"正刑定罪"类的刑律。

② 《元史》卷170《尚文传》,中华书局1975年版,第3985页。

③ 《元史》卷72《祭祀一·效礼》,中华书局1975年版,第1790—1791页。

今检讨唐、宋、金亲祀、摄行仪注，并雅乐节次，合从集议。太常议曰：
"郊祀之事，圣朝自平定金、宋以来，未暇举行，今欲修严，不能一举
而大备。然始议之际，亦须酌古今之仪，垂则后来。请从中书会翰
林、集贤、礼官及明礼之士，讲明去取以闻。"中书集议曰："合行礼
仪，非草创所能备。唐、宋皆有摄行之礼，除从祀受胙外，一切仪注悉
依唐制修之。"①

这条材料指出宋金承唐制，所以提出在制定效祀仪注时应以《唐礼》为
准。元朝礼制上大量采用"唐制"，说明《开元礼》在元朝礼制建设中大量继受
和适用的情况。

（五）"开元六典"在明初的继受和适用

明朝建国初期，朱元璋在"反元政，恢复中华"的口号下，试图通过全面继
承、适用唐法标榜自己是正统中华文化代表者的政治目的，于是在法制建设
中，对"开元六典"采取全面继承和僵硬恢复。当然，在现实中，由于经过五代
宋元时期社会经济的发展，明初社会特质和唐朝相比，已经发生本质性变化。
这种全面、僵硬地继承是不可能，但"开元六典"作为明朝法制建设的基础，却
对明初法律礼制建设产生了决定性影响。对明初法制建设的原则，《明史·
刑法志》中有总结。"明初，丞相李善长等言：'历代之律，皆以汉《九章》为宗，
至唐始集其成。今制宜遵唐旧。'太祖从其言。"②

明太祖朱元璋在"反元政，复唐旧制"的口号下开启了系统的法制、礼制、
官制的建设，于是出现对唐法继受的高潮。对此，明太祖在《御制大诰序》中
有详细表述。"昔者元处华夏，实非华夏之仪，所以九十三年之治，华风沦没，
彝道倾颓。"③于是，明政权刚建立，明太祖就采取大量制定法律和礼制的措

---

① 《元史》卷72《祭祀一·郊祀上》，中华书局1975年版，第1783页。
② 《明史》卷93《刑法志一》，中华书局1974年版，第2279页。
③ 杨一凡：《明大诰研究·附录御制大诰》，社会科学文献出版社2009年版，第183页。

施。为了恢复"华俗法制",吴元年(1367年)设立了律局、礼局、诰局,具体是律局修法律,礼局制礼仪,诰局撰写诏敕。在立法上,吴元年(1367年)十月"上以唐宋皆有成律断狱,惟元不仿古制,取一时所行之事为条格,胥史易为奸弊。自平武昌以来,即议定律"①。这说明明太祖刚建立政权时就急于表白自己在法律上的正统性。这次修法在吴元年(1367年)十二月修成《大明令》145条,《大明律》285条,原则是"律准唐之旧而增损之"②。对此次修法,《明史·刑法志》中有"明太祖平武昌,即议律令。吴元年冬十月,命左丞相李善长为律令总裁官,参知政事杨宪、傅瓛,御史中丞刘基,翰林学士陶安等二十人为议律官,……十二月,书成,凡为令一百四十五条,律二百八十五条"③。但这次修成的不管是《大明令》还是《大明律》,在体例上都不是唐宋律令两典体例,而是元朝《元典章》创立的六部体例。此次修撰律令由于时间太短,多以《唐律》、元朝《至正条格·条格》等为抄袭对象,④很快发现适用不便。从洪武元年(1368年)正月十八日的《颁行大明令敕》中看,明太祖及相关官员对律令性质的区别是十分了解的,因为诏令中有"联惟律、令者,治天下之法也。令以教之于先,律以齐之于后。古者律、令至简,后世渐以繁多,甚至有不能通其义者,何以使人知法意而不犯哉?人既难知,是启吏之奸法。……天下果能遵令而不蹈于律,刑措之效,亦不难致"⑤。这里指出"令"是"教","律"是"齐"。结合《大明令》《大明律》的内容性质看,两者是严格继承西晋至宋朝时对律令两种法律的分类标准的。整个明朝的法律体系,由于《大明令》一直作为基础令类法律被适用,所以可以说明朝的法律体系在基本结构上还是晋

---

① 《明太祖实录》卷26"吴元年十月甲寅"条,中国台北"中研院"点校版,第389页。
② 《明太祖实录》卷28"吴元年十二月甲辰"条,中国台北"中研院"点校版,第422页。
③ 《明史》卷93《刑法志一》,中华书局1974年版,第2280页。
④ 若比较《大明令》和《至正条格·条格》的内容,会发现两者在用语、行文、内容上都十分相似,《大明令》实质上只是对《至正条格·条格》简单整理后成文化的产物。
⑤ 《大明令·颁行大明令敕》,载杨一凡点校:《皇明制书》(第1册),社会科学文献出版社2013年版,第3页。

朝确立的律令体系。

洪武七年(1374 年)重新修撰律典,此次明太祖完全以《开元律》为标准。为了让自己更好地了解《唐律》,明太祖从洪武元年(1368 年)八月起让大臣给自己讲读《唐律》,亲自学习《唐律》。史载"命儒臣四人同刑部官员讲《唐律》,日写二十条取进,止择其可者从之,其或轻重失宜则亲为损益,务求至当"①。通过学习,明太祖对《唐律》有了全面了解。洪武六年(1373 年)再次命刑部尚书刘惟谦等制定《大明律》,他亲自参与审定。洪武七年(1374 年)颁行的《洪武七年律》,该律典根据修撰者刘惟谦等人的《进大明律表》,是"篇目一准于唐"。整个律典完全按《唐律》标准制定,内容上"采用旧律二百八十八条,续律一百二十八条,旧令改律三十六条,因事制律三十一条,掇《唐律》以补遗一百二十三条,合六百有六,分为三十卷"②。从这次修律看,是把吴元年以来制定的刑律进行整合,一个最大变化是把《大明令》中与《名例》有关的36 条移入律典,同时保留《唐律》原文 123 条。③ 这是因为元朝在《大元通制》《至正条格》的法律分类中出现一个特别变化,那就是把西晋泰始年间形成的律典首篇《名例》写入"设范立制"类"条格"的《断狱》篇中,出现元朝《大元通制》《至正条格》的"正刑定罪"类"断例"只有 11 篇而没有"名例"篇的结构。这时把《大明令》中属于律典的《名例》内容重新移回律典,是回归律典结构的产物。④《洪武七年律》是明太祖努力恢复唐朝式律典的标志性成果。然而,从内容看,在 606 条刑律中,《唐律》只有 123 条,占 20%,其他的 80%属于"新制",在结构上,完成晋朝以及来律典《名例》内容结构。这样从结构到内容,明太祖都实现了恢复唐律的目标。

---

① 《明太祖实录》卷 34"洪武元年八月己卯"条,中国台北"中研院"点校版,第 616 页。

② 《明太祖实录》卷 86"洪武六年十一月己丑"条,中国台北"中研院"点校版,第 1535 页。

③ 对史料记载"旧令"入律,这里"旧令"是《大明令》,或是其他令,学术界没有进行详细考察。

④ 对元朝在《大元通制》《至正条格》中把律典中的《名例》篇写入"条格"问题,可以参看拙著《宋元断例考辑》(社会科学文献出版社 2020 年版)一书。

明太祖虽然想全面恢复唐朝时的法律,但无奈古今时异,只得其形,内容已是唐朝以后的产物。《洪武七年律》实施后,明太祖仍觉得有不便之处,加之自宋神宗朝元丰官制改革后,六部渐成中央实权部门,特别是元朝采用中书省下六部制后,让中央行政机构更加合理,特别是在明太祖废除中书省后,六部成为中央基本行政机关。于是,洪武二十二年(1389年)只能再次修订《大明律》,这次在体例上开始以宋元形成的新体例为准,在结构上采用"事类"体编目,即"请编类颁行"。在分类上,"以类附入""参考比年律条,以类编附",最后修撰成以六部加《名例律》为纲的7篇律典结构,之下则以事类为门,融合会典体和事类体而成的刑典体例。这样修成的《洪武三十年律》是以7篇为纲,下分29门,共30卷,460条,最终形成明清两朝的律典体例。这种体例是对此前法典编撰体例上逻辑分类与适用选择两种方法的混合体例。对此,明人邱浚在《大学衍义补》中指出《大明律》是"名虽沿于唐,而实皆因时以定制,缘情以制刑"[1]的产物。这种评价是中肯的。

在令格式等方面,虽然吴元年(1367年)制定过《大明令》,但该令典在体例上采用了六部制,即采用吏令、礼令、兵令、户令、刑令、工令的分类,改变了西晋《泰始令》所创立的令典篇名以法律性质为命名的"事类"体例。从《大明令》的"序文"看,明太祖对"律"和"令"的区别是清楚的,而且也严格遵循西晋至宋朝时的分类。虽然明朝制定过《大明令》,但没有继承唐宋时期把"设范立制"类法律修成令格式三典的立法传统,而是采用分散方式,把令格式的内容分别撰入不同法律中,具体是《洪武礼制》《大明集礼》《礼仪定式》《学校格式》《稽古定制》《孝慈录》《诸司职掌》《大明官制》《宪纲事类》等法律中。认真考察这些法律,会发现它们的内容是唐宋时期令格式以及《唐六典》《开元礼》。从《皇明制书》看,明洪武朝的刑事法律是由《大明律》《明大诰》《教

① (明)邱浚:《大学衍义补》卷103《定律令之制(下)》,林冠群、周济夫点校,京华出版社1999年版,第885页。

民榜文》《军法定律》等构成,非刑事法律是由《大明令》《大明集礼》《洪武礼制》《诸司职掌》《孝慈录》《礼仪定式》《稽古定制》《学校格式》《大明官制》《宪纲事类》等构成。这样,洪武朝从法律分类上看,仍然坚持"正刑定罪"和"设范立制"的分类体系,只是立法分类变化了。

　　明朝例的兴起与它特有的修法传统有关,即明太祖禁止后人对自己创立的法律进行时代化重修。"至三十年,始申画一之制,所以斟酌损益之者,至纤至悉,令子孙守之。群臣有稍议更改,即坐以变乱祖制之罪。"①"太祖之定律文也,历代相承,无敢轻改。其一时变通,或由诏令,或发于廷臣奏议,有关治体,言获施行者,不可以无详也。"②这两处虽然讲的是律典,但对《大明令》《大明集礼》《诸司职掌》等"设范立制"类法律也无法进行重撰,只好用"例"作为因时变化的需要。于是,在这些基本法律之下,形成各种的"例"。"例"在发展中慢慢形成以条例为主的刑事法律和以则例为主的非刑事法律。对"条例"与"律典"关系,像弘治十三年(1500年)刑部官员所言:"其法外遗奸,列圣因时推广之而有例,例以辅律,非以破律也。"③在不能重修《大明律》等洪武年间的法律下,只能对因时因事而出现的新法律采用编撰成各种例以示区别。在"设范立制"类法律上,明初虽然有《大明令》,但《大明令》在吴元年制定后,没有像《大明律》那样反复修撰,形成全面体现明朝"设范立制"类法律的令典。这样《大明令》总体十分简单,无法承担西晋以来令典的法典功能,于是大量内容被分散到各种形式的则例和条例之中。明朝由于洪武朝后没有重修晋朝至宋的令典,到中期很多人对"令"的性质已经不能准确理解,如邱浚在著作中对律令定义时已经不再是西晋至宋朝时对"令典"的定义。"夫律者,刑之法也,令者,法之意也,法具则意寓乎其中。方草创之初,未暇详其曲折,故明示以其意之所在,令是也;平定之后,既已备其制度,故详载其

---

① 《明史》卷93《刑法志一》,中华书局1974年版,第2279页。
② 《明史》卷93《刑法志一》,中华书局1974年版,第2287页。
③ 《明史》卷93《刑法志一》,中华书局1974年版,第2286页。

法之所存,律是也。"①从这里看,邱浚虽然是明朝中期最博学的学者,②对法律史也有深入研究,但对晋朝至宋朝时的律令区别已经不能准确把握了。

对明朝不重修《大明律》《大明令》等洪武朝的基本法律问题,明朝中期邱浚指出:"我朝自圣祖定律之后,百有余年,条律之中存而不用者亦或有之,未尝敢有擅增一条者。"③"我朝之律仅四百六十条,颁行中外,用之余百年于兹,列圣相承,未尝有所增损,而于律之外未尝他有所编类,如唐宋格敕者。所谓简而明、久而信,真诚有如欧阳氏所云者,万世所当遵守者也。"④这样"例"类法律在法律渊源结构上构成了哈特在分析法学中指出的第二性规则。由于例类法律越来越多后带来运用上的问题,国家只好寻找新的法典化立法技术处理,如在刑事法律上制定《问刑条例》,非刑事法律上制定《吏部条例》《军政条例》《节行事例》等。然而,这种立法仍然十分有限,到明中期只好创制出《大明会典》来解决这一问题。对此,在弘治《御制大明会典序》中有"累朝典制,散见叠出,未曾于一"⑤。万历《御制大明会典序》中有"岁历绵远,条例益繁。好事者喜纷更,建议者昧体要,甚则弄智舞文,奇请他比。自明习者,莫知所从;小吏浅闻,何由究宣"⑥。这些解释了为什么要修撰《会典》的原因。⑦

---

① (明)邱浚:《大学衍义补》卷103《定律令之制(下)》,林冠群、周济夫点校,京华出版社1999年版,第887页。

② 邱浚是当时最博学的官僚,被誉为"书柜",从《大学衍义补》看,他对明朝之前历代法律典章制度十分了解。《明史·邱浚传》记载:"邱浚,字仲深,琼山人。幼孤,母李氏教之读书,过目成诵。家贫无书,尝走数百里借书,必得乃已。举乡试第一,景泰五年成进士。改庶吉士,授编修。濬既官翰林,见闻益广,尤熟国家典故,以经济自负。"(《明史》卷181《邱浚传》,中华书局1974年版,第4808页)

③ (明)邱浚:《大学衍义补》卷103《定律令之制(下)》,林冠群、周济夫点校,京华出版社1999年版,第880页。

④ (明)邱浚:《大学衍义补》卷103《定律令之制(下)》,林冠群、周济夫点校,京华出版社1999年版,第884页。

⑤ 《万历大明会典·弘治御制大明会典序》,中国台湾文海出版社1988年影印本,第2页。

⑥ 《万历大明会典·万历御制重修大明会典序》,中国台湾文海出版社1988年影印本,第6页。

⑦ 对明清两朝会典制定、性质、作用及在国家法律体系中的地位等问题,杨一凡有深入全面的考察,为学术界了解明清两朝会典问题提供了扎实基础。

明人把编撰会典作为对《唐六典》和《宋会要》的继续。正德四年(1509年)十二月十九日的《御制大明会典序》中有"下及汉唐宋,皆有会要,而唐之六典,尤详且悉"①。万历年间张居正在《题为重修大明会典事》中有"《大明会典》一书,即唐宋《六典》《会要》之遗意"②。对《正德会典》的体例,弘治十五年(1502年)十二月十一日的《御制大明会典序》中有说明,"官各领其属,而事皆归于职"③。在正德四年十二月十九日的《御制大明会典序》中是"官领其事,事归于职"④。这种体例被《嘉靖大明会典》继承。《嘉靖大明会典》的编撰体例按嘉靖八年(1529年)四月初六《皇帝敕谕内阁》是"体例一遵旧典,不必立异更张"。此外,在《嘉靖续纂凡例》第一条中有"体例一旧遵典"⑤。对正德和嘉靖会典的体例,万历年间认为"会典事例,旧惟编年,条件繁多,不便观览。今从事分类,从类分年"⑥。其实是在具体编撰上采用事类体体例。具体看,万历年间会典体例是在"以官统事"下采用唐宋时期形成的事类体——门作为二级篇名,下面再用编年体编排具体条文。

清朝修撰会典时继承了这种体例。光绪《大清会典·凡例》中有"会典大要,以官统事,以事隶官。如周六官、《唐六典》,提纲挈领,治具毕张,至事例则各门各目,因革损益皆系按年排比"⑦。这种体例清朝五个会典都一致。只是对《大明会典》中典例合一的体例,在乾隆朝发生转变。对此,乾隆十二年(1747年)乾隆皇帝在《乾隆大清会典序》中这样解释自己把"典"与"例"分开修撰的原因。"向者凡排纂率用原议,旧仪连篇并载,是典与例无辨也。夫例

---

① 《万历大明会典序二》,中国台湾文海出版社1988年影印本,第4页。
② 《万历大明会典·题为重修大明会典事》,中国台湾文海出版社1988年影印本,第20页。
③ 《万历大明会典·弘治御制大明会典序》,中国台湾文海出版社1988年影印本,第2页。
④ 《万历大明会典·正德御制大明会典序》,中国台湾文海出版社1988年影印本,第5页。
⑤ 《万历大明会典·嘉靖续纂凡例》,中国台湾文海出版社1988年影印本,第19页。
⑥ 《万历大明会典·万历重修凡例》,中国台湾文海出版社1988年影印本,第23页。
⑦ 《光绪大清会典·凡例》,中华书局2013年版,第9页。

可通,典不可变。今将缘典而传例后,或撼例以殽典,其可乎? 于是区会典、则例各为之部,而辅以行。"①这在《乾隆大清会典·凡例》中说得更加详细。"会典以典章会要为义,所载必经久常行之制。兹编于国家大经大法,官司所守,朝野所遵,皆总括纲领,勒为完书。其诸司事例,随时损益,凡颁之纶綍,议自群僚,旧制新裁,与夫微文末义,缕析条分,并详则例。以典为纲,以则为目,庶详略有体。"②这里指出由于《大明会典》《康熙会典》《雍正会典》中采用"典""例"合一,导致"变"与"不变"共存,让使用者无法区别。考察《大明会典》中称为不变的"典",主要是《大明律》《大明集礼》《诸司职掌》等洪武朝修撰的"律令格式"等基本法律。清朝在顺治、康熙、雍正朝由于没有像明初那样对"设范立制"类法律系统立法,导致这类法律混杂在则例、条例之中,带来诸多不便。为了解决此问题,乾隆把"会典"中的"典"上升为"大经大法",本质上是把会典改造成西晋至宋朝时的"令典",把刑事法律排除,构建起新的令典。③ 在立法技术上,通过《会典》解决了没有令典的困境,同时把隋唐宋时期令格式的"设范立制"类内容重新纳入新法典,简化法典结构。这样清朝的会典在吸收《唐六典》《诸司职掌》的体例、令典的法律性质、唐宋时期事类体法律分类等立法技术后,形成了新的"设范立制"类法典。这种《会典》与晋朝《泰始令》在性质上是一致的,所有法律内容都是非刑事类法律。清朝《乾隆会典》与晋朝《泰始令》相比,主要有三个方面的变化:首先,体例结构采用《唐六典》创立的职官体例;④其次,把令格式等所有"设范立制"类法律编撰在一

---

① 《乾隆大清会典序》,载《大清五朝会典》(第10册),线装书局2006年版,第2页。

② 《乾隆大清会典·凡例》,载《大清五朝会典》(第10册),线装书局2006年版,第3页。

③ 这还与乾隆五年(1740年)国家修成《大清律例》有关。因为《大清律例》虽然把"条例"附在律文下,在体例上与隋唐律典有不同,但性质上是"正刑定罪"的律典。这样清朝有了"正刑定罪"的律典,而"设范立制"类的非刑事法律仍然没有,加之没有洪武朝那样对这类法律的基本立法。于是,只好把会典转成新令典,才能解决"设范立制"类法律法典化的需要。

④ 对此,《光绪大清会典·凡例》中有:"会典大要,以官统事,以事隶官。如周六官、《唐六典》,提纲挈领,治具毕张,至事例则各门各目,因革损益皆系按年排比。"(《光绪大清会典·凡例》,中华书局2013年版,第9页)

起,简化了隋唐宋时期"设范立制"类法律分典立法的繁杂问题;最后,设立三级法典篇名结构,吸收唐宋时形成的事类体立法技术,实现法典体例中实用性和逻辑性分类的有机结合。此外,乾隆朝通过"会典事例"解决了编撰事类体综合性法典的需要。

对"开元六典"中的《唐六典》和《开元礼》,明朝虽然存在不少直接适用的情况,但主要以"唐制"为名进行继受。洪武朝在官制和礼制创制上十分活跃。按记载洪武三年(1370年)修成《大明集礼》,此书按吉凶军宾嘉五礼制定,编撰体例是《开元礼》。① 从现有史料看,洪武朝制定了系统完善的官制和礼制法律规范,体现在《大明集礼》《洪武礼制》《孝慈录》《礼仪定式》《稽古定制》《诸司职掌》《大明官制》《宪纲事类》等礼制、官制法律之中。若考察这些礼制、官制法律的渊源,则皆源自《唐六典》和《开元礼》。如洪武二十六年(1393年)制定的《诸司职掌》是按《唐六典》体例修撰。"仿《唐六典》,自五府、六部、都察院以下诸司设官分职,编集为书曰《诸司职掌》。"②明朝陆容记载,"乃命吏部同翰林儒臣仿《唐六典》之制,自五府、六部、都察院以下诸司,凡其设官分职之类,编类为书"③。《诸司职掌》是明朝官制法律的基本法典,是《唐六典》和元丰官制改制后的行政立法的集大成者,创立了明清官制法典编撰的体例。《诸司职掌》不仅是整个明朝行政法律的基础,还提供了明清两朝国家编撰综合类法典的体例。

在礼制上,洪武年间主要制定了《大明集礼》《洪武礼制》《孝慈录》《礼仪定式》《稽古定制》等。这五部礼制法律成为整个明朝礼制的基础。从大量史料记载看,明初制定各种礼制时多以"唐制"为准。如洪武二十九年(1396年)十一月十五日,《稽古定制序》中指出"今特命翰林斟酌唐、宋制度,定制坟

---

① 若从编撰体例考察会发现,《大金集礼》是《大明集礼》的直接来源。
② 《明史》卷138《陈修传》,中华书局1974年版,第3964页。
③ (明)黄光升:《昭代典则》卷11《太祖高皇帝》,北京大学出版社1993年版,第1131页。

茔碑碣丈尺、房屋间架及食禄之家兴贩禁例,编类成书,永为遵守"①。该书是在"唐制""宋制""今制"基础上综合而成。洪武元年(1368年)二月壬子,有"诏衣冠如唐制"②。洪武四年(1371年)制定庆贺礼时有"太常寺引《周礼》及唐制,拟用武官四品、文官五品以上,其老疾疮疥刑余丧过体气者不与"③。在制定"蕃王朝贡礼"时有"蕃王入朝,其迎劳宴飨之礼,惟唐制为详"④。洪武元年制定"灵星诸神祭礼"时,太常司在奏折中指出:"唐制,立秋后辰日祀灵星,立冬后亥日遣官祀司中、司命、司民、司禄,以少牢。宋祀如唐,而于秋分日祀寿星。今拟如唐制,分日而祀,为坛于城南。"⑤洪武元年(1368年)九月,制定"中宫受朝仪"时直接有"惟唐《开元礼》有朝皇太后及皇后受群臣贺、皇后会外命妇诸仪。明制无皇后受群臣贺仪,而皇妃以下,正旦、冬至朝贺仪,则自洪武元年九月诏定"⑥。从这些记载看,明初在制定礼制时以《唐礼》为继受对象。对此,《明史》修撰者总结是"明仪注大抵参唐、宋之制而用之"⑦。这是明初制定礼制和官制立法的基本情况,从中可以看到《唐六典》《开元礼》在明朝成为官制、礼制的直接立法渊源。

明洪武朝在法制建设中,在以"开元六典"为内核下,结合宋元法律发展的成就,通过融合再创,形成了新的法律、官制、礼制法制体系,实现了明清两朝既有继承又有创新的国家法律、官制、礼制法制体系,开创明清两朝法典法和法律体系的先河。所以,明初在立法中打破唐宋法典法体例后,形成的新法典法体例是具有革命性的。

---

① 《稽古定制·稽古定制序》,载杨一凡点校:《皇明制书》(第二册),社会科学文献出版社2013年版,第737页。

② 《明史》卷2《太祖二》,中华书局1974年版,第20页。

③ 《明史》卷47《吉礼一·庆贺礼·分献陪祀》,中华书局1974年版,第1242页。

④ 《明史》卷56《宾礼·蕃王朝贡礼》,中华书局1974年版,第1422页。

⑤ 《明史》卷49《庆贺礼·灵星诸神》,中华书局1974年版,第1282页。

⑥ 《明史》卷53《嘉礼一·中宫受朝仪》,中华书局1974年版,第1355页。

⑦ 《明史》卷54《礼八·嘉礼二》,中华书局1974年版,第1367页。

二、"开元六典"在日本、朝鲜、越南的
移植与传播

"开元六典"作为中国古代中世法制建设上的最高成就,古典法典法的代表,制成后成为日本、朝鲜、越南等国移植、借鉴唐朝法律制度的核心。通过移植、借鉴"开元六典"所载有的法律、官制、礼制,让日本、朝鲜、越南等国家很快从非成文法,或者法律不发达的国家进入法典法时代,同时通过对"开元六典"体现出来的法制精神的吸收,让它们融入中华法系国家之列。考察三国移植学习情况,是存在差异的。

日本帝制王朝国家的形成是在隋唐同期,在对中国法律制度学习从唐初就开始。日本移植律令法典是始于唐高宗朝。日本在移植唐朝法律时以"设范立制"的令典为首选,体现了日本把国家官制、礼制建设优先的选择。这构成日本移植唐朝法律是以令典为中心。日本在天智天皇元年(668 年)制定的《近江令》是以《贞观令》为基础,同时吸收了《永徽令》最新立法成果。天武十年(681 年)再修成《天武令》,但没有颁布实施。大宝元年(701 年)模仿《永徽律》《永徽令》修成《大宝律》《大宝令》,其中,律有 6 卷,令有 11 卷。养老二年(718 年)制定《养老律》《养老令》,其中,律典 10 卷 12 篇,令典 10 卷 30 篇。对养老律令的来源,学术认为来自《永徽律令》和《开元前律令》。①"开元六典"修成的时间是在开元二十五年(737 年)前后,所以《养老律令》没有吸收,但在《养老令》的注释书《令集解》《倭名类聚抄》等中被大量引用。《养老律令》修成标志着日本通过行移植唐朝律令法典,让自己进入法典法时代。此后,日本继续移植唐朝的格式两典,在弘仁十年(819 年)制定了《弘仁格》《弘仁式》。

---

① 唐玄宗开元年间两次修订律令,分别是在开元七年(719 年)和开元二十五年(737 年)。

这样,通过两百多年的努力,日本按隋唐的法典法体系建立起律令格式法典法。清和天皇贞观十一年(869年)再次重修,修成《贞观格》《贞观式》;延喜五年(905年)再次修成《延喜格》《延喜式》。日本的格式两典是在"开元六典"形成后修撰的,在移植对象上是以"开元六典"中格式为对象,皆采《开元令》《开元礼》《唐六典》等。《开元礼》和《唐六典》刚制定就被留学生带回去,《开元礼》一般认为由吉备真备第二次回国时带去。学术界通过对《弘仁式》《延喜式》中的宾礼、释奠礼、大学舍式等比较考察,得出皆抄自《开元礼》。①《开元礼》在日本不仅作为礼制,还作为制定令格式法律的来源。《唐六典》作为官制法典,对日本的影响十分明显,现在有学者详细检索日本古代文献中引用到的《唐六典》史料,②发现《唐六典》对日本的影响主要在官制和礼制两个方面。日本对"开元六典"的学习和重视,可以从成书于唐朝后期的《日本国见在书目录》③中看出,该书中对"开元六典"都有记载。这说明"开元六典"修成后,很快就传入日本,成为日本国内学习唐朝法律、官制、礼制基本典籍。

朝鲜在唐朝时处于新罗(668—935年)统一时期,史书对新罗时期如何移植唐朝法律记载很少,无法有效考证,但唐朝时新罗等国家大量派学生留学唐朝,让唐朝的法律制度文化传入有了载体和途径。朝鲜帝制王朝国家形成是在高丽王朝时期(918—1392年)。在高丽国前期正处于五代和宋初,所以高丽国在法律、官制、礼制建设中移植的只能是唐朝,自然只能是"开元六典"为主体。对此,《高丽史·刑法志》中有总结:"高丽一代之制,大抵皆仿乎唐。"这里"唐"是指唐朝法律制度,简称"唐制"。高丽王朝在国家法律、官制、礼制

---

①　对《开元礼》在日本的移植、传播情况,可以参见日本学者古濑奈津子的《遣唐使眼中的中国》(郑威译,武汉大学出版社2007年版)一书。

②　参见[日]利光三津夫:《关于〈唐六典〉在日本的行用》,《法学研究》卷63第5号,庆应大学法学研究所1990年。

③　该书成书时间存在争议,主要有成于日本清和天皇贞观十七年(875年)和宇多天皇宽平三年(891年)等说,具体参见孙猛所著《日本国见在书目录考·前言》(上海古籍出版社2015年版)。

上全面移植的"唐制"载体是"开元六典"。对此,只要比较考察《高丽史》中"百官志""选举志""礼志"等诸志内容会发现它们在内容、形式、风格、技术上是一致的。高丽国文宗朝时大量向辽、宋购书。《高丽史》中记载文宗儿子大觉国师"(王)煦献释典及经书一千卷,又于兴王寺奏置教藏都监,购书于辽、宋,多至四千卷,悉皆刊行"①。高丽王朝在移植唐朝法律时则是以律典为中心,与日本略有不同。《高丽史·刑法志》记载:"高丽一代之制,大抵皆仿乎唐。至于刑法亦采《唐律》,参酌时宜而用之。曰:《狱官令》二条,《名例》十二条,《卫禁》四条,《职制》十四条,《户婚》四条,《厩库》三条,《擅兴》三条,《盗贼》六条,《斗讼》七条,《证伪》二条,《杂律》二条,《断狱》四条,总七十一条,删烦取简行之。"②从这里看,是把唐朝律典中12篇及令典中《狱官令》内与刑事审判有关的法律选择删改而成刑典。朝鲜不仅在高丽王朝时刑事法律上以《唐律》为中心,就是在朝鲜李朝世宗时也一直以《唐律疏议》作为刑律移植对象。《朝鲜王朝实录》记载世宗九年(1427年)"颁铸字所印《唐律疏义》于中外官"③。世宗十一年(1429年)刑曹奏称"议刑之际,《唐律疏议》最有益,不可不知。近来律学等专不讲习,请自今四孟明取才及律科并试《疏议》,通计等第"④。在官制上,"高丽太祖开国之初……二年,立三省、六尚书、九寺、六卫,略仿唐制"⑤。这里指出高丽国建国后中央机构按唐朝设置。在礼制上,基本以《开元礼》为移植对象。对此,有学者把《高丽史·礼志》与《开元

---

① [朝鲜]郑麟趾:《高丽史》卷90《列传三·宗室一·大觉国师》,韩国首尔大学藏太白山史库本(万历四十二年刻本)。

② [朝鲜]郑麟趾:《高丽史》卷84《志三八·刑法一》,韩国首尔大学藏太白山史库本(万历四十二年刻本)。

③ 《朝鲜王朝实录·世宗实录(第七册)》卷35"世宗九年三月辛亥"条,日本学习院东洋文化研究所刊1953年版,第531页。

④ 《朝鲜王朝实录·世宗实录(第七册)》卷44"世宗十一年六月戊寅"条,日本学习院东洋文化研究所刊1953年版,第652页。

⑤ [朝鲜]郑麟趾:《高丽史》卷76《志三〇·百官一》,韩国首尔大学藏太白山史库本(万历四十二年刻本)。

礼》进行比较分析,得出高丽朝前期礼制通过全面移植《开元礼》而成的结论。① 在服制上,《高丽史》记载:"毅宗朝平章事崔允仪汇集祖宗宪章,杂采唐制,详定古今礼,上而王之冕服、舆辂以及仪卫、卤簿,下而百官冠服,莫不具载,一代之制备矣。"②这里按唐朝礼制制定皇帝衣服、车驾、仪卫、仪仗以及百官服制。学校科举上,"三国以前未有科举之法,高丽太祖首建学校,而科举取士未遑焉。光宗用双冀言,以科举选士。自此文风始兴,大抵其法颇用唐制。"③在高丽朝文宗十二年(1058年)四月讨论"视朝之服"时,礼司引用到《唐史》《开元礼》《古史》的相关规定,其中有"《开元礼》云:'皇帝祈谷圆丘服绛纱袍'"④。通观《高丽史》中诸志,会发现在法律、官制、礼制立法上基本以"开元六典"为中心。朝鲜大量移植明朝的法律制度是在李氏朝鲜王朝后,特别是世宗朝以后。所以说在朝鲜法律制度形成过程中"开元六典"成为初期主要来源。

越南在隋唐时期是中国的郡县,622年唐朝在越南设立交趾都护府,679年改为安南都护府,在法律上直接适用唐朝国家法。越南建立独立帝制王朝国家始于968年,当年丁部建立丁朝(968—979年),史称"帝即位,建国号大瞿越……起宫殿,制朝仪"⑤。这成为越南立国后法律制度建设的开始。李氏王朝(1010—1255年)太宗明道元年(1042年),"命中书删定律令,参酌时世之所适用者,叙其门类,编其条例,为一代刑书,使观者易知。书成,诏颁行之,民以为便"⑥。分析此处记载,该法称为《刑书》,又说"删定律令",应只是律

---

① 具体参见金禹彤的《高丽礼制研究》(延边大学博士学位论文,2010年)。

② [朝鲜]郑麟趾:《高丽史》卷72《志二六·舆服一》,韩国首尔大学藏太白山史库本(万历四十二年刻本)。

③ [朝鲜]郑麟趾:《高丽史》卷73《志二七·选举一》,韩国首尔大学藏太白山史库本(万历四十二年刻本)。

④ [朝鲜]郑麟趾:《高丽史》卷72《志二六·舆服一》,韩国首尔大学藏太白山史库本(万历四十二年刻本)。

⑤ [越南]吴志连等撰:《大越史记全书》卷1《丁纪·先皇帝》,西南师范大学出版社、人民出版社2015年版,第120页。

⑥ [越南]吴志连等撰:《大越史记全书》卷2《李纪·太宗皇帝》,西南师范大学出版社、人民出版社2015年版,第173页。

典。从行文看,说这次修律是"参酌时世",说明此次修律是在《唐律》的基础上,因为宋朝没有颁布过独立的律典。陈氏王朝(1225—1400年)时成为"开元六典"移植和借鉴的重要时期。陈太宗六年(1230年)修成《国朝通制》《刑律礼仪》。"六年,春三月,考前代诸例,定为《国朝通制》,及改《刑律礼仪》,凡二十卷……编国朝事务为《国朝常礼》十卷。"①此外,从李朝、陈朝所设官制、礼制、法律,都以唐朝为对象,兼有少量宋朝的。明宣宗宣德三年(1428年)黎利建立后黎王朝后,在太祖和圣宗两朝时进行了大规模的法制革新与创制。后黎太祖建立政权后,"定律令,制礼乐,设科目,置禁卫,设官职,立府县,收图籍,创学校"②。在建国同年五月十二日,"帝与大臣共议定官员路镇,及要害处镇守官,并词讼律令,职爵制例国务事"③。黎利建国后全面建设法律、官制、礼制,形成更为完善的帝制王朝国家。后黎圣宗皇帝时,法制建设上更进一步,特别是洪德年间(1470—1497年),对整个国家法律、官制、礼制都进行全面提升,加大立法。其中最有名的是制定了《皇朝官制》《洪德刑律》等重要法律。考察后黎圣宗革新,在法制上以律令格式为基本分类,构建起隋唐时的律令法律体系,如《洪德刑律》《造籍买纸令》《激劝忠义令》《进朝敛手格》《奏章体式》《宣准词体式》;在官制上,以明朝官制为主,保留部分唐宋元官制,中央设六部、御史台、六科等,地方设道府县,制定《皇朝官制》《提刑职掌》《宪司职掌》等职官法律;礼制以唐宋为主,制定各种礼仪,如《百官朝仪》《护卫朝仪》《祈雨祈晴仪注》等。后黎圣宗朝在法律形式上坚持唐宋时期的律、令、格、式基本分类,此外吸收宋元明时期的敕、指挥、职掌、例等形式,其中例越来越多,如《分新市例》《封赠例》等几十种。从《大越史记全书·圣宗淳

---

① [越南]吴志连等撰:《大越史记全书》卷5《陈纪·太宗皇帝》,西南师范大学出版社、人民出版社2015年版,第257页。

② [越南]吴志连等撰:《大越史记全书》卷10《黎皇朝纪·太祖高皇帝》,西南师范大学出版社、人民出版社2015年版,第513页。

③ [越南]吴志连等撰:《大越史记全书》卷10《黎皇朝纪·太祖高皇帝》,西南师范大学出版社、人民出版社2015年版,第502页。

皇帝纪》看,他对律、令、格、式、敕、例等法律形式的区别了解是准确的,这与同时期明朝的官员对这些法律分类的区分不清是不同的。对《洪德刑律》,潘辉注在比较《唐律疏议》和《洪德刑律》的《名例》篇条文后,得出"黎朝参用唐律,故特载于篇首"①的结论。综合分析《大越史记全书》《历朝宪章类志》中记载的丁氏立国至后黎王朝圣宗立法之间的法制建设,会发现越南诸王朝在法制建设上,不管是法律、官制、礼制都以唐朝为主,兼吸收同期宋元明的成果,而五代后,唐朝法律制度的核心成果是"开元六典",所以这个时期越南的法制建设中不管是直接移植还是间接学习都以"开元六典"为中心,所以说越南在国家法制文明形成过程中核心是"开元六典"。对越南移植中国法律的情况,潘辉注在《历朝宪章类志》中指出:"迨于有黎之兴,复行删定,洪德刑律,参用隋唐,断治有划一之条,有上下之准,历代遵行,用为成宪。"②对后黎王朝(1428—1789年)的法制,杨鸿烈评价是:"黎朝所编纂之法典,虽折衷唐、宋、元、明诸律,而要以《唐律》为惟一之楷模,《大明律》反退居不甚重要之地位焉。"③杨氏的这个评价在后黎圣宗朝之前是准确的,越南对明清两朝法律大规模移植借鉴是明朝灭亡后,特别是阮氏王朝(1802—1907年)建立后,代表是《皇越律例》(1812年)、《钦定大南会典事例》(1843年)、《大南典例撮要》(1909年)三部以清朝立法体例为移植对象制定的成果。

从日本、朝鲜、越南三国法制发展史看,在它们君主制国家形成过程中,都以唐朝法律制度作为移植、借鉴对象,而代表唐朝法制成果的"开元六典"让这些国家移植更加方便,促进了它们国家法典化的步伐,自然成为移植和借鉴的重点。

---

① [越南]潘辉注:《历朝宪章类志》卷34《刑律志·刑法名例之别》,日本东洋文库藏本。
② [越南]潘辉注:《历朝宪章类志》卷33《刑律志·历代删定之纲》,日本东洋文库藏本。
③ 杨鸿烈:《中国法律在东亚诸国之影响》,商务印书馆1938年版,第503页。

三、"开元六典"在中国古代法制文明史上的
作用及特点

"开元六典"作为中国上古至中世时期的法制文明集大成载体,"安史之乱"之后,在面临地方政权纷起,少数民族政权迭兴,且与汉族政权并存的局面下,成为塑造和维系中华大地上各民族政权法制文明的纽带。在 8—14 世纪间,通过两宋、辽金西夏等王朝的继受和适用,让中华大地上各民族在制度文明上形成了牢不可破的法制文明共同体,让"中国"概念有了丰富的文化内涵,为近现代"中华民族"这个具有法律、官制、礼制内涵的民族共同体的形成提供了重要支持。

"开元六典"在五代至明初中华大地各政权的广泛继受和适用,对中华法文化形成产生了关键作用。这个时期虽然中华大地上各少数民族纷纷建立自己的政权,如辽、西夏、金、大理等,但由于拥有共同的法律制度渊源,让少数民族政权在发展中朝着共同的法制文明方向进发,加快了"中华民族"这个文化群体的形成,让中华民族有了坚实的法文化基石,使"中国"概念越来越有认同的核心。

"开元六典"不管从内容还是形式看,都是中国古代法律发展史中的标志性成果。"开元六典"在继承和融合西周以降,秦汉以来形成的法律典章成就后形成总结性的法典法,成为宋元明清时期,乃至是东亚中华文化圈内诸国法律典章的渊源,构成中华法系的法典法范式,让中华法系有了稳定的、方便移植学习的载体,为后来王朝和他国移植借鉴提供了方便有效的对象,促进了中华法系的法律体系、内容、精神的形成。

"开元六典"把中国古代法律分类中"设范立制"与"正刑定罪"进行了全面实践,让中国古代法律分类体系更加明确和稳定。"开元六典"虽然在表现形式上存在礼制、官制和律令格式三类,但都没有突破晋朝时确立的"设范立

制"与"正刑定罪"的分类体系。其中,礼制、官制立法与令格式三种在性质上都坚持了"设范立制"。官制法律主要由令格式组成。礼制与令格式在内容上相互交错,大量出现礼制规范中写入令格式,同时令格式中很多内容属于礼制。当然,从礼制的内容看,有些内容是不能纳入"令格式"的,因为中国古代礼制内容中大量是规定礼制器物、祭祀仪轨等,同时礼在《政和五礼》制定专门"庶人礼"之前,主要是针对皇帝、皇室及贵族官僚,适用对象上有严格界定,一般民众不必要学习遵行,分开立法有利于两种规范的适用。

中国古代法律分类的基本标准是设范立制与正刑定罪。在此标准下,"设范立制"类法律在不同时期,在构成上各不相同,有礼、令、格、式、则例等,"正刑定罪"类法律自秦朝开始就以律为主要形式,不同时期还会存在一些其他形式,如秦汉时令、比等,宋朝时的《刑统》、敕、断例等。虽然中国古代法律基本分类是"设范立制"和"正刑定罪",但在不同时期两者载体主体是存在不同的,具体是西周由礼与法,西晋至宋朝由令与律,元朝由条格与断例,清朝由"会典"与律等。虽然这些法律形式在名称上存在区别,但性质上却是一致的。

"开元六典"是中世中国法律体系中"礼法并用"的再构,成为西周后新的法律体系。此后,历朝在法制建设上,不管是修订律令,或是律典例,或是官制、礼制皆以"开元六典"为渊源,或为模范,进行变通发展,但在结构、内容及精神上,都没有突破这种模式。

结　　论

从"开元六典"继受和传播历史看,当今中国在国家建设中,特别是国家软实力和影响力的建设上看,构建有效的、合理的法律体系是十分重要的,具体有这几个方面的内容。

(一) 构建中国特色社会主义法律体系需要有完善的法典法体系

"开元六典"从法律体系上看构成了一个完整的整体,让中国帝制时期国家法律体系获得了一种内在的完整性。同时,"开元六典"以法典为载体形式,具有高度的简约性。这种具有内在结构的法典法体系让唐朝国家治理模式具有比较下的先进性,同时也让这种法律体系成为帝制时期国家治理的最佳选择。所以说,当前中国特色社会主义法律体系建设中,构建起内在合理的法典法体系是十分必要的。

(二) 国家认同必须有一个体现时代、民族特色的法制文明载体

"开元六典"对唐朝"安史之乱"后的影响说明在国家认同上,必须有一个合理、有效的法律体系。唐朝后,虽然中华大地上出现了与南方汉人政权平起平坐的辽金政权,在西北有西夏,西南有大理等政权,但由于这些政权在法制建设上都有共同的渊源——"开元六典",结果让这些少数民族政权在发展中向"中华"趋同。由于有了统一法制渊源,让少数民族政权的特殊性无法向极端发展,让"中国"在法制文化中获得自然认同。所以在当今中国,"中华民族"的认同建设中,构建起统一的、有效的法律体系,特别是在国家层面上有良善的法典法体系是十分重要的。此外,日本、朝鲜、越南在8—14世纪帝制王朝国家的形成过程中,通过移植"开元六典"为载体的中华法制文明,最终形成了东亚地区别具一格的中华法系。

(三) 要实现中华民族复兴必须有良好的法制文明作为支持

唐朝作为当时世界上最发达、最有影响力的国家并不完全依靠军事力量,因为唐帝国的军事力量在"安史之乱"后就消失了。唐朝对周边少数民族和国家的影响力中最持久的是先进、文明的法律制度。如日本对唐朝学习中,首先移植的是唐朝法律制度而非诗歌文学,其中"开元六典"修成后,日本留学

生很快把它们带回国内,长期作为国家法律制度建设中移植和借鉴的对象。所以说,中华民族要复兴就必须要有反映中国文化基因,同时体现人类法治文明发展趋势的法典法作为载体,否则仅是经济的成功是很难实现的。如清朝康乾时期,虽然在经济体量上是世界数一数二的"强国",但由于没有体现人类法制文明发展趋势的法律制度,最终被"小国"英国击败。而唐朝时突厥、吐蕃等少数民族政权虽然在军事上强盛时能与唐朝抗衡,然而在长期对抗中皆以失败告终,究其原因仍是它们没有可以与唐朝对抗的法律制度。所以中华民族的复兴要求中国必须在法治文明上,形成"开元六典"那样代表时代发展的法典法体系。

(四)优良、合理、先进的法典法是国家软实力的重要组成部分

从世界历史看,任何国家和民族要成为具有世界性影响力的国家,仅用军事力量维持是很难长久的。一个国家和民族的军事力量对世界影响力只是一种辅助,构成国家最有竞争力的是法制文明。"开元六典"在 8—14 世纪,对中华大地上各王朝、地方政权和东亚诸国的影响说明法制文明在国家软实力中的重要性,所以在国家软实力建设中,拥有中国特色的法律体系是十分重要的。

(五)推进"一带一路"倡议应有中国法制文明的内容

当前我国政府在推进"一带一路"倡议中,若没有法制文明作为重要组成部分是很难成功的。这一点可以从唐朝和明朝的影响力差异上看出,唐朝虽然没有采用明朝那样积极的海外行动,但唐朝在当时和此后数百年对世界的影响是远超明朝的。明朝的航海行为由于无法给他国带去先进的法制文明,所以并没有给所到之国产生持续的影响,而唐朝对日本、朝鲜、越南的影响却是持续了几百年,如高丽王朝建国时唐朝已经灭亡,但高丽国在法制建设上却全面移植唐朝;越南丁朝至后黎朝时期,对中国法律制度的持续的移植与借鉴

仍然是唐朝的,而这时唐朝早已经不存在。当前"一带一路"倡议要实现确立的目标,有一个良善、合理的法律体系是重要的保障条件。

总之,"开元六典"在唐朝后,在中华大地各王朝、地方政权和东亚诸国继受和传播的历史说明,法制文明在国家力量形成上是十分关键的,同时体系完备、结构合理的法典法对法制文明传播是十分有效的,这同样被近代法国、德国等国法典法传播所产生的影响力所证明。

第五章 明清"典、律—例"法律形式和法律体系的形成

明清时期法律形式和法律体系问题是当前中国古代法律史研究中的热点之一。明清时期的法律形式和法律体系与秦汉时期的律令法律体系和西晋确立的律令严格分类、分典立法,以及在此基础上发展形成的隋唐宋时期的律令法律体系都表现出实质的不同。很长时期内,学术界把明清两朝法律形式和法律体系研究集中在"律"与"例"上,并提出明清两朝法律体系是"律例体系"的观点。① 近年对明清两朝法律体系研究上的争议,主要涉及对明清两朝"纂辑"形成的"会典"的认识和评价上。20 世纪 90 年代后,特别是近年学术界对明清两朝《会典》的性质及在国家法律形式和法律体系中的作用和地位越来越重视,甚至在批判中提出明清时期法律体系是典例体系,或典—律例体系等。② 明清

---

① 参见苏亦工:《论清代律例的地位及其相互关系》(上、下),《中国法学》1988 年第 5、6 期;刘笃才:《律令法体系向律例法体系的转换》,《法学研究》2012 年第 6 期;刘笃才:《明代事例的演变与律例法体系的确立》,《盛京法律评论》2016 年第 1 辑。

② 丁华东:《清代会典和则例的编纂及其制度》,《档案学通讯》1994 年第 4 期;吕丽:《论〈清会典〉的根本法与行政法的合一性》,《吉林大学社会科学学报》1998 年第 2 期;杨一凡:《明代典例法律体系的确立与令的变迁——"律例法律体系"说、"无令"说修正》,《华东政法大学学报》2017 年第 1 期;陈灵海:《〈大清会典〉与清代"典例"法律体系》,《中外法学》2017 年第 2 期;杨一凡:《论事例在完善明代典例法律体系中的功能》,《暨南学报(哲学社会科学版)》2019 年第 4 期;杨一凡:《质疑成说,重述法史——四种法史成说修正及法史理论创新之我见》,《西北大学学报(哲学社会科学版)》2019 年第 6 期。一些学者在对"会典"的性质和作用评价时,由于没有充分注意到明清时人对律典和条例的评价,从而导致在对律典和会典的认识上,只是从律文撰入"会典"时所在"位置"进行评价,而没有充分考察"会典"在明清编修时的定位及性质,更没有关注乾隆时采用"典"和"例"分开立法的原因所在。

两朝法律形式是否出现实质性变化,这种变化对明清两朝法律体系的影响是什么,以及明清为什么会出现这种变化,这些问题学术界研究还不多,也不够深入。对明清两朝法律体系的讨论,涉及中国古代法律体系变迁、明初朱元璋立法及他禁止子孙重新修撰他修成法律的"祖训"的影响等问题。此外,乾隆朝在会典立法上的变革对明清时期国家法律形式和法律体系的影响是重构性的,只是学术界对"会典"的争议往往流于形式构成,而不是整体性和综合性考察。本章将对明清时期整个国家立法技术、法律分类标准、法典体例、法律形式、法律体系等问题进行综合性、长时段的考察,以揭示明清两朝法律形式和法律体系的变化和本质,进而讨论中国古代法律体系和法律形式的宏观演进问题。

一、复古与创新:明太祖效法"唐制"的成与败

虽然明清时期法律形式和法律体系发生变化的主要原因是延续宋元时期的发展,但不可否认的是与明太祖朱元璋个人行为有密切关系。朱元璋在建立政权后,具有很强的政治、文化抱负。这种抱负体现在他的"反元政,恢复中华"的口号之中,他想通过全面继承和恢复"唐制"[①],标榜自己是正统中华文化的继承者和复兴者,于是在法制建设上试图恢复唐朝的律令法律体系。明太祖反复宣扬这种思想,并以此为己任。在《御制大诰序》中宣称:"昔者元处华夏,实非华夏之仪,所以九十三年之治,华风沦没,彝道倾颓。"[②]在《皇明祖训序》中他指出:"与群臣定为国法,革元朝姑息之政,治旧俗污染之徒。"[③]他这种

---

① "唐制"在宋元明清时期是一个含义复杂且有固定含义的概念,它指唐朝时期各种法律和典章制度的总和。

② 《御制大诰序》,载杨一凡点校:《皇明制书》(第1册),社会科学文献出版社2013年版,第45页。

③ 《皇明祖训序》,载杨一凡点校:《皇明制书》(第3册),社会科学文献出版社2013年版,第783页。

思想构成了洪武朝君臣的主流政治理想。如刘三吾在洪武十九年(1386年)十二月二十日撰写《大诰三编后序》时重复了这种思想。"降及胡元,以夷风制治,先王之教,华夏之风,于是扫荡无余,民俗愈偷,可胜叹哉!钦惟皇上,神圣文武,受天眷命,统有天下十九年于兹。深慕二帝三王之治,宵旰不遑,欲丕变胡俗,复我中国先王之治。"①对此,《明史·刑法志》中也有相同记载。"明初,丞相李善长等言:'历代之律,皆以汉《九章》为宗,至唐始集其成。今制宜遵唐旧。'太祖从其言。"②为恢复"华俗法制",吴元年(1367年)朱元璋刚建立政权时就开始制定传统律令两典。吴元年(1367年)十月,"上以唐宋皆有成律断狱,惟元不仿古制,取一时所行之事为条格,胥吏易为奸弊。自平武昌以来,即议定律"③。同年十二月修成并颁行《大明令》145条、《大明律》285条,其中《大明律》是"律准唐之旧而增损之"④。这样明初君臣在法制建设中,首先从形式上恢复了体现唐朝法制特征的律令法律传统。从具体编撰体例看,《大明令》和《大明律》在体例上却与唐宋律令存在区别,因为在体例上采用的是元朝《元典章》六部体例,但两典在性质上是继承唐宋时期律令的性质。这从洪武元年(1368年)正月十八日《颁行大明令敕》中可以看出。"朕惟律、令者,治天下之法也。令以教之于先,律以齐之于后。古者律、令至简,后世渐以繁多,甚至有不能通其义者,何以使人知法意而不犯哉?人既难知,是启吏之奸而陷民于法。……天下果能遵令而不蹈于律,刑措之效,亦不难致。"⑤从这个序言看,明太祖对律与令的认识与唐宋时期的"令"是"教"、"律"是"齐"是一致的。

---

① 《大诰三编后序》,载杨一凡点校:《皇明制书》(第1册),社会科学文献出版社2013年版,第248页。

② 《明史》卷93《刑法志一》,中华书局1974年版,第2279页。

③ 《明太祖实录》卷26"吴元年十月甲寅"条,中国台北"中研院"点校版,第389页。

④ 《明太祖实录》卷28"吴元年十二月甲辰"条,中国台北"中研院"点校版,第422页。

⑤ 《大明令序》,载杨一凡点校:《皇明制书》(第1册),社会科学文献出版社2013年版,第3页。

明太祖为实现全面恢复"唐制"目标,在洪武七年(1374年)重新修撰律典。由于吴元年制定《大明律》太过匆忙,为了深入了解《唐律》,明太祖从洪武元年(1368年)八月起让大臣给自己讲读《唐律》。"命儒臣四人同刑部官讲《唐律》,日写二十条取进,止择其可者从之,其或轻重失宜则亲为损益,务求至当。"①通过系统学习《唐律》,明太祖对《唐律》有了全面深入的了解,所以洪武六年(1373年)重新让大臣修撰《大明律》。在修撰时由于他对《唐律》有全面了解,所以可以实质性参与。洪武七年(1374年)修成的《洪武七年律》是严格按照《唐律》体例修撰。对此,《进大明律表》中对律典结构和条文数有明确记载。在结构上"篇目一准于唐",在内容上"采用旧律二百八十八条,续律一百二十八条,旧令改律三十六条,因事制律三十一条,掇《唐律》以补遗一百二十三条,合六百有六,分为三十卷"②。《洪武七年律》是明太祖与群臣"反元政,恢复中华"在法律上的标志性成果。从内容看,《洪武七年律》共有606条,其中完全抄袭《唐律》的有123条,占20%,其他的80%属于"新制"。这样明太祖虽然有全面恢复唐律的愿望,但由于古今差异太大,只得其形,无法简单照搬。《洪武七年律》实施后,明太祖及群臣发现在适用上仍然不方便,主要是唐朝开元年间制定《唐六典》时创立了新的国家机构和职能分类,到北宋神宗朝元丰官制改革时采用"名实合一"的中央机构设置原则,让六部逐渐成为中央实权机构,特别是元朝采用中书省下六部制后,让中央行政机构更加合理有效。加之"胡惟庸案"后,明太祖废除了中书省,导致六部成为与中央平行的六大独立行政机构,让中央机构出现"名实职合一",各部在行政和法律事务上相对独立,在立法上以"部"为中心构建是十分合理、有效的立法体例。于是,只好在洪武二十二年(1389年)再次重撰《大明律》,这次在体例上采用宋元时期形成的以机构为纲、职能为门的体例,在结构上采用"事类"体编目,即"请编类颁行";在分类上,"以类附入""参考比年律条,以

---

① 《明太祖实录》卷34"洪武元年八月己卯"条,中国台北"中研院"点校版,第616页。
② 《明太祖实录》卷86"洪武六年十一月己丑"条,中国台北"中研院"点校版,第1535页。

类编附",最后撰成《名例》篇加六部为纲目的 7 篇结构的律典。在六部篇名下再以事类分门,融合唐朝中后期形成的刑统事类体。这种二级篇名法典把唐朝律令两典的篇名进行融合,形成以门为主、按事类分类的立法体例。洪武二十二年律典定型后,成为明清时期律典的体例基础,是中国古代帝制时期律典史上的第三种体例。这种体例是隋朝及唐朝前期逻辑分类和唐中期开始出现的"刑律统类"中适用为取向的混合产物。对《大明律》的体例,明中期著名学者邱浚指出:"名虽沿于唐,而实皆因时以定制,缘情以制刑。"①这种评价是中肯的。这样,明初四次重修律典,在两种体例下最后选择 7 篇结构,打破宋、元两朝不修律典的传统,让明朝回到以律典为中心构建刑事法律体系的传统之中。

明太祖朝在"设范立制"的令格式法典上,虽然在吴元年(1367 年)制定了《大明令》,但《大明令》在体例上却采用六部体例,即把法典一级篇名分为吏令、礼令、兵令、户令、刑令、工令六篇,改变西晋《泰始令》创立的令典篇名上以事类为命名的"事类"篇名结构。从法律性质看,《大明令》是继承西晋《泰始令》确立"令"类法律性质。比较《大明令》与元朝的《通制条格》和《至正条格》中的"条格"部分,会发现《大明令》的直接渊源是元顺帝早期重修的《至正条格·条例》部分内容。这是因为在吴元年那么短的时间内要制定令典,只能对现有某种法典进行简单修改才能实现。这个问题还可以从洪武六年(1373 年)制定《大明律》时,指出从"旧令"中改来 36 条律文中可以看出。"旧律《名例律》附于《断狱》下,至是特载之篇首。"②这是因为元朝把隋唐时期律典中的《名例》篇中非罪名和刑名的内容放入《断狱》篇中,而《大明令》是继承元朝条格体例,于是,洪武六年(1373 年)修撰《大明律》时按唐律体

---

① (明)邱浚:《大学衍义补》卷 103《定律令之制》(下),林冠群、周济夫点校,京华出版社 1999 年版,第 885 页。

② 《明太祖实录》卷 197"洪武二十二年八月是月"条,中国台北"中研院"点校版,第 2955 页。

例,把"旧令改律三十六条"。① 洪武朝在制定《大明令》后,最大的问题是没有像《大明律》那样反复修《大明令》,让《大明令》成为非刑事法律的综合性基本法典。洪武朝对"设范立制"类非刑事法律采用的是大量修撰单行法典,如《洪武礼制》《大明集礼》《礼仪定式》《学校格式》《稽古定制》《孝慈录》《诸司职掌》《大明官制》《宪纲事类》等。这些单行专门性法典成为"设范立制"类非刑事法律的基础,让《大明令》在国家法律中的地位受到极大削弱。洪武朝没有修成唐宋非刑事法律的综合性令典,让令典性质在明中期开始不为人知。如邱浚在著作中对律令定义时,从他对"令"的定义看,他已经不能准确理解唐朝"令典"中"令"的法律含义。"夫律者,刑之法也,令者,法之意也,法具则意寓乎其中。方草创之初,未暇详其曲折,故明示以其意之所在,令是也;平定之后,既已备其制度,故详载其法之所存,律是也。"②从明朝中期开始及清人使用"律令"术语看,已经成为"法律"的通用语,而不是特指"律"与"令"两种不同性质的法律和法典术语了。

从《皇明制书》看,洪武朝通过大规模的专项立法,在传统中国法律分类中,从刑律到官制、礼制上都重构了自己的法律体系,实现了近世传统法律体系的再造。在明太祖构建的国家法律体系中,刑事法律上由《大明律》《明大诰》《教民榜文》《军法定律》等构成;非刑事法律上,一般性法律以《大明令》为基础,礼制类法律由《洪武礼制》《孝慈录》《皇明祖训》《礼仪定式》《稽古定制》等构成,官制类法律由《诸司职掌》《宪纲事类》《学校格式》《大明官制》等构成。这样洪武朝的法律体系从分类上看,还是坚持了西晋确立的"正刑定罪"和"设范立制"的分类,只是在立法形式上发生变化,不再采用唐朝开元年

---

① 《明太祖实录》卷86"洪武六年十一月己丑"条,中国台北"中研院"点校版,第1535页。

② (明)邱浚:《大学衍义补》卷103《定律令之制(下)》,林冠群、周济夫点校,京华出版社1999年版,第887页。

间确立的"开元六典"体系。① 对洪武朝的法律体系结构，洪武二十年的《礼仪定式前序》中有总结。"钦惟国家自开基混一以来，其大经大法，次第续已颁行。有曰《礼制》，曰《律令》，曰《大诰》。"②这里指出国家的"大经大法"，即基本法是由《洪武礼制》《大明律》《大明令》《大诰》等，因为《诸司职掌》是洪武二十六年（1393 年）才修订，所以此处没有提及。这反映出当时人们对国家法律体系的看法。

二、自信与不信任：明太祖"祖训"下的
立法困境

在明清法律形式和法律体系变迁中，除了前面讨论的基本法律外，那就是让现在学术界争论不休的明清两朝"例"类法律问题。"例"作为一种法律形式在唐宋时期就已经成为国家法律中的重要组成形式，但在明朝获得空前发展的最后推手确实是明太祖。这种推动力是由于他的自信和对子孙后代不信任造成的。明太祖有对自己极度自信及对后代子孙不信任的复杂心理，这种心理在晚年成为他公开禁止子孙后代修改自己制定法律的原因。这种禁止不仅在法律上有规定，还写入作为朱氏家训的《皇明祖训》中。在《皇明祖训序》中明确规定："凡我子孙，钦承朕命，无作聪明，乱我已成之法，一字不可改易。"③这里是指对自己制定的各种法律都禁止修改。对此，《明史·刑法志》中有总结。"至三十年始申画一之制，所以斟酌损益之者，至纤至悉，令子孙

---

① 对"开元六典"的性质和作用，参见胡兴东：《周制想象下中国古代法典法体系的再造——基于唐朝"开元六典"的考察》，《厦门大学学报（哲学社会科学版）》2019 年第 5 期。

② 《礼仪定式前序》，载杨一凡点校：《皇明制书》（第 2 册），社会科学文献出版社 2013 年版，第 707 页。

③ 《皇明祖训序》，载杨一凡点校：《皇明制书》（第 3 册），社会科学文献出版社 2013 年版，第 783 页。

守之。群臣有稍议更改,即坐以变乱祖制之罪"①;"《大明律》一书,我圣祖参酌损益,至洪武三十年而后定万世所宜遵守,一字不容差误"②。这两处具体讲的是律典。对明太祖禁止修法是仅指《大明律》和《大诰》,还是包括其他法律,明朝中后期有官员讨论过,如有"伏读《祖训》止命子孙守法与《大诰》,而不及令,是诰与律仍朝廷所当世守,法司所当遵行者也。有律不载而具于令者,据其文而援以为证,用以可请于上可也"③。当然,这种争议的出现是当时官员想通过严格的"字面解释",为重修一些法律提供依据。若结合《皇明祖训序》会发现,明太祖禁止修改的法律是所有洪武朝制定的法律,如《大明令》《洪武礼制》《诸司职掌》等。对此,明朝历代皇帝的理解是正确的。

明太祖的这种"祖训家法"让后继者和大臣都不敢公开提出重修洪武朝的相关法律。对"祖训家法"的作用,明中期邱浚指出"我朝自圣祖定律之后,百有余年,条律之中存而不用者亦或有之,未尝敢有擅增一条者"④;"我朝之律仅四百六十条,颁行中外,用之余百年于兹,列圣相承,未尝有所增损"⑤。从中可以看出,这种约束在明朝法律发展中的影响。然而,社会发展需要新的法律来适应时代需要,于是把因时因事制定的法律通过一种新的法律形式"例"体现出来,成为新的立法途径。在"例"的发展中,慢慢形成了条例、则例、事例三种相似但又有区别的"例"。三种"例"在所指上越来越稳定,具体是条例作为刑事类例的主称;则例最初是户部中的赋税等数量标准类法律的总称,后来慢慢有非刑事法律类例的总称之义;事例则是指那些因某事和特定

---

① 《明史》卷93《刑法志一》,中华书局1974年版,第2279页。
② (明)舒化:《大明律附例题稿》,载杨一凡主编:《中国律学文献》(第三辑第2册),黑龙江人民出版社2006年版,第128页。
③ (清)谭瑄:《续刑法叙略》,载杨一凡主编:《中国律学文献》(第三辑第4册),黑龙江人民出版社2006年版,第616页。
④ (明)邱浚:《大学衍义补》卷103《定律令之制(下)》,林冠群、周济夫点校,京华出版社1999年版,第880页。
⑤ (明)邱浚:《大学衍义补》卷103《定律令之制(下)》,林冠群、周济夫点校,京华出版社1999年版,第884页。

案件制定的法律,在载体上主要是成文法,也有少量判例。明朝"则例"的特定性在弘治和万历年间修会典时的"凡例"中有体现。"户口赋税等项数目则例。"从会典中称为事例的法律看,都是指因时因事制定的法律,在性质上包括刑事和非刑事,则例和条例都属于"事例"下的两种类型。如《皇明制书》中《吏部条例》《军政条例》下很多内容是来自"事例",如《给由官吏违碍事例》《丁忧起复官吏违碍事例》《正统二年计议事例》等。

　　刑事类法律在律典下形成"条例"是一种自然发展的结果。对"律典"与"条例"的关系,弘治十三年(1500 年)刑部官员指出:"其法外遗奸,列圣因时推广之而有例,例以辅律,非以破律也。"①这样对因时因事制定的新法律采用编撰成各种例加以区别,既解决了立法上的需要,又解决了遵守祖训的要求。在刑事法律上,明太祖在洪武三十年(1397 年)最后刊刻《大明律》和《明大诰》时,把刑事法律确定为这两种,并明确要求子孙不能重修。但因时因事的刑事类事例越来越多后,于是只好通过把这些事例辑录出来,按一定体例修撰成独立的刑事法律,这种立法最终以《问刑条例》作为形式,实现了新发展的需要。《问刑条例》作为一种法典化的刑事法律,一出现就十分方便有效,于是在弘治十三年(1500 年)初次修撰成《问刑条例》后,此后历朝只要需要都可以及时重修,不再受制于"祖训家法"禁令。如嘉靖二十九年(1550 年)第二次重修,相距第一次仅 50 年;嘉靖三十四年(1555 年)第三次重修,数量增加到 385 条,而《大明律》只有 460 条,两者数量开始接近。万历六年(1578 年)第四次重修,这次是较为全面的重修,具体是把"各条例及《大明令》《大明会典》、累朝诏敕,《宗藩军政条例》《漕运议单》并节年各衙门题准事例,凡有关于刑名者,各查照本律,参酌事情,逐一呈堂再三校勘,汇集成帙"②。这次重修广泛收辑了嘉靖三十四年以后各种与刑事法律有关的立法成果。《明神

---

① 　《明史》卷 93《刑法志一》,中华书局 1974 年版,第 2286 页。

②　(明)舒化:《重修问刑条例题稿》,载杨一凡主编:《中国律学文献》(第三辑第 2 册),黑龙江人民出版社 2006 年版,第 115 页。

宗实录》记载是"辑嘉靖三十四年以后诏令,及《宗藩条例》《军政条例》《捕盗条格》《漕运议单》与刑名相关者"①。这次重修在内容上变化较大,具体是"照旧者共一百九十一条,其应删应并应增改者共一百九十一条"②,共修成382 条,也就是有一半是新增和修改后的产物。万历十三年(1585 年)修成的《问刑条例》有两个改变:一是把它纂入《大明会典》;二是逐条分类撰入《大明律》的律条下,实现律例合编。"纂入《大明会典》,仍将《大明律》逐款开列于前,各例附列于后,刊刻成书,颁布问刑衙门,永永遵守。"从这里看,万历十三年(1585 年)把律典和条例合一产生了深远影响。同时,这次还把修法成果大量印发。"各发一部,两直隶行顺天、应天二府,浙江等十三省行各布政司,照式翻刻,给发各府州县卫所,以便遵照施行。"③这种颁行让《大明律》和《问刑条例》成为全国所有地方都可以获得的基本刑法。这样,明朝在正刑定罪类法律上实现了体系重构,即形成了"律典—条例"的刑事法律体系,两者在性质上构成了"经"与"传"关系,即律典是基础性规则,条例是衍生性规则,两者的区别是基于法律效力等级和制定程序。

这种立法体例被清朝全面继承,不管是顺治朝修成的《大清律集解附例》,还是乾隆五年(1740 年)修成的《大清律例》,都是采用"律文"和"条例"同时修撰,并按万历十三年(1585 年)体例撰成"律例"合体的刑事法典。所以说明清时期"律例法律体系"只是唐宋时期"正刑定罪"类刑事法律的体系,不是整个国家的法律体系。当然,清人对为什么要在律典之下制定"条例"这种立法技术是存在困惑的,因为他们并没有建国者禁止子孙重修自己制定法律的禁令。这从清朝很多律学家解释"例"的出现上就可以看出。比如仔细研读清朝著名律学家王明德的《读律佩觽》卷二"例"的解释,就会发现其内容

①　《明神宗实录》卷160"万历十三年四月辛亥"条,中国台北"中研院"点校版,第2932 页。
②　(明)舒化:《重修问刑条例题稿》,载杨一凡主编:《中国律学文献》(第三辑第 2 册),黑龙江人民出版社 2006 年版,第 122 页。
③　(明)舒化:《重修问刑条例题稿》,载杨一凡主编:《中国律学文献》(第三辑第 2 册),黑龙江人民出版社 2006 年版,第 123 页。

是存在不清的。于是,清朝律学家只好通过强化经学中的"经—传"理论来解释"律—条例"的形成问题。清人指出律典是经,所以不能修改,条例是传,可以修改。"于正律各条所未备,则采故明历朝令行之可因者,别之为条例,并列于正律各条之后,以辅正律之穷而尽其变,用成我清一代之制。"①分析明清时期"例"类法律,在法律渊源上构成了一种凯尔森分析法学上的一般规范与特别规范的金字塔形结构。

三、会典:固守祖宗成训与因时而制的混合产物

例类法律是因时因事制定的法律,若不进行有效整理,吸纳入法典中,会出现两个问题:一是法典内容与时代严重脱节而不再适用;二是例类法律越来越多,使用起来不方便。于是,寻找新的立法技术成为明朝中期需要解决法律建设上的重点问题。明朝中期最为典型的是在刑事法律上制定《问刑条例》,在非刑事法律上制定《吏部条例》《军政条例》《节行事例》等。对此,弘治《御制大明会典序》中指出当时各种法律是"累朝典制,散见叠出,未曾于一"②;万历《御制大明会典序》中有"岁历绵远,条例益繁。好事者喜纷更,建议者昧体要,甚则弄知舞文,奇请他比。自明习,莫知所从;小吏浅闻,何由究宣"③。这样修撰综合性大型法典成为国家简约法律的重要途径。对会典在国家法制建设中的作用,正德《御制大明会典序》中有说明。"然岁月既积,簿籍愈繁,分曹列署,或不能遍观尽识。下至遐方僻壤,闾阎草野之民,盖有由之而不知者。"④全面整理国家现行法律成为会典修撰的基本目的。

---

① (清)王明德:《读律佩觽》卷2《例》,何勤华等点校,法律出版社2001年版,第20页。
② 《万历大明会典·弘治御制大明会典序》,中国台湾文海出版社1988年影印本,第2页。
③ 《万历大明会典·万历御制大明会典序》,中国台湾文海出版社1988年影印本,第6页。
④ 《万历大明会典·正德御制大明会典序》,中国台湾文海出版社1988年影印本,第4页。

明朝《大明会典》出现的根本原因是朱元璋禁止子孙修改自己制定的法律，让此后历朝只能不停通过条例、则例等形式修改旧法或者适应新需要。这样，经过一百多年的发展，大量法律分散在不同法律、诏令、奏议中，导致上至中央各部，下至民间都不能很好获得相关法律。此外，经过近百年时间，洪武朝的"旧法"也存在不适应和遗失等问题。对此，万历四十一年（1613年）唐应乾在刊印《皇明制书》中有说明。"臣应乾莅润之翌年，会上官檄取《皇明制书》者，茫无以应也。询之吏人，云：'郡旧有兹刻，今篇帙散逸什三，存者且字迹剥落，苦不成集，则何以应矣。'嗟乎《制书》之刻，非直为润也，而润实有刻。奈何当吾世而令其残缺若此，臣用是惧矣。"①这样通过修撰一种新的法典，解决这些散乱和遗失成为必须解决的问题。在刑事法律上，由于适用十分频繁，所以采用修撰《问刑条例》加以解决，形成《大明律》和《问刑条例》两种不修和及时修的二元法律结构。在非刑事法律上，如官制、礼制等法律就没有有效的解决途径，于是通过创制新立法体例解决问题成为必然。这种工作最早始于明英宗朝，他在重新登位后，为解决祖宗法律分散和各种条例、则例、事例太多的问题，想通过创设新的立法体例，解决不违背祖宗家训下修撰一部综合性法典，适应国家治理需要的问题。"我英宗睿皇帝复辟之时，尝命内阁儒臣，纂辑条格，以续《职掌》之后，未底于成。"②从这里看，明英宗当时是想对官制法典——《诸司职掌》进行重修，这是因为在洪武朝后，从中央到地方很多国家机关都出现变化，产生了很多新机构，需要对新机构和职能进行重新界定规范。然而明英宗还没有实现就死亡，这个任务在弘治年间终于通过融合唐宋时期的"六典"和"会要"体例，修撰成新法典——会典加以解决。

明朝一直把修撰会典作为《唐六典》《宋会要》的延续。如正德四年（1509年）颁行弘治《大明会典》时的正德《御制大明会典序》中就有"下及汉唐宋，

---

① 杨一凡点校：《皇明制书·补刊制书小引》（第4册），社会科学文献出版社2013年版，第1636页。

② 《万历大明会典·正德御制大明会典序》，中国台湾文海出版社1988年影印本，第4页。

皆有会要,而唐之六典,尤详且悉"①。万历年间张居正等人在《重修大明会典题本》中指出:"《大明会典》一书,即唐、宋《六典》《会要》之遗意。"②对明朝会典体例的来源,康熙朝的《御制大清会典序》中有"沿及唐宋,仿为《六典》,辑为《会要》,悉本斯义。明初撰《诸司职掌》,其后因之,勒成《会典》"③。其实,这里说《大明会典》继承《唐六典》《宋会要》是有不同含义的,分别是:《唐六典》主要是结构体例,即以官为纲目编撰的体例;《宋会要》是根据内容性质分门类的体例,即把典制条文和因时因事制定的法律按时间先后顺序编排的体例。正德四年颁布的弘治《大明会典》的体例在弘治十五年(1502年)的《御制大明会典序》中有说明。"官各领其属,而事皆归于职。"④对此,正德四年的《御制大明会典序》中也说"使官领其事,事归于职"⑤。这种体例被嘉靖《大明会典》继承。嘉靖《大明会典》的编撰体例按嘉靖八年(1529年)四月初六日《皇帝敕谕内阁》中规定是"体例一遵旧典,不必立异更张"。在《嘉靖续纂凡例》中第一条上规定是"体例一遵旧典"。⑥ 当然,对弘治和嘉靖会典的体例,万历年间认为"会典事例,旧惟编年,条件繁多,不便观览。今从事分类,从类分年"⑦。这里的批评是误会了前两部会典的指向,因为《大明会典》的目标是解决"设范立制"类法律分散带来的问题,而不是解决整个国家法典化的问题,因为律典已经有《大明律》,并且在修撰成《问刑条例》后也解决了不能重修《大明律》带来的刑事法律问题。当然,从万历会典编撰的体例看,它是没有采用《诸司职掌》作为典制中每个门的开始典文,而是把洪武朝的典制条文按时间编排,但典文和事例是有区别的,因为前者用"某某年定",后者

---

① 《万历大明会典·正德御制大明会典序》,中国台湾文海出版社1988年影印本,第4页。
② 《万历大明会典·重修大明会典题本》,中国台湾文海出版社1988年影印本,第20页。
③ 《康熙大清会典·御制大清会典序》,凤凰出版社2016年版,第1页。
④ 《万历大明会典·弘治御制大明会典序》,中国台湾文海出版社1988年影印本,第2页。
⑤ 《万历大明会典·正德御制大明会典序》,中国台湾文海出版社1988年影印本,第5页。
⑥ 《万历大明会典·嘉靖续纂凡例》,中国台湾文海出版社1988年影印本,第19页。
⑦ 《万历大明会典·万历重修凡例》,中国台湾文海出版社1988年影印本,第23页。

用"某某年令""某某年议准""某某题准"等专用术语作为区别。

明清两朝"会典"在本质上是对本朝各类法律汇纂的法典化产物,并把这类法律称为"典制"。弘治《御制大明会典序》中有"累朝典制,散见叠出,未曾于一。仍敕儒臣,发中秘所藏《诸司职掌》等诸书,参与有司之籍册,凡事关礼度者,悉分馆编辑之。……我圣祖神宗百有余年之典制"①。这里指出"典制"包括《诸司职掌》等官制法律和礼仪法律。对什么是"典制",明人有自己的界定。他们认为"典制"就是《尚书》中的典谟、典则、《周礼》,唐宋时期的会要及唐朝《唐六典》等。"若唐虞之世,则有典谟,夏有典则,商有谟言,周之礼制,号称大备。下及汉唐宋,皆有会要,而唐之六典,尤详且悉。"②这里指明了"会典"的性质及在国家法律体系中的作用和地位。从这些论述看,"会典"强调的是国家法律体系中设范立制类法律,即制度创制方面的法律。

明朝修撰的《会典》包括有"典制"和"事例"两类,其中,"典制"是洪武朝制定且在修撰《会典》时仍然适用的各种基本法律,如《诸司职掌》《大明官制》《洪武礼制》《大明集礼》《皇明祖训》《大明令》《礼仪定式》《稽古定制》《孝慈录》《大明榜文》《大明律》《军法定律》《宪纲事类》等;事例是洪武朝及此后百司衙门因时因事制定的"事例",或说"条例"和"则例"等"例"类法律。

四、律典经化与会典令典化的完成

明清两朝律典—条例、会典—则例的形成受到这个时期经学理论的深刻影响,经学中"经"与"传"的关系为这种法律体系的形成提供了理论支持。因为宋朝时期理学为"经"天理化提供了论证,把"经"作为"天理"的产物。这在弘治皇帝的《御制大明会典序》中有说明。"朕惟自古帝王君临天下,必有一代之典,以成四海之治……要之不越乎一天理之所寓也。……始因事制法,

① 《万历大明会典·弘治御制大明会典序》,中国台湾文海出版社1988年影印本,第2页。
② 《万历大明会典·正德御制大明会典序》,中国台湾文海出版社1988年影印本,第4页。

凡仪文数度之间,天理之当然……而典制浸备,纯乎是理则同。"①中国法律史上较早就有把"律"类比为儒家"经"的传统。如《汉书·宣帝纪》中颜师古在注中引文颖的注释时有"萧何承秦法所作为律令,律经是也。天子诏所增损,不在律上者为令"②。这里把"律"类比"经"。这种思想在明清时期比比皆是。明万历年间舒化在《重修问刑条例题稿》中指出:"盖立例以辅律,贵依律以定例。"③这在清律学家中更加普遍,如清朝裕禄在《大清律例根原·跋》中指出:"夫圣人之律,所以传天心而播之也。圣人之例,所以循天理而达之也。律者,万世而不变;例者,与时为变通。"④这种理解完全是按经学中的"经—传"理论来解释"律—例"性质和关系。如《论习幕》中有"夫断狱有例不用例,而律实为例之宗。有律为经而例为传者",并在小注中指出"设例以详注律文之义",并指出"例"对"律"的注解作用"有律文包含于言外而设例以显其用者,有因时因事另酌轻重而著为例者"两种形式。⑤ 彭守定公开宣称律典是源于"经"。他在《律本经术》一文中宣称:"一部《大清律》损益百王,原本经术。"⑥"律乃一代之典章,例为因时之断制。"⑦从中可以看出这种观点是十分普遍的。

明清时期在《会典》的"典制"与"事例"关系上同样用经传来解释,如张居正等人在《题为重修大明会典事》奏折中公开宣称《大明会典》是"比之周官、唐典,信为超轶矣"⑧。这种观点其实是把《会典》中的"典制"部分作为

---

①　《万历大明会典·弘治御制大明会典序》,中国台湾文海出版社1988年影印本,第1页。

②　《汉书》卷8《宣帝纪》,中华书局1964年版,第253页。

③　(明)舒化:《重修问刑条例题稿》,载杨一凡主编:《中国律学文献》(第三辑第2册),黑龙江人民出版社2006年版,第120页。

④　郭成伟主编:《大清律例根原·跋》,上海辞书出版社2012年版,第1页。

⑤　(清)白元峰:《琴堂必读·论习幕》卷下,载杨一凡主编:《中国律学文献》(第三辑第5册),黑龙江人民出版社2006年版,第227页。

⑥　(清)徐栋:《刑名上·论习幕》卷上,载杨一凡主编:《中国律学文献》(第三辑第5册),黑龙江人民出版社2006年版,第241页。

⑦　(清)黄六鸿:《福惠全书》卷12《问拟》,载杨一凡主编:《中国律学文献》(第四辑第4册),社会科学文献出版社2010年版,第281页。

⑧　(明)张居正:《题为重修大明会典事》,载《万历大明会典》,中国台湾文海出版社1988年影印本,第20页。

"经"。对此,应当准确理解明朝会典的构成。从现存史料看,明人对"会典"之"典",又称为"典制",即"典章制度",具体指官制、礼制、令格式等设范立制类法律。明孝宗在弘治年间给修《大明会典》大臣的"皇帝敕谕内阁"中指出:"兹欲仰遵圣制,遍稽国史,以本朝官职制度为纲,事物名数、仪文等级为目,一以祖宗旧制为主;而凡损益同异,据事系年,汇列于后,粹而为书,以成一代之典。"①这种思想在《弘治间凡例》第一条中有同样表述。"会典之作,一遵敕旨,以本朝官职制度为纲,事物名数、仪文等级为目。"只是在记载所收法律上有所不同。"故《会典》本《职掌》而作,凡旧文皆全录,而诸书所载,事有相关者,亦并录之。"②认真分析这里确定辑录的各种法律,是以《诸司职掌》作为基础,全部抄录,其他法律则是可以用的才辑录。从内容看,涉及唐宋时期,特别是唐朝"开元六章"中的令、格、式及《唐六典》《开元礼》五部法典的内容,其中"官职制度"是官制法律,"事物名数、仪文等级"是令格式及礼制法律。"官职制度""事物名数、仪文等级"构成了"典"的内容,由相关"典"的法律衍生出来的"损益同异"产物是"事例"的内容。嘉靖八年(1529年)的"皇帝敕谕内阁"中要求收辑法律与弘治时是一致的,但在"典制"和"事例"上区分更加明确。"大要以祖宗旧制为主,节年事例,附书于后。"③明朝对什么是"事例"类法律是有明确界定的,对此,《弘治间凡例》中有定义。"事例出朝廷所降,则书曰诏、曰敕;臣下所奏,则书曰奏准、曰议准、曰奏定、曰议定;或总书曰令。"④这样会典中的"典制"与"事例"两部分法律是泾渭分明的,从正德《大明会典》和万历《大明会典》看,在具体条文上是有明确区别的,如万历《大明会典》中"典文"采用"某某年定",事例采用"某某年令""某某年议准""某某年题准"等专用术语。

---

① 《万历大明会典·弘治皇帝敕谕内阁》,中国台湾文海出版社1988年影印本,第9页。
② 《万历大明会典·弘治间凡例》,中国台湾文海出版社1988年影印本,第16页。
③ 《万历大明会典·嘉靖皇帝敕谕内阁》,中国台湾文海出版社1988年影印本,第10页。
④ 《万历大明会典·弘治间凡例》,中国台湾文海出版社1988年影印本,第16页。

从立法技术看,《会典》中的"典制"是不变的,《嘉靖续纂凡例》中有"体例一遵旧典,但正其差伪,补其脱漏,及将弘治十六年以后事例,随类附入"①。认真分析此处的意思是指嘉靖《大明会典》中"典制"是不变的,只是补充修改弘治年间修成后出现的"事例"。这种立法技术,在万历年间重修会典的奏折中,张居正等人同样遵守。"将弘治十五年以后事例,命官编辑增入会典";"查照弘治、嘉靖年间事例,择日开馆,命官纂辑。仍乞敕下礼部,照依先题事理,行催各该衙门,将见行事例,选委司属官素有文学者,分类编辑,送馆备用"②。从这里看,重修会典只是补充新出现的"事例"类法律而不是对"典制"类法律进行重修。从实际看,万历朝对"典制"部分是进行了重新修撰,因为《万历重修凡例》中指出:"将弘治、嘉靖两朝旧本,校订补辑,及嘉靖己酉以后,六部等衙门见行事例,分类编集,审订折衷。"③从这里看是对典制和事例两部分都进行重修,只是典制部分采用的是"校订补辑";事例部分采用的是"分类编集,审订折衷"。此外,在修撰时为了改正弘治《大明会典》和嘉靖《大明会典》中严格以《诸司职掌》为纲,每个纲目正文都以《诸司职掌》正文为首带来的典制内容出现时间错位问题,把所有"典制"内容都按时间先后顺序编排。这是因为《诸司职掌》制定的时间是在洪武二十六年(1393年),而很多典制和事例制定的时间是在此之前。"会典旧例《诸司职掌》于前,历年事例于后,然《职掌》定于洪武二十六年,而洪武事例有在二十六年之前者,不无先后失序,今皆类事编年。"④其实,这种改变还解决了中央机构发生变化带来的编撰问题,如户部和刑部所属"司"的数量已经由洪武朝时的四司增加到十三司,这样编撰时就不受《诸司职掌》四司的影响,而是方便地采用十三司来编撰。"但二部已定为十三清吏司,宜以见行为准。今后各载十三司职掌于前,

①　《万历大明会典·嘉靖续纂凡例》,中国台湾文海出版社1988年影印本,第19页。
②　(明)张居正:《题为重修大明会典事》,载《万历大明会典》,中国台湾文海出版社1988年影印本,第21页。
③　《万历大明会典·万历重修凡例》,中国台湾文海出版社1988年影印本,第22页。
④　《万历大明会典·万历重修凡例》,中国台湾文海出版社1988年影印本,第22页。

叙列事例于后。"①这样让会典中的职官制度保持了当时最新结构。礼制类法律是以洪武朝制定的相关法律作为"典制",下面再附上因时因事制定的具体事例。"礼仪以国初典制为定,后有损益者节书之,或止分注其下。"②洪武二十年(1387年)制定的官员朝参、筵宴、出使、冠带、服色、居室等礼仪法律是《礼仪定式》,在正德二年(1507年)修订时就把原文全抄录,再把此后历朝制定的新内容附在后面称为"例"。这样太祖制定的礼仪法律被称为典或典制,后面制定的称为例或条例。

　　明清两朝在修会典时对"正刑定罪"的律典和条例如何处理是长期困扰编撰者的难题,因为把律典和条例撰入会典,会导致最初确定会典是设范立制类法典的目标被破坏。从明朝编撰的实践看,弘治《大明会典》在收录典制内容时,对《大明律》进行了特殊处理,在《弘治间凡例》第二条中对此进行了说明。"《大明律》已通行天下,尤当遵奉,故于刑部照《职掌》律令条下,分类备载,而服制图,则附于礼部。"③这里把《大明律》按适用机关分在刑部四司之下,同时把《大明律》中的"服制图"按性质归入"礼部"中。这种处理说明《大明会典》在编撰上存在着混乱,与最初确定的以"设范立制"类法律作为对象产生不一致。对此问题,在万历《大明会典》中曾想解决,当时把《大明律》和《问刑条例》合一的律例同载,再把"事例"放在"律例"之后。"今以律例总载于前,例用近年议定题奉钦依者,次则总括所犯罪名,又次则事例,以类列焉。"改变之前把"律文分载四科,而条例俱载问拟刑名之下"的体例。对于"事例"则采用分类下编年排序。"会典事例,旧惟编年,条件繁多,不便观览。今从事分类,从类分年。"④从这里看,万历《大明会典》在体例上出现了较大变化,主要是在坚持以职官为纲时不再以《诸司职掌》中设定的机构作为基

---

① 《万历大明会典·万历重修凡例》,中国台湾文海出版社1988年影印本,第22页。
② 《万历大明会典·万历重修凡例》,中国台湾文海出版社1988年影印本,第23页。
③ 《万历大明会典·弘治间凡例》,中国台湾文海出版社1988年影印本,第16页。
④ 《万历大明会典·万历重修凡例》,中国台湾文海出版社1988年影印本,第23页。

础,而是采用当前现行的"六部等衙门"作为基础,通俗讲就是以当时国家机构为纲,解决《诸司职掌》中创设的国家机构与万历年间国家机关不一致造成的问题。同时,在典制内容上,不再把《诸司职掌》的正文放在首位,而是在每个门类下按年代编排。在刑事部分,在保持刑部独立下,把《大明律》和《问刑条例》合一,作为独立的二级篇名进行排编,不再把律例合一的刑事法律放在刑部各司之下,而是把它们与刑部十三清吏司、罪名等并列作为独立的刑部二级篇名,这样律典成为典制的组成部分。这却让万历《大明会典》的结构体例与弘治、嘉靖《大明会典》出现了不同,会典中刑部不再以职官作为纲目,让会典变成了一种综合性法典而非是设范立制类法律作为对象的"典制"。当然,万历《大明会典》与弘治《大明会典》、嘉靖《大明会典》三部会典相似之处是都由"典制"和"事例"两类法律构成,在性质上典制是基础,事例是派生。这也是为什么乾隆修《大清会典》时会把《大清律》从"典制"部分降到"事例"部分的原因。

　　明朝《大明会典》的立法让国家立法上出现典制与事例结合,让会典在体例上成为一种混合体例。从文义看,"会典"之"会"应是"汇",①就是把国家基本法律"汇纂"在一起,成为综合性法典。明朝典例合体的立法体例最大好处是方便国家法律的使用查找,不方便是两者合体难以区分两种不同性质的法律。明朝三部会典中典例不分的立法被康熙《大清会典》和雍正《大清会典》继承。但这种体例让正刑定罪的刑事法律与设范立制的非刑事法律混在一起,让国家重构设立制类法典失败。为了解决这个问题,乾隆朝随着国家在正刑定罪类刑事法律上形成严格的"律—例"体系,即出现"律典—条例"体系后乾隆皇帝在编撰会典时通过把"典制"和"则例"分开,让会典实现最初的目标。对此,光绪《大清会典·续修大清会典序》中有"乾隆二年命会典、则

---

　　① 传统立法在用语上是有明确区别的,清朝称为"纂辑",如《清会典·续修大清会典序》中有"雍正二年世宗宪皇帝又命重加纂辑"。(《光绪大清会典》,中华书局 2013 年版,第 2 页)

例各为之部"①。在光绪《大清会典·凡例》中对此有清楚解释。"乾隆十二年圣谕以典、例无辨，始命区会典、则例各为之部，而辅以行。嘉庆会典因之，于会典之外，别编事例并附图说，各自为卷，互资考证。此次奉旨续修，除图说新增凡例外，典、例仍以典为经，例为纬。一遵上届体裁。"②这里把嘉庆《大清会典》和乾隆《大清会典》的关系说得十分清楚。对会典和则例（嘉庆朝改为"事例"）的分类及两者的关系也进行了说明。光绪《大清会典·续修大清会典告成表》中有"乾隆时复加纂辑，体裁不改，则例旋增。迨夫命典与例各分，经纬殊途同归，图与说互证，源流两美，必合监于成宪"③。从中可以看出，乾隆朝把"典"和"例"的关系完全按儒家经学中"经"和"传"的关系来处理。

这样，清朝在法律形式和法典分类上重回西晋泰始年间律令分类和分典立法的传统，即正刑定罪的刑事法律由"律典—条例"构成，设范立制的非刑事法律由"会典—则例"构成。在这种法律体系下，乾隆朝的会典和则例两部法典都没有把《大清律例》收入。然而这种立法体例在嘉庆朝却被破坏，在保留会典的体例和性质下，把则例改为事例，把《大清律例》编入事例中，产生会典在法律效力等级上高于律典的错觉。分析这种变化，是不再把律典和会典衍生出的"例"区分为"条例"和"则例"而用"事例"统称的结果，也说明清朝立法者认识到则例和条例存在不同，只能用"事例"来统称才符合这种两类不同性质的法律混合编撰的需要。虽然这种改变破坏了乾隆朝确立的立法体例和法律分类，但这种变化对整个国家法律分类和法典体系并没有破坏。因为乾隆《大清会典》，嘉庆《大清会典》，光绪《大清会典》，在性质上是一致的，都是设范立制类法律。更为重要的是，清乾隆朝"会典"的出现解决了隋唐时期把设范立制类法律分散在令格式及礼制、官制等专门性法典中产生分散重复的问题，让国家基本法律在法典结构上更加简约。

---

① 《光绪大清会典·续修大清会典序》，中华书局 2013 年版，第 2 页。
② 《光绪大清会典·凡例》，中华书局 2013 年版，第 8 页。
③ 《光绪大清会典·续修大清会典告成表》，中华书局 2013 年版，第 5—6 页。

五、"典、律—例"法律体系:传统与 理性的融汇

通过前面分析会发现,认为明清两朝"会典"是设范立制类法律是不够准确的,因为"会典"只突出"典制"部分,而明清会典在典制和事例不分时,它们是两种不同性质的法律。正德《御制大明会典序》中指出《大明会典》结构是"其义一以《职掌》为主,类以颁降群书,附以历年事例。使官领其事,事归于职,以备一代之制"①。这里明确指出"典制"是由《诸司职掌》等法律构成,从具体所列法律看,弘治《大明会典》中"典制"法律是由《诸司职掌》《皇明祖训》《大诰》《大明令》《大明集礼》《洪武礼制》《礼仪定式》《稽古定制》《孝慈录》《教民榜文》《大明律》《军法定律》《宪纲》等 13 部明太祖朝制定的官制、礼制和一般法律组成。

清朝在修撰会典时继承了这种体例。光绪《大清会典·凡例》中有"会典大要以官统事,以事隶官。如周六官、《唐六典》,提纲挈领,治具毕张,至事例则各门各目,因革损益皆系按年排比"②。这种体例在明清会典中共有弘治、嘉靖、万历、康熙、雍正等五部。从康熙《大清会典·凡例》看,当时对"典"和"例"没有严格区分,因为当时制定会典时并没有赋予它承担国家设范立制类法律的功能。"编辑《会典》,以各衙门开造文册为凭。至本朝颁行诸书,如《品级考》《赋役全书》《学政全书》《中枢政考》《大清律》及《六科录疏》《六部现行则例》,所载政事有相关者,亦采辑以备参考。"③从这里看,康熙朝在编撰会典时是与明朝存在不同的,因为在明朝编撰会典时已经存在较为完整的立

---

① 《万历大明会典·正德御制大明会典序》,中国台湾文海出版社 1988 年影印本,第 4—5 页。

② 《光绪大清会典·凡例》,中华书局 2013 年版,第 8 页。

③ 《康熙大清会典·凡例》,凤凰出版社 2016 年版,第 1 页。

法成果,在编撰会典时"典"类法律和"事例"类法律已经有明确区分,但康熙朝在编撰会典时国家法律中并没有完整的设范立制类法律。当然,对"典"和"例"两种法律采用行文用语进行技术区别仍然沿用。如康熙《大清会典·凡例》中对"事例"进行了明确界定,具体由"上所颁降者""部院各衙门具题者""科道、督抚条陈,经部院议覆者""议政王、贝勒、大臣及九卿、詹事、科道会议者"①四种法律类型构成。从会典内容看,"典"类法律主要是已经制定为单行法典的,如《品级考》《赋役全书》《学政全书》《中枢政考》《大清律》《六科录疏》《六部现行则例》等,"事例"是因时因事制定的具体法律。这种结构下的"典"与"事例"和明朝会典中的"典"与"事例"以及乾隆朝时的"典"与"则例"是存在不同的。

乾隆朝对典例合体的编撰体例进行了改革。对此,乾隆十二年(1747年)《大清会典序》中对为什么要把"典"和"例"分开进行了解释。"向者凡排纂率用原议,旧仪连篇并载,是典与例无辨也。夫例可通,典不可变。今将缘典而传例后,或摭例以殽典,其可乎?于是区会典、则例各为之部,而辅以行。"②此外,在乾隆《大清会典·凡例》中进行了详细说明,具体如下:

> 一、会典以典章会要为义,所载必经久常行之制。兹编于国家大经大法,官司所守,朝野所遵,皆总括纲领,勒为完书。其诸司事例,随时损益,凡颁之纶綍,议自群僚,旧制新裁,与夫微文末义,缕析条分,并详则例。以典为纲,以则为目,庶详略有体。③

分析上面"凡例",会发现这种改革是因为在三部《大明会典》和康熙《大清会典》、雍正《大清会典》中采用"典""例"合一,"律""制"合编,导致会典出现"变"和"不变"共存,刑事和非刑事混杂,不便于区别,更为严重的是不能体现国家法律中"典"的"经"功能和"例"的"传"功能。

---

① 《康熙大清会典·凡例》,凤凰出版社2016年版,第1页。
② 《乾隆大清会典》,载《大清五朝会典》(第10册),线装书局2006年版,第2页。
③ 《乾隆大清会典》,载《大清五朝会典》(第10册),线装书局2006年版,第3页。

　　乾隆把"会典"中的"典"上升为"大经大法",本质是把会典改造成西晋至宋朝时的"令典",把刑事法律排除,重构令典。在立法技术上,通过《会典》解决了没有令典的困境,同时把隋唐宋时期令格式、礼制、官制等设范立制类法律重新纳入一部法典中,简化了法典结构。乾隆《大清会典》是在吸收《唐六典》《诸司职掌》的体例、令典的法律性质、唐宋时期事类体分类立法技术后形成的设范立制类法律的新法典。这种《会典》和晋朝《泰始令》在性质上是一致的,但乾隆《大清会典》和西晋《泰始令》相比,有三个方面的不同:首先,体例采用《唐六典》创立的职官体例;其次,把令格式等所有"设范立制"类法律编撰在一起,简化隋唐宋时期设范立制类法律分散立法导致的繁杂、交叉问题;最后,设立三级法典篇名结构,吸收唐宋时期形成的事类体立法技术,实现法典体例中实用性和逻辑性的有机结合。此外,乾隆朝通过《大清会典则例》解决了编撰事类体综合性法典的问题。明清会典编撰中一个基本目标就是制定一部全面反映本朝法律的综合性法典。对此,光绪《大清会典·凡例》中称:"会典为昭代政书,经纬本末,具胪治要。"①

　　乾隆朝的"会典"是国家专门制定设范立制类法律的法典,不再是由那些已经独立制定的单行法构成,"会典"本身成为一部全新创制的法典,一部与《大清律》平行的法典。这种性质上的变化构成明清两朝会典上的特殊之处,让《会典》成为西晋确立的令典。所以严格地说,明清两朝8部《会典》中有三种性质的"典"类法典,分别是明朝来自明太祖时的立法成果,康熙、雍正朝来自国家立法中各种立法成果,乾隆、嘉庆、光绪朝则是会典本身就是新立法成果。明清两朝《会典》中的"例"有两种,分别是"正刑定罪"的"条例"和"设范立制"的"则例",当两者不加以区分时,统称为"事例"。在明清两朝8部《会典》中,"例"类法律存在两种情况,即"例"只有"则例",如乾隆《大清会典则例》,其他的会典中"事例"部分则包括条例和则例两种。

---

　　① 《光绪大清会典·凡例》,中华书局2013年版,第8页。

乾隆朝国家立法体系上采用的是"律典—条例"和"会典—则例"的两个并行体例,实质上是中国古代法律分类和立法技术变迁史上的第三种范式。这种范式具有内在延续性,因为它在本质上是西周的"礼法"和西晋的"令律"的一种延续。乾隆朝的《律典》和《会典》在法律上构成平级性的"典"和"律"两种法律形式。律典与会典的分类是法律规范逻辑分类的产物,但通过"律、典—条例"和"会典—则例"的分类,让国家法律分类融合了唐中后期以来形成的"适用对象分类"的成果。在这种法律体系中,条例和则例在性质上是相似的,都是由律典和会典衍生出来的派生性法律。这样让国家法律体系在构成上形成了一种具有"不变"与"变"的法律机制,让国家法律体系获得稳定性和及时性的双重需求。当然,由于条例和则例在性质上的相似性,也可以把这种法律体系简称为"典、律—例"①法律体系。

结　　论

通过上面考察会发现,吴元年虽然制定了律令两典,但之后没有对令典像唐宋时那样反复修撰,实质上破坏了西晋泰始年间确立的律令分类及律令分典承担不同法律形式,构建国家基本法律体系的传统,导致国家法律形式和法律体系发生变化。然而,明朝在太祖、成祖朝后,在实践上开始出现新的法律分类和体系结构,其后随着会典的修撰,最终形成了"律典—条例"为内容的"正刑定罪"类刑事法律体系,"会典—则例"为内容的"设范立制"类非刑事法律体系。明弘治年间修成的《问刑条例》是时代化刑事法律的法典化再造,这样在明朝的刑事法律体系上,构建起《大明律》—《问刑条例》—事例三种具有不同法律效力位阶的法律结构。明清两朝为解释这种法律结构,通过引入

---

① 明清时期是用"律、典—例"法律体系还是用"典、律—例"法律体系呢?从传统称"律令"习惯看,应是"律、典—例"体系,但这种表达会产生误解,会把"律典"理解为《律典》,为了避免这种理解上的问题,又能让表达更加简练,所以使用"典、律—例"法律体系。

经学中"经"与"传"的理论,让这种法律体系获得了坚实的理论支持。明清会典在结构上是一种典制和事例的混合体,即包括典制类法律与事例类法律。明清会典中这种法律结构也是经学中"经"与"传"的理论产物,具体为"典制"是"经","事例"是"传"。这样明朝在法律形式和法律体系上重构了"正刑定罪"的律典—条例和"设范立制"的典制—事例体系,让两种法律形式和体系获得了新的理论支持。

明清时期《会典》作为"典制"法典,在立法体例上把唐宋时期的官制、礼制、令格式等所有非刑事法律编撰入《会典》,解决了西晋出现的官制、礼制、令格式分开立法带来的繁杂。明清两朝重构"设范立制"类法典的标志性事件是乾隆朝在修撰《会典》时把"典"和"则例"分开,把《会典》作为独立的"设范立制"类法典,让国家法律在法典上重回西晋确立的律令分典和律令分类的传统。"会典"立法把西晋在立法上分礼制、官制、律令三类立法传统,特别是打破唐朝开元年间确立的官制、礼制、律、令、格、式六典分类立法的体例,《会典》把《唐六典》《开元礼》《令》《格》《式》五典的内容编撰在一起。虽然弘治《大明会典》、嘉靖《大明会典》、万历《大明会典》和《康熙会典》《雍正会典》等五部会典都把律典和条例编在一起,形成一种混合法典,但从弘治年间修撰会典的目的看,当时目标就是解决官制、礼制、令格式等分散立法带来的问题。明清会典立法让两朝国家法律形式由"律"和"典"构成,在此之下形成"典、律—例"法律体系。这样,明清时期国家基本法律体系是"典、律—例",基本法律形式是会典和律典,即"正刑定罪"的"律"和"设范立制"的"典"。明清会典和律典是从性质上进行分类,"典、律—例"体系是基于法律效力等级和制定程序分类下的产物。

分析中国古代法典法的发展历史,从李悝制定的《法经》开始,到1905年清政府法律改革引入西方大陆法系法典法体例之前,可以分为法典法形成时期、古典法典法时期和后法典法时期。第一个时期是法典法的形成时期,标志是《法经》和曹魏《新律》,这个时期出现了《法经》为基础的刑律法典化过程,但秦汉时期"律"和"令"是作为法律体系而非法律形式的分类,因为律和令的区分是法律效力和制定程序而不是法律性质,在编撰时没有严格的理论化、体系化。第二个时期是古典法典法时期,以西晋泰始年间制定的《泰始律》和《泰始令》为开始,到明朝吴元年制定《大明令》和《大明律》为止,这个时期律令具有法律形式和法典体例的双重含义。其中,隋朝形成律令格式分典立法,宋朝形成律敕令格式分典立法,元朝形成"条格"和"断例"分开立法的体例。第三个时期是后法典法时期,始于弘治年间《问刑条例》和《大明会典》的修撰,代表成果是乾隆朝《大清律》《大清条例》《大清会典》《大清会典则例》四部法典的修成。明清两朝在律典和会典之下,衍生出派生性法律"例"为载体的法律形式,让明清两朝法典法呈现出不同于西晋至明初的法律体系,所以可以称为后法典法时期。

比类、中道价值、守经行权下的
司法技术发展

第六章　比、类和比类：中国古代司法的逻辑思维

比、类、比类是中国古代司法思维的重要逻辑形式，是中国古代司法运作的核心基础，但学术界对此却没有系统研究，很多学者仅关注某一方面，如对"比"、对"类"和对"比类"的研究等。[①]　法史学界对"类"和"比类"在中国古

---

①　学术界对"比"的研究代表性成果有：周尚荣：《论"比"的逻辑功能》，《西北师范大学学报（社会科学版）》1983 年第 1 期；张忠义：《浅析〈墨经〉中"比"的逻辑意蕴》，《燕山大学学报（哲学社会科学版）》2004 年第 4 期；吕丽、王侃：《汉魏晋"比"辨析》，《法学研究》2000 年第 4 期；吴秋红：《论汉代"比"广泛适用的原因及影响》，《海南师范大学学报（社会科学版）》2004 年第 4 期；陈銮：《刍议汉代的"决事比"》，《法制与社会》2008 年第 12 期；徐进、易见：《秦代的"比"与"廷行事"》，《山东法学》1987 年第 4 期；等等。学术界对"类"在中国古代传统逻辑思维中的作用、含义等问题有不少研究。如吴建国：《中国逻辑思想史上类概念的发生、发展与逻辑科学的形成》，《中国社会科学》1980 年第 2 期；陈孟麟：《从类概念的发生发展看中国古代逻辑思想的萌芽和逻辑科学的建立——兼与吴建国同志商榷》，《中国社会科学》1985 年第 4 期；黄伟明：《〈荀子〉的"类"观念》，《逻辑学研究》2009 年第 3 期；章明蕾、胡鹏：《论墨家逻辑思想中的类概念》，《湘潭师范学院学报》2009 年第 2 期；许传秋：《再论"类"概念的发生、发展——从思维发生学角度》，《现代农业》2007 年第 8 期；宋赛花：《先秦逻辑史上"类"概念的发展浅探》，《中华女子学院学报》2004 年第 1 期；季蒙：《〈周易·说卦传〉中的类问题》，《周易研究》2004 年第 3 期；谷振诣：《论〈墨经〉的"类"概念》，《中国青年政治学院学报》2001 年第 1 期。学术界对"比类"研究主要集中在中医学界，从 1979 年到 2023 年 10 月共有 58 篇论文研究"比类"，其中 50 多篇是中医学界，有少量其他学界的研究，法学界对此没有研究，而中医学界主要集中在对"比类取象"或"取象比类"的研究上。如康渝生：《"比类相观"浅析》，《理论探讨》1991 年第 4 期；孙良佐：《〈内经〉的"比类"释》，《中医研究》1991 年第 2 期；周立斌：《简论比类取象、直观外推的传统思维方法》，《长白学刊》1996 年第 5 期；白寅：《中国古代文学批评中的"比类"型思维特征》，《中南大学学报（社会科学版）》2003 年第 5 期；葛荃：《比类逻辑与中国传统政治文化思维特点析论》，《华侨大学学报（哲学社会科学版）》2004 年第 3 期；王前：《中国传统科学中的"取象比类"的实质与意义》，《自然科学史研究》1997 年第 4 期。

代司法运作中的研究很少,对"比"的研究由于考察角度不适当,反而产生了很多误解、争议和不正确的结论。同时,法史学界对逻辑学界在中国古代类和比类逻辑思维研究中获得的成就很少关注,造成了对中国古代法律形式、司法运作等研究上产生很多问题,如中国古代判例制度和"律"与"例"的关系等问题虽然有不少学者进行了大量研究,但很难说所研究的成果让这些问题得到有效厘清。依笔者之见,很多研究反而导致对理解中国古代以上问题时更多混乱。因此,本章将对中国古代与司法技术有关的比、类、比类进行分析,特别考察它们在中国古代司法中的逻辑功能和司法技术特征,同时分析它们对中国古代司法运作、法律形式等方面的作用。对"比"与"类"的关系,刘勰指出:"夫比之为义,取类不常:或喻于声,或方于貌,或拟于心,或譬于事。"①这是整个比类的基本逻辑特征。

一、司法技术中的"比"

中国古代法律术语和法律形式中"例"是重要组成部分,至少从三国以后"例"作为法律术语和法律形式已经被广泛使用。然而,中国古代"例"到底是什么,学术界争议很多。然而,认真分析"例"的产生与发展,却与中国古代司法技术在秦汉时"比"的形成和发展有关。从某个角度看,"例"的产生是中国古代特有司法技术"比"的产物。中国古代"例"字,在本义上一直都没有脱离"比",如曹魏修撰的"新律"法典中《名例》篇中"例"的含义是"比"之义。《唐律疏议·名例》中有"例训为比,命诸篇之刑名,比诸篇之法例"②。"比"字在《说文解字》中是"从",指两个人并行。刘勰在《文心雕龙·比兴》中指出:"比者,附也……附理者切类以指事……附理故比例以生。"③这里刘勰指

---

① 张立斋:《文心雕龙注订》卷8《比兴第三十六》,国家图书馆出版社2010年版,第324页。
② 刘俊文:《唐律疏议笺解》卷1《名例》,中华书局1996年版,第2页。
③ 张立斋:《文心雕龙注订》卷8《比兴第三十六》,国家图书馆出版社2010年版,第321页。

出了"比"字的含义、运用原理等内容。春秋战国时期与之近似的字是"辟"字，《墨子·小取》中有"辟也者，举也，物而以明之也"①，即用与之最相似的、或具有共同性质的"他物"来说明此物的性质。

"比"是中国古代逻辑思维形成中的基础概念，奠定了中华文化中特有的比类逻辑思维样式。"比"作为一种处理问题的逻辑方式，成为中国古代思想中的重要内容，影响着中华民族各个方面，如中医学、哲学、文学、法学等，体现中国传统哲学思想的《易经》就是"比"的产物，并有"比"卦作为直接适用。"比"作为一种司法技术至少在西周时就开始出现，因为《尚书·吕刑》中有"上下比罪"②的记载。但作为一种司法技术，"比"到秦汉时发展成熟。从现存法律史料看，秦朝"比"作为一种司法技术被广泛运用。"比"在秦汉时期法律适用中是指比附适用相关法律，而不是因为"比"而形成的事例、判例等。因为这时的"比"是作为法律适用中补充法律漏洞的司法技术。秦朝《法律答问》中"比"的内容都与此有关，如："臣强与主奸，可(何)论？比殴主"；"斗折脊颈骨，可(何)论？比折肢"③；"内公孙毋(无)爵者当赎刑，得比公士赎耐不得？得比焉"④。从上面法律中可以看出，当时"比"是指某一法律问题因为在适用时没有可以直接适用的特定制定法而通过适用与之最"类似"的法律。

这种法律适用技术的出现，与中国古代春秋战国时期法律发展中两个方面的因素有关：第一，制定法中的行为模式与法律后果高度具体化，上面的例子就是明证。再如"或与人斗，决人唇，论可(何)殴(也)？比疻痏。或斗，啮人頯若颜，其大方一寸，深半寸，可(何)论？比疻痏"⑤等，由于立法上斗殴出现"疻痏"行为作该法规的行为模式，而此行为模式又是绝对确定，外延仅有

---

① 《墨子校注》卷11《小取》，孙启志点校，中华书局1993年版，第643页。
② 《尚书正义》卷19《周书·吕刑第三》，载李学勤主编：《十三经注疏点校本》，北京大学出版社1999年版，第549页。
③ 睡虎地秦墓竹简整理小组：《睡虎地秦墓竹简》，文物出版社1978年版，第183页。
④ 睡虎地秦墓竹简整理小组：《睡虎地秦墓竹简》，文物出版社1978年版，第231页。
⑤ 睡虎地秦墓竹简整理小组：《睡虎地秦墓竹简》，文物出版社1978年版，第188—189页。

"疢疛",于是出现对"决人唇"和"啮人頯若彦,其大方一寸,深半寸"时应如何认定的法律问题。若立法中采用更加抽象的概念就不会出现需要比类适用的问题。再如,在"铍、戟、矛有室者,拔以斗,未有伤殴(也),论比剑"①中设定法律行为模式时明确规定是剑斗,而不是规定使用武器或凶器,导致行为中出现铍、戟、矛斗时没有相应的法律。第二,中国古代立法中行为模式高度具体和法律后果十分明确是导致"比"广泛适用的立法技术原因。中国古代立法中出现行为模式和法律后果都非常具体,很多法律规范在设定行为模式时仅设有特定某类行为,而在法律后果上确定某一特定结果,如量刑上具体到某一种具体刑,如死刑中的斩、绞,杖刑中的杖几十下等。如秦朝立法中对"群盗罪"处罚量刑的设定上就是这种立法的典型。

> 害盗别徼而盗,驾(加)罪之。可(何)谓驾(加)罪? 五人盗,臧(赃)一钱以上,斩左止;有(又)黥以为城旦;不盈一五人,盗过六百六十钱,黥臬(劓)以为城旦;不盈六百六十到二百廿钱,黥为城旦;不盈二百廿以下到一钱,□(迁)之。求盗比此。②

从此条法律中可以看出,在盗罪中以五人为标准,五人以上为群盗,五人以下为一般盗,在行为模式上严格按数量作为标准。这种立法非常准确,但适用时往往会因为有微小变化,但性质类似的案件没有直接可以适用的法律,于是出现采用"比"的需要。这种含义在"毋敢履锦履"的解释中就十分明确,当时对"'履锦履'之状可(何)如?"解释时有"律所谓者,以丝杂织履,履有文,乃'锦履'",对"以锦缦履不为",但是"然而行事比焉"。③ 这里对"锦缦履"律上不认为是"履锦履",但廷行事却比附"锦履"适用。其次,战国时是中国"类"的概念在逻辑思维中发展形成时期,通过"类"概念处理问题成为当时重要形式。

---

① 睡虎地秦墓竹简整理小组:《睡虎地秦墓竹简》,文物出版社 1978 年版,第 187 页。
② 睡虎地秦墓竹简整理小组:《睡虎地秦墓竹简》,文物出版社 1978 年版,第 150 页。
③ 睡虎地秦墓竹简整理小组:《睡虎地秦墓竹简》,文物出版社 1978 年版,第 220 页。

汉朝"比"在司法适用中获得发展,但基本内容与秦朝是相同的。汉高祖七年(公元前 200 年)的诏书中明确规定遇到疑难案件时,采用"比"解决相关问题。"狱之疑者,吏或不敢决,有罪者久而不论,无罪者久系不决。自今以来,县道官狱疑者,各谳所属二千石官,二千石官以其罪名当报。所不能决者,皆移廷尉,廷尉亦当报之。廷尉所不能决,谨具为奏,傅所当比律、令以闻。"①对此,有些学者认为这里的"比"是一种法律形式。② 笔者认为这种理解是错误的,因为此法律明确指出地方官员在审理案件遇到疑难案件时,地方不能处理的转呈廷尉府再审,廷尉府不能处理的交由廷尉按"比"适用法律,并写明"比"适用的情况,呈请皇帝裁决。这里"比"是比附适用,而不是一种法律形式。

司法案件中疑难案件有两类:事实上的疑难和法律适用上的疑难,而法律适用上的疑难主要是没有直接可以适用的法律,或有两个以上可以适用的法律两种。这时要求廷尉府必须把可以比附适用的法律写明,呈请皇帝裁决。对此,注释者指出"比,以例相比况也"③。这一解释是对的。张家山汉简《奏谳书》中就有明证,如汉高祖十年(公元前 197 年)"澜案"中有可以适用"从诸侯来诱法"和"私越关津令"两种法律。所以在审理时,审理官员就把两种可以适用的法律写明奏请中央裁定。"吏议:澜与清同类,当以从诸侯来诱论。或曰:当以奸及匿黥舂罪论。"④此外,汉高祖十一年(公元前 196 年)"毋忧案"中同样如此,本案可以适用《蛮夷律》和"屯军逃亡法"两个法律。适用前一法律时,当事人毋忧不承担法律责任,适用后者时则要处以死刑。地方官审理判决时把两者都附上。"吏当:毋忧当腰斩,或曰不当论。"⑤上面两个案件

---

① 《汉书》卷 23《刑法志》,中华书局 1964 年版,第 1106 页。

② 参见吕丽、王侃:《汉魏晋"比"考析》,《法学研究》2000 年第 4 期。

③ 《汉书》卷 23《刑法志》,中华书局 1964 年版,第 1101 页。

④ 汉朝《津关令》中就明确有"御史言,越塞澜关,论未有口,请阑出入塞之津关,黥为城旦舂;越塞,斩左止(趾)为城旦。"(朱红林:《张家山汉简〈二年律令〉集释》,社会科学文献出版社 2005 年版,第 286 页)

⑤ 张家山二四七号汉墓竹简整理小组:《张家山汉墓竹简》,文物出版社 2006 年版,第 91 页。

属于同时可以适用两种以上法律的典型。再一种情况是没有直接可以适用的法律,这时通过比类适用与之最相似性的法律。汉代史料中明确记载有"它不在令中者,皆以此令比类从事"。这里"比"是指适用"此令",而此令是指某一具体法律,即"经带无过三寸。无布车及兵器。无发民哭临宫殿中。殿中当临者,皆以旦夕各十五举音,礼皆罢。非旦夕临时,禁无得擅哭临。以下,服大红十五日,小红十四日,纤七日,释服"①。光武帝建武十三年(37年)诏书中同样有记载,如"冬十二月甲寅,诏益州民自八年以来被略为奴婢者,皆一切免为庶人;或依托为人下妻,欲去者,恣听之;敢拘留者,比青、徐二州以略人法从事"②。这里明确指出"比"的对象是指适用"青、徐二州略人法"。此外,《张家山汉简·关津令》中有"丞相上长信詹事书,请汤沐邑在诸侯,属长信詹事者,得买骑、轻车、吏乘、置传马,关中比关外县。丞相、御史以闻,诏"③。这里"比"是指适用"关外县"法,而不是把"比"作为一种法律形式。从上面史料中可以看出,"比"的对象不是判例,而是具体的成文法和特定的条文。《奏谳书》中很多太守奏报案都属于这类法律适用中的问题,如"河东守谳:邮人官大夫内留书八日,诈更其徼事避留,疑罪。廷报:内当以为伪书论"④。

从上面分析中可以得出,"比"作为一种司法技术,在中国古代具有以下特征:第一,"比"在中国古代司法技术中是作为一种补法律漏洞的司法技术而被广泛运作,而不是作为法律形式使用。第二,"比"是一种处理法律疑难案件时的司法技术,强调的是法律适用上的技术及过程,并不指向"比"的司法结果。这种特征至少在秦汉时期是一致的,因为这个时期"比"强调的是法律适用时的一种司法比附技术,而不是强调"比"后形成的新"法律事实或法律类型"后作为同"类"案件适用的"先例""判例"。第三,"比"是一种比

---

① 《汉书》卷4《文帝纪》,中华书局1964年版,第132页。
② 《后汉书》卷1(下)《光武纪》,中华书局1973年版,第63页。
③ 朱红林:《张家山汉简〈二年律令〉集释》,社会科学文献出版社2005年版,第298页。
④ 张家山二四七号汉墓竹简整理小组:《张家山汉墓竹简》,文物出版社2006年版,第97页。

类,是在中国古代特有的"类"思想下形成的司法技术,是一种具有自身逻辑思维的"类比"司法技术。第四,"比"作为法律上使用时具有类型化的导向。当然,现实中,"比"的司法适用结果常常作为后来同类案件判决时的法律依据,进而成为一种新的法律渊源。如廷行事中"比"的部分,前面引文中就有"行事比焉"的记载。但这不是"比"在当时的本义,同时秦汉时期的"比"还没有发展成为一种独立的法律形式,虽然开始有大量"比"下的司法成果。

二、比的思想基础:类

"类"是中国古代春秋战国时期先人们认识世界的基本逻辑概念,是中国古代逻辑推理中的技术前提。"类"在中国古代,在词汇上经历了"祭名""善""族类""物类、事类""相以"的发展过程。"'类'字从它最初出现到最终确立为逻辑上的最普遍的范畴,经历了从西周到战国大约八百年左右的历史。"①中国古代"类"思想到战国时成为古人的基本思维形式,诸子们公开承认并使用"类"作为学术研究的工具,当然对"类"的研究中墨子的理论最有深度。中国古代"类"不仅是一种逻辑上的思维形式,还是认识世界的一种工具。西周后,随着《易经》《黄帝内经》等书的流行,"类"的思维形式到战国后成为中国古代基本思维,认为"类"是万物的基本特征,形成所谓的"万物之理以类相动也……比类以成其行"②;"理如类有可类。或未形而未类,或同形而同类,类而可班,类而可识"③。《黄帝内经》把"类"作为中医的基础理论;孔子、荀子等人通过把"类"从"物类"发展成为"伦类",再到"统类",即把政治

---

①　吴建国:《中国逻辑思想史上类概念的发生、发展与逻辑科学的形成》,《中国社会科学》1980 年第 2 期。

②　《史记》卷 24《乐书》,中华书局 1963 年版,第 1210—1211 页。

③　《史记》卷 25《律书》,中华书局 1963 年版,第 1252 页。

理论、伦理道德理论通过"比类"进行说理和论证。① 现实中出现对"类"如何理解的问题，两个事物之间可能在不同属性上出现"类"和"非类"的结合。这就是"类"在归纳上具有可变性的原因。当然，中国古人认识"类"的视角具有很强的"类型化"特征。分析中国古代"类"作为一种思维形式和认识手段，具有以下几个特征。

第一，类是"同"的最低形式。中国古人在认识事物时，把两个事物之间的关系析为两种："同"和"异"。《孔子世家》中对孔子所作的《易序》注释时，"正义"中指出"杂揉众卦，错综其义，或以同相类，或以异相明"②，即认为认识事物是通过"同"与"异"来把握。对什么是"同"和"异"，墨家提出四个层次，即"同：重、体、合、类"③。这四种层次的"同"，分别是"二名一实，重同也；不外于兼，体同也；俱处于室，合同也；有以同，类同也"④。认真分析这四种"同"，又可以分为三类，即全同，属种之同和交叉之同；"重同"是全同；体同和合同则是属种之同；交叉之同则是类同。相应的"异"也分为四种，即"二、不体、不合和不类"⑤。从此可以看出，中国古代的"类"是指两个事物之间具有某一特定相似属性，因为"有以同"是指两个事物之间具有某种相同属性就可称为"类"。对什么是"类"，《广雅》中把"肖、似"解释为"类也"。这里对"类"的要求很低，因为两个事物之间只要具有"肖、似"就可以称为"类"。

在四种"同"的具体形态中，"类"是两个事物之间最低程度的"同"。从这个理论就能够理解和解释中国古代在法律适用中，把法律规范与待判案件之间"同"的关系分为"法有正条"和"法无正条"两类的逻辑原因。"法有正条"是指法律规范创制的行为模式与待判案件的行为模式之间具有"重、体、

---

① 对荀子"类"的思想演进过程，具体参见张斌峰的《荀子的"类推思维"论》（《中国哲学史》2003 年第 2 期）一文。

② 《史记》卷 47《孔子世家》，中华书局 1963 年版，第 1938 页。

③ 《墨子校注》卷 10（上）《经》，孙启治点校，中华书局 1993 年版，第 480 页。

④ 《墨子校注》卷 10（上）《经》，孙启治点校，中华书局 1993 年版，第 480 页。

⑤ 《墨子校注》卷 10（上）《经》，孙启治点校，中华书局 1993 年版，第 480 页。

合"的"同"，就是案件判决的法有"正条"，直接适用相关法律。"法无正条"往往是指相关法律规范与待判案件之间具有某种程度的"类同"，即待判案件的行为模式与多个法律规范的行为模式具有不同程度的相似点，所以这时如何选择两者"类"的"点"和"量"成为关键，进而导致"类"的法律适用具有可变性。这也是法律适用中学者反对类推的根源。所以，中国古代在法律适用时提出，若出现"诸本条别有制，与例不同者，依本条"①的原则，因为本条与待判案件不是"类同"，而与"名例"中的规定则是"类同"，而不是"重同、体同、全同"，自然应优先适用本条。

第二，类是一种抽象的、可变的相似。中国古代"类"强调的是两个事物之间属性上"有同"，而两个事物之间的"有同"是存在可变性的。"夫比之为义，取类不常"②，具体来说是存在标准和数量的问题。对此，墨子明确指出："推类之难，说在之大小。"③如"牛"和"马"，若从吃草这个属性上看，它们是"同类"；而从是否有"角"的属性上看，则是"异类"。这就能理解为什么中国古代能用阴阳和五行解释整个宇宙和社会的关系。如《黄帝内经·灵枢·营卫生会》认为，"血"与"气"是类同，原因是"夫血之与气，异名同类，何谓也？岐伯答曰：营卫者，精气也；血者，神气也。故血之与气，异名同类焉"④。因为两者都具有"气"的特性，所以可称为"类"。中国古代在讲"类"时，至少在春秋战国时期，形成了具有整体性的"类"的概念，其中典型的是"则象成类"的思想，即认为五行是人类社会中所有万物运行的基本规律，进而出现了整体性的"类"观。如《史记·历书》中"正义"在注释时有"黄帝置五官，各以物类名其职掌也"⑤。

---

① 刘俊文：《唐律疏议笺解》卷6《名例·本条别有制》，中华书局1996年版，第481页。
② 张立斋：《文心雕龙注订》卷8《比兴第三十六》，国家图书馆出版社2010年版，第324页。
③ 《墨子校注》卷10(下)《经》，中华书局1993年版，第529页。
④ 《黄帝内经(下)·灵枢》卷4《灵枢·营卫生会》，姚春鹏译注，中华书局2022年版，第1034页。
⑤ 《史记》卷26《历书》，中华书局1963年版，第1257页。

第三,类是一种"量"下比较后的结果。由于"类"是不同事物在某些特质上所具有的"似",于是在两个事物成为"类"时,往往只能是一种量下比较后的产物,所以古代认为"类"是一种"比而量之"的产物。墨子指出"类"的关键是"量"的大小。"异类不比,说在量。"①指归类时"异类"的"量"是无法比较的。

第四,类是一种类型化的思维形式。中国古代对"类"理解中最大特点是类型化,在古代称为"取象"。《国语》中有"象物天地,比类百则,仪之于民",对此,韦昭注是"类,亦象也"②。中国古代把万物归类时喜欢采用类型化的形式进行。如"阴"和"阳"是理解万物的两个类型,于是可以把所有的万物归入其中。墨子提出"以类取,以类予"③。"类"作为一种类型化的分类,像学者指出的那样,在中国经过了"以类命为象"到"察类明故",再到"辞以类行"的发展历程,④但这个历程体现古人把"类"作为类型思考的特征。

中国古代"类"的观念是基于一种"同"下的产物,正因"类"是"有似",而不是"重、体、合",所以与法律适用时的本质特征相似。每个法律规范在本质上都创制出一种行为模式,在法律适用时,若待判案件的行为构成与法律规范的行为模式是"重"时,那就适用相关法律。然而,现实中却往往是一些待判案件无法找到与之"重"的法律规范,于是只能找与之"类"的法律规范,即荀子所说的"有法者以法行,无法者以类举",⑤而之与"类"的法律规范在法律适用上出现多个时就会存在选择的问题。对此,清人王明德曾指出"比类"下适用法律时会存在"比照者,实非是律,为之比度其情罪,一照律例以科之。

---

① 《墨子校注》卷10(下)《经》,中华书局1993年版,第530页。
② 徐元诰:《国语集解》卷3《周语下·太子晋谏雍谷水》,王树民、沈长云点校,中华书局2002年版,第95页。
③ 《墨子校注》卷11(下)《小取》,中华书局1993年版,第642页。
④ 参见陈孟麟:《从类概念的发生发展看中国古代逻辑思想的萌芽和逻辑科学的建立——兼与吴建国同志商榷》,《中国社会科学》1985年第4期。
⑤ 王先谦:《荀子集解》卷19《大略第二十七》,载《诸子集成(第2册)》,上海书店出版社1986年版,第329页。

如以两物相比，即其长短阔狭，比而量之，以求一如其式。然毕竟彼此各具各形，不相乳水也"①的问题。

三、比类的逻辑思维

中国古代在"比"的推理思维和"类"的类型化思维下形成了自己特有的认识世界、解决问题的"比类"逻辑。比类作为一种思维形式具有中国特色，因为中国古代"比"的推理是在"类"与"类"之间进行，是两个类之间"以同"量的大小比较后的结果。当然，现在学界有时称为"类推""推类""类比"，中国古代相同称谓有"比例""比附""比类""举类""比照"等。由于比与类在中国古代具有特殊意义，有时两者会互训，如《史记·天官书》中有"比，类也"②。这个解释指出"比"其实是两类事物之间的一种推理，它用"比"的过程和点——"类"来解释"比"，即把"比"如何进行用来解释"比"的过程。后来法律中明确指出"条不必正也，举类而可明"，"举类"是指"但举其类之相似者，自可明了"③。这里强调的是"相似"问题。中国古代比类思维到战国晚期，特别是秦汉时大量进入司法中，成为中国古代司法逻辑的本质。正因如此，中国古人才会把"类""法""例"互训。如"《集解》王逸曰：'类，法也。'正义按：'类，例也。以为忠臣不事乱君之例'"④。

从记载看，比类才是中国古代这种思维形式的标准称谓。《史记·乐书》中有"比类以成其行"，《正义》解释是："万物之理以类相动，故君子比于正类以成已行也。"⑤这是比类的最好解释。此外，还有"不知比类，足以自乱，不足

---

① （清）王明德：《读律佩觿》卷3《照与比照》，何勤华等点校，法律出版社2001年版，第78页。
② 《史记》卷27《天官书》，中华书局1963年版，第1326页。
③ （元）孟奎：《粗解刑统赋》，载《丛书集成续编（第52册）》，中国台湾新文丰出版社1990年版，第466页。
④ 《史记》卷84《屈原传》，中华书局1963年版，第2490页。
⑤ 《史记》卷24《乐书》，中华书局1963年版，第1212页。

以自明"①,"象物天地,比类百则"②和"比类虽繁,以切至为贵"。③ 汉文帝时有"它不在令中者,皆以此令比类从事"④的规定。"向见《尚书·洪范》,箕子为武王陈五行阴阳休咎之应。向乃集合上古以来历春秋六国至秦、汉符瑞灾异之记,推迹行事,连传祸福,着其占验,比类相从,各有条目,凡十一篇,号曰《洪范五行传论》,奏之。"⑤比类在中国古代不仅适用在司法中,还适用在其他思维推理中。所以中国古代的"比"是一种"类型化"下的推理思维形式。对此,《史记》中有"吹律调乐,入之音声,及以比定律令。瓒曰:'谓以比故取类,以定法律与条令也'"⑥。这里指出法律制度是创制不同"类"的行为模式。

中国古代比类逻辑作为法律适用中的一种司法技术,不同时期的主流称谓略有不同,大体是秦汉至魏晋时期主要称为"比",南北朝开始用例、比附、比例,清朝时还常用比照等称之。秦汉至魏晋时比类主要用"比"称之,当时"比"有"比附"和"比例"两重含义。秦朝《法律答问》中有很多记载,认真分析就是比类。"罢癃(癃)守官府,亡而得,得比公癃(癃)不得?得比焉。"⑦这里指"罢癃"人守官府逃亡被抓后是否与"公癃"人一样处罚,回答是可以的,即比类适用后者的法律。"殴大父母,黥为城旦春。今殴高大父母,可(何)论? 比大父母。"⑧这里是殴打祖父母的应判黥为城春,但该法律仅规定殴打祖父母,对于那些殴打曾祖父母的人应如何处罚没有规定,所以"比大父母"

① 《黄帝内经(上)·素问》卷23《徵四失论篇第七十八》,姚春鹏译注,中华书局2022年版,第778页。

② 徐元诰:《国语集解》卷3《周语下·太子晋谏雍谷水》,王树民、沈长云点校,中华书局2002年版,第95页。

③ 张立斋:《文心雕龙注订》卷8《比兴第三十六》,国家图书馆出版社2010年版,第325页。

④ 《汉书》卷4《文帝纪》,中华书局1964年版,第132页。

⑤ 《汉书》卷36《楚元王传》,中华书局1964年版,第1950页。

⑥ 《史记》卷96《张苍传》,中华书局1963年版,第2681页。

⑦ 睡虎地秦墓竹简整理小组:《睡虎地秦墓竹简》,文物出版社1978年版,第208页。

⑧ 睡虎地秦墓竹简整理小组:《睡虎地秦墓竹简》,文物出版社1978年版,第184页。

就适用殴打祖父母的法律。认真分析《法律答问》的内容,绝大多数都是"比类"适用的产物。秦朝的"比"都是指适用法律的一种司法技术,如"其它罪比群盗者亦如此"①,"它罪比群盗者皆如此"②。这里是其他犯罪行为比类适用群盗罪。汉朝承继了这种比的司法技术,如"律令烦多,百有余万言,奇请它比,日以益滋",对此解释是"请谓常文之外,主者别有所请以定罪。它比,谓引它类以附之,稍增律条也"③。这里的"比"是本义。汉高祖七年(公元前200年)的诏令要求附上应当比类适用的律或令,奏请皇帝裁决是否可以。这种法律运用在《张家山二年竹简·关津令》中有实例。"丞相上备塞都尉书,请为夹溪河置关,诸漕上下河中者,皆发传,及令河北县为亭,与夹溪关相值。阑出入、越之,及吏卒主者,皆比越塞阑关令。丞相、御史以闻,制曰:可。"④这里就附上了比类适用的"越塞关令",奏请皇帝裁决同意。这是中国古代司法适用上的一种程序,因为比类适用是一种司法上的自由裁量,形式上这种权力的最终确认权由皇帝独有。从上面分析中可以得出:秦汉时期"比"强调的是法律适用中的比附技术,而非强调"比"后形成的新类型作为后来同"类"案件适用的"判例"。当然,这个时期是存在"比"的结果被作为法律来运用,但并不必然是判例,或是一种法定的法律形式。

比类司法技术到南北朝后,分为比附和比例两种标准称谓。清朝时常用比照来指称比附。"比照者,实非是律,为之比度其情罪,一照律例以科之。如以两物相比,即其长短阔狭,比而量之,以求一如其式。"⑤比附和比例的区别是:比附强调比类适用时"比"的对象,比例强调比类适用时"比"的结果,具体是:"比附"指法律适用时,在现有法律类型中找到一个与待判案件最接近

---

① 睡虎地秦墓竹简整理小组:《睡虎地秦墓竹简》,文物出版社1978年版,第200页。
② 睡虎地秦墓竹简整理小组:《睡虎地秦墓竹简》,文物出版社1978年版,第205页。
③ 《汉书》卷23《刑法志》,中华书局1964年版,第1103页。
④ 朱红林:《张家山汉简〈二年律令〉集释》,社会科学文献出版社2005年版,第300页。
⑤ (清)王明德:《读律佩觿》卷3《照与比照》,何勤华等点校,法律出版社2001年版,第79页。

的法律类型作为规范的过程,即"罪无正条,则引律比附,定拟罪名,达部议定奏闻"①。如"武举军班武艺特奏名出身,并任巡检、驻泊、监押、知砦,比附《文臣关升条令》,并实历六考,有举主四人,内监司一人,听关升亲民"②;"刑部以皇祐逃移旧法轻重适中,可以经久,淳熙比附略人之法太重,今后凡理诉官庄客户,并用皇佑旧法。从之"③。比例是指当通过"比类"形成特定的法律适用结果后,若此结果具有典型性,把它作为法律规范,在后来同类案件中适用,原先创制出来的称为"例"。这就是为什么秦汉时很少用"例",而是用"比""成比""决事比"等的原因。"成比"是通过比成为类型化的结果,"决事比"是指审理案件时通过"比"审判的案件。"决事比"强调的是审理案件的过程是采用"比"来完成,而不是说此案件是通过先例适用来判决。"决事比"强调的是先例创制的过程,成比、条例、成例、断例等则是强调通过比类形成的法律结果。

从汉代看,当时在法律上用"比"强调的是适用过程,而不是结果。这可能与当时没有形成稳定律典有关,因为"律"的篇章可以增加,所以当某些类型化的准则越来越多时,可以通过制定"律"来解决。三国以后随着律典出现,于是法律适用中"律"的数量稳定后,法律上通过比类形成的次级法律规范越来越成为重要法律渊源,于是对"比"转而强调结果而不是创制的司法过程。这种变化在东汉时最为明显,如陈宠编纂相关成果时称为《决事比》,后来应劭在对决事比编纂时直接使用《决事比例》来作为名称。这种名称变化反映出比类适用上重点的变化。《决事比》强调审理时如何比类适用的司法技术,而《决事比例》强调的是适用通过决事比形成的先例确立的新准则。唐朝后随着律典内容的减少,通过类比发展起来的次级规则越为重要,于是"法例"、断例、事例、条例这些比类的结果成为法律形式中的重要类型,构成了

① 《明史》卷93《刑法志》,中华书局1963年版,第2285页。
② 《宋史》卷160《选举志》,中华书局1975年版,第3754页。
③ 《宋史》卷173《食货志》,中华书局1975年版,第4178页。

"律"下的次级规则体系。"凡律内四百五十九条正文后所各列之条例,并律后所附之比附是也。"①唐朝至清朝在比类适用上还采用比附和比例两种技术,只是在法律上不再强调创制的过程,而是强调比类司法结果在法律体系中的法律渊源作用。

四、比类对中国古代法制的影响

中国古代根据法律适用时待判案件与现存法律规范设立的预先行为模式之间的关系,区分为"法有正条"与"法无正条"两种基本类型。比类司法主要解决的是"法无正条"时的法律适用问题。"法有正条"是指在法律适用时,若法律规范创制的行为模式,即类型化的行为模式与待判案件的行为类型之间是"重、体、合"时就直接适用"正条"判决,这时的案件属于司法上的简单案件。"法无正条"是指待判案件与法律规范之间只有某些类似,这时就出现选择适用哪种法律规范的问题,在法律上就成为法律疑难案件。认清这点十分重要,因为比类司法技术本质上仅是中国古代司法中的一个补充型的次要部分,而不是司法主体部分。从秦朝至清末,中国古代司法中比类司法一直只是"律"下的产物,受制于"律",虽然在现实中出现破"律"的现象,但都不是推翻而重创。评价中国古代比类司法时一定要注意中国古代律及律典在法律渊源中的基础性地位,否则会得出不适当的结论。

(一)形成了中国古代司法适用中比类司法技术

从比类司法技术形成的历史看,是与中国古代成文法的兴起,特别是律和律典形成有直接关系。这种特有的比类适用技术后来成为比附与比例两种具有区别也有相似的技术。比附与比例在中国古代比类司法中两者解决的重点

---

① (清)王明德:《读律佩觿》卷3《各尽本法》,何勤华等点校,法律出版社 2001 年版,第98 页。

是有区别的。比附主要解决的是行为类型的问题,即法律适用中待判案件与法律创制的行为类型之间没有"正条"时的司法技术。对此,元人在《吏学指南》中这样解释"比附"。"比附:以物相关曰比;依凭为则曰附。"①这里指出比较两个事物的相同地方就是"比",若用比出事物的标准作为另一事物的"准则"则是"附"。所以比附本质上是没有完全可以适用的行为模式时,通过找出两个类型之间的相似点,进而适用已有的法律,而事物的"相关"点则是"类"同。比附主要解决的是法律适用中后果类型,即待判案件与设定的法律后果之间具有情节上的不同时,则采用比例适用。总而言之,比附是性质之间的比类,"比例"是情节之间的比类;比附解决的是罪名和法律责任的问题,比例解决的是量刑和处理的问题。比附在三国后,特别是唐朝后开始出现弱化。比附与比例在中国古代隋唐以前区别不大,秦汉时期对此就不作区分,仅称"比"。从秦汉存留下来的法律文献看,这个时期的"比"具有比附适用罪名和比例适用刑名两种。

中国成文法中"律"发展到三国两晋南北朝时,随着律典的出现,律典从篇章到条文越来越少,并且较为稳定,加之律典形成后,"律"的内容仅有"律典",②其他法律形式都不再称为"律",导致"律"成为效力上最高且最稳定的法律形式,而律在晋朝以后就成为"律以正刑定罪"③。当"律"固定后,能创制罪名和刑等的仅有律典,这样罪名和刑名就被法定下来。对此,清代刑部官员曾公开说。"臣寻译例文,窃以为例从律出,例有因时变通,律乃一成不易,有增减之例,无增减之律,古今皆然。"④在罪名法定后,出现的就是情节分类,这是比类适用在律典形成后"比例"适用增加的根源。比例适用越来越成为

①　徐元瑞:《吏学指南》,杨纳点校,浙江古籍出版社 1988 年版,第 128 页。
②　中国"律"的法律形式,自三国曹魏制定律典后,内容和篇章越来越固定。隋唐后"律"的内容只有律典内的内容是可以肯定的。
③　(唐)李林甫:《唐六典》卷 6《刑部》,陈仲夫点校,中华书局 1992 年版,第 185 页。
④　《刑案汇览》卷 42《殴大功以下尊长·听从尊长殴死次尊仍遵本律》,北京古籍出版社 2004 年版,第 1557 页。

对某一罪名情节类型化的技术途径。这就是为什么明清时能够把条例附到具体律文下的原因，因为比附适用只是对律条的解释、细化、补充等。在此司法技术下，比附的产物是"例"，当某一比附产生的结果具有"类"的特征时，就会成为此后同类事物适用的法律依据，成为新的法律形式——例。当然，比附的结果"例"在适用中，为了方便，往往把适用技术与结果连起来用，称为比例，而把比附中的"附"用"例"来替代。同时，由于"例"的产生是在某一现存法律下进行，所以"例"在来源上是一种衍生物。

（二）开创中国古代法律形式中律、例并用的结构

中国古代法律适用中比类司法技术出现后，导致的最大后果是出现法律结构中律典下有条例的法律形式结构。中国古代法律形式中出现"律"和"例"并存结构是由中国古代特有司法思维形式、汉朝经学发展和三国后对律典功能认识的三个要素互动作用下的产物。其中，比类思维是律和例并存的技术途径，经学中"经传"关系为"例"的产生提供了直接范例，对律典功能认识是认识论的基础。

第一，比类适用对中国古代法律的重要影响是导致"律""例"两种法律形式的形成。秦汉魏晋时期对"律"的解释和适用时是用"比"，而不用"例"，这是因为秦汉时对"比"的大量适用时强调的是适用过程。但后来随着"例"和"比例""条例"的大量出现，甚至取代"比"时，开始强调对比类产物的适用。"例"在中国古代是一个复杂的法律术语，同时也是中国古代法律中最重要术语，承载反映着中国古代特有的法律特质。按中国古代相关记载，"例"是"比"，或说"比"的产物。如《释文》中解释"例"是"比，必利反。例也"。《后汉书·陈忠传》中有"奏上二十三条，为《决事比》"，对此注释是"比，例也"[1]。清人王明德从律学家的角度解释是："例者，丽也，明白显著，如日月之丽中

---

① 《后汉书》卷46《陈忠传》，中华书局1973年版，第1556页。

天,令人晓然共见,各为共遵共守而莫敢违。又利也,法司奏之,公卿百执事议之。一人令之,亿千万人凛之。一日行之,日就月将,遵循沿习而便之,故曰例。"①分析王明德的解释,可以看出是从比喻上进行。"比"在中国古代是指一种司法技术和办理行政事务时的处理技术,具体是采用现代逻辑学中的类推对没有可以直接适用法律的案件判决和事务进行补救的技术措施。所以"例"在中国古代,特别是明清时期与专指司法判决中形成的、具有法律效力的判例是不同的。②

第二,中国古代律与例的形成与经学发展有十分密切的关系。分析中国古代"条例"一词最初的形成及适用不是在法律上而是在经学上。汉朝时"条例"一词最初是用在经学上。如"天凤中,将门人从刘歆讲正大义,歆美兴才,使撰条例、章句、传诂,及校《三统历》"③;郑兴儿子郑众"作《春秋难记条例》"④;贾逵"作《左氏条例》二十一篇"⑤;"又进项羽、陈涉而黜淮南、衡山,细意委曲,条例不经"⑥;尹默"皆通诸经史,又专精于《左氏春秋》,自刘歆条例,郑众、贾逵父子、陈元、(方)服虔注说,咸略诵述,不复按本"⑦。可以说,条例的出现与汉代经学发展密切相关,同时汉朝经学家加入律学研究后,他们自然把经学研究中的技术大量移植到律学研究中,导致律学从秦朝法家式转向汉代儒家式。这种转变体现在对"律"的地位界定上,其中把律界定为"经"是最直接重要的影响。如认为:"律者,万世之法也,例者一时之事也。万世之法有伦有要,无所喜怒于其间;一时之事则人君有宽严之不同,见相有仁刻之互异。"⑧律学家

---

① (清)王明德:《读律佩觿》卷2《例》,何勤华等点校,法律出版社2001年版,第18页。
② 明清两朝判例在效力上可以分为具有约束力的判例和具有说服力的判例两种。
③ 《后汉书》卷36《郑兴传》,中华书局1973年版,第1217页。
④ 《后汉书》卷36《郑众传》,中华书局1973年版,第1224页。
⑤ 《后汉书》卷36《贾逵传》,中华书局1973年版,第1234页。
⑥ 《后汉书》卷40《班彪传》,中华书局1973年版,第1327页。
⑦ 《三国志》卷42《蜀书·尹默》,中华书局1964年版,第1026页。
⑧ (清)袁枚:《小仓山房诗文集》卷151《答金震方先生问律例书》,上海古籍出版社1988年版,第1241页。

王明德的解释更加深刻。"条例所在，及极人情之变，用补正律本条所未详，采择而并行之……律非例，则不可以独行，而例非律，又无由以共着。"①这些说明把"律"当成稳定的、基本的，"例"是根据时代和个案变化而变化的。汉魏时期经学的兴起和成熟对法律的影响十分深远，对此分析《唐律疏议》与同期孔颖达所作的六经注疏就会发展两者具高度的相似性。可以说"律"与"例"的形成就是汉唐时期经学研究技术在法律解释中的翻版。这样，清代律学家在认识"律"与"例"的关系时把它们当成"经"与"传"的关系就不足为怪了。"例，则律例中，运行之活法，于至一中，寓至不一之妙，更于至不一处，复返至一之体。……所谓权而不离乎经，变而不失于正，是盖轻重诸法之权衡，一定不移之矩矱也。"②甚至有人公开宣称"律"与"例"的关系是"经"与"传"的关系。"律是为例之宗，有律为经而例为传者。设例以详注律文之义。"③

第三，律典功能认识的加深。中国古代随着律典的出现，对律典的功能认识也随之加深。唐朝以后，古人对律典功能认识上有两个重要成就：一是律典不可能穷尽所有的社会问题；二是"律"的法律效力"经"化。

首先，律典不能穷尽所有社会问题，所以采用不停立法是不能解决此问题的，必须采用某种司法技术来解决此问题。比类司法技术在一定程度正是补此不足的。正因为比类是补此不足，同时它也能让"律"稳定下来。所以出现律与例并存的法律结构。如西晋裴颁明确指出成文法典存在的缺点是"刑书之文有限，而舛违之故无方，故有临时议处之制，诚不能皆得循常也"④。当然，这种思想并没有导致否定法典法的作用，仅是提出在法律适用中应遵循"律法断罪，皆当以法律令正文，若无正文，依附名例断之，其正文名例所不

---

①　（清）王明德：《读律佩觿》卷2《例》，何勤华等点校，法律出版社2001年版，第18—19页。

②　（清）王明德：《读律佩觿》卷2《例》，何勤华等点校，法律出版社2001年版，第20页。

③　（清）白元峰：《琴堂必读下·论习幕》，载杨一凡主编：《中国律学文献》（第三辑第五册），黑龙江人民出版社2005年版，第227页。

④　《晋书》卷30《刑法志》，中华书局1974年版，第935页。

及,皆勿论。法吏以上,所执不同,得为异议。如律之文,守法之官,唯当奉用律令。至于法律之内,所见不同,乃得为异议也。今限法曹郎令史,意有不同为驳,唯得论释法律,以正所断,不得援求诸外,论随时之宜,以明法官守局之分"①。东晋时熊远提出在法律适用时,法律论证应是"律令"和"经传"的结合。"诸立议者皆当引律令经传,不得直以情言,无所依准,以亏旧典也。"这里提出在法律适用时,必须以已经存在的法律和"经传"作为依据来解决具体法律问题。说明在法律适用中,在论证上必须是已经存在的法律规范,而不是用非存在的东西来改造法律。熊远接着指出:"按法盖粗术,非妙道也,矫割物情,以成法耳。若每随物情,辄改法制,此为以情坏法……凡为驳议者,若违律令节度,当合经传及前比故事,不得任情以破成法。"②唐宋元明清时,对法典的功能认识更加趋于统一。宋朝律学博士傅霖指出:"原著而有定者律之文;至变而不穷者法之意",提出法律适用时"条虽明着,不可依文处决。虽知律之文,要知律之意;虽知律之意,要知律之变"③。他强调法律适用应采用"条不必正也,举类而可明",即"若无正条,搜穷律义,举类相明,比例定罪"④。元朝著名官员杨维桢在撰写《沈氏〈刑统疏〉序》时提出:"刑定律有限,情博爱无穷。世欲以有限之律,律天下无穷之情,亦不难哉。汉初约法三章,未几九章,遂至三百五十九章,后代滋至一千五百三十七章,何其所教之多也,然不能以数究情。"⑤沈仲纬指出法典存在"律文该载者,轻重有定;法意变通者,随事难穷"⑥的问题,结果俞淖得出:"详于法者为难,而精于法外之意为

---

① 《晋书》卷30《刑法志》,中华书局1974年版,第938页。
② 《晋书》卷30《刑法志》,中华书局1974年版,第939页。
③ (元)郄韵:《刑统赋解》卷上,载《丛书集成续编(第52册)》,中国台湾新文丰出版社1990年版,第425页。
④ (元)郄韵:《刑统赋解》卷下,载《丛书集成续编(第52册)》,中国台湾新文丰出版社1990年版,第439页。
⑤ (元)杨维桢:《沈氏〈刑统疏〉序》,载《丛书集成续编(第52册)》,中国台湾新文丰出版社1990年版,第495页。
⑥ (元)沈仲纬:《刑统赋疏》,载《丛书集成续编(第52册)》,中国台湾新文丰出版社1990年版,第501页。

尤难。得其意于律有未备者可拟也。徒守其文在律之所已定者,不足以该其
情也。"①这些体现出对法典局限性的认识,由于法典不能穷尽所有出现的法
律问题,唯一的解决办法是当出现新法律问题时通过比类适用相关法律,创制
出先例,在以后同类案件中适用,保证同案同判。元人王亮指出:"法律之意
变易而不穷极,随其轻重,各有类例可断。"②弘治五年(1492 年)刑部尚书彭
韶及鸿胪寺少卿李燧在奏请删定《问刑条例》时指出:"刑书所载有限,天下之
情无穷。故有情轻罪重,亦有情重罪轻,往往取自上裁,斟酌损益,著为事
例。"③这里说出了"事例"产生的根源及"事例"在法律实践中的作用。万历
十三年(1585 年)在修订《问刑条例》时为了使用上的方便,形成了"律为正
文,例为附注"④的结构,开创了《大清律例》律例并存的结构前身。

　　清朝时上至皇帝,下至大臣都有共识。如乾隆皇帝公开宣称,"有定者律
令,无穷者情伪也"⑤。沈家本指出:"夫天下之情伪万变,遇一狱立一例,谓庶
足以尽之矣。他日一狱出,而与所立之例又不相当,将必更变其例,以定斯狱。
是已定之例有定,而未定之狱终无定也。"⑥他认为哪怕因一案制定一条法
律,也不可能穷尽未来社会案件出现上的所有可能。清朝在《大清律例集
要新编·断罪无正条》中解释为什么要允许比类时,明确指出:"法制有限,
情变无穷,所犯之罪,无正律可引者,参酌比附以定之,此以有限待无穷之道
也。但其中又有情事不同处,或比附此罪而情犹未尽再议加等,或比附此罪
而情稍太过,再议减等,应加应减全在用法者推其情理,合之律意,权衡允

---

　　①　(元)俞淳:《刑统赋疏序》,载《丛书集成续编(第 52 册)》,中国台湾新文丰出版社 1990
年版,第 496 页。

　　②　(元)郄韵:《刑统赋解》卷上,载《丛书集成续编(第 52 册)》,中国台湾新文丰出版社
1990 年版,第 425 页。

　　③　《明孝宗实录》卷 65"弘治五年七月壬午条"条,中国台北"中研院"点校版,第 1245 页。

　　④　《明神宗实录》卷 160"万历十三年四月辛亥"条,中国台北"中研院"点校版,第 2932 页。

　　⑤　《大清律例·御制大清律例序》,法律出版社 1999 年版,第 5 页。

　　⑥　沈家本:《寄簃文存》卷 6《通行章程序》,载《历代刑法考(四)》,中华书局 2006 年版,第
2221 页。

当,定拟奏闻。若不详议比附而辄断决致罪有出入,以故失出入人罪论。"①
这里指出不可能通过成文法把所有案情穷尽,因为"案情万变,义各有归",②
所以必须通过比类适用来解决每个案件的具体情况。这样通过具体案件中
遇到的各类问题类型化后,改变适用的法律,让有限的成文法内容适用无穷
多样的社会需要。

其次,律典内容"经"化,即获得至高无上的法律效力。中国古代"律"在
法律形式上,在商鞅改"法"为"律"后,有秦朝律宗《法经》六篇的记载,但从
《云梦竹简》看,秦朝时"律"仅是一种法律形式的名称,并没有严格的法典化,
因为篇名是可以不停发展变化的。汉朝时虽然有萧何宗《法经》而制定《九章
律》的记载,但汉朝在"律"的形式上也没有严格固守《九章律》,汉代"律"的
数量最多时达到 169 篇。从史料看,汉初就没有坚持《九章律》的篇名数量,
因为《张家山二年律令》就是明证。中国古代"律"的法律形式到曹魏时发生
了本质性的变化,因为从此之后"律"的数量才在每个朝代是固定的,并且多
数王朝仅制定一部"律典",即使修改也只是对律典的条文进行修改,而不是
增加律的篇章数量。同时,曹魏后律典的地位功能被赋上了更新的地位功能,
即"律"是基本的、不变的、原理性的基础规范。对此,从《史记·律书》中有把
"律"原理化的倾向,太史公是这样定义"律"的,即"王者制事立法,物度轨则,
壹禀于六律,六律为万事根本焉"③。西晋张裴认为"律者,幽理之奥"④。唐
朝后,律典地位再次上升,成为最稳定的法律,加上古人的遵祖观,到宋明清
时,律典成为不可改变的法典,三朝都仅制定了一部完整法典,于是通过对律
典适用时发展起来的各种法律形式大量出现。可以说唐朝以后以"例"为名

---

① 《大清律例集要新编》卷四《名律下·律无正条》,沈云龙:《近代中国史料丛刊三编》
(第二十二辑),中国台湾文海出版社 1987 年版,第 561 页。

② 《刑案汇览》卷 32《戏杀误杀过失杀伤人·谋毒犯窃被押之子误毒旁人》,北京古籍出版
社 2004 年版,第 1155 页。

③ 《史记》卷 25《律书》,中华书局 1963 年版,第 1239 页。

④ 《晋书》卷 30《刑法》,中华书局 1974 年版,第 930 页。

称的各种法律形式都与"律典"的地位、作用有关。同时,"例"从法源上都源于"律",都通过"比"的手段发展起来。清人王明德宣称"律"是"上以鉴乎百王,下以传乎万世,中以遍及海隅日出,无不可为共遵而守者,曰律"①。这种言论就是经学家对待经的态度。

"例"在中国古代具有三层含义:

首先,在最初的来源上,"例"与"比"在某种程度上是同义词。"比"在汉朝以前是一种司法技术和处理事务的方式,具体来说就是类推,或说是推类。这与中国古代特有逻辑思维有关,即中国古代把所有的事物相互比附。在这层意思上,"例"与"比"是同义词。这就是为什么古人把"例"用"比"来训的原因。从秦汉时期的法律文献看,"例"在产生时是"比"下的产物。从比与例的关系看,"比"是司法技术和处理事件方式,"例"是通过"比"产生的结果。在发展中把"例"附上了"比"的含义。于是出现比例、比附的名称,再后就把"比"省略,用"例"取代两字的含义。

其次,"例"是通过"比"形成的某种结果,即决事、故事、断例、事例、判例等。通过某种"比"形成特定法律结果后,在后来同类型事物中采用遵循"先例"的方式进行适用,构成法律适用上的"先例"适用。这个层次上的含义具有判例的性质,但不能说是现在普通法系中的"判例法"。

最后,"例"是通过"比"形成的"先例"中抽象出来的成文法。这时的"例"具有成文法意义上的规则。自曹魏以后陆续出现则例、断例、榜例、事例、条例等法律形式,是因为这些法律形式都来自对"律典"的"比"后产物,即是在律典下通过"比"演化出来的。这种法律形式出现与曹魏《新律》的地位有关,因为自此以后,每个王朝在制定"律典"后不再随意修改,而且篇名和律条越来越少,于是与之有关的则例、榜例、条例都是在"律典"的基础上"比类"后形成。现在对"例"的研究中,最大问题是学术界不把三者进行区分,而是

---

① (清)王明德:《读律佩觽》卷3《各尽本法》,何勤华等点校,法律出版社2001年版,第97页。

从某一个角度来简单认定"例"的属性,以致问题丛生。

(三) 特别法优先适用原则

中国古代司法适用中由于比类适用导致律例并存,形成法律形式上的一种"经传"关系,在对两者的认识适用上也出现特有的优先适用原则。"欲理刑名,先明律例。律乃一代之章程,例为应时之断制。有例应照例行,无例方明照律行。律例俱无,则用比照,比照宜的确,不得游移。"①这里的论述时常作为清朝以"例"破"律"的依据,其实清代,特别是乾隆朝后,"律典"已经原则化,这里优先适用律下产生的"例"。对法律适用要求"妥恰"是具有合理性的。因为优先适用条例已经成为对具体条文和原则适用上的选择,而不能用现在眼光来看待此理论。这种法律适用原则与司法中优先适用本条是一致的,因为从某个角度看,"律"与"例"中,若待判案件的行为模式与"律"或"例"创制的行为模式相比,"例"具有"重同",或者"类同"上"量"更高时,自然应当优先适用"例"。这是"律有律之法,例有例之法,而律例中各条下,又各有各条下之本法在"②的运用。

(四) 形成具有中华特质的判例制度

中国古代判例制度的特质是由中国古代特有的逻辑思维、司法技术决定。中国古代自春秋战国以来,经过大量学者努力,"类"的逻辑思维已经成熟。汉朝后,在逻辑思维上"类"的思想已经自成体系。中国古代"类"的思维更像拉伦茨提出的"类型化",特别是在法律适用上。当对律的"比"形成具有"类"的性质后,同类案件就会适用相应的先例,这样就出现了判例制度。中

---

① (清)徐栋:《刑名上·刑名总论》,载杨一凡:《中国律学文献》(第三辑第五册),黑龙江人民出版社 2005 年版,第 248 页。

② (清)王明德:《读律佩觽》卷 3《各尽本法》,何勤华等点校,法律出版社 2001 年版,第 98 页。

国古代判例制度受到"类"的影响，如"汉时决事，集为《令甲》以下三百余篇，及司徒鲍公撰嫁娶辞讼决为《法比都目》，凡九百六卷。世有增损，率皆集类为篇，结事为章。一章之中或事过数十，事类虽同，轻重乖异。而通条连句，上下相蒙，虽大体异篇，实相采入。《盗律》有贼伤之例，《贼律》有盗章之文，《兴律》有上狱之法，《厩律》有逮捕之事，若此之比，错糅无常"①。这里"法比"就是通过比类适用法律，而产生的结果也是以"类"为篇，"类"下再分"事"。这里应注意"类"与"事"的关系，"类"应指法律类型，或者案件类型；"事"应指调整对象，或说是具体案情。中国古代通过"类"与"事"构成对"律"的类型化，或者次类型化，让法律适用具有更大的稳定性、确定性。同时，这种结构让法律在适用上构成了逻辑上的限定及再限定关系，即"律"是一个内涵大的属概念，"类"则是一个内容被限定的种概念，"事"则是再次被限定的次种概念。当然，在法律适用时，若后面的案件与"类"或"事"一致时，就分别适用它们。这样的司法适用就具有很高的准确性，所以说中国古代判例制度在运作及效力上都受制于比类司法技术。

结　　论

中国古代司法适用中比类仅是司法适用中两种基本制度之一，比类司法是对"法无正条"的法律疑难案件的司法解决技术，而不是针对所有的案件。所以比类司法是一种补充技术，而不是主要司法技术。中国古代律典中出现"断罪无正条"是这种司法技术的承认和规制，是中国古代法律适用中对两种司法技术的公开承认。《唐律》中明确规定："诸断罪而无正条，其应出罪者，则举重以明轻，其应入罪者，则举轻以明重。"②这里有两重含义，在司法中判决时适用法律时应优先适用与之"同"的正条，无正条时才能采用比类。这是

---

① 《晋书》卷30《刑法》，中华书局1974年版，第922—923页。
② 刘俊文：《唐律疏议笺解》卷6《名例·断罪无正条》，中华书局2015年版，第486页。

中国古代在法律适用中有很强的追求"全同"法律适用的价值倾向,也正因为这种适用倾向才导致比类司法技术的出现。

比类司法技术的运用解决了成文法的固有缺点,弥补了法律适用中产生的法律漏洞问题。中国古代三国以后随着律典的出现,对比类司法技术需求随之增加。唐人孔颖达在《左传·昭公六年》中指出:"法之设文有限,民之犯罪无穷。为法立文,不能纲罗诸罪。民之所犯,不必正与法同,自然有危疑之理。"①这里孔颖达指出了出现疑难案件的原因,也正是这种原因,才导致法律适用中必然采用比类司法技术。比类的适用在现实中会出现滥用的现象,这是因为比类不是追求"重、体、合"的"同",而是追求一种"有似"的类同,于是容易出现根据需要比类的司法问题,更为严重的是比类导致大量比类产物的出现。这些比类产物之间的相似性会随着数量的增加而增加,或者说相互之间的区别越来越小,导致法律适用时待判案件在选择先例上出现大量的灵活空间。"文书盈于几阁,典者不能遍睹。是以郡国承用者驳,或罪同而论异。奸吏因缘为市,所欲活则傅生议,所欲陷则予死比。"②对律与条例在法律适用中的作用,元人沈仲纬指出:"不知例无以见法之所同,不知制无以见法之所异。"③这里指出了"条例"对律条的作用。由于例,特别是判例会因为司法实践而出现无限增加,导致"例则朝未刊,暮例复下,千条万端,藏诸故府,聪强之官不能省记"④。这种弊病在明清时,特别是清朝采用定期修订条例后,即把因比类而形成的具有类型化的法律规则抽象为成文法后才获得一定程度的解决。这种方式是中国古代解决律典与类比两种缺点的产物,从法律适用角

---

① 《春秋左传正义》卷43《昭公六年》,载李学勤主编:《十三经注疏点校本》,北京大学出版社1999年版,第1227页。

② 《汉书》卷24《刑法志》,中华书局1964年版,第1102页。

③ (元)沈仲纬:《刑统赋疏》,载《丛书集成续编(第52册)》,中国台湾新文丰出版社1990年版,第531页。

④ (清)袁枚:《小仓山房诗文集》卷151《答金震方先生问律例书》,上海古籍出版社1988年版,第1241页。

度看,具有较高的合理性。

　　比类司法技术在中国古代司法适用中与律典效力至上、有限罪刑法定原则有关。从某个角度看,它有破坏以上两个法律原则的功能,当然也是补二者不足的基本路径。这可能就是中国古人对万事万物认识中"相生相克"原理在司法适用中的体现吧!

第七章　中道：中国古代司法的
基本原则

　　中国古代司法制度经过两千多年的实践发展,形成了内容丰富的知识体系,其中很多司法原则体现出较高的实践合理性智慧,让古代司法制度在价值取向上获得了一种内在的"自洽",形成具有中国文化语境的司法文明。其中,"中"或"中道"成为中国古代,特别是宋朝以后最有影响的基础性司法价值原则。在基础性司法价值原则"中道"的影响下,在司法制度上形成了一些具有相互制约、补救性质的司法原则,其中具有补救性功能的司法原则对具有主导性的正向司法原则产生了一种平衡作用,保证国家司法在"中道"价值下有效运行。

一、中道：帝制时期司法制度中的
基本价值原则

　　中道在中国古代一直是儒家追求的基本价值。实现一种"中道"的法律是中国古代儒家对法制建设,特别是司法活动的最高追求。中道的法制理念和价值原则形成于汉朝,到宋朝后成为儒家学者的基本价值取向。对此,清人在《雍正御制大清会典序》中有:"《虞书》《周礼》并垂不刊。夫制度之有损益,随时以处,中之首也。"①这里认为《尚书》《周礼》中体现出来的制度基本价值原则是"中"。其实,在法律制度的创制和司法活动的价值追求上,帝制时期"中道"都是基本原则。考察相关著作,这种思想在儒家经典著作中都是重点讨论的内容,如在《易经》《尚书》《周礼》《中庸》《论语》等著作中都有论述。《易经》中有"变通者超时也,中无定体,动惟厥时";《周礼》中有"士师受中";《中庸》中有"从容中道";《论语》中有"允执其中"。这些经典中都反复强调"中"的价值。当然,这些讨论"中道"的内容,除《周礼》外并没有直接指向法律或司法。把"中道"作为法制建设和司法活动的基本价值原则的是《尚书》。《尚书》中讨论"中道"时基本都是针对法律和具体司法问题。《尚书》作为传统儒家政治实践的经典,核心精神是"中",这是被汉儒,特别是宋儒所认可的。对此,元人陈栎在《书集传纂疏》中引宋人滕和叔的经典总结。"《书》之大意,一'中'字而已。'允执厥中',《书》所以始;'咸中有庆',《书》所以终。"②这在元明清时期成为诸儒理解《尚书》的"心法"而被奉为圭臬。

研读《尚书》发现,其中涉及法律,特别是司法问题时都反复强调要以"中道"为准绳。《尚书》中最早提到法律的最高价值即"中道"是在《虞书·大禹谟》中,当舜帝表扬皋陶在法律上取得的功绩时,说他做到了"刑期于无刑,民协于中。"对此"正义"的解释是"使民合于中正之道"③。这里指出皋陶在司法活动中做到了"中道"。这成为儒家最早在法制和司法上的理想模范。同篇中在谈论坚守道心时,提出要做到"人心惟危,道心惟微,惟精惟一,允执厥中"④。《尚书·周书·洪范》中有"皇建其极,敛时五福,用敷锡厥庶民。惟

---

①　《雍正大清会典·御制大清会典序》,载《大清五朝会典》(第3册),线装书局2006年影印,第2页。

②　(元)陈栎:《书集传纂疏》卷6《朱子订定蔡氏集传·周书·吕刑》,载《文渊阁四库全书》。

③　《尚书正义》卷4《虞书·大禹谟第三》,载李学勤主编:《十三经注疏点校本》,北京大学出版社1999年版,第91、92页。

④　《尚书正义》卷4《虞书·大禹谟第三》,载李学勤主编:《十三经注疏点校本》,北京大学出版社1999年版,第93页。

时厥庶民于汝极,锡汝保极"。按"正义"的解释:"皇,大也。极,中也。""皇极"就是"大中道",具体是"施政教,治下民,当使大得其中"①。这里强调国家施政中要坚持"中道"原则。《尚书·周书·吕刑》是当前可以见到的最早集中反映先秦儒家基本法律思想和理想的系统理论。从整篇内容看,是把"中道"作为法制建设,特别是司法活动的基本价值原则。宋人王应麟在《尚书注疏·考证》中曾指出:"《吕刑》言'敬'者七,言'中'者十。"②在具体司法活动中,应如何坚持"中道"呢?《吕刑》中反复说明,如"非佞折狱,惟良折狱,罔非在中。察辞于差,非从惟从。哀敬折狱,明启刑书,胥占,咸庶中正"③。这里指出在具体司法活动中应如何做到"中正"。此外,《吕刑》中还有"士制百姓于刑之中""哲人惟刑,无疆之辞,属于五极,咸中有庆"等论述。④ 这种思想在宋朝时,越来越被儒家学者强化,他们指出,《尚书·吕刑》中的"中道"是整个司法活动的基本价值原则。宋人时澜公开宣称:"刑中者,《吕刑》之纲领也。"并指出《吕刑》为论证司法中的"中道"原则,从正反两个方面进行了举例,反例的典型代表是苗民在法律上不遵循"中道",正面的典型代表是皋陶在法律上遵循"中道"。"苗民罔是中者也,皋陶明是中者也,穆王之告司政典狱,勉是中也。"同时,他还把刑罚中的"中道"解释为"德"在法律,特别是司法中的具体运用。"此所谓德于民之中,典狱者之大法也。"⑤元人王充耘指出《吕刑》中"'中'只是刑之中"⑥。这里强调了"中道"是指刑法,特别是刑事司

---

① 《尚书正义》卷12《周书·洪范第六》,载李学勤主编:《十三经注疏点校本》,北京大学出版社1999年版,第307页。

② 尤韶华纂:《归善斋〈尚书〉别诂十种章句集解(下卷)》,中国社会科学出版社2018年版,第2153页。

③ 《尚书正义》卷19《周书·吕刑第二十九》,载李学勤主编:《十三经注疏点校本》,北京大学出版社1999年版,第551页。

④ 《尚书正义》卷19《周书·吕刑第二十九》,载李学勤主编:《十三经注疏点校本》,北京大学出版社1999年版,第554页。

⑤ (宋)时澜:《增修东来书说》卷34《周书·吕刑第二十九》,载《文渊阁四库全书》。

⑥ (元)王充耘:《读书管见》卷下《吕刑·今往何监非德于民之中》,载《文渊阁四库全书》。

法的核心原则。

这种理解很快成为此后元明清时期儒者的基本立场，特别元朝儒者不仅继承了这种理解，还对其进行了进一步发展，其中最具代表性的人物是陈栎和陈师凯。如陈栎指出："德刑之本，必主于德；而刑之用，必合于中。德与中，为《吕刑》一篇之纲领。继此曰'惟克天德'，曰'必成三德'，曰'有德惟刑'，无非以德为本也。曰'观于五刑之中'，曰'中听狱之两辞'，曰'罔非在中'，曰'咸庶中正'，曰'非德于民之中'，曰'咸中有庆'，无非以'中'为用也。刑必合于'中'而后刑，即所以为德。以此意读《吕刑》，其庶几乎。"①陈氏的这种看法，很快成为后儒的基本观点，对明清两朝的立法和司法产生了很大的影响。元人董鼎在《书传辑录纂注》卷6《周书·吕刑》中全抄陈栎的注释。元人陈师凯提出，"刑之本，必主于德，而刑之用，必合于中。德与中，为《吕刑》一篇之纲领"，并认为"刑必合于中而后刑，即所以为德"②。这里进一步解释了刑法，特别是刑事司法中"中道"是"德"的原则的具体适用。明人王樵在《尚书日记》中有"刑皆得中而有德于民，所以为祥刑矣"③。这里是对宋元儒者立场的进一步解释。清人库勒纳等在《日讲书经解义》中有"《吕刑》一书，每先言德，后言刑，而刑必反复以'中'为训"④。这些思想体现了宋朝后，《尚书》中的"中道"法制原则，特别是司法原则，成为国家法律的基本价值取向，影响着元明清三朝的司法实践和制度建设。从宋人的理解看，司法中的"中"就是罪情责相适应，因为宋人夏僎有"五刑之中无垢，谓中者，重者以重，轻者以轻，有罪者刑，无罪者免，所谓中也"⑤。这种思想转化到司法实践中就形成了"情理法"的司法运行模式。

---

① （元）陈栎：《书集传纂疏》卷6《朱子订定蔡氏集传·周书·吕刑》，载《文渊阁四库全书》。

② （元）陈师凯：《蔡氏传旁通》卷6下《吕刑》，载《文渊阁四库全书》。

③ （明）王樵：《尚书日记》卷16《周书·吕刑》，载《文渊阁四库全书》。

④ （清）库勒纳等撰：《日讲书经解义》卷13《周书·吕刑》，载《文渊阁四库全书》。

⑤ （宋）夏僎：《尚书详解》卷25《周书·吕刑》，载《文渊阁四库全书》。

司法中的"中道"原则,让中国古代司法制度设置中两类相互补充并相互支持的司法原则有了统合的基础,保证了国家中道司法价值的实现。正向司法原则是指体现整个社会中的法律和制度价值取向的司法原则;补救司法原则是指针对特定正向司法原则运行中导致的"不义"司法结果而否定正向司法原则的司法原则。对这种正向司法原则和补救司法原则的关系,元人把它们称为"法之常"与"法之变"。如元人沈仲纬在"义胜于服,则舍服而论义"条下的解释是"以服制亲疏定罪之轻重者,法之常;以恩义厚薄为罪之轻重者,法之变也"[1];"情重于物,则置物而责情"条下解释是"凡以物大小论罪者,法之常也;以情之轻重为罪者,法之变也"[2]。这里沈仲纬指出这两个原则属于"法之变",是对"法之常"的补救。这种司法原则的出现,究其原因是中国古代司法价值追求中存在着一种很强地把"实质正义"和"形式正义"统合的价值取向,为保障两种司法价值能够在司法活动中有效获得,古人在长期实践中创制出很多极具针对性的补救性司法原则,以保障整个司法制度能够有效运行,使司法正义在普通案件和特殊案件中能够有效地实现。补救性司法原则在中国古代司法原则中数量较多,如加减刑原则中的"死流减等不分等,加不入死"原则,服制司法原则中的"义胜于服,则舍服而论义"原则,赃盗案件司法原则中的"情重于物,则置物而责情"原则,疑难案件中的"与其杀不辜,宁失不经"原则,官员犯罪中的"无故勘死平人不得赦,以凡人论"原则等。这些功能上属于补救性质的司法原则解决了正向司法原则中存在的各种伦理、价值、国家、社会、个人上的冲突和失范。

反观当前我国司法现状,在遵循很多司法原则时由于深陷"机械形式主义"司法而导致"常识性缺失"的司法产品出现,于是引起社会大众对司法整

---

[1] (元)沈仲纬:《刑统赋疏》,载《丛书集成续编(第52册)》,中国台湾新文丰出版社1990年版,第536页。

[2] (元)沈仲纬:《刑统赋疏》,载《丛书集成续编(第52册)》,中国台湾新文丰出版社1990年版,第537页。

体性进行否定评价,进而让整个国家司法公正受到普通民众的质疑,严重影响着国家司法权威。若深入考察这些司法现象出现的原因,会发现这是因为当前我国司法制度中存在两个方面的不足问题,即缺少传统司法制度中那种内在价值的自洽性和近代西方司法原则中的系统性。本章拟通过对中国古代两个典型的正向与补救司法原则形成的机理和实践情况进行深入考察,揭示中国古代传统司法制度是如何通过这种机制实现一种内在的价值自洽,让整个司法在运行中更加有效,不让司法结果严重脱离普通民众的"常识"判断。考察当前学术界对传统司法制度的研究,主要集中在传统司法理念,[1]传统司法文化中的"无讼""健讼""情理法"等问题上,[2]对传统司法原则研究则主要集中在特定司法原则上,如"亲亲得相容隐"的原则上,[3]针对传统司法制度中具有正向与补救性质的特别结构的成对司法原则的研究存在明显不足。这种不足的根本原因是对中国古代司法原则考察时,往往只看到价值意义下"礼"的作用,而忽视价值意义下"义"的作用。

二、舍服取义[4]:血缘伦理困境下的出路

人类司法永远得面对因血缘关系而形成的自然伦理案件产生的各种问题,特别是当当事人之间存在某种血缘上的自然尊卑关系时,在法律适用上如何选择往往成为社会伦理上的难题。在当今中国司法中,当案件涉及家庭伦

---

[1]　参见张中秋等:《传统中国的司法理念及其实践》,《法学》2018年第1期。

[2]　如吴勇的《传统无讼思想对当代中国法治的影响》(《广西社会科学》2005年第6期)、陈宝良的《从"无讼"到"好讼":明清时期的法律观念及其司法实践》(《安徽史学》2011年第4期)、霍存福的《中国传统法文化的文化性状与文化追寻——情理法的发生、发展及其命运》(《法制与社会发展》2001年第3期)等。

[3]　关于此原则发表的论文十分多,达440多篇。当然,分析研究论文,重复和简单分析成为主流,代表性成果有范忠信的《中西法律传统中的"亲亲相隐"》(《中国社会科学》1997年第3期)、钱叶六的《论"亲亲相隐"制度在中国刑事法律中之重构》(《法学杂志》2006年第5期)等。

[4]　此表述在宋霖的《刑统赋》中是"义胜于服,则舍服而论义"。为了表达上的简练,笔者采用"舍服取义"。

理关系时,因家庭成员之间的特殊血缘关系,在司法中产生的争议很多时候已经成为影响整个司法权威的重要因素。中国古代面对这类问题,形成具有相互支持、相互制约功能的两个司法原则,具体是具有正向功能的"准五服以制罪"原则和具有补救功能的"舍服取义"原则。它们的理论基础分别是以"有别"为基础的"礼"和以"得其宜"为基础的"义",具体来说就是当面对"礼"的"有别"原则导致个体尊严失范时,引用"得其宜"的"义"进行补救,否定"礼"的价值。

(一)血统秩序与个体尊严:家庭伦理中的两难问题

在中国古代法制中,在"礼"为核心的家庭伦理体系下形成了特有的法律制度和司法原则——"准五服以制罪"。"准五服以制罪"构成了传统中国法律中最具特色的制度,是中华法系的基本特点和内容之一。[①] 然而,由于"礼"的核心是"有别",在其价值原则指导下形成的"五服制",在家庭亲属成员之间构建起了一种严格等级制下的差异性司法。对此,元朝律学家有精准的理解。"古者缘人情之厚薄,制礼以分尊卑;因礼之尊卑,制服以别亲疏。"[②]可以看出"礼"是一种血缘基础下的"有别"秩序。对此,古人明确指出:"为礼卒于无别,无别不可谓礼。"[③]所以中国古代"礼"的"有别"基本内核为"不同""不平等",即两个社会主体在社会秩序中是一种"不平等"下的有序结构。于是,礼的"有别"在司法上的体现是"准五服以制罪"原则。"准五服以制罪"原则的"有别"集中体现在亲属个体之间的案件上,即在司法裁量中根据血缘亲疏

---

① 虽然任何民族都会对自然血缘关系下的亲属间互犯案件,在法律适用上形成与非血缘关系下的案件不同的司法原则,但在人类法律史上,只有中国古代形成了这么完善的血缘关系下的司法原则——"准五服以制罪"原则。

② (元)沈仲纬:《刑统赋疏》,载《丛书集成续编(第52册)》,中国台湾新文丰出版社1990年版,第545页。

③ 《春秋左传正义》卷15《僖公二十二年》,载李学勤主编:《十三经注疏点校本》,北京大学出版社1999年版,第406页。

而创制的服制上的时间长短来实现尊长和卑幼间的"有别"量刑。这样在国家司法中形成了公开的家庭成员在同罪下的"有别"原则，进而形成了一种法律制度下的尊长特权制度。权力者滥用拥有的权力是人类社会中最具普适性的真理之一。"准五服以制罪"原则在司法实践中成为一些尊长对卑幼滥权的保护伞，很多时候严重破坏了整个社会中个体生命价值的平等原则。为了约束五服制下尊长对卑幼的滥权，保护每个个体作为社会主体的基本人身安全和生命尊严，在传统中国司法原则中，形成了以"得其宜"为原则的"义"，对其进行约束和补救。①

这种司法原则在汉朝时开始出现，如在婚姻家庭上随着"夫为妻纲"价值的形成和全面的法律化，出现了"夫有恶行，妻不得去者，地无去天之义也。夫虽有恶，不得去也。故《礼·郊特牲》曰：' 一与之齐，终身不改'"②；《女诫·专心第五》中的"夫有再娶之义，妇无二适之文，故曰夫者天也"等价值言论。这种绝对夫权为丈夫对妻子及家人权利的滥用提供了法律制度上的"保护"，为了约束和平衡这种夫权，传统中国司法原则在夫妻关系上引入"义"作为限制和补救。对此，《白虎通义》中明确指出，若丈夫滥用夫权，破坏人与人之间的基本"义"时，则采用"义绝"离婚。"悖逆人伦，杀妻父母，废绝纲纪，乱之大者，义绝乃得去也"③；《女诫·敬慎第三》中指出："夫为夫妇者，义以和

---

① 对"义"在中国古代法律中的作用，笔者有过较为详细的考察，具体参见胡兴东、唐国昌的《义在中国古代法律中的作用》[载《中西法律传统》(第 14 卷)2018 年]。

② 班固：《白虎通义》卷下《嫁娶》，中国书店 2018 年版，第 237 页。

③ 这里说明在中国古代夫妻关系中，虽然存在绝对夫权，但若违反了人与人之间的基本原则"义"时，那么夫权的合法性就不再存在。汉朝国家政治制度中的"三纲"虽然让尊尊、亲亲、男女有别原则出现严格的不平等，但这三个原则下的特权关系受到"义"的制约。因为不管是周公的"以德配天"，还是孟子的"独夫民贼"理论，都认为君臣、君民之间的关系是不能突破人与人之间的基本"义"的。同样，"父为子纲""夫为妻纲"在司法中同样受到"义"的约束。所以在古代中国整个文化核心中的"礼"与"义"是两个具有冲突但又有相互制约的基本价值原则。只是汉朝以后，儒家学者把"义"的基本内容弱化，并形成仅与"利"对立的范畴，缩小了"义"的内涵。但纵观中国古代整个法律思想的历史，会发现"礼"作为基本社会价值原则时构成了一种等级、特权、不平等的法律制度的基石，而"义"则成为反等级、反特权、反有别法律制度的基石。

亲,恩以好合,楚挞既行,何义之存？ 谴呵既宣,何恩之有？ 恩义俱废,夫妇离矣。""义绝"在法律上的意义,不仅具有夫妻关系终结的效力,更为重要的是在法律上把丈夫和妻子恢复到"凡人""平人"之间的关系。在法律上"丈夫"身份的消除,意味着他得承担一般人侵害他人的法律责任,这才是"义绝"在夫妻关系上的核心法律效力。"准五服以制罪"原则经过三国两晋南北朝至隋唐时期法律价值上的儒家化,成为所有涉及家庭血缘亲属关系案件的核心司法原则。为了更好约束五服制原则带来的问题,宋初律学家傅霖在《刑统赋》中总结提出"义胜于服,则舍服而论义"①的原则,即"舍服取义"的司法原则。此原则的基本内容是在尊亲属对卑亲属犯罪的案件中,当尊亲属的行为严重破坏了人与人之间的正常伦理限度时,那么对其就不再适用"五服制"量刑。学术界在对中国古代亲属之间所适用的司法原则研究中仅仅关注"准五服以制罪"司法原则而没有注意到"义胜于服,则舍服而论义"的司法原则。两个司法原则之间的相互制衡构成了中国古代家庭成员间自然有别秩序与个体尊严保护间的相互补充和制约的机制,它们分别维持着人类血缘关系下形成的一种原初伦理关系中的"有别"秩序和保护着人类自然状态下个体间的"平等",实现了中国传统司法原则所追求的双重社会目的。这种司法制度设置的基础就是宋代在法律建设中的"中道"价值原则的实践。

(二)礼与义:传统中国家庭法律构建中的两根支柱

"准五服以制罪"原则是建立在"礼"的基础上,而"礼"与"法"被公认为中国古代社会治理中的两大基础规范,以致学术界有些学者把中国古代法律体系称为"礼法体系"。② "礼"作为血缘关系下自然演化出来的一种血缘伦理规范体系,体现出人类血缘关系中高度的"自然伦理"特征,即父母与子女

---

① （元)郑韵:《刑统赋解》卷下,载《丛书集成续编(第52册)》,中国台湾新文丰出版社1990年版,第515页。

② 当前,这种观点的典型代表学者是俞荣根和马小红。

之间的"有别"。中国古代社会把这种"自然伦理"当成整个法律保护的核心价值来构建国家法律制度,形成了"有别"社会秩序,进而在权力异化下构建起严格的特权、等级法律制度和原则。在中国古代传统文化中,还存在一个建立在非血缘的"自然伦理"基础上的重要价值原则,那就是"义"。"义"在汉朝后虽然仍是传统文化中的"三纲五常"的内容之一,在传统儒家文化中占据重要地位,起到十分重要的作用,但其性质和功能与先秦诸子学说中的"义"的性质和功能相比,已经发生较大变化。① 考察传统文化中的"义",它具有西方传统文化中"正义""公平"等含义,从学术看,"义"构成了传统中国文化话语体系中的"正义"理论。因为"义"与罗马法学教科书——《法学阶梯》中对"正义"的定义"各得其所",是有很高的相似性的。如《中庸》中有"义者宜也"②;《韩非子·解老》中有"义者谓其宜也,宜而为之"③。从中可知,儒法两家都认为"义"的基本内容是"宜"。这种解释在《释名》中得到继承和发展。《释名》中对"义"的解释是:"义,宜也。裁制事物,使各宜也。"④《荀子·王制》认为人类之所以在自然界中强于其他万物,是因为"人"这种动物拥有特有品质——义。荀子指出:"水火有气而无生,草木有生而无知,禽兽有知而无义。人有气、有生、有知,亦且有义,故最为天下贵也。力不若牛,走不若马,而牛马为用,何也? 曰:人能群,彼不能群也。人何以能群? 曰:分。分何以能行? 故义以分则和,和则一,一则多力,多力则强,强则胜物。故宫室可得而居也,故序四时裁万物,兼利天下,无它故焉,得之分义也。"⑤

这里荀子通过比较自然界中不同物种的行为特征,得出人类之所以能够

---

① 汉朝形成的儒家"三纲五常"中的"义",虽然保留"义"在先秦诸子时代的一些原初内容,但在地位、内容、作用上已经被弱化,而且具有更多的伦理化特质。

② (宋)朱熹:《四书章句集注·中庸章句》,中华书局2012年版,第28页。

③ 王先慎:《韩非子集解》卷6《解老第二十》,载《诸子集成(第5册)》,上海书店出版社1986年版,第96页。

④ 中华书局编辑部编:《康熙字典》(检索本),汉语大词典出版社2015年版,第952页。

⑤ (清)王先谦:《荀子集解》卷5《王制篇第九》,载《诸子集成(第2册)》,上海书店出版社1986年版,第104—105页。

成为"群体性社会动物",是因为人类能够通过"义"构成一种有约束和制约的有秩序群体组织。这样"义"在一种超越社会形而下的外在价值支持中,获得了一种自然法学下的自然法原则和社会契约论中的"原初契约"的理论力量。在律学上,元朝律学家王亮提出应以"义"作为基础来解释法律中的所有问题。王亮指出对"律"的适用和解释时应遵行"事之合宜者,义……是知律义虽宏远,即当以天然之理推穷至极,百合其义也"的原则。① 这样"义"在整个司法中起到了作为对法律解释的约束性和支持性原则的作用。

(三)"准五服以制罪"司法原则的普及与补救

"准五服以制罪"自西晋以后成为婚姻家庭、宗族及亲属间互犯案件中的基本法律制度和司法原则。"准五服以制罪"在晋朝入律典后,具有具体法律制度和司法原则的双重性质。唐朝开始,由于"准五服以制罪"在整个与血亲和姻亲有关的法律制度和有五服关系的亲属之间的司法适用中得到无限制的加强,国家在司法上开始出现专门的案件分类——服制案。服制案的基本原则是在"准五服以制罪"下确定尊长特权。然而,现实中此原则往往导致拥有五服关系的尊长非理虐待卑幼,严重破坏个人的基本生命安全、人格尊严。为此,在司法实践中最终形成了针对服制案中尊长违背"义"而对卑幼实行违反常理犯罪的"舍服取义"司法原则,即司法原则适用时不再一味遵循"准五服以制罪",而采用一般人间互犯时的法律原则,即按"凡人论",或"平人论"。这一司法原则最早见于宋人傅霖《刑统赋》,称为"义胜于服,则舍服而论义"。对此,元人沈仲纬指出:"论亲属者,义以别于服制。"②这里沈仲纬指出了"舍服取义"司法原则本质上是对"准五服制罪"原则的补救。沈仲纬接着指出,

① (元)郯韵:《刑统赋解》卷上,载《丛书集成续编(第52册)》,中国台湾新文丰出版社1990年版,第424页。
② (元)沈仲纬:《刑统赋疏》,载《丛书集成续编(第52册)》,中国台湾新文丰出版社1990年版,第545页。

在法律中，虽然按服制兄姊是"期服"关系，外祖父母是"小功服"关系，但由于殴打外祖父母属于"义重"，所以两者在量刑上不再依据服制，而是"舍服取义"，是殴兄姊徒二年半，殴外祖父母徒三年。这里的解释，本质上是为解决"准五服以制罪"中，五服制带来的伦理关系上的缺陷。此外，沈仲纬还引用了两个当时具有法律效力的判例做进一步解释：

例一：延祐三年(1316年)十月，江西断过袁州路彭谷清将女招到许天祥为婿，本期养老，失犯抵触，今殴妻母咬伤，罪又上原名，义绝离异。

此案中袁州路彭谷清招到许天祥为养老女婿，后来许天祥因为与妻子母亲争吵，殴打并咬伤妻子母亲，判决时依据是"义绝离异"，在法律责任上许天祥按"凡人争殴伤人"罪处罚。

例二：至元三十一年(1294年)九月，陕西省咨："西安路吏告养老女婿张留僧刁引女棉喜在逃，不从斫伤手指，用斧将妻阿屈左耳脑顶上斫伤，扎鲁忽赤断讫八十七下，即系义绝，再难同居，理合离异了。"①

陕西省西安路有人招到养老女婿张留僧，后来张留僧勾引了一名叫棉喜的女子外逃，棉喜不听从，张留僧就用刀砍伤棉喜手指，用斧头将妻子阿屈左耳脑顶砍伤。案发后审理时认为张留僧砍伤妻子属于触犯"义"的原则，"再难同居，理合离异"，即判离婚，同时按"凡人"伤人罪判张留僧杖八十七下。

上面两个案例属于殴伤妻子母亲、妻子的行为导致义绝离婚，在法律责任上人犯适用了"凡人"间互犯法律。这类案件在明清时期的司法适用中更加明显，除在夫妻关系外，还扩大到尊长对卑幼的伤害案中。明清两朝在尊长伤害卑幼案中严格区分卑幼有无过错，尊长在教训卑幼时不能超过基本人伦关系中的"义"，否则司法上不再遵循服制原则，采用"义"去"服制"，即不再遵

---

① （元）沈仲纬：《刑统赋疏》，载《丛书集成续编（第52册）》，中国台湾新文丰出版社1990年版，第537页。

守自然血缘伦理关系而是遵守人与人的自然"类属"①伦理关系。明清时,若尊长有谋杀、故杀、非理虐待卑幼致残、致死的,就采用去"服"用"义"的司法原则。这方面的案例现在可以见到最多的是在清乾隆朝时期。

(四)宋元明清时期"舍服取义"原则的适用

"舍服取义"在宋朝的提出,本质上是一种对以往司法总结的产物,因为在司法活动中早已存在相关实践。从史料看,这类案件在宋初就已然存在,《宋史》中记载宋太祖时,出现开封妇女杀害丈夫前妻儿子案和泾州安定妇女因为"怒夫前妻之子妇,绝其吭而杀之"案。在对两个案件法律适用时,宋太祖在裁决时都采用加重适用死刑。开封妇女杀死丈夫前妻儿子案,按当时国家法律只判"徒二年",处罚十分轻,故而针对这类案件,宋太祖直接下诏规定:"自今继母杀伤夫前妻子,及姑杀妇者,同凡人论。"②从这里看,宋太祖在诏书中将这类案件中当事人的关系从"服制"转向"凡人",使得这一案件的判决和立法成为"舍服取义"司法原则的直接来源。在元朝法律分类中,除在传统离婚案件中有"义绝"门外,开始在"诸恶"目下独立列出"不义门",针对犯罪中破坏"义"的行为进行独立分类。从"不义门"看,这当中有很多案件属于服制案,本质上是认为服制案中当事人的行为违背了"义",所以称为"不义"。如至大四年(1311年)二月,江浙行省奏报杭州路一名叫钱万二的人,因为贪图钱物把妻子狄四娘全身雕青刺绣,出租给当地人举行迎社仪式,让妻子裸身在街道上游行。案发后,地方官在审理时认为钱万二对妻子的行为属于"大伤风化,已绝夫妇之道",判决离异。报奏中央刑部覆审时,刑部认为钱万二"不以人伦为重,贪图钱物,将妻狄四娘抑逼,遍身雕刺青绣,赤体沿街迎社。不惟将本妇终身废弃,实伤风化",判决时不仅判义绝离婚,还判钱万二杖刑

---

① 在人类历史中,对什么是"自己同类"的认同上,经历"血缘认同""拟制血缘认同""类属认同"三个不同阶段和形式。

② 《宋史》卷200《刑法志二》,中华书局1975年版,第4986页。

八十七下。此案中地方和中央官员在判决中都认为是"义胜于服"，钱万二不能适用"夫"与"妻"的五服关系，转向适用一般人的伤害案。① 此外，在"义男面上刺字"条下记载元贞元年（1295 年），江西省袁州路发生曹应定控告义男曹归哥用铁斧砍伤自己案，审理时发现原因是曹应定平时对义男曹归哥"嗔责不时，锁打无度，辄用针笔刺面"，才导致曹归哥用铁斧砍他。中书省在判决时认为因为曹应定存在对曹归哥非理虐待的犯罪行为，所以曹应定与曹归哥已经属于"义绝"，曹归哥砍伤曹应定行为应属于"凡人"之间刀刃伤人案，不属于儿子对父亲伤害的服制案。② 在"烧烙前妻儿女"条中记载延祐三年（1316 年）十月，江浙行省永平路抚宁县人郝义的妻子韩端哥仅因为郝义前妻所生十一岁儿子郝骂儿和十三岁女儿郝丑哥用小荳换梨吃，就对郝骂儿用烧红的铁鞋锥烙腰脊 7 下，对女儿郝丑哥全身烙了 72 下，此外还有用绳拴吊打等残酷虐待行为。地方官在审理时指出韩端哥对丈夫前妻所生子女已经属于"舍情苦虐，已经绝骨肉原情"，也就是义绝，判决时是离婚并杖七十七下，同时返回男方所下聘礼。③ 此案判决就采用先义绝，后让韩端哥承担故意伤害平人法律责任的处理方式。

元明清时期，在法律上"舍服取义"原则适用范围十分广，扩大到尊长对卑幼的伤害案。元明清时期对尊长伤害卑幼案，在法律上严格区分卑幼有无过错。尊长在训诫有过错卑幼时，虽然有一定的责罚权，但不能超过人与人之间的"义"，否则就不再遵守服制原则，而采用"凡人"间伤害案适用相关法律。对此，元人孟奎在《粗解刑统赋》中对"五服定罪，有亲同于疏"条作注时指出："以尊凌卑，故杀子孙，凡所以逆理背常，斗殴而折伤肢体人命之类者，虽亲义

---

① 《元典章》卷 41《刑部三·诸恶·不义·将妻沿身雕青》，陈高华、张帆等点校，中华书局、天津古籍出版社 2011 年版，第 1414—1415 页。

② 《元典章》卷 41《刑部三·诸恶·不义·义男面上刺字》，陈高华、张帆等点校，中华书局、天津古籍出版社 2011 年版，第 1414 页。

③ 《元典章》卷 41《刑部三·诸恶·不义·烧烙前妻儿女》，陈高华、张帆等点校，中华书局、天津古籍出版社 2011 年版，第 1416—1418 页。

绝,难以服论罪,但比常人减等。"①这里指出对那些滥用尊长权利,违背人与人之间常理的尊长,在法律上就是"亲属"也已经义绝,不再适用"服制"案原则。这方面最典型的是清朝乾隆年间的立法和实践。从记载看,乾隆朝通过两个方面对此进行调整:首先是立法,其次是司法。

在立法上,乾隆二十九年(1764年)二月,刑部提出对期亲尊长无故、挟嫌将卑幼殴打致伤残的不再免除法律责任,因为这种行为违背了"义"。"刑部奏:'律有期亲尊长殴卑幼至笃疾勿论之条',伏思尊长若止依理训责,及因事互殴,邂逅致伤,自应依律勿论。若尊长挟有嫌隙,故将卑幼致成笃疾。此其伤残骨肉,与邂逅致伤迥殊。律例向无分别治罪明文,往往有明知可以勿论,有心残害者。"刑部在此指出,现实中尊长由于有法律上的免责,故而往往无因无故或挟嫌殴打卑幼致残、致死。为此,刑部提出:"请嗣后将挟嫌殴卑幼至笃疾者,如兄姊照殴死弟妹,杖一百、流二千里,例减一等,杖一百、徒三年。伯、叔姑、伯叔、祖父母、外祖父母,照殴死侄、侄孙、外孙,杖一百、徒三年,例减一等,杖九十、徒二年半,不准仍照律勿论。从之。"②这次修律扩大到兄姊殴打弟妹,伯、叔姑、伯叔、祖父母、外祖父母殴打侄子、侄孙、外孙等卑亲属中。当然,立法上并没有直接用"凡人论"作为司法适用的基础。此外,在立法上,根据沈家本在《故杀胞弟二命现行例部院解释不同说》中对光绪三十四年(1908年)陕西赵憘憘杀二胞弟案的考察,可见乾隆朝在这方面的立法共有三次,分别是乾隆四十二年(1777年),江西省郭义焙图财杀死小功堂侄案中"有服尊长杀死卑幼,如系图谋卑幼财产杀害卑幼之命,并强盗卑幼资财放火杀人,及图奸谋杀等案,悉照平人一例办理之例";乾隆五十六年(1791年),山西余文全故杀大功弟和孙式汉故杀小功堂侄两案时制定有服尊长杀卑幼案,

---

① (元)孟奎:《粗解刑统赋》,载《丛书集成续编(第52册)》,中国台湾新文丰出版社1990年版,第468页。

② 《清高宗实录(第9册)》卷705"乾隆二十九年十二月己酉条",中华书局1985年影印版,第17627—17628页。

"如卑幼并无触犯情节,只因父兄、伯叔平日不肯资助及相待刻薄、挟有夙嫌,将其年在十二岁以下无辜幼小子嗣、弟侄迁怒故行杀害图泄私忿者,悉照凡人谋故本律拟斩之例"①。最后,在光绪朝形成了"期、功以下尊长谋、故杀卑幼之案,如系因争夺财产、图袭官职挟嫌惨毙,及图奸等项者,不论年岁,俱照凡人谋故杀问拟"②。这样在立法上,将这类案件的法律适用转成成文法,构成国家普适性法律。

在司法上,乾隆皇帝对尊长无故杀害卑幼案都采用按"凡人杀害"案处理。乾隆三十年(1765 年)九月,在核准秋审死刑案时,贵州省林曰仁因为贪图小功堂侄林柏的财产,把林柏殴打致死。"林柏以盗卖林曰仁园地,恐其控告,殴伤致毙,既系因财故杀",法律适用时"即不得援尊长卑幼之常例议缓",即不再适用服制关系,转而适用"舍服取义",按凡人案件处理。对尊长因私利故杀卑幼,法律适用时采用舍服取义。③ 乾隆三十五年(1770 年)六月,陕西巡抚文绶审理焦喜财听从老赵氏虐死王磨折儿案时,由于人犯焦喜财、老赵氏对王磨折儿致死手段十分残忍、无道,判决时对下手人犯焦喜财处以凌迟刑,对主谋唆使人老赵氏拟杖流,不准收赎。此案中焦喜财是老赵氏的仆人,在法律上有"听从老赵氏主使,事由主母逼勒,势不由己"的减刑规定,但由于焦喜财的手段十分残忍,所以对其改为适用"律以雇工人谋死家长,凌迟处死"。主谋者老赵氏与死者虽是祖母与孙的关系,但不准适用服制原则。因为"今王磨折儿年幼,并无过犯,而老赵氏偏爱伊女,图分田产,将寡媳小赵氏缚殴空屋,欲令绝粮饿毙。经王磨折儿咬绳潜逸,情甚可怜。老赵氏转虑其长大记仇,起意致死。不惜伊夫伊子,永绝宗嗣,其忍心惨毒"。因为受害人无

---

①　沈家本:《寄簃文存》卷 3《说·故杀胞弟二命现行例部院解释不同说》,载《历代刑法考(四)》,中华书局 2006 年版,第 2133 页。

②　沈家本:《寄簃文存》卷 3《说·故杀胞弟二命现行例部院解释不同说》,载《历代刑法考(四)》,中华书局 2006 年版,第 2131 页。

③　参见《清高宗实录(第 10 册)》卷 744"乾隆三十年九月乙酉"条,中华书局 1985 年影印版,第 18038 页。

过错,不适用一般尊长之律。此条只在"子孙先有违犯尊长情事,或子孙不肖,或一时激怒"时才能适用。通观此案,在法律适用上不再适用服制原则,转向"舍服取义"原则。虽老赵氏年老不适用死刑,但仍然实杖后发配新疆厄鲁特为军奴,亦不准适用赎罪免于执行。① 这在法律上已经是凡人所犯的处罚。

对尊长挟嫌谋杀卑幼的案件中,在乾隆朝法律适用上适用舍服取义的案件较多。如乾隆三十六年(1771 年),在针对河南林朱氏与林朝富通奸,用毒药毒死儿媳黄氏案时,乾隆下谕旨指出,尊长杀卑幼案件在适用"凡故杀子孙定例"时必须是"子孙先有违犯,或因其不肖,一时忿激所致"。本案中因为林朱氏与林朝富通奸被儿媳撞见,要求儿媳保密,儿媳不从而被谋杀则不属于上述法律限定之内。"林朱氏与林朝富通奸,为伊媳黄氏撞见,始则欲污之以塞口,及黄氏不从,复虑其碍眼,商谋药死。"乾隆认为林朱氏行为是"其廉耻尽丧,处心惨毒。姑媳之恩,至此已绝,不但无长幼名分可言",要求按"凡人"间谋杀罪判决,并要求"嗣后凡有尊长故杀卑幼案件内,有似此等败伦伤化,恩义已绝之罪犯,纵不至立行正法,亦应照平人谋杀之律,定拟监候,秋审时入于情实"②。从此案看,乾隆认为尊长在做出此类行为时,已经超出了血缘人伦关系,当事人之间的服制关系已然不存在,在法律适用上应按平民谋杀罪判决。这一案件成为判例后被广泛适用。

对因贪财而故意杀害卑亲属的,在法律适用时采用舍服取义。对此,宋元时期在司法上形成"缌麻服以上故相恐喝以取其财,犯尊长者,以凡人论"③的审判原则。这种司法到清朝时越来越成为国家的重要原则,如乾隆四十一年

① 参见《清高宗实录(第 11 册)》卷 862"乾隆三十五年六月"条,中华书局 1985 年影印版,第 19627 页。

② 《清高宗实录(第 11 册)》卷 898"乾隆三十六年十二月丙子"条,中华书局 1985 年影印版,第 20165 页。

③ (元)沈仲纬:《刑统赋疏》,载《丛书集成续编(第 52 册)》,中国台湾新文丰出版社 1990 年版,第 545 页。

(1776年)九月,秋审案中江西省郭义焙因为看见"六岁幼侄郭了头仔颈戴银项圈",为夺银项圈,在争抢中把郭了头仔"推跌粪坑溺毙"。地方和中央刑部官员在审理时都按服制案判决。对此,乾隆十分生气,认为此案罪犯"凶恶残忍,情殊可恶,且该犯意在图财,视伊侄如草芥,盗攫而残其命,于死者恩义已绝"。为此,他下谕旨"敕部准情定拟,是以有兄及伯叔、因争夺财产,将弟侄故行杀害者,拟绞监候一条。然此亦第专指寻常索财争产,因伤毙命而言。盖弟侄原有赡给尊长之义。故尊长之罪,尚可稍轻。若谋财害命,及强盗得罪,致死弟侄,更复有何伦理。以及图奸卑幼之妻,复将卑幼谋杀者。此等凶徒,身已蔑伦伤化,定拟时转因伦纪原情"①,要求刑部针对这类案件不得适用服制原则。乾隆五十六年(1791年)十月,审查秋审山西省情实人犯名册时,有余文全因为怀恨自己胞叔余发不给自己周济,故意将胞叔年仅十二岁儿子余兴成子用石头殴打致死泄愤案和孙式汉因为记恨堂叔平时对自己刻薄,在堂叔年仅十岁儿子孙宽汉拿走所借铁抓时故意殴杀案。两案刑部都依据"尊长谋杀本宗卑幼律问拟绞候,入于情实"判决,对此,乾隆认为刑部量刑不当,指出尊长"若因挟嫌怀忿,辄倚尊长名分,故行殴打致死。甚或觊觎家赀,肆意凌虐,殴毙卑幼,且其中致绝人子嗣者有之,是其残忍已极"。这类案件属于"恩义断绝,即当以凡论,不得再援尊长之例按照定拟"②。这里,乾隆对尊长杀卑幼中哪些属于情重而必须适用"舍服取义"的情节进行了明确界定。

这一法律原则在乾隆朝后仍然得到遵循,如道光二十四年(1844年)三月,四川荣昌县百姓叶泳喜与嫂嫂通奸杀人案,在判决时指出:"例载功服以下尊长,图奸谋杀卑幼,照平人问拟斩候,诚以淫凶乱伦,无复恩义可言,不得

---

① 《清高宗实录(第13册)》卷1016"乾隆四十一年九月癸未"条,中华书局1985年影印版,第22149—22150页。

② 《清高宗实录(第18册)》卷1388"乾隆五十六年十月丙午"条,中华书局1985年影印版,第27551页。

仍以服制论。今叶泳喜因与兄妻通奸,复致死其媳,虽与图奸谋杀卑幼不同,而恩义同一断绝,应照凡人谋杀人造意律。"①此案判决时认为人犯叶泳喜行为违反"义",在法律适用时不能适用服制原则,要适用"凡人谋杀"罪中的主犯规定。这种司法审判在清末光绪三十四年(1908年)八月初十日发生的"陕西省赵憘憘杀同父异母两位十岁以下胞弟"案中仍然坚持,因为沈家本在《故杀胞弟二命现行例部院解释不同说》中指出,"赵九成、赵火成年均幼稚,有何干犯可言? 为之兄者,竟忍挟嫌惨杀,立毙幼弟二命,迹其义绝之状,自应照凡人定拟。该抚将该犯仍依服制科断,置同凡人之例于不论,情节显有不符"②之论。这里沈家本就要求司法时采用"舍服取义",适用"凡人"互杀定罪量刑。

以上说明元清两朝舍服取义的法律已经十分完善,服制与"义"构成了家庭血缘关系案件中的两个基本原则,它们之间相互制约,使社会价值取向获得了一种相对平衡,让司法产品保持在"中道"之中。

从上可知,在处理中国古代家庭成员间的法律关系上,存在着两个支柱型法律价值,即"礼"和"义"。两者分别引申出家庭成员之间案件在法律适用上的"五服制"和"舍服取义"原则。两个原则从不同侧面构建了中国传统家庭成员间互犯案件的"自然有别关系"和"自然平等关系",让中国古代法律获得一种价值取向上的相对平衡,实现了一种中道的司法。在这种平衡机制中,若家庭成员中居于优势地位的尊长对处于劣势地位的卑幼进行挟私谋杀、非理虐待、为财故杀谋杀等犯罪时,在法律上采用"义"来剥夺"服制"原则下尊长拥有的法律特权。这说明中国古代法律制度在"服制"下保护尊长的特权是有一定限度的,那就是尊长在享有这种特权时不能对卑幼生命尊严构成非理

---

① 《清实宗实录(第7册)》卷403"道光二十四年三月乙酉"条,中华书局1985年影印版,第41332页。

② 沈家本:《寄簃文存》卷3《说·故杀胞弟二命现行例部院解释不同说》,载《历代刑法考(四)》,中华书局2006年版,第2132页。

剥夺和伤害,否则在法律上会被剥夺自然血缘伦理构成的法律特权,转向人与人之间正常社会生活下的法律关系。这种司法传统体现出来的"中道"价值是值得借鉴的。当今涉及家庭成员间的案件在法律适用上应保证基本的人与人之间的尊严和价值,而不是简单的强调血缘关系的自然属性。

三、置物责情[①]:财产与生存中的情理选择

中国古代在与财产有关的犯罪中,定罪量刑基本原则是"论赃额定罪量刑",其中涉及特别犯罪主体时,往往会从礼出发,有减轻和加重两种情况。在这当中,官员与治理下的百姓在礼的原则下形成了一种"尊卑关系",官员拥有不同于平民的特权。然而,在司法实践中,针对职官收受监临地百姓财物的案件,形成了"情重于物,则置物而责情"的司法原则。这一司法原则最初的目的是打击官员对治理地百姓财物的非法掠夺。但在实践中,特别进入宋元后,开始转向适用于平民百姓涉及与财产有关的犯罪中,如偷盗、抢劫罪等。其中,具有补救功能的司法原则出现在宋元两朝,国家在这个时期,对贫民因为在饥荒或寒冬为生存而偷窃、抢劫粮食和衣物时通过适用这一司法原则,改变计赃定罪量刑的原则,实行减刑处罚。在两类群体上呈现出不同的司法取向,体现出传统中国司法的重要特色。仔细分析宋元时期的司法,会发现"计赃定罪量刑"原则和"置物责情"原则在功能上,具有正向与补救的关系,两者构成了正向司法原则和补救司法原则的关系。深入分析这对司法原则的形成,本质上是虽然官员有礼下的特权,但要受到使平民百姓能活下去"义"的正当性制约。这样,最终具体内容形成了一对不同功能但相互制衡的司法原则。

---

① 此表达在宋霖的《刑统赋》中是"情重于物,则置物而责情",为了表达上的简练,笔者采用"置物责情"。

(一) 官员利用职权强取豪夺任职地百姓财物时加重处罚

宋人傅霖的《刑统赋》是为学习《宋刑统》入门者撰写的一部律学著作。为了方便学习者记忆,该书对《宋刑统》中的很多内容进行了总结,提炼出许多经典的法律原则,影响了此后整个中国传统法律的原则和适用。其中,在总结职官收受监临地百姓财物的立法成果时,提炼出"情重于物,则置物而责情"的司法原则。这一司法原则原义是指职官在收受监临地百姓财物,或收受监临地百姓馈赠的猪羊等家畜肉时,根据收受官员的行为分为"自愿"和"索取"两种,对"自愿"的按财产计赃量刑,罪名是受所监临财物罪;对"索取",又分为"乞取"和"强乞取"两种,对"强乞取"的不按计赃数量适用受所监临财物罪而是适用受财枉法罪,理由是"和而受之,以其情轻,是以舍情而论物;强而取之,其情重,是以置物而责情也"①。唐宋在"受所监临财物罪"上的详细立法是"监临之官,受所监临财物,一尺笞四十,一匹加一等;八匹徒一年,八匹加一等,五十匹流二千里。乞取者加一等。强乞取者,准枉法论"②。可见官员受所监临百姓财物罪被分为三种类型,分别是:监临地百姓自愿送给、监临官员主动索求、监临官员强行索取。从原文看,法律中的"财物"是指金钱,但通过解释,把它扩大到"猪羊等禽畜"肉品上,因为"疏议"中有"举猪羊为例,自余禽畜之类,皆是"。对猪羊等禽畜肉的供馈上分为"自愿"和"主动"获取两种,若是强行索取的,则适用强取监临财物罪。"诸监临之官,受猪羊供馈[谓非生者],坐赃论。强者,依强取监临财物法,计赃准枉法论。"③从立法看,这一法律体现的是全面禁止官员收受任职地百姓财物,

---

① (元)沈仲纬:《刑统赋疏》,载《丛书集成续编(第52册)》,中国台湾新文丰出版社1990年版,第537页。

② (元)沈仲纬:《刑统赋疏》,载《丛书集成续编(第52册)》,中国台湾新文丰出版社1990年版,第537页。

③ (元)沈仲纬:《刑统赋疏》,载《丛书集成续编(第52册)》,中国台湾新文丰出版社1990年版,第537页。

并且宋朝有把这一法律扩大适用的倾向。《宋会要》中记载建炎元年（1127年）十一月，在制定禁止弓手下乡扰民法律时，规定"弓手辄敢无故下村，以捕贼为名搔扰人户，乞觅钱物，欲并依强乞取法"①；太医院的医生为士兵治病，有"受兵校钱物者论如监临强乞取法"②。元丰七年（1084年）十月丁丑，光禄卿吕嘉称"牛羊司典吏李璋犯乞取赃，已论决"③。从上可知，在这些行为的法律责任认定上，会根据情节轻重，分别适用不同罪名，而不仅是按涉及财物赃额定罪量刑。这在中国古代职官犯罪立法中属于较有特色的部分。

在元朝司法中，这方面的个案不少见。如元成宗大德五年（1301年）三月，大德路司狱魏绍先强行索取囚犯李德和的白米六斗。事发后，对魏绍先就不再适用受所监临财物罪，而是加重适用财枉法罪，理由是"本官受物，虽微违法，情重枉法，验科断不叙"④。这里明确指出，司狱魏绍先所犯罪虽然轻，但由于是强行索要囚犯的财物，属于情节重的犯罪行为，处罚时不再按"赃物"的数额而是依"情"量刑。大德七年（1303年）八月，陕西省转运使王速甫在视查盐池时强行向盐池提领官王荣索要羊肉和酒。案发后，因为王速甫是强行索要，处罚时不采用罚俸追赔钱物而是处罚笞刑二十七下，但王荣因为是被上级官员强行索要，不是主动提供，所以免除处罚。⑤ 从两个案例看，所犯罪行与受所监临财物罪完全一致，但在司法适用时，在罪名和量刑上依据"情重于物，则置物而责情"的原则，改为适用受财枉法罪判决。

---

① 《宋会要辑稿·兵三·厢巡之15》，刘琳等校点，上海古籍出版社2014年版，第8664页。

② 《宋会要辑稿·职官二二·太医院之37》，刘琳等校点，上海古籍出版社2014年版，第3635页。

③ 《续资治通鉴长编》卷349"宋神宗元丰七年冬十月"条，中华书局2004年版，第8369页。

④ （元）沈仲纬：《刑统赋疏》，载《丛书集成续编（第52册）》，中国台湾新文丰出版社1990年版，第537页。

⑤ 参见（元）沈仲纬：《刑统赋疏》，载《丛书集成续编（第52册）》，中国台湾新文丰出版社1990年版，第537页。

（二）贫民百姓因饥寒偷窃粮食、衣物时减轻处罚

若"情重于物，则置物而责情"的司法原则仅适用在职官收受监临地百姓财物上，那并不构成重要的司法原则，因为它仅是对"受所监临财物罪"的提炼表达。这一原则最大功能是适用到贫民因饥寒偷窃粮食衣物案件时变成对其减刑的依据。中国古代每当遇到天灾时往往出现大量饥民，但国家又没有很好的救济体系保障饥民生存，于是，很多饥民只好铤而走险，偷窃、强抢粮食以度日。此外，一些贫民，一到寒冬之际，因为缺衣少物，只有偷窃他人或野外寺庙中各种神像上的衣物以御寒。对这些行为，若按偷盗、抢劫罪计赃处罚，往往量刑会很重。国家面对这种情况，一般会通过上述司法原则，不再严格依照"赃物"数量计赃量刑，而是依"情"酌情处罚。这种司法在宋元时期较为典型，影响了国家在偷盗、强抢粮食和衣物方面的司法实践，甚至成为这方面的重要司法原则。

宋朝在偷盗、抢劫罪的立法上量刑相对重，入死刑的赃额设定得很低，如宋太祖建隆年间，对强盗罪和抢劫罪入死刑赃额进行了调整，规定"窃盗赃满五千足陌者乃处死"[①]；"旧制，强盗赃满十匹者绞。庚寅，诏改为钱三千足陌者处死"[②]。这样导致出现饥荒年月，贫民因为饥饿偷盗、强抢粮食和衣物被判死罪的人数剧增。如真宗景德元年（1004 年）寿州饥民因为强抢他人窖藏粟麦，按强盗罪计赃量刑处罚，有 70 多人得判处死刑。面对这种情况，国家在量刑时只好采用"置物责情"司法。"知寿州陈尧佐上言：'饥民劫窖藏粟麦者，凡七十余人，以强盗计赃法当死。'诏并决杖黥面配牢城，为首者隶五百里外，余隶本州。"[③]对此，《宋史·刑法志》中称"凡岁饥，强民相率持杖劫人仓

---

① 《续资治通鉴长编》卷 3"宋太祖建隆三年二月己亥"条，中华书局 2004 年版，第 62 页。
② 《续资治通鉴长编》卷 3"宋太祖建隆三年十二月庚寅"条，中华书局 2004 年版，第 76 页。
③ 《续资治通鉴长编》卷 57"宋真宗景德元年八月庚申"条，中华书局 2004 年版，第 1252 页。

廪,法应弃市,每具狱上闻,辄贷其死"①。从这里看,宋朝饥民因为强抢粮食按法律应判死刑,但对此减刑已成为通例,依据就是"置物责情"。宋真宗时蔡州有饥民 318 人因为偷盗、强抢粮食按法律"皆当死",当时知州张荣、推官江嗣宗采用对首犯"杖脊,余悉论杖罪"拟判。呈报中央裁决时,宋真宗不仅不反对,还对他俩进行了褒奖。宋真宗在派官员到全国巡察时,曾公开下谕要求官员针对"平民艰食,强取糇粮以图活命尔,不可从盗法科之"②。可见,宋真宗要求对饥民强抢粮食的行为不应机械适用强盗法。除此之外,在真宗大中祥符三年(1010 年)八月有"淮南饥……盗谷食者量行论决"③;天禧四年(1020 年)二月癸未有"以淮南、江、浙谷贵民饥……其乏食持仗盗粮者,并减等论罪"④。在仁宗朝,这种司法得到进一步发展,天圣初年对盗劫粮米的饥民就是有伤害主人的行为也不适用死刑,仁宗认为:"饥劫米可哀,盗伤主可疾。虽然,无知迫于食不足耳。"⑤若对偷盗粮食的饥民适用死刑则是对饥民不公。这样就把以前司法中,对饥民只偷盗、强抢粮食,不偷抢金钱、不伤主人的减刑司法扩大到强抢粮食伤害主人不死的行为中。当然,从记载看,这一行为并没有得到全面推广。因为宋仁宗天圣三年(1025 年)三月戊寅下诏:"陕西灾伤州军,持仗劫人仓廪,非伤主者减死,刺配邻州牢城,非首谋者又减一等,仍令长吏密以诏书从事。自是,诸路灾伤,即降下有司救,而民饥盗取谷食,多蒙矜减,赖以全活者甚众。"⑥按记载,到宋仁宗皇祐五年这种法律正式成为定制。皇祐五年(1053 年)闰七月,当时"其在襄州,会岁饥,或群入富家掠囷粟,狱吏鞫以强盗",当地官员提出:"'此迫于饥尔,其情与强盗异。'奏得

① 《宋史》卷 200《刑法志二》,中华书局 1975 年版,第 4987 页。
② 《宋史》卷 200《刑法志二》,中华书局 1975 年版,第 4987 页。
③ 《续资治通鉴长编》卷 74"宋真宗大中祥符三年八月"条,中华书局 2004 年版,第 1685 页。
④ 《续资治通鉴长编》卷 95"宋真宗天禧四年春正月丙子"条,中华书局 2004 年版,第 2179—2180 页。
⑤ 《宋史》卷 200《刑法志二》,中华书局 1975 年版,第 4987 页。
⑥ 《续资治通鉴长编》卷 103"宋仁宗天圣三年三月戊寅"条,中华书局 2004 年版,第 2378 页。

减死论,遂著为例。"①这里强调的是强抢不伤主人时才能减死,若有伤主人的则适用死刑。这种原则,宋初就开始适用,因为《宋会要》记载淳化五年(994年)正月十六日,宋太宗在派遣中央官员十七人到全国各州覆审刑狱时,要求对"因饥持杖劫夺藏粟,止诛为首者,余悉减死论"②。这里明确指出对因饥荒而持杖抢劫粮食的人犯,除首犯处以死刑外,其他从犯一律减死。对宋朝在饥民偷盗、强抢粮食犯罪时采用"置物责情"的司法原则,元人评价:"自是,诸路灾伤即降敕,饥民为盗,多蒙矜减,赖以全活者甚众。"③说明这种司法的效果是十分明显的。

"置物责情"在元朝成为处理偷盗粮食和衣物案件的重要司法原则,在贫民偷盗粮食和衣物的犯罪上得到广泛适用。这方面的案例在元朝史料中是常见的。大德八年(1304年)正月,河北道廉访司呈报中书省,称江陵路盗窃犯宋仲友在大德三年(1299年)五月偷盗了谢秀粟谷五斗,按市价计赃是中统钞二两,江陵路依据偷盗罪量刑原则,判处宋仲友笞五十七下并刺字。对此判决,河北道廉访司认为不合理。于是,呈报中书省做出法律解释,并要求改判。中书省收到呈报后,转给刑部审查,刑部在查找相关先例后指出,大德七年(1303年)七月河东山西道宣慰司呈报人犯张成、李添儿等偷盗王聚等人家里窖藏麦谷案时,就未依据偷盗财物罪量刑,在额上刺字。比较两案后,刑部认为江陵路对宋仲友偷盗粮食案依据计赃判处刺字不合法,要求地方洗除刺字。先例张成、李添儿等偷盗王聚等家窖藏麦谷案,在判决时地方官认为若按故意偷盗钱物案判决刺字,在情理上有偏重的问题。于是,呈报中书省做出法律解释和裁决。中书省在转给刑部审理拟判时,刑部指出:"饥馑之际窃粮食者,固法所不容,而情在所宥,比年田禾薄收,物斛涌贵,贫民缺食,为救一时之急,因而窃取粮食,原其所由,情非得已,若与偷盗钱物一体刺断,似涉太重。"在

---

① 《续资治通鉴长编》卷175"宋仁宗皇祐五年闰七月"条,中华书局2004年版,第4223页。
② 《宋会要辑稿·刑法五·省狱18》,刘琳等校点,上海古籍出版社2014年版,第8512页。
③ 《宋史》卷200《刑法志二》,中华书局1975年版,第4987页。

此理由下,刑部提出对偷盗粮食的人犯在判决时,首犯"权宜免刺",再犯赃在"一石之上者,依例刺字"。在呈报中书省裁决时,中书省的判决是盗窃粮食的人犯,初犯照刑部拟议外,再犯采用"临事详情议断",而不是一律刺字。① 从对张成、李添儿案判决的理由看,此案若依计赃量刑应刺字,但由于人犯是因为饥饿才偷窃粮食,所以在量刑时不用"物赃"而转向"责情",构成"置物责情"的司法原则。

元朝对因为寒冷而偷盗寺院神庙里神像的衣物御寒的人犯,也不严格计赃论罪,而是适用"置物责情"。此方面亦有不少个案,如延祐二年(1315年)十一月,江西行省吉安路庐陵县宋长卿控告人犯张元章。在延祐二年二月初十日偷盗了青源山净居禅寺神像衣物共五件,按市价估算赃额是至元钞八贯九百文,按偷盗罪应判杖六十七下并刺字。但由于人犯"原情盖为饥贫,兼所盗神衣别非常用之物",所以吉安路提出依照先例"章万一盗东岳庙黄绢字幡例免刺"案判决。呈报刑部时,刑部提出至大三年(1310年)十月初六日,审理过山东宣慰司益都路沂州人犯葛课儿偷盗神像衣物案,所偷神像衣物计赃达至元钞六两七钱,依照偷盗罪应判杖六十七下并刺字徒役。刑部指出,葛课儿虽然已经因偷驴宰杀食吃被判刺刑,但与"今犯因为饥寒所逼,盗取无人看守庙等神像及服情犯,若与偷盗民财一体刺配"终有不同,所以刑部提出对葛课儿不判刺配。通过对"章万一盗东岳庙黄绢字幡免刺案"和"葛课儿偷盗神像衣服案"的比较,刑部得出对张元章偷盗神像衣服案不适用计赃量刑,而是采用减刑判决。② 分析三案在量刑上都没有适用偷盗罪计赃量刑的原则,而是适用"置物责情"的司法原则。以上两条法律在元朝末年制定的《至正条格》中"断例"部分第18卷下"贼盗"门中仍有"盗神像衣物"(第566条)和"窃盗

① 《元典章》卷49《刑部十一·诸盗·免刺·偷粟米贼人免刺》,陈高华、张帆等点校,中华书局、天津古籍出版社2011年版,第1660页。
② 《元典章》卷50《刑部十一·诸盗·免刺·盗神衣免刺》,陈高华、张帆等(点校),中华书局、天津古籍出版社2011年版,第1663—1664页。

粮食"(第573条)。这两条法律应该就是上面法律被再次撰入法典之中。这说明在饥民偷窃粮食和神像衣服量刑上,不适用偷盗罪上的计赃量刑是贯穿整个元朝司法的。

宋朝对贫民因为饥寒偷盗粮食和衣物时适用"置物责情"的司法原则,在宋朝是有一些大臣反对,如宋仁宗至和元年(1054年)九月在讲读《周礼》中"大荒大札,则薄征缓刑"时,杨安国指出:"所谓缓刑者,乃过误之民耳,当岁歉则赦之,悯其穷也。今众持兵仗,劫粮廪,一切宽之,恐不足以禁奸。"①司马光也认为在灾荒时对强抢粮食的人犯采用减刑"是劝民为盗也"②。但当国家面对灾荒又无力对饥民进行有效救济时,也只能对偷盗、强抢粮食的行为采用减刑处罚以救时弊,让饥民采用"非正常方法"度日为生。对此,宋仁宗在与杨安国的交谈中态度十分明确,他指出:"不然,天下皆吾赤子也。一遇饥馑,州县不能存恤,饿莩所迫,遂至为盗,又捕而杀之,不亦甚乎!"③这在本质上是承认自身治理不足,这比起那些把自己治理不足转嫁给被治理者的统治者来说,不失是一种进步。

(三)抑强扶弱:一种司法价值的实现

通过上面的分析,会发现一个有趣的现象,上面讨论的两类案件中,虽然适用同一司法原则,但在具体适用时由于适用的犯罪对象不同,实现的司法目的却完全不同,体现出的是两种不同的司法价值取向。这是人类司法原则中的一种奇特的现象。在针对职官强行索要和强取任职地百姓财物的犯罪时,"置物责情"是为达到加重处罚的目的,以抑制职官对任职地百姓财产的随意

---

① 《续资治通鉴长编》卷177"宋仁宗至和元年九月己巳"条,中华书局2004年版,第4280页。对此,《宋史》中有相同记载。"乃过误之民耳,当岁歉则赦之,悯其穷也。今众持兵杖劫粮廪,一切宽之,恐不足以禁奸。"(《宋史》卷200《刑法志二》,中华书局1975年版,第4987页)
② 《宋史》卷200《刑法志二》,中华书局1975年版,第4988页。
③ 《续资治通鉴长编》卷177"宋仁宗至和元年九月己巳"条,中华书局2004年版,第4280页。

侵夺,属于抑制型司法;针对灾民、贫困因为饥荒、寒冷而偷盗、强抢粮食和神像等衣物的犯罪时,"置物责情"是为达到减刑处罚的目的,以救济贫民一时生存之需,属于抚恤型司法。这种效果很好地体现出传统中国司法中深层次的价值,那就是通过一种原则来实现一种内在社会的"公正",让社会获得更为实质的"正义"。这一司法原则使与财产有关的犯罪,在司法判决时严格坚持计赃量刑的原则得到变通,让法律在稳定之下又不失灵活,为整个司法公正提供保障,实现了中道司法的目标。这一规定体现出中国古代司法制度设置上的合理性,反映出传统中国司法上的一些特别智慧,十分值得传承和借鉴。

四、"常理"与"非理"司法原则的
出现及运用

宋朝随着"理"成为重要经学术语,很多汉朝以来由经学家构建起的理论礼仪制度,被视为具有某种永恒意义的"理",获得了一种普遍性和超时性的价值。于是,在司法中开始出现所谓的"情理"司法。其中,"理"在对纷繁复杂的社会行为判评时,开始出现"常理"和"非理"两种评价。认真分析"非理"的内涵,会发现它本质上是对"常理"教义适用时出现不合理、不公平、不正义司法结果的一种补救机制。① 于是,"非理"在司法上开始成为对"情理"司法的补救原则。在元朝司法中,"非理"越来越成为重要司法原则,当某种行为被认定为"非理"时,在法律上就不再适用"情理"原则。

(一)非理行孝及"非理"司法原则的形成

认真分析"非理"在宋元明清时期法律术语中的使用情况,其具有特定含义,意指某人、某类行为不符合基本人伦判断和人们已经形成的"正常"情理。

---

① 宋元明清时期,"常理"与"常礼"是同义词,指正常的礼、合理的礼。

它是一种社会中的基本价值判断术语。在元代司法中,"非理"常作为对某种行为不违反现行法律,但在社会伦理道德上看,又存在不合理的一种价值判断。"非理"行为即使不受到法律处罚,在国家立场上也属于不受肯定的行为。这种司法到明清时期成为重要内容,只是明清时期,特别是清朝在用语上,除继续使用"非理"外,还采用与当时通用术语"情理"相对的"殊出情理"。清朝法律中大量使用"殊出情理之外""殊出情理""殊非情理""实出情理之外"等,即认为某人的行为不在"情理"之内,属于"非情理"的行为。这种非理原则最早主要适用在行孝上。当然,从元明清时期的法律看,非理、非情理并不特指社会中的行孝行为,还指在民事、刑事、行政等领域上的行为。这样,国家在法律制度上构建起一对具有正向和补充的法律原则,在司法上形成了正向和补救的原则。"情理之外"在康熙、雍正朝时使用不突出,但到乾隆、嘉庆朝开始大量使用,在道光至光绪朝开始成为通用术语,大量适用在官吏违法失职行为中。如从道光朝实录看,"情理之外"使用达 63 次,其中"殊出情理之外"达 35 次,"实出情理之外"达 17 次,"尤出情理之外"达 4 次。咸丰朝实录中"情理之外"达 69 次,同治朝实录中"情理之外"有 52 次,光绪朝实录中"情理之外"达 28 次。当然,从具体史料看,咸丰朝后,"情理之外"多成为一种非法律用语,多指官员在处理各种政事上的不合理行为。

对孝,先秦儒家十分看重,汉朝时经学家以《孝经》为中心,构建起了相应"孝"的理论。在儒家理论中,孝是整个礼的核心。如《孝经·五刑》中宣称:"五刑之属三千,而罪莫大于不孝。要君者无上,非圣人者无法,非孝者无亲,此大乱之道也。"[①]其中最重要的就是把孝上升为"天理"。如《汉书·艺文志》中有"夫孝,天之经,地之义,民之行也"[②]。这认为子女对父母行孝是天经地义的行为,所以行孝是可以无限制的。如唐朝李隆基在《孝经注疏》中对

---

① 《孝经注疏》卷6《五刑章第十一》,载李学勤主编:《十三经注疏点校本》,北京大学出版社 1999 年版,第 40 页。
② 《汉书》卷30《艺文志》,中华书局 1962 年版,第 1719 页。

"备陈死生之义,以尽孝子之情"注疏时有"言孝子之情无所不尽也"①。这种理论,在《孝经》中也有相应依据。《孝经·感应》篇中鼓吹:"天地明察,神明彰矣!"在注释时指出这是因为人"事天地能明察,则神感至诚而降福祐"②。从此出发,很多人认为极端行为能感动天地,让自己的亲人和自己获得福报。于是,在现实中开始出现大量极端自残自戕的行孝行为。同时,汉朝后,对孝的行为国家在反复宣扬,对一些极端行孝行为,国家给予特别奖赏,以达到宣扬"孝"的目的。如汉朝刘向编撰成《孝子传》等书,宣扬极端行孝行为。隋唐时期国家法律中把不孝罪纳入"十恶"中。从《唐律疏议》看,唐朝只规定对不孝行为的处罚,没有对行孝中的极端行孝行为给予奖赏旌表。但在现实中,朝廷开始大量对非理行孝人进行"孝义旌表"。唐长庆二年(822年)四月,刑部员外郎孙革在奏议云阳县百姓张莅因为欠康宪钱米,相互争执殴打,康宪儿子康买德来帮忙,导致孙莅死亡时,就指出:"伏以律令者,用防凶暴;孝行者,以开教化。"③长庆二年(822年)三月,在任命处士李源为谏议大夫的诏书中有"夫褒忠可以劝臣节,旌孝可以激人伦,尚义可以镇浇浮,敬老可以厚风俗"④。这些说明极端行孝人作为典型,被国家作为旌表奖赏对象。

金朝应是法律上明确规定对极端行孝行为给予旌表奖赏的王朝。因为至元三年(1266年)十一月发生上都路松州林子部落寨梁重兴因为母亲生病而采用"为母病割肝行孝"案看,在金朝《泰和律》中明确规定给予这种极端行孝人经济和精神上的双重旌赏。因为当时中央司法部门在审理时引用的"旧例"⑤是:"诸为祖父母、父母、伯叔(父母)姑、(儿)〔兄〕姊、舅〔姑〕割股者,并

---

① 《孝经注疏》卷9《丧亲章第十八》,载李学勤主编:《十三经注疏点校本》,北京大学出版社1999年版,第61页。

② 《孝经注疏》卷8《应感章第十六》,载李学勤主编:《十三经注疏点校本》,北京大学出版社1999年版,第51页。

③ 《唐会要》卷39《议刑轻重》,上海古籍出版社2012年版,第832页。

④ 《唐会要》卷55《省号下·谏议大夫》,上海古籍出版社2012年版,第1119页。

⑤ 对元朝中统元年(1260年)到至元八年(1271年)间司法中所引"旧例"就是金朝《泰和律》是有共识的。

委所属体究,保申尚书省,官给绢五匹、酒二瓶、羊二口,以劝孝悌。"对此法律,元朝开始采取不同于金朝的原则,因为当时中央礼部的判决是:"其割肝、剜眼、【割臂】、脔(臂)胸之类,并行禁断。"①礼部这种行为是"非理"行孝行为,应该禁止,而不是给予旌赏。当然,从《孝经》上看,对非理行孝行为禁止是有依据的。因为《孝经·丧亲》篇中有"三日而食,教民无以死伤生,毁不灭性:此圣人之政也"。对此,注中有"不食三日,哀毁过情,灭性而死,皆亏孝道,故圣人制礼施教,不令至于殒灭"②。这里指出行孝应有限度,不能出现自残自戕。元朝此案判决标志着政府开始通过司法对汉朝以来鼓吹的"非理"行孝行为进行法律上的纠正,其中典型代表就是对极端自残自戕的行孝行为进行了禁止。在法律上开始出现"非理"司法原则,对社会行为中很多非正常极端行为进行禁止,甚至是打击。

至元三年(1266年)的判例在判决时采用禁止,但地方对此法律没有足够重视。至元七年(1270年)十月,再次出现"新城县杜添儿为伊嫡母患病,割股煎汤行孝"的非理行孝行为,地方政府认为这是"孝之极",按"旧例合行旌赏"。对此,专门监管风俗之职的御史台指出"上项割股旌赏体例,虽为行孝之一端,止是近代条例,颇与圣人垂戒不敢毁伤父母遗体不同。又恐愚民不知侍养常道,因缘奸弊,以致毁伤肢体,或致性命,又贻父母之忧"。这里御史台指出这种非理行孝行为不是古法,同时导致自残自戕的问题,所以要求禁止。案件转给尚书省后,礼部在审理时认为:"割股行孝一节,终是毁伤肢体。今后遇有割股之人,虽不在禁限,亦不须旌赏。"③这里礼部采用不给奖赏,但不禁止的态度。这里尚书省礼部对割肉煎汤的"非理行孝"并没有像至元三年

---

① 《元典章》卷33《礼部六·行孝·禁割肝剜眼》,陈高华、张帆等点校,中华书局、天津古籍出版社2011年版,第1149页。

② 《孝经注疏》卷9《丧亲章第十八》,载李学勤主编:《十三经注疏点校本》,北京大学出版社1999年版,第57页。

③ 《元典章》卷33《礼部六·孝节·行孝割股不赏》,陈高华、张帆等点校,中华书局、天津古籍出版社2011年版,第1150页。

梁重兴案那样明确提出禁止,而是采取不给旌赏也不禁止的含混态度。从此看,礼部还是认为这种行为不是正常人所应为的行为,所以不应给予鼓励。这体现出当时国家想在孝和"常理"上努力找到平衡。这也说明当时对民间非理行孝的行为禁止仍然存在争议。从梁重兴案和杜添儿案看,金朝对割股、剖肝行孝是明确规定给予旌赏。这说明元代在法律上开始了重新权衡。由于国家在法律上的含糊,或说前后两案存在差异,导致非理行孝案件仅过一年又出现。至元八年(1271年)二月,东平府汶上县出现"田改住为母病,冬月去衣,卧冰行孝"。地方再上呈中央请给予奖赏旌表。这次礼部在审理时不再骑墙,明确禁止这类非理行孝行为。"为孝奉侍,自有常礼。赤身卧冰,于亲无益,合行禁断。"①从礼部判决看,是认为这种行为属于非理行孝,对生病父母没有好处,所以国家要禁止。元朝建立后开始禁止百姓采用割肉、卧冰等非理行孝行为,反映出元朝在社会道德引导上的"正常化"趋势。因为从"梁重兴割肝对母亲行孝案"到"杜添儿为母割股煎汤行孝案"再到"田改住卧冰行孝案",对非理行孝的否定性评价越来越明显。

从元朝后来的判例看,这种法律规定没有再出现反复,因为延祐元年(1314年)十月,保定路清苑县安圣乡出现"军户张驴儿,为父张伯坚患病,割股行孝,止有一子舍儿三岁,为侵父食,抱于祖茔内活埋"的极端行为。对此,礼部判决不再遵循田改往案确立的原则,而是"割股毁体,已常禁约。张驴儿活埋其子,诚恐愚民仿效,拟合遍行禁约"②。这里指出禁止"割股毁体"行孝行为已经成为国家通行法律,对活埋儿子,更是要禁止。从元朝法律看,这类行为通过"非理"原则被国家明确禁止,说明国家在法律上对人们行为是有最低限度的"合理性"要求的。

---

① 《元典章》卷33《礼部六·孝节·禁卧冰行孝》,陈高华、张帆等点校,中华书局、天津古籍出版社2011年版,第1150页。

② 方龄贵:《通制条格校注》卷27《杂令·非理行孝》,中华书局2001年版,第629页。

（二）"非理"司法原则在元明清时期的适用

从元朝整个国家法律看，"非理"不仅仅适用在极端行孝行为上，而且还适用到国家各种行为的法律评判上。如至元十三年（1276 年）六月初八日，张二嫂挟恨殴死儿媳贺丑儿案，在审理时刑部认为张二嫂仅因为儿媳贺丑儿饥饿偷吃烧饼，就对其进行"非理"虐打，致其死亡，构成了"非理"行为。"为男妇贺丑儿偷吃烧饼，将本妇膊项按在坑上，揭去衣服，于臀片上用杖子打了数十余下，倒在火内，将肩甲胳膊烧破，虚称火燎疮疾。又于十七日，贺丑儿偷食冷饼，依然揭去衣服，用杖子于带肿赤右臀片上打了五六下，以致臀片上下肿赤，疮发串彻于腰，致命身死罪犯"行为属于"非理打骂身死"，所以判决时是"张阿赵所犯，量情拟决四十七下，单衣受刑"①。当然，此案中婆婆因小事挟恨故意虐待殴打儿媳致死，在判决上虽然只是杖四十七下，但采用"单衣受刑"②。这个判决看起来还是很轻。这种司法在元朝开始适用到尊长对子女的犯罪中。如至元三年（1266 年）七月，真定路呈报至元三年（1266 年）五月二十九日何赛哥把"女定哥抱去，撇放滹沱河内淹死罪犯"。法司在拟判时就有"旧例：'子孙违法令，而祖、父非理殴死者，徒一年'"。这里采用了"非理殴死"，而且从所引条文看，应是《泰和律》中的相应法律。③

清朝法律中，在亲属之间犯罪上开始大量使用"非理"原则，如律例中明确规定在祖父杀子孙时，若子孙没有违犯教令而非理殴杀的加重处罚，称为"自恃尊长，非理相凌"④。清朝这方面的立法从雍正朝开始突出，如对后母非

---

① 《元典章》卷 42《刑部四·诸杀一·杀亲属·打死男妇》，陈高华、张帆等点校，中华书局、天津古籍出版社 2011 年版，第 1455 页。

② 元朝对妇女犯罪处以杖刑时分为赎刑、单衣受刑、去衣受刑三类。单衣受刑和去衣受刑属于加重处罚，元朝主要适用在奸罪等风化罪或重罪时。

③ 参见《元典章》卷 42《刑部四·诸杀一·杀卑幼·溺死亲女》，陈高华、张帆等点校，中华书局、天津古籍出版社 2011 年版，第 1456 页。

④ 《清高宗实录（19 册）》卷 1430"乾隆五十八年六月乙亥"条，中华书局 1985 年影印版，第 28148 页。

理虐待逼死谋杀丈夫前妻子女的行为取用"舍服取义"，加重处罚。雍正七年（1729 年）八月，雍正皇帝下谕给九卿等，指出现实中大量存在"继母于前母之子，其相待之刻，有在寻常情理之外者。夫子之于继母，其奉养承顺服制礼节，一切与本生之母无异。……薄待前母之子。若己未有子者，又或怀嫉妒之念而憎恶前母之子，或显加之以凌虐，或阴中之以计谋，以致其子不得其死，甚至绝其夫之宗祀而不恤。是不但母子之恩已绝，并视其夫如仇雠矣。向以名分所在，故律无拟抵之条。事既出于情理之外，所当酌量立法，以防人伦之变"。这里雍正指出，这类案件是常见犯罪，并认为由于存在五服制，所以没有判处死刑的法律，但案情已经超出了"寻常情理"。于是，他要求九卿会议重新立法。对此，九卿会议提出："嗣后除继母将前母之子殴杀、故杀，致令其夫绝嗣者，仍照律拟绞外。如有父故之后，继母将前母之子，任意凌虐、殴杀、故杀者，地方官务将情由审确。……即将继母所生偏爱之子，议令抵偿，拟绞监候。如肆行凌逼，致前妻之子情急自尽者，将继母之子，杖一百、流三千里；若未生有子者，勒令归其母家，不得承受其夫之产业。所遗财产，俱归死者之兄弟，及死者之子均分。"①从这些立法看，主要是规定哪些行为属于"非理"行为及对继母如何加重处罚。这种法律后来得到继承并发展，乾隆十四年（1749 年）九月广东省南海县发生百姓刘德满后妻关氏等谋杀前妻儿子刘应周，导致丈夫绝嗣案时，就指出当时社会中"忿戾残刻，非理凌虐者，比比而是""如其无罪，非理殴故杀之"等，即出现大量此种"非理"杀人行为。为此，在处罚上改成判绞监候，秋审时入情实类案件。"如已致令绝嗣，律以绞候，立法极平。既审明现在别无子嗣，自不必复计及后此之续娶生育。既秋审时情罪可恶，即入情实册内，请旨正法。载入例册遵行。"②从这里看，这类行为被归为"非理"范围，

---

　　① 《清世宗实录（2 册）》卷 85"雍正七年八月丙辰"条，中华书局 1985 年影印版，第 7130 页。

　　② 《清高宗实录（5 册）》卷 349"乾隆十四年九月甲戌"条，中华书局 1985 年影印版，第 13006—13007 页。

所以判决时采用情实案执行死刑。这样改变这类案件法律适用时不用"情理"而转向适用"非理",让法律结构发生变化,构成了对"常理"下出现的缺陷的纠正。

　　清朝在法律中涉及亲属之间犯罪时,哪些行为属于"非理"原则是有明确界定的。嘉庆十一年(1806年)十一月,锦县庄丁沈国仲、沈国荣听从母亲杜氏指令,勒死累次违反教令胞兄沈国连案。因为刑部侍郎穆克登额在审理拟判时适用"侍郎辄援引父母非理殴杀律,将杜氏拟以满杖"。为此,嘉庆皇帝指出这种拟判是:"殊属错误。夫非理殴杀之条,原以为子者并无干犯情事,或父母行止不端,逞忿殴杀,致死其子,方得谓之非理。"①这里嘉庆皇帝对"非理"行为的范围进行了归纳界定。

　　这种法律原则不仅在亲属之间,在官吏与平民、一般人的犯罪行为中同样会使用。至元二十年(1283年)二月,在对刑讯逼供的禁止中,称当时刑部侍郎王仪创制的"王侍郎绳索"刑讯方法是"非理苦虐,莫此为甚",所以提出"并不得用'王侍郎绳索'"②。这样构成了对非理刑讯的禁止。元朝根据"非理"原则,禁止南方少数民族中的人牲祭祀。至元二十九年(1292年)闰六月针对荆湖路下的常、澧、辰、(阮)[沅]、归、峡等处存在的活人祭祀进行禁止时就指出"采取生人,非理屠戮",即认为因祭祀用人做人牲的行为是一种"非理"杀人行为,用人做牲祭是"非理祭祷"③。此外,在民事法律上也引入"非理"原则,如买卖土地时通过"非理典卖"禁止规避法律行为。④ 这种法律制度到明清两朝时得到了发展。如明朝《大明律》中"凌虐罪囚"条规定,"凡狱卒非理

---

　　① 《清仁宗实录(3册)》卷170"嘉庆十一年十一月庚戌"条,中华书局1985年影印版,第3158—31509页。

　　② 《元典章》卷40《刑部二·刑制·狱具·禁断王侍郎绳索》,陈高华、张帆等点校,中华书局、天津古籍出版社2011年版,第1352页。

　　③ 《元典章》卷41《刑部三·诸恶·内乱·禁采生祭鬼》,陈高华、张帆等点校,中华书局、天津古籍出版社2011年版,第1422—1423页。

　　④ 《元典章》卷19《户部五·典卖·远年卖田告称卑幼收赎》,陈高华、张帆等点校,中华书局、天津古籍出版社2011年版,第708页。

在禁,凌虐、殴伤罪囚者,依凡斗伤论"①。这里虽然没有用"非理凌虐",但从行文看,就是指这个意思。本条律文从明朝相关条例和司法实践看,适用人群扩大到军官、官员、尊长等人上,对这些群体对弱势者一方非理虐待时都改成适用"依凡斗伤论"。

清朝采用"非理"原则时,最有代表性的是通过此改变了存留养亲的法律。雍正时通过"非理"原则,对奏请存留养亲的案件进行了限制。雍正二年(1724年)十二月下谕要求刑部对奏请存留养亲的案件必须查清被杀之家是否属于独子亲老,若是,不允许采用存留养亲。"然亦须查明被杀之人有无父母,是否独子。若系亲老,又系独子,一旦被杀,以致亲老无人赡养。而杀人之人,反得免死留养,殊举情理未协。"②这里的限制是基于"非理"原则进行的。

结　　论

中国传统司法在历史发展中,是基于血缘伦理中"差异"性特质和国家权威中"一统"性特质下两种具有对立的价值取向来构建自己的司法原则。这导致很多司法原则具有"极端性"倾向。在运行中会出现对个体和弱者的极其不公的现象,为了解决这种司法制度取向下造成的弊病,在司法发展中,经过长期实践积累,中国传统司法形成了对特定司法原则中出现的"恶"进行约束的补救性司法原则,让整个国家司法有一种内在的平衡机制,在制度设置上保障了一种"中道"价值取向,保证整个法律制度运行中"善"的获得。

_____

① 《大明律》卷28《刑律十一·断狱·凌虐罪囚》,怀效锋点校,法律出版社1999年版,第213页。

② 《清世宗实录(1册)》卷27"雍正二年十二月丁丑"条,中华书局1985年影印版,第6267页。

中国古代司法原则形成的历史体现出较强的建构理性司法与经验理性司法下的一种互动结果特征。为了实现血缘伦理下"礼"的社会价值，国家构建起了"准五服以制罪"作为整个"亲属"间法律适用的原则，保证纲常名教价值在法律上的实现。然而这种司法原则却让很多血缘亲属中的优势者出现权力滥用，为此必须在制度上形成新的原则对其进行制衡和补救，于是逐渐形成了"舍服取义"的补救司法原则。分析这对司法原则的内在关系体现出中国古代社会治理中价值取向上的一种内在平衡机制，即让正向司法在保护社会基本价值时不会出现过于强大而导致整个社会"正义"的基本价值失落的结果。

司法运行中司法原则总有向技术性和工具化发展的倾向，这必然会让司法活动走向机械形式主义的极端，进而让司法产品与司法原则追求的价值出现背离，所以让国家司法制度中存在支持整个司法运行的不同司法原则是解决这个问题的关键。缺少内在价值支撑的司法原则，会导致司法产品的缺陷，最终让司法失去应有的社会维护功能、修复功能和补救功能。虽然在中国古代司法运行中，血缘伦理下的"礼"之价值起到核心作用，但一直受到基于承认"类认同"下"人"的基本价值的"义"之价值的约束。这在法律上形成了很多重要的原则和制度，如"义绝""无故勘死平人罪""舍服取义""置物责情"等。这些补救性的法律制度和司法原则皆根源于"义"，指向的是对"礼"等纲常名教所造成的优势者在日常活动中权力滥用的限制。所以，中国古代价值意义下的"礼"是构成正向司法原则的根源，而价值意义下的"义"则是构成补救司法原则的动力。两类具有互补同时又有制约的司法原则支撑起中国古代司法运行中"中道"的价值原则，不让任何一种司法价值走向极端，进而导致社会司法活动的失败，成为"中道"司法原则的作用和目标。

合理的司法原则体系应在保护某种社会核心价值的同时不让其所形成的司法原则构成对其他社会价值的制度性破坏，所以在良好的司法制度中，形成合理的、具有不同价值并能实现内在平衡的司法原则是十分重要的。虽然中国古代由于政治上的各种原因,让很多拥有内在合理性、制约性司法原则的功能往往无法发挥出其应有的作用,但其内在合理性却是十分值得认真对待和反思的,甚至在当前司法原则建构中也值得认真学习和借鉴。

第八章 经权理论下宋元行权司法
模式的形成及影响

经权理论在中国古代形成于春秋战国时期,后来成为儒家的重要理论。汉朝开始对法制产生理论上的作用,让帝制时期传统法制拥有自己的价值内涵和观念取向,同时也成为帝制时期传统司法所普遍遵守的原则,实现了变与不变、确定性与灵活性的平衡。唐朝时儒家价值成为整个社会的核心价值,法律价值与儒家主流价值融为一体,体现在修撰法律上实现了"一准乎礼以为出入"①的状态。此后,随着儒家社会价值的教义化,加上国家法律中法典法的完善,国家法律不管从价值上还是从形式上都出现了高度教义化的问题。于是,如何把抽象的儒家价值融入司法活动,成为当时司法的难点,即出现"吾儒之道,理一而分殊,理不患其不一,所难者分之殊耳,立之恰好处便是权"②。人类社会中司法的难题之一是如何把普遍性法律原则、规则在个案中实现,让抽象的"理"适用到具体个案中,让大众在纷繁复杂的社会实践中体验到"理"的价值所在。

---

① 《明史》卷93《刑法志一》,中华书局1974年版,第2279页。
② (明)刘宗周:《论语学案》卷5《上论·子罕第九》,载《文渊阁四库全书》。

　　中国古代司法价值取向是以"中道"为基本原则,①为此形成了具有中华传统文化特质的情理司法模式②,同时在解决社会纠纷时形成了重调解的价值取向。这些特色内容形成的理论基础是什么呢? 在人类司法史中,一直存在遵守法律会导致教义化形式主义司法的问题出现,而针对个案采用"议事以制"③司法则会导致失去同案同判的形式正义困境。中国古代面对这种司法困境是如何在自己的思想中形成相关理论并进行有效解决的呢? 情理司法作为中国古代中后期司法模式中的重要内容,是基于什么样的理论而形成的呢? 学术界对这些问题都没有进行基于传统思想的深入考察。本章将对宋元行权司法出现的原因,行权司法如何转化成情理司法,宋元时期的情理司法和明清时期的情理司法存在什么异同等问题进行考察。

一、经权合一:宋元经权理论的基本立场

　　宋元时期经权理论得到实质性发展与宋代经学发展密切相关,而经权理论主要解决"经"的天理化与社会现实中"人情万殊"的冲突。宋元时期经权理论实现突破性发展主要集中在两宋时期,元朝则是在继承两宋经权理论的基础上加快其在法律,特别是司法中的适用广度。

(一) 宋代对经权理论的重构

　　宋代经权理论成就主要体现在对行权条件、主体、原则等问题进行了全新阐释,指出行权是有限度的,行权要以守经为前提,以"义"为原则,以"中道"

---

　　①　参见胡兴东:《中道:传统司法制度中正向原则与补救原则的形成及实践》,《河南财经政法大学学报》2022 年第 6 期。

　　②　情理司法虽然是明清两朝的重要模式,但形成于宋朝,成型于元朝,只是在明清司法中影响较大。

　　③　此语出自《春秋左传·昭公六年三月》叔向反对子产铸刑鼎时的言论,意指不公开制定法律,而是根据具体个案临时讨论如何裁判。

为目标。宋代诸儒在经权理论中重点讨论了权的含义,权与经、理的关系,义与道、情、时、中对行权的作用,行权主体的要求等问题。

1. 对"权"的新定义

宋儒在讨论"权"时,重点强调"权"具有"权衡""铨"等含义,是一种价值衡平,或说是一种利益考量的思想。程颐宣称:"权之为言,秤锤之义也。何物以为权? 义也。然也只是说得到义,义以上更难说,在人自看如何。"①程颐认为行权就是权衡,只是权衡的标准是"义"和"时"。"义"是价值原则,"时"是具体事件所蕴含的"情、理"。司马光在《机权论》中指出:"权者,铨也,所以平轻重也。"②朱熹认为权是权衡,权衡的标准是仁义。"权者,权衡之权,言其可以称物之轻重,而游移前隙,以适于平。盖所以节量仁、义之轻重而时措之非,如近世所谓将以济乎仁义之穷也。"③从中可知,宋儒强调"权"是权衡,权衡的"秤锤"是"义"而非实物,实质是用"义"来权衡世间万事万物,让万事万物符合"经"的同时不违背"义"。对此,陈淳指出"义"是让"天理"获得"时宜"的状态,即"天理"在具体事件中获得"得其所、合其宜"的结果。"义者,天理之所宜。"④"权者义之平也。"⑤宋儒指出,世间行事的基本要求是合经、合义,两者不可缺失。其中,"经"是儒家的礼义,所以"合经合义"就是"合礼合义"。于是,宋儒强调人们在行为时既要合礼,又不能因为"遵礼"而违背"义"。从理论上来说是对儒家思想获得绝对统治地位后的一种新制约机制。

---

① (宋)程颢、程颐:《河南程氏遗书》卷15《入关语录》,王孝鱼点校,载《二程集》,中华书局1981年版,第164页。

② (宋)司马光:《司马光集》卷71《机权论》,李文泽、霞绍晖点校,四川大学出版社2010年版,第1443页。

③ (宋)朱熹:《晦庵先生朱文公文集》卷58《答宋深之》,载《朱子全书》,上海古籍出版社、安徽教育出版社2002年版,第2770页。

④ (宋)陈淳:《北溪字义》卷下《义利》,熊国祯、高流水点校,中华书局1983年版,第53页。

⑤ (宋)司马光:《司马光集》卷71《机权论》,李文泽、霞绍晖点校,四川大学出版社2010年版,第1443页。

2. 经权关系中的"经"与"权"

宋代经权理论中首先讨论的是"经"与"权"的关系,具体是讨论汉儒"反经合道为权"的观点。宋儒集体批判汉儒"反经合道为权"的观点是两宋经权理论的基本特色。这种批判正式始于北宋程颐,进而创立了两宋及此后经权理论的思想基础。程颐公开宣称"自汉以下,更无人识权字"①的原因是:"汉儒以反经合道为权,故有权变权术之论,皆非也。权只是经也。"②因为当汉儒把行权与"权变""权术"等权谋策略等同时,很快导致行权成为无道德底线的玩弄权谋的借口。汉儒在讨论行权时往往是"于理所不可,则曰:姑从权"。在实践中导致出现脱离"经"来讲"权"的弊病,于是程颐才有"夫临事之际,称轻重而处之以合于义,是之谓权"。程颐强调行权必须合"义",不能超越"义"而行权,所以他发出行权"岂拂经之道哉"③的反问。为此,程颐明确指出"权即是经",目的是用"经"约束"行权"。朱熹对程颐理论进行了发展,认为虽然经权在本质上是相同的,但功能上却是存在区别的。"经与权,须还他中央有个界分。如程先生说,则无界分矣。"④朱熹认为:"经自经,权自权。但经有不可行处,而至于用权,此权所以合经也。"⑤朱熹在强调经权有别的同时指出权不能脱离经而存在,两者是相互依存、相互支持的。程颐和朱熹通过对汉儒经权理论的改造,建立起了新的经权理论。对程颐和朱熹在宋代经权理论上的贡献和差异,后人有中肯评价。"程子矫汉儒之弊,而谓权只是经,

---

① (宋)程颢、程颐:《河南程氏遗书》卷22(上)《伊川先生语八上·伊川杂录》,王孝鱼点校,载《二程集》,中华书局1981年版,第295页。

② (宋)朱熹:《四书章句集注》卷5《论语·子罕第九》,中华书局1983年版,第116页。

③ (宋)程颢、程颐:《二程粹言》卷1《论道篇》,载《二程集》,王孝鱼点校,中华书局1981年版,第1176页。

④ (宋)黎靖德编:《朱子语类》卷37《论语·子罕下》,王星贤点校,中华书局1994年版,第988页。

⑤ (宋)黄士毅编:《朱子语类汇校(二)》卷37《论语十九·可与共学篇》,徐时仪、杨艳汇校,上海古籍出版社2016年版,第1043页。

朱子谓经与权当有辨。无程子之说,则权变、权术之说行于世矣;无朱子之说,则经权之变不复明于世矣。"①宋儒对经权理论的最大贡献是强调守经和行权都必须符合"道""义",为明儒提出经权为体用关系奠定了基础。明儒刘宗周提出经是体,权是用,两者皆为"道"的思想。"经者权之体,权者经之用,合而言之道也。"②王夫之继承这一思想,指出:"非权不足以经,而经外亦无权也。"③

宋儒强调经权共存,是每个事物相互依存的两面,并非有此无彼的关系;在功能上经为主、权为辅。如吕祖谦指出:"大抵天下之事,所谓经权本末常相为用,权不可胜经,末不可胜本。"④陈淳认为:"经穷则须用权以通之。"⑤实践中守经是常,行权是权宜为共识。如欧阳修指出:"正者,常道也,尧传舜、舜传禹、禹传子是已。权者,非常之时,必有非常之变也,汤、武是已。"⑥朱熹认为:"经是万世常行之道,权是不得已而用之,大概不可用时多。"⑦陈淳指出:"经与权相对,经是日用常行道理,权也是正当道理,但非可以常行,与日用常行底异。"⑧从宋儒言论可知,他们强调经权在功能上的互补性。

3. 经权统合于道、义

宋儒在经权理论中的一个重要观点是强调经即是权,原因是不管是守经还是行权都必须遵循道、义。此观点是宋儒经权中的最大成就,因为它重新解

---

① (清)孙奇逢:《四书近指》卷8《子罕第九·可与共学章》,载《文渊阁四库全书》。

② (明)刘宗周:《论语学案》卷5《上论·子罕第九》,载《文渊阁四库全书》。

③ (清)王夫之:《读四书大全说》卷8《梁惠王下篇七》,载《船山全书(第6册)》,岳麓书社2011年版,第917页。

④ (宋)吕祖谦:《历代制度详说》,上海古籍出版社1992年版,第956页。

⑤ (宋)陈淳:《北溪字义》卷下《经权》,熊国祯、高流水点校,中华书局1983年版,第51页。

⑥ (清)黄宗羲:《宋元学案》卷4《庐陵学案》,陈金生、梁运华点校,中华书局2020年版,第191页。

⑦ (宋)黄士毅编:《朱子语类汇校》卷37《论语十九·可与共学章》,徐时仪,杨艳汇校,上海古籍出版社2016年版,第1044页。

⑧ (宋)陈淳:《北溪字义》卷下《经权》,熊国祯、高流水点校,中华书局1983年版,第51页。

释了经权与道、义的关系,让经权在道、义统合下形成有内在逻辑自洽的理论。在宋儒看来,道、义与经权是一种体象关系,即经权只是道、义的"象",因为两者都是为了实现社会终极价值——道、义。从宋儒的讨论看,他们并没有严格区分道与义的关系,甚至有混同的现象。如程颐一面强调行权要以义为准,同时又说:"能用权乃知道,亦不可言权便是道也。"①在宋儒的言论中虽然有把礼、道、理混同的现象,但基本共识是义与理、礼是存在不同的,义独立于道、理、礼等。

朱熹把"道"作为统合经权的上一级概念,宣称:"经者,道之常也;权者,道之变也。道是个统体,贯乎经与权。"②他认为权与经皆统一于"道",是"道"的一体两面。朱熹的"道"与"理"是同义词,因为他有"理有正,有权"③。朱熹这种思想并非其独创,司马光就认为行权不能离开道,道是守经、行权的准则。"圣人之用权也,必将校轻重、适缓急。彼重而此轻,则舍此而取彼。彼缓而此急,则去彼而就此。取舍去就之间,不离于道,乃所谓权也。"④认真考察宋儒用"道"来解释经权一体的现象时,会发现其很好说明了"经"与"权"相互依存、互相补充的特点。这种思想本质上是宋儒对世界本源定义为太极,阴阳形成于太极,或说阴阳皆本于太极观点的一种运用。陈襄在《古灵集》中指出经为道之"常",权是道之"变"。在社会实践中,若只执经而不行权就会拘泥不通,若脱离经而行权,则会陷于诡辩的境地。所以,不管守经还是行权都要体现社会应有的价值原则、规则。

宋儒经权理论中的一个核心思想是重构并强调"义"的作用及意义,认为

---

① 《河南程氏遗书》卷 22(上)《伊川先生语八上·伊川杂录》,载《二程集》,王孝鱼点校,中华书局 1981 年版,第 295 页。

② (宋)黎靖德编:《朱子语类》卷 37《论语·子罕下》,王星贤点校,中华书局 1994 年版,第989 页。

③ (宋)黎靖德编:《朱子语类》卷 15《大学二·经下》,王星贤点校,中华书局 1994 年版,第290 页。

④ (宋)司马光:《司马光集》卷 71《机权论》,李文泽、霞绍晖点校,四川大学出版社 2010 年版,第 1443 页。

行权必须合于义,而且"经"和"权"由"义"来统合、规制,守经、行权都不能违背"义"。北宋程颐在讨论行权时十分强调要合义。程颐在把"权"定义为权衡轻重时,就把权衡的标准界定为"义"。"何物为权? 义也。"①"权之为言,称轻重之义也。"②"义者宜也,权量轻重之极。"③对此,朱熹认为此点是程颐的最重要成就。"伊川见汉儒只管言反经是权,恐后世无忌惮者皆得借权以自饰,因有此论耳。"④程颐与其说是担心,不如说是对汉朝以来由于政治上争权夺利而出现的无底线社会之恶的一种批判反思,或说是想在经学理论中找到一种能够限制无道义政治斗争的约束理论。同时,当时社会现实中出现了大量儒家最初没有想到的社会问题,如汉儒提出处理家庭事务的理想原则是"正伦理,笃恩义",然而在现实中常出现获得"正伦理"就会失去"笃恩义"的困境。"今欲正伦理则有伤恩义,若欲笃恩义又有乖于伦理。"⑤这种困境必须找出新理论进行解决,否则儒家的价值会在社会实践中失败,于是在理论上找出更高的价值或原则,如用义、道等来统合社会行为成为一种必须解决的理论问题。

程颐的思想被朱熹继承并发展,朱熹认为:"义可以总括得经权。"所以不管是守经还是行权都须以义为准则。"义当守经则守经,义当用权则用权,所以谓义可以总得经、权。"⑥于是,宋儒认为在功能上"权"只是补"经"的不

① (宋)程颢、程颐:《河南程氏遗书》卷15《伊川先生语一》,载《二程集》,王孝鱼点校,中华书局1981年版,第164页。
② (宋)程颢、程颐:《二程粹言》卷1《论书篇》,载《二程集》,王孝鱼点校,中华书局1981年版,第1205页。
③ (宋)程颢、程颐:《河南程氏遗书》卷9《二先生语九》,载《二程集》,王孝鱼点校,中华书局1981年版,第105页。
④ (宋)黄士毅编:《朱子语类汇校(二)》卷37《论语十九·可与共学篇》,徐时仪、杨艳汇校,上海古籍出版社2016年版,第1044页。
⑤ (宋)黄士毅编:《朱子语类汇校》卷96《程子之书二》,徐时仪、杨艳汇校,上海古籍出版社2016年版,第2462页。
⑥ (宋)黄士毅编:《朱子语类汇校(二)》卷37《论语十九·可与共学篇》,徐时仪、杨艳汇校,上海古籍出版社2016年版,第1045页。

足,目的是让"经"在适用中符合"义"的要求。"不知权只是经所不及者,权量轻重,使之合义。"①如司马光认为:"权者义之平也。今世俗之为说者,乃欲弃仁义而行机权,不亦反哉!"②司马光是想通过用"义"来限制和纠正"守经"出现的不公平或不正义现象。宋儒强调行权必须是为实现"义",任何导致僭越或违背"义"的行权都是不可接受的,这成为宋代行权理论的基本原则。朱熹曾用最简洁的表达指出"权是用那义底"③,具体是"以义权之,而后得中。义似秤,权是将这秤去称量,中是物得其平处"④。这里朱熹把"权"比喻为秤称量轻重,而"义"是秤在称具体事件时获得"中道"的标准。于是,把权、义、中三者关系进行了有效界定,也让行权有了内在约束机制,即义是权的标准,行权的目的是获得"中道"。"经是万世常行之道,权是不得已而用之,须是合义也。"⑤宋儒想通过守经和行权,让社会实现一种"合理合义"的状态。对此,宋儒多用汤、武武力推翻前朝,伊、周为臣处罚失德君主,嫂溺援手等事例来具体论证。因为按君臣之礼、弟嫂之仪,都不能有以上行为,即这是经的规则,但当不进行权变就会出现破坏社会正义时,则可以通过行权不遵守君臣、弟嫂之经。因为这些行为是符合"义"的,即为获义可以违反经而行权。正因为宋儒用"义"来统合经权,所以在司法上形成了"法意"和"人情"为一体的观点。如胡颖在"典卖田业合照当来交易或见钱或钱会中半收赎案"中宣称"法意、人情,实同一体"⑥。这

---

① （宋）程颢、程颐:《河南程氏遗书》卷18《刘元承手稿》,王孝鱼点校,载《二程集》,中华书局1981年版,第234页。

② （宋）司马光:《司马光集》卷71《机权论》,李文泽、霞绍晖点校,四川大学出版社2010年版,第1443页。

③ （宋）黄士毅编:《朱子语类汇校（二）》卷37《论语十九·可与共学篇》,徐时仪、杨艳汇校,上海古籍出版社2016年版,第1042页。

④ （宋）黄士毅编:《朱子语类汇校（二）》卷37《论语十九·可与共学篇》,徐时仪、杨艳汇校,上海古籍出版社2016年版,第1042页。

⑤ （宋）黄士毅编:《朱子语类汇校（二）》卷37《论语十九·可与共学篇》,徐时仪、杨艳汇校,上海古籍出版社2016年版,第1044页。

⑥ 《名公书判清明集卷》卷9《户婚门·取赎·典卖田业合照当来交易或见钱或钱会中半收赎》,中华书局1987年版,第311页。

种思想其实是经权一体在司法中的运用。

4. 行权以情、时为条件

行权是对守经的一种变通，自然会出现什么条件下可以行权，或说行权的具体条件是什么的问题。宋儒在权变理论中提出行权必须以"情、时"为前提，即强调因时因事行权。对此，欧阳修曾系统论述过，指出："正者，常道也，尧传舜、舜传禹、禹传子是已；权者，非常之时，必有非常之变也，汤、武是已。"①欧阳修认为守经是社会常态，行权是非常之时的权宜。范祖禹认为行权的前提是"时变"。"天下之道，有正有权。正者万世之常，权者一时之用。常道人皆可守，权非体道者不能用也。"②范氏指出守经是万世常态，行权只是一时权宜，而且行权之人必须要能够理解社会之"道"，即社会内在规则和价值。"权只是时措之宜"③，于是，宋儒为行权指明了条件，或说时机。

宋儒的这种思想在法律问题讨论上十分典型，如陈大猷指出："刑罚有权，权人情而为轻重也。世轻世重，权世变而为轻重也。"④这是因为行权具有特定的时空限制，是在特定时间内做出的变通。行权是"适一时之变，非悠久之用"⑤。郑樵在《通志》中指出："常道行于百代，权宜用于一时也。"⑥范祖禹指出："正者万世之常，权者一时之用。"⑦行权理论起到了国家法律变革和改革的理论依据作用。

---

① （清）黄宗羲：《宋元学案》卷4《庐陵学案》，陈金生、梁运华点校，中华书局2020年版，第191页。

② （宋）朱熹：《四书章句集注》卷7《孟子·离娄上》，中华书局1983年版，第287页。

③ （宋）陈淳：《北溪字义》卷下《经权》，中华书局1983年版，第51页。

④ （元）陈栎：《书集传纂疏》卷6《朱子订定蔡氏集传·周书·吕刑》，载《文渊阁四库全书》。

⑤ （清）董诰等：《全唐文》卷404《冯用之》，上海古籍出版社1995年版，第1828页。

⑥ （宋）郑樵：《通志》卷62《食货略第二·平籴》，中华书局1987年版，第751页。

⑦ （宋）朱熹：《孟子集注·离娄章句上》，齐鲁书社1992年版，第107页。

5. 圣人君子才能行权

宋儒认为行权是非常困难的事,对一般人来说只能做到守经,行权只能由圣人君子所为,因为行权是"义"的一种特别实现,是要在准确把握时代、时机等"时""情"的情况下才能进行,而且还要以获得"中道"为目标。于是,宋儒在经权理论上的一个重点是讨论行权主体的问题。宋儒认为,只有圣人君子才拥有行权的各种条件和要求。对此,朱熹最具代表性,他反复宣称只有圣人君子才能行权,甚至把守经和行权与大众和圣人君子相联系。"所谓经,众人与学者皆能循之;至于权,则非圣贤不能行也。"①在讲到行权主体时,他认为:"须是圣人方可与权。"②朱熹把行权提升到圣人君子专有的地位,强化行权在社会中的重要性。因为朱熹发现就是用"义"来约束行权,在实践中也会存在对"义"的不同理解。他举例说:"有人犯一罪,性之刚者以为可诛,性之宽者以为可恕,概之以义,皆未是合宜。"这在实践中是真实存在的,两种理论下行权者都会认为自己符合"义"。所以朱熹认为是"此则全在权量之精审,然后亲审不差"。那么要如何才能做到呢? 朱熹指出:"欲其权量精审,是他平日涵养本厚,此心虚明纯一,自然权量精审。"③洪兴祖、陈淳等人同样持此观点,如洪兴祖主张:"权为圣人之大用。"陈淳认为只有地位高、体知理的精义之人才能行权。宋儒要求行权由圣人君子所为的言论,其实是一种理想。在实践中,行权往往涉及具体人或事,所以在现实中只能通过内在与外在两个方面来规制行权。

从上面可以看出,宋代经权变理论已经十分成熟,体现出高度理论化、体

---

① （宋）黎靖德编:《朱子语类》卷37《论语·子罕下》,王星贤点校,中华书局1985年版,第989页。

② （宋）黄士毅编:《朱子语类汇校》卷37《论语·子罕下》,徐时仪、杨艳汇校,上海古籍出版社2016年版,第1042页。

③ （宋）黄士毅编:《朱子语类汇校》卷37《论语十九·可与共学章》,徐时仪、杨艳汇校,上海古籍出版社2016年版,第1043页。

系化的特点。宋儒行权理论是一种守经下的行权,目的是实现儒家理想中的公平正义大同社会。这种理想只能由圣人君子来实现,现实是圣人君子属于人类社会中的稀缺产品,让这种理想的社会治理成为空中楼阁。当然,这种理论本质上反映出宋儒以天下为己任的情怀和抱负。

(二)元儒对宋代经权理论的发展

元代在经学上全面继承宋代疑经、辩经的学风,从对经文本身与诸儒诠释辨疑出发,探讨经权的要义是元代经权理论的重要内容。从经权内在关系看,元儒没有实质性突破,基本以程朱学说为宗,承袭"经权统一""经是经,权是权"的立场,围绕程朱论述进行注解,抑或辩驳。如陈天祥对"权"讨论时通过将孔子"未可与权"与孟子"嫂溺援手"的经文和注解结合,相互论证,将"权"定义为"应变适宜"。陈天祥还对程颐"权即是经"的观点提出质疑,认为经权是事物两端,应当区别,所以从经权独立视角赋予了汉儒行权是"反经"理论一定的合理性,同时指出若执着于反经,不合于道、义又会让行权陷入无稽之说。① 史伯璇指出了汉儒"反经合道"的不合理与程颐经权学说的不足,对朱子经权有辨的立场表示认同,认为"经是处常之道,权是处变之道。处常处变,用各不同,此权与经所以当有辨也"②。萧镒是经权相用、经权不悖的拥护者,指出经权虽然有别,而权为经之义,两者实际相为用,并不相悖。王充耘强调权不离经的特点。元儒在经权理论上的最大突破是将经权和体用联系起来,如郑玉指出:"圣人既为经以定天下之常,复为权以尽天下之变。于是经权相济,若体用然,而天下事无不可为者矣。"③在经权理论中引入体用理论是对宋儒"经权一体"的深层次发展。

---

① 参见(元)陈天祥:《四书辨疑》卷5《论语·子罕第九》,光洁点校,中国社会科学出版社2021年版,第99页;卷11《孟子·离娄上》,第236页。

② (元)史伯璇:《四书管窥》卷2《论语》,载《文渊阁四库全书》。

③ (元)郑玉:《师山集》卷2《张华论》,载《文渊阁四库全书》。

陈天祥是元代前期对经权理论研究较深的代表,他在《四书辨疑》中重点分析了"未可与权",首先对程颐"权只是经也"的观点进行批判,指出:"汉儒以反经合道为权,近世解经者多以为非,盖皆祖述程子权只是经之说也。注文虽不与之同,仅能有权与经亦当有辨之一语。……故后人得以迁改其意,往往为之讹说,却使与程子之说混而为一,良可惜也。"①接着对朱熹"权经两端"学说表示赞同,指出汉儒的经权论说和朱子观点具有一致性,认为"反经合道"是经权的深层原理,"权经两端"是"道"的表象。在此基础之上,还反驳了张栻对朱子经权理论的非难,并驳斥将汉儒经权学说视为权变、权术的看法。"南轩以为既曰反经恶能合道,盖不知非常之事,固有必须反经,然后可以合道……先儒之所谓权者,何尝谬至于此哉。夫窃权之名以自利,其罪在于窃者,归罪先儒,非通论也。自曹丕而下窃禅让之名,而为篡逆者踵相接也,岂唐虞之禅亦皆非,与南轩之说断不可取。"②最后,他强调"权"不能以利己为出发点,满足个人私欲,其受益对象和结果必须指向他人、他物。

许谦是元朝中期名儒,在所著《读四书丛说》中对经权理论进行了讨论。在《读论语丛说·共学章》中,他首先逐层解析了"学""适道""立""权"的含义及关系,认为"权"的境界以"立"为基础。"立字如建字,谓守圣人所制之法,循其规矩准绳,皆有所成立,然犹能应事之常尔。……立则守经者也。至于义精仁熟则可与权,而能处变矣。"③其次把经权与礼法、义理联系在一起解释它们之间的关系。"经是常也,权字有变意,常者一定之理,变者随时之宜。事之常者只依见成礼法,一定行将去至。"④许谦认为经是已定型为制的礼法。"经者,圣人所制礼法,常久当行者。"⑤权是以"义理"为指导的实践,出现在

①　(元)陈天祥:《四书辨疑》卷5《论语子罕第九·未可与权》,载《文渊阁四库全书》。
②　(元)陈天祥:《四书辨疑》卷5《论语子罕第九·未可与权》,载《文渊阁四库全书》。
③　(元)许谦:《读论语丛说》卷中《共学章》,载《四部丛刊续编》。
④　(元)许谦:《读论语丛说》卷中《共学章》,载《四部丛刊续编》。
⑤　(元)许谦:《读论语丛说》卷中《共学章》,载《四部丛刊续编》。

无法可循时。"至中而止"是行权的实践要求和目标指向。"权者,圣人之大用,前圣所未立法,适逢事变而处之。"①许谦遵循了经为常道,权为变通的通论,又基于"权"高于"立"的逻辑,将行权解释为创制新"经"的活动。"既当则其法即可常行,所谓权即经也。"②这种解释是将"权"视为"经"的创制途径,同时将行权制经的权力归于圣人,为义理抉择、行权变、创经制等活动赋予了智识德性上的标准。在义理和经权关系上,许谦虽然认为"义理"统摄经和权,但认为经是圣人行权后确立的定制,同时还认为固化的礼法与抽象的义理并不总一致,或者说固化礼法虽然能体现义理,但不能完全涵盖。所以在法律实践中,在有法可依时也会出现礼法冲突的情况,这时就需要行权。"若两下皆是义,则称量其重者为之,便是权。"行权只有在代表"义"时才具有突破、抉择或者创制新规则的合理性,否则就是恣意妄为。"但权须是用得义理极明了方可行,若未明理专认个权字,件件要去权,则有背义妄作,其罪不可胜言矣。"③许谦与朱熹是一致的,只是在适用义理时,许谦主张由己身的认知"推爱及人",而朱熹则强调客观"人性"的存在。这种差异使得许谦在经权价值评判时体现出陆派心学的倾向。

王充耘是元末九峰学派的代表人物,在《四书经疑贯通》中提出:"至谓可与共学,可与适道,可与立而未可与权,岂学者终不可语圣人之终事乎? 借使学者而至于可与权,不知与圣人之不逾矩,果可同乎?"④在对这两个问题的回答中,他将"圣人从心所欲不逾矩"境界解释为"虽应变而不失其常",其实是行权合道的一种表述,并且认为"权"是"从心所欲不逾矩"的同义表述。"使

①　(元)许谦:《读论语丛说》卷中《共学章》,载《四部丛刊续编》。
②　(元)许谦:《读论语丛说》卷中《共学章》,载《四部丛刊续编》。
③　(元)许谦:《读论语丛说》卷中《共学章》,载《四部丛刊续编》。
④　(元)王充耘:《四书经疑贯通》卷2,载《文渊阁四库全书》。

学而至于可与权,则与圣人从心所欲者无以异矣。"①王充耘认为学者只要有志于学,追求"权"的境界,在日常生活中积极发挥主观能动性,那么人人皆可成为尧舜般的圣人。相较于许谦,王充耘将"权"从圣人君子专属变为常人通过求学达到的终极境界,但王氏只是在求学修身语境下对"权"进行解释,所以没有许氏那种导向经世致用的倾向。

元儒经权理论上的一个重要内容是把《易经》中"履以和行"至"巽以行权"九个卦象作为对象进行讨论。元儒常把《论语》和《易经》中涉及权变的内容进行互证,如吴澄的《易纂言》、赵汸的《周易文诠》、李简的《学易记》等。吴澄在《易纂言》中首先对九个卦象进行解释,之后将"恒""益""井"三卦含义与"巽以行权"结合,用"恒""益""井"作为评判行权是否符合"中"的标准。赵汸在《周易文诠》中指出九个卦的顺序不可颠倒,对于巽卦中"权"则引用《论语》中的"可与立者,未可与权"进行解释,指出:"巽则随时制宜,不胶一定化裁之制。"②他强调了行权的适宜性和变通性,因"时"而变,不囿于定制。李简在对巽卦的评价时认为:"巽以行权,则顺于理而得中也。人道惟此为大,故以此终之。"③他指出行权目的是获得符合"中道"的结果。

(三)元儒与宋儒在经权理论上的异同

元儒由于在学术上与宋儒存在很强的延续关系,是立足于宋儒的思想而前进,前期多为总结整理宋儒的学说理论,中后期由于时代差异而出现新发展。从论述角度看,元代经权理论分为三种:一是由学求道(或理、义理),从人的学习境界讨论经权,如元儒王充耘对"可与共学章"的阐释,吴澄等人对易经九卦的阐释;二是从指导社会实践角度讨论经权,如陈天祥和许谦;三是从政治哲学角度讨论经权,意在辨析行权和政治权谋、权术的不同。宋元诸儒

① (元)王充耘:《四书经疑贯通》卷2,载《文渊阁四库全书》。
② (元)赵汸:《周易文诠》卷3,载《文渊阁四库全书》。
③ (元)李简:《学易记》卷8《系辞下》,载《文渊阁四库全书》。

对经权讨论具有较强共性，比如行权都具有"利他"性；"权"是学与行的最高境界，行权有着严格的德智要求；"权"具有临时性，以"时"与"势"为必要条件，是人们在融会贯通深层次"道"之后的主观能动实践等思想。在经权关系上，元儒延续了朱熹的经权观，认为道统经权，经出于权，经来自先圣行权的结果，"道"与"经权"是一般与特殊的关系，具体经义只体现"道"的一个向度，因此在复杂事物中往往存在不同经义的冲突，只有行权才能解决。这种思想体现在吴澄把朱子理学中"致中和"进一步发展改造，并使之成为元代中后期的主流观点，如赵汸、郑玉、许谦等人均提出"行权达中"的目标。在司法上，"中"在具体案件中呈现多种多样的结果，要求调和平衡不同的价值，让"事"与"理"在具体问题上获得妥恰。这些理论对元代国家法律的多元及判例司法实践提供了理论上的指导。

二、宋元经权理论下行权司法的实践

经权理论成为宋元时期法律上，特别是司法上的指导理论，使得行权司法大量出现，最终导致情理司法的形成。宋元时期经权司法为明清时期情理司法开创了先河，让中国古代司法技术演进更具自己的特色。分析宋元时期行权司法拥有以下几个方面的主要内容。

（一）拥有完善的经权理论作为理论指导

从前面分析中可以清楚看出，宋元时期通过诸儒努力，特别是在宋代义理经学的影响下，对之前的经权理论进行了发展完善，构建起具有宋元特色的经权理论。经权理论的发展与完善，让宋元的行权司法不再是一种临时性的，或者是司法者的偶然行为，而是具有完善理论指导下的一种司法行为。宋元时期的行权司法不仅有行权条件、要求、案件分类等方面的要求，还有内在价值原则作为指导，具体是以"道"为统合，以"义"为标准，以"理"为基础，以"中道"为司法目的等。宋元诸儒认为在司法和行政上,应坚持"公事在官,是非有理,轻重有法"的原则,同时在行政和司法上要做到"不可以己私而拂公理,亦不可徇公法以徇人情"①。要求司法时在守法和行权时必须做到"法意"和"人情"两不相违,即司法时法意和人情要同时获得。"权衡于二者之间,使上不违于法意,下不拂于人情,则通行而无弊矣。"②这些让宋元时期行权司法既有理论上的指导也有实践中的要求。

宋元时期要求行权司法要符合基本人伦义理,这是行权司法的基础,因为违背义理就不存在行权司法的合法依据。如复仇案件中为亲属复仇的"人情"要素的存在并不必然引起司法上的宽宥,还要考量案件中其他"情理"因素,判断各类情节和义理之间的轻重,权衡后再做出裁判。如宋神宗元丰三年(1080 年)夏四月的"叶元有为妻杀兄、兄子案"就是此种司法的体现。

> 审刑院、刑部言:"宣州民叶元有,为同居兄乱其妻,缢杀之,又杀兄子,而强其父与嫂为约契不讼于官。邻里发其事,州为上请。"上批:"同居兄乱其妻,或强或和,既无证左,又罪人今皆已死,则二者同出于叶元有一口,不足用以定罪。又下民虽为无知,抵冒法禁,固宜哀矜。然以妻子之爱,既戕其父,又杀其兄,继戕其侄,背逆天理,伤败人伦,宜以殴兄至死律论。"③

本案中叶元有因为同居兄长对其妻有"乱其妻"的违背人伦情节,所以怒杀其兄。若仅有此情节是可以构成行权司法中宽宥"情理",但是叶元有在杀其兄后又杀其兄之子,并武力威胁其父和其嫂不能告官,以遮掩自己"擅杀"之罪。于是,案件虽然存在为妻复仇的"情理",但此"情理"在整个案件的所有"情理"中不再是核心"情理",而他杀侄子和威胁父亲、嫂嫂的逆绝人伦的

---

① (宋)真德秀:《西山政训》,载《丛书集成初编》(第893册),中华书局1985年版,第5页。

② 《名公书判清明集卷》卷9《户婚门·取赎·典卖田业合照当来交易或见钱或钱会中半收赎》,中华书局1986年版,第311页。

③ 《续资治通鉴长编》卷303"神宗元丰三年夏四月庚戌"条,中华书局2004年版,第7383—7384页。

"情理"构成案件主要"情理",所以行权司法时适用了殴兄至死判处死刑的法律。从此看,适用殴兄至死的"情理"是因为他有杀侄子和武力威胁父亲、嫂嫂的行为,而非是为妻怒杀兄的行为。从中可知,情理因素在案件中的复杂性,同时也说明因情理行权司法是对各种情理因素综合考量的结果,而非只是因为其中某一情理因素的结果。

(二)形成司法中守法和行权的平衡机制

宋元时期经权理论解决了司法中守法和行权之间存在的困境,让行权司法不再是对守法的破坏,而是纠正守法司法时出现社会价值失范的补救机制。同时,由于宋元诸儒强调"怀法行权",让行权不再是对法律的背离,而是对"法意"和"人情"的有效统合,即形成"殊不知法意、人情,实同一体,徇人情而违法意,不可也,守法意而拂人情,亦不可也。权衡于二者之间,使上不违于法意,下不拂于人情,则通行而无弊矣"①。从司法理论看,"怀法行权"解决了规范的稳定和个案特殊需求的冲突。从诸儒视角看,这解决了守经和时变不可皆得的困境,让儒家经学的僵化弊病在理论和实践中获得解决。

从理论看,统一价值下制定的法律必然包含着对既有社会基本价值原则——经的实践,但为何会出现"经所不及而须行权"的问题呢? 这源自法律的确定性和强制性,这种特征也是法律规范权威性的来源。在司法中,虽然存在一定自由裁量的空间,但法律规范的这种特性是不能被打破的。在司法中,当某个特定的个案由于自身含有特定的情、时等因素导致现有规范无法涵摄时,若坚持守法就会无法获得个案的正义和公平,于是只能通过行权司法进行个案衡平以实现案件的社会正义和公平。由于行权司法具有弥合常法和个案之间的功能,所以有人指出"故权可以明是非,定向背,测成败,决取与"②的作

---

① 《名公书判清明集卷》卷9《户婚门·取赎·典卖田业合照当来交易或见钱或钱会中半收赎》,中华书局1986年版,第311页。

② (清)董诰等:《全唐文》卷404《机论》,上海古籍出版社1995年版,第1828页。

用。对此,可以从下面案例中看出当时是如何在守法和行权中进行平衡的。

> 大德七年四月,中书省:"礼部呈:'东昌路王钦因家私不和,画
> 到手模,将妾孙玉儿休弃归宗,伊父母主婚,将本妇改嫁殷林为正妻,
> 王钦却行争悔。'本部议得:'王钦虽画手模将妾休弃,别无明白休
> 书,于理未应。缘本妇改嫁殷林为妻,与前夫已是义绝,再难同处。
> 合准已婚为定。今后凡出妻妾,须明立休书,即听归宗。似此手模,
> 拟合禁治。'"都省准拟。①

此案中当事人王钦因为与妾孙玉儿不和,就采用按手印休妻妾形式休弃
孙玉儿。离婚后孙玉儿与殷林再婚,成为对方妻子,王钦后悔而提起诉讼。本
案法律依据是当时在国家法律中禁止使用手模休弃妻妾,也就是王钦认为自
己采用手模休妾的行为在法律上是无效的,所以自己与妾孙玉儿仍然处于婚
姻状态。但礼部在覆审时认为孙玉儿与他人结婚,事实上与前夫构成了"义
绝"的法律事实,于是承认他们的婚姻关系已经终止。从整个判决看,礼部在
判决时是以法律为基础,否则就不必对手模休妾的法律进行重新确认,即采用
事实婚姻导致与前夫"义绝"是对手模离婚无效法律的一种行权。从判决看,
不管如何适用行权变通,在案件判决时都在"义绝"导致婚姻终止和手模休弃
妻妾无效的法律下进行。从法律角度看,这是一种守法下的行权司法。

(三) 以"情、时"作为行权司法的条件

宋元行权司法的根本原因是为适应每个案件中"人情"及时代价值变化
的需要,即因个案的"情、时"而行权司法。宋元时期行权司法在实践中的标
准用语是"量决""量情""量判"等。"量决"是"量情理而判决"的略写,指权
衡具体个案的情节和事理做出权宜裁判。行权司法最终导致情理司法的形成
是理论和实践的自然演进结果。从理论上看,宋元行权理论下的情理司法与

---

① 方龄贵:《通制条格点校》卷4《户令·嫁娶》,中华书局2001年版,第173页。

明清时期的情理司法是存在区别的,因为宋元行权司法不管对"情"还是"理"都赋予了具体含义,并非一种简单"人情"下的司法。"性者,理也。性是体,情是用。"①从宋元诸儒看来,行权司法是受到诸多前提和条件限制的,对行权主体要求特别高,要求行权主体要熟悉现行法律,具备了解把握"人情""世变"的能力,并能以"义"作为评判各种情理的度量,以实现"中道"作为司法的目标。所以朱熹有"中之为贵者权,权者即是经之要妙处也"②。当然,这些能力还只是行权司法主体的内在要求,除此之外还要求行权主体拥有论证行权合理性的外在能力。而这种论证则要求行权主体具有高超的诠释说理能力,所以以具有强有力的说理能力构成了行权司法主体的重要条件。下面案例充分反映了这种特点。

> 大德九年(1305年)六月二十九日,准中书省咨:"李阿邓告夫李先强奸继男妇阿李不成罪犯,已经断讫。看详:'纲常之道,夫妇许相容隐。经官告夫李先奸罪,欲令依旧同处,不无别致生事。若断义【绝】离异,不见妻告夫罪立定例。请定夺回示。'"送刑部议得:"夫妻元非血属,本以义相从,义合则固,义绝则异,此人伦之常礼也。李先罪犯强奸伊妻阿邓前夫男妇,于妇知见,用言劝道,为人不思自过,反将阿邓打伤。告发到官,对问是实。既将李先断讫,已是义绝,再难同处。看详:'李先所犯,败伤风化,渎乱人伦,仰合与妻离异相应。'"都省准拟,合行移咨,依上施行。③

本案涉及丈夫先有违背礼义人伦的犯罪行为,同时其妻告发丈夫又有违背礼义和法律的行为。因为在儒家礼义中夫妻相隐,而且夫为妻纲。在法律上妻子告发丈夫犯罪属于违礼违法行为,而且会导致法律上的义绝。然而本

---

① (宋)黄士毅编:《朱子语类汇校》卷98《张子之书一》,徐时仪、杨艳汇校,上海古籍出版社2016年版,第2500页。
② (宋)黎靖德编:《朱子语类》卷37《论语·子罕下》,中华书局1985年版,第992页。
③ 《元典章》卷41《刑部三·诸恶·内乱·妻告夫奸男妇断离》,陈高华等点校,天津古籍出版社2015年版,第1420页。

案中丈夫先有违背礼义的犯罪行为,所以若适用相关夫妻礼义原则,司法效果上会存在实质上的不公。所以行权主体在行权司法时进行了相应说理,指出夫妻是基于"义",任何一方都不能违背"夫妻"之义。由于丈夫先有违背夫妻之义的行为采用义绝认定他们夫妻关系已经解除,解除后前妻告发前夫犯罪在法律上就不存在违反夫为妻纲和同居相隐的法律问题。从这里可以看出,为了让案件判决具有法律依据,行权司法时进行了有效说理。从说理效果看,其让案件判决获得了相应支持。

(四)存在社会主流价值作为行权司法的依据

宋元经权理论为国家司法提供了稳定的理论支持,让社会中纷繁复杂的司法有了可以言说论证的价值体系。宋元诸儒的经权理论是一个体系完备且具有完善价值原则、规则和分类体系的理论,让行权司法有了实践上的可操作性。如在"典卖园屋既无契据难以取赎案"中,审理者认为案件解决的价值目标是实现"恩义"和洽,当事人不服再依据法律判决。"今来事到本厅,以其各是名宦士类,无不再三劝谕,使之从和,庶可以全其恩义,而皆难以告语。"①该案审理者采用先劝谕当事人,让当事人尽量以和解方式解决争议。有时法官在评价其他法官的诉讼行为时,以其有无调解作为评价指标。如刘克庄在"妻以夫家贫而仳离案"中对当时有司审理民事诉讼行为做出评价。"惜乎当时有司观望颜情,莫有以义理劝谕丘教授者,前任知县不得不任其责矣。"②他认为当年审判官员没有用"义理"来劝导训诫当事人进行调解,导致该案未能彻底解决存在问题。行权司法时看似没有规则的司法裁判,实则是存在一种内在价值体系让其裁判更加合理有效的。

【宋仁宗至和元年(1054 年)八月】甲午,知制诰贾黯权判吏部流内铨。承平日久,百官职业皆有常宪,盖乐于因循,而铨衡徒文书

---

① 《名公书判清明集》卷 5《典卖园屋既无契据难以取赎》,中华书局 1987 年版,第 150 页。
② 《名公书判清明集》卷 9《妻以夫家贫而仳离》,中华书局 1987 年版,第 346 页。

备具而已,黯始欲以风义整救其弊。益州推官桑泽,在蜀三年,不知
其父死。后代还,举者甚众,应格当迁。方投牒自陈,人皆知其尝丧
父,莫肯为作文书。泽知不可,乃去,发丧制服,以不得家问为解。泽
既除丧,求磨勘。黯以谓泽三年不与其父通问,亦有人于之爱于其亲
乎! 使泽虽非匿丧,犹为不孝也。言之于朝,泽坐废归田里,不齿
终身。①

本案在行权司法时体现出一种内在价值的统一,因为本案涉及国家对官
吏考核升转时是以形式为要件还是兼考察实质评判的问题。本案中桑泽在蜀
地为官,远离家乡,其父死后三年他都不知道。按国家考核迁转法,桑泽已经
达到迁转条件。然而,由于他没有为其父守丧,所以没有人担保推荐他迁转,
让他无法获得升迁,于是只好主动要求回家补父亲三年丁忧之制。同时,他给
自己找出不能及时守孝的原因是因为远离家乡,导致无法获知父亲死亡的消
息。这个理由是具有一定合理性的。桑泽在补三年父亲孝后,再次提出升迁
请求。然而当时负责的官员贾黯提出异议,认为桑泽在外地为官三年不给家
里写信问候亲人,本身就构成了一种不孝行为,所以其父亲死后三年不守孝的
违礼违法行为,即使没有故意也属于事实上的不孝。贾黯的异议被吏部采纳,
也就是他的异议获得社会认可。这里的核心问题是对桑泽的这种行为评价在
当时没有任何人提出异议,或说在当时社会价值中,将他这种行为认定为不孝
是有共识的。本案体现出当时社会共同价值对行权司法起到了价值原则上的
支持作用。

(五)创制出"理与法"有效统合的司法机制

宋元时期行权司法在功能上解决了司法上情理与法相冲突时的问题。人
类司法史中最大的问题是,有时若坚持适用法律规则会导致案件失去个案在

---

① 《续资治通鉴长编》卷 176"宋仁宗至和元年八月甲午"条,中华书局 2004 年版,第
4270 页。

社会学意义上"理"的正义;若坚持以个案为中心,又导致普遍性规则蕴含的公平、平等失去。于是,在司法中如何通过一种有效机制把守法与个案正义有效协调构成了实践中需要解决的问题。宋元经权理论下行权司法的最大贡献是提供了一种有效统合形式(法)和实质(理)两种价值的途径。宋元诸儒认为通过经权理论,司法官吏通过承担对经义的解释,让个案在相关理论指导下进行证成,形成行权司法就可以解决这一问题。如蔡久轩在"卑幼为所生父卖业案"中指出司法裁判要做到"此不特于法有碍,而于理亦有碍,使人不知有父子之大伦者,皆自兹始也"①。让司法裁判在"法"和"理"中获得通达,就可以实现个案的正义。当然,对情和法的行权,基本目标是不能让守法与行权走向极端,所以"中道"被作为基本司法原则提出来,对两种极端趋势进行约束。

(六)为司法及时回应时代及个案特殊性提供了有效途径

宋元行权司法在技术上有效回应了时代变迁的需要。因为经学在价值上是固定不变的,而时代变化会对同一事物的价值判断出现改变,所以通过行权可以让这种变化在司法中获得。行权司法还为司法官吏在适应时代和个案变化上提供了裁量准则,因为它不仅要求守法下行权,还要求行权时根据个案中的情时因素进行权衡,让人情和法意通过"度时"权衡,最后让司法裁判结果获得社会"义",进而达到司法上的"中道",即所谓的"礼者因人情者也,人情之所宜则义也"②。

元朝的很多民事案件在司法时会考察当事人的行为是否违背当地善良风俗,若违背善良风俗,会判决该民事行为无效。如大德三年(1299年)李川川

---

① 《名公书判清明集》卷9《户婚门·违法产易·卑幼为所生父卖业》,中华书局1987年版,第298页。

② (宋)程颢、程颐:《河南程氏遗书》卷11《师训》,王孝鱼点校,载《二程集》,中华书局1981年版,第127页。

告哥哥李六出卖自己为奴婢案中,李六因为欠阿里火者钱债无力偿还时,就把李川川名义上让对方收为"养子",实际上是作价抵偿对方债务卖为奴婢。元朝在国家法律中严格禁止出卖良人为奴婢,所以判决收养关系不成立,李川川归宗。中央覆审时,御史台认为本案涉及社会风俗问题。"民间风俗浇薄,昆弟不睦,比比有之。且兄弟同气比肩、共有财分之人,与父母尊卑不侔,又兼止有许准父母将亲生男女乞养过房体例,别无兄得过房弟妹明文。若令兄将弟妹过房与人以为通例,其间有争分家财,或因姒娌不睦,便将弟妹过房与人,弃绝大义。如准各人归宗相应。"御史台对中书省先前判决进行否定,中书省收到御史台异议后,转给礼部覆审,礼部判决是"如准御史台呈并本部已拟,令李川川、李住哥归宗相应。"①最后中书省同意御史台的异议。从御史台判决看,主要是认为这种行为会导致民间出现兄弟姊妹相互出卖的社会问题,破坏了社会善良风俗。这种行权判决从社会效果看是积极的。

收继婚姻问题构成了元朝婚姻法上传统儒家价值与当时蒙古族等强势政治力量民族的法律习惯冲突的焦点,这与汉人平民对收继婚姻习俗大量接受也有关。为此,在现实生活上经常出现诉讼,很多判决是强制适用此法律。当然,也有一些妇女要求守志不嫁。在法律上当某位妇女提出守志不嫁时,强迫她们再嫁,在社会道德上就会出现缺失,或者说缺乏正当性。如至元十三年(1276年)三月,淄莱路蒲台县韩进诉哥哥韩大妻子阿庄在丈夫韩大死后不愿改嫁,坚持守志抚养子女。阿庄为此还给官府出具坚持不改嫁的甘结状,即"韩大身死,自愿守志,不嫁他人,亦不与小叔韩进续亲。如有非理之事,愿当一百七下"。于是,韩进要求娶其嫂虽然有法律依据,但在价值上却不合礼,因为阿庄守志不嫁是合礼的。最后案件申报到中央户部在判决时指出至元八年(1271年)二月有规定:"妇人夫亡服阕,守志者听,其舅姑不得一面改嫁。"至元八年十二月十四日又规定:"小娘、阿嫂根底收者。钦此。"法律上两种诉

---

① 《元典章》卷57《刑部十九·诸禁·禁诱略·兄不得将弟妹过房》,陈高华等点校,天津古籍出版社2011年版,第1880页。

求都有依据,在司法上形成了法律适用上两可的疑难,所以户部必须做出价值上的权衡,对两个法律的适用进行优先排序。最后户部作出"本妇人既愿守志不嫁,拟合听从守志"①的判决。在法律上解决了两个法律间的冲突,实现了价值上的选择。本案判决让当时收继婚姻法律和儒家孝节观冲突时儒家孝节观获得优先适用,让至元八年后出现的扩张性适用收继婚法的现象转向减缩,实现了宋儒所说的"圣人缘人情以制礼,事则以义制之"②的目标。在社会治理上很好地适应了元朝社会主流价值向儒家社会价值归回的需要。

三、宋元时期行权司法的历史启示

中国古代司法受制于血缘伦理中"差异性"和国家权威中"一统性",因此在两种具有对立性价值取向中构建司法原则和机制是中国古代司法发展中的重要特色。中国古代的司法经过长期发展,形成了对特定司法原则中出现的"恶"进行约束补救的机制,让整个国家司法有了一种内在平衡机制,即在制度设置上保障"中道"价值取向,保证法律运行中"善"的获得,宋元经权理论下的行权司法就是这种司法的典型代表。通过上面分析,宋元时期行权司法有以下历史启示。

(一)司法中价值衡量应以守法为前提

经权理论在司法上最重要的作用是提供了守法和权变的理论指导,也就是在司法机制上强调守法是前提,权变是为了让个案获得公平正义,或者说消除形式守法带来的问题。宋元诸儒提出经权理论下的行权司法在本质上是强

---

① 《元典章》卷18《户部四·不收继·守志妇不收继》,陈高华等点校,天津古籍出版社2011年版,第660页。

② (宋)程颢、程颐:《河南程氏遗书》卷6《二先生语六》,王孝鱼点校,载《二程集》,中华书局1981年版,第87页。

调守法作为行权的前提,要求行权必须在守法前提下进行,不能为了行权而放弃守法。这种思想的形成与宋元诸儒对"经"的认识有关,他们认为"经"是永恒的规则,行权只是一时的权宜。"经是常行道理,权则是那当理行不得处,不得已而有所通变底道理。"①遵守永恒规则对一个社会是十分重要的,并且它能让一个社会有效运行,让社会秩序获得持久。如元仁宗延祐四年(1317年)七月,嘉定路发生案牍周桂荣妻任氏离婚改嫁他人,后夫死后与其复婚案。本案任氏由于得罪婆婆被休弃。"获罪于姑,因而休弃,改嫁计县尹为妻。"她在后夫死后不满一年又与前夫周桂荣复婚。"本人身死,方及周岁,周桂荣却与任氏再合,虽在革前,理宜改正离异。"②从判决看,她与前夫再婚无效并不是因为离婚后不能结婚,而是她在后夫死后未满一年就改嫁。因为按当时法律,丈夫死后妻子要守孝三年才能改嫁。本案在判决时遵守了相关法律。但是这种思想在明清情理司法中发生了变化,因为明清时期只强调情理在司法中的权变功能,而弱化了守法的重要性,特别是部分基层官吏在司法时为图方便,打着情理司法的口号滥用行权司法,导致司法走向法律虚无主义。

明清时期中央还是坚持守法下的行权司法,并非简单用"情理"来行权司法。从明清律学著作看,律学家是坚持律是经,例是时变、权宜。律和例的结合,在法律体系上构建起一种经权式的法律体系,让宋元时期的经权司法在法律渊源上获得保障。明清在法律体系上不管是律—例体系,即刑事法律中律典和条例,还是非刑事法律中的会典—则例体系,在规范结构上都形成"经"与"权"两种类型。从这个角度看,明清经权理论在法律建设中,特别是法律体系建设中是获得重新发展的。同时,在情理司法时增加了"法",认为情理法是一个有机整体,三者必须合一,同时考量,而不能只考量情理因素。这种

---

① (宋)黄士毅编:《朱子语类汇校(二)》卷37《论语十九·可与共学篇》,徐时仪、杨艳汇校,上海古籍出版社2016年版,第1045页。

② 《至正条格》卷8《断例·户婚·休妻再合》,Humanist出版集团2007年版,第248页。

理论把情理放在法的前面,让以法为主、情理为辅的行权司法被打破,破坏了宋元时期"怀法行权"的情理司法模式。明清时期这种情理司法的出现与明儒认为情理是体用关系有关。明清时期行权司法向教义化转向,让它失去了原有生命力。

(二)司法中情理法通融是提高裁判民众认可度的途径

随着经权理论的发展,中国古代的行权司法机制越发成熟,从理论到技术层面都找到了司法运行中价值衡平时所需要的理论及途径。任何一个时代,法律体系的完善,特别是法典法体系的完善,都会导致法律教义学的兴起,而法律教义学中的形式主义是任何时候都无法避免的。同时,"议事以制"的个案化司法虽然能让个案获得实质正义,但是"人"的自利之心容易让这种司法模式成为专断、擅断的机制。这两个问题在子产铸刑鼎的争议中就有充分体现,说明两种司法模式的极端在现实中是真实存在的,也让人们公开质疑,其影响是非常具体的。司法正义在两种模式的相互否定中无法获得应有价值,于是如何在规则教义下保证一种实质的个案正义成为中国古代司法发展中需要解决的问题。经过先秦诸子对经权诸问题的争议,加上汉朝经学家构建起经学的永恒化,人们发现解决好形式和实质的平衡才是解决该问题的关键。所以经权理论在本质上是为解决儒家"经"的永恒性与现实政治的时代性需要而出现的一种理论。而这种理论在法律上,特别是司法上成为解决形式和实质困境的理论依据。所以说经权理论的机制,特别是行权司法理论的成熟,为中国古代司法时价值衡平提供了保障,甚至导致一些新的司法技术、原则、模式的出现,成为影响中国古代司法的重要理论。

(三)守法和权变有机结合对保障司法适应时代需要具有积极作用

经过经权理论的发展,宋元时期在守法和权变上提出了"怀法行权",以

"中道"为司法价值,要求行权不能违背"义";或说"义"是行权的度,如在行权时不能以危害他人生命安全为目的等理论。这些理论为行权司法提供了技术上的支持,甚至是出现舍服取义、舍物论情、非理行孝等新的司法原则。这些司法原则为行权司法提供了范围或边界,让国家司法具有更多可操作性。至大元年(1308年)七月马闰住挟仇放火烧姑舅叔朱善儿家案中,由于人犯行为恶劣,所以在司法时就不再遵循亲属原则而是转向适用"凡人"间互犯原则,即从"正伦理"的司法转向"笃恩义"的司法。为此,刑部引用了相关法律。"今后诸人放火故烧官房厅宇、私家宅舍,比同窃盗;无人居止空房并损坏财物、畜产及田场积聚之物,比同窃盗。照依大德五年奏准盗贼通例,计赃断配,免刺,追赔烧毁物价。"同时指出本案中人犯虽然是朱善儿表侄,但其行为是"以卑犯尊,合同凡人定论"①。本案在司法时之所以不坚持亲属关系,是因为若坚持亲属关系,会对人命安全造成破坏。司法时转向适用了"凡人"间互犯,通过行权司法,让案件在适用儒家经义时获得个案的正义。

在经权理论下,行权司法慢慢形成了中华法系中具有自身特色的情理司法。从司法技术角度看,行权司法具有比情理司法更加复杂的技术要求,它让守法和权变不再是个人主观意志的产物,而是一种具有稳定分类及适用技术、价值原则的司法机制。在长期演进中逐渐融入国家、社会、个人的精神生活中,构成了中国古代司法制度的重要精神,也成为传统法制文化的重要内容,甚至影响了现在的司法制度,如"马锡五"审判方式、注重司法调解等。

(四)"怀法行权"是社会主流价值融入司法的原则

中国古代的行权司法强调"怀法行权",即要求在行权时必须以现有法律为前提,不能违背法律的基本原则和精神。中国古代司法原则的形成历史体

---

① 《元典章》卷50《刑部十二·诸盗二·放火·放火贼人例》,陈高华等点校,天津古籍出版社2011年版,第1686页。

现出一种较强的建构理性和经验理性互动下产物的特征。为了实现血缘伦理下"礼"的社会价值,国家构建起"五服制"作为整个"亲属"间法律适用的基本原则,保证纲常名教的社会价值在法律中全面实现。在家庭亲属法律上被称为"正伦理"。然而,这种司法价值却让很多在血缘亲属关系中处于优势地位的人借此滥用权力,为此必须在制度上形成新原则对其进行制约和补救,于是逐渐形成了"舍服取义"的补救性司法原则。这种司法在元朝较为典型,如至元八年(1271年)张阿刘诉驱户李喜春继承案中刘涉川有两个女儿,大女儿招赘养老女婿,虽然一直在女方家,但很早就把户籍迁到男方家中。刘涉川夫妇死后,出现驱口和女儿争财产。户部在审理时引用了相关法律,认为刘涉川大女儿及女婿有继承权,但中书省覆审时认为张士安很早就归宗到父母家的户籍中,不能由张士安全部继承,提出把刘涉川财产按三份处分,其中一份由两位女儿继承,二份由国家继承。在女儿继承的一份财产中再分为三份,其中大女儿因为有赡养老人的贡献给予继承二份,二女儿继承一份。"刘涉川抛下应有财产、驱、婢,依例以三分为率,内一分与刘涉川二女,作三分,分内二分与张士安妻阿刘,一分与次女赵忠信妻刘二娘,令各人依籍应当差役;外,二分官为拘收。"[①]本案在两位女儿继承权上,大女儿由于承担了照顾父母的义务,所以在继承财产时获得三分之二,比妹妹多一份。这体现了义务与权利相适应的原则。分析本案,会发现行权给予两姊妹继承财产,是一种法律前提下的变通,而不是随意进行的结果。其中最典型的是对长女,虽然她从法律上已经不属于养老女婿,但在事实上长期承担赡养父母的责任,所以分配财产时给予比妹妹更多的份额。这里体现出国家法律下的行权司法,而非是对国家法的否定。

---

① 《元典章》卷19《户部五·家财·户绝家产断例》,陈高华等点校,天津古籍出版社2011年版,第682—683页。

（五）时代化社会主流价值为"行权"司法提供原则性功能

行权司法的最大功能是利用经的原则对法律中存在的缺陷进行补救,让司法获得积极的社会效果。如大德七年(1303年)十一月济宁路砀山县出现王头口告发岳父刘通酿私酒,查证后发现王头口是刘通招赘养老不出舍女婿,在法律上属于"承继户门,与男无异,宜同自首"。然而在法律上存在一个问题是女婿告发岳父,而且是上门女婿,在法律上相当于"承继户门,理同父子。今乃灭弃人伦"。最后判决是给予刘通自首待遇,同时对告发岳父的女婿"王头口不应言告罪犯,约量惩戒,以厚风俗相应"①。在法律上适用了同居亲属首告例同人犯自首的法律,同时又认定女婿告岳父相当于子女告父母,所以给予适当处罚。这里通过引用经的义理,让判决具有相应合理性。延祐五年(1318年)六月发生荆湖北道宣慰司令史裴从义母丧丁忧案,本案涉及对继母是否要像对生母一样丁忧,还有就是官吏听闻父母死亡时丁忧起算时间如何确立的问题,因为在实践中存在死亡时间和听闻时间两种。审理时通过考察礼典,指出应从听闻时间为始计算。"诸父母丧亡,稽之典礼,皆以闻丧日为始。"②判决时直接引用了礼经规定来确定起算时间。

结　　论

人类历史表明,任何一个民族、国家形成的一个全社会认同的核心价值是一种最有影响且持久的社会认同力量。社会核心价值是一个民族、国家的精神价值体现,是让民众产生共识性是非曲直判决的标准。社会核心价

---

① 《元典章》卷53《刑部十五·诉讼·首告·婿告丈人造私酒》,陈高华等点校,天津古籍出版社2011年版,第1765页。

② 《元典章》卷41《刑部三·诸恶·不孝·裴从义冒哀公参》,陈高华等点校,天津古籍出版社2011年版,第1391—1392页。

值具有时代性,任何时代都会形成自己的主流社会价值,司法作为裁判社会中各种价值和利益冲突的国家权威活动,把所处时代的社会主流价值融入司法中,既是每个时代司法的活力的来源,也是让每个时代司法获得大众认同的重要前提。

在司法实践中,司法原则总有向工具化发展的倾向,这必然会导致司法活动走向机械主义的极端,进而让司法产品与司法原则追求的价值产生背离,所以在国家司法制度中存在支持整个司法运行的不同司法原则是解决这类问题的途径。缺少内在价值支撑的司法原则会导致司法产品出现缺陷,最终让司法失去应有的社会维护、修复、补救功能。合理的司法原则应是在保护某种社会主流价值的同时不让其所形成的司法原则构成对其他社会价值原则的制度性破坏的功能。在良好的司法制度中,形成合理的、具有不同价值并能够实现内在平衡的司法机制是十分重要的。

一个社会中把社会主流价值融入司法说理中时必须形成相应的原则,其中守法是基础,适用社会主流价值是变通,在变通时不能违反法律的基本原则和价值,只有守法司法导致严重破坏社会公平正义时,才能引入社会主流价值进行"行权司法"。把社会主流价值融入司法时必须构建相应司法技术进行支持,形成有效的机制进行制约才能有效运行。通过借鉴传统的"经权理论"形成当代中国式的"行权司法"机制,让具有全民共同价值追求的社会主流价值成为司法裁判的逻辑起点,同时在拥有相应的规则,保证司法在获得形式正义的前提下,实现实质正义,应是司法中引入社会主流价值的基本目的。

把社会主流价值融入司法时需要特别说理,让司法判决获得大众认识上的可接受性。这要求适用法官在说理技能上具有更多技巧,而不是简单机械的适用。正如朱熹所说,在司法时法律只是一个大纲,如何让法律与案件的社会"情理"高度契合,是一个复杂的"行权"问题,而"行权司法"本质上是一种十分微妙的说理过程。"盖经者只是存得个大法、正当底道理而已，盖精微曲折处个非经之所能尽也。所谓权者，于精微曲折处尽其宜以经济之所不及耳，所以说中之为贵者权之者，即是经之要妙处也。"①因此，说理的有效是价值原则在司法中适用的基本前提，而借鉴宋元时期司法中的"行权司法"说理机制对司法中把社会主流价值全面融入裁判说理中是具有积极作用的。

---

① （宋）黄士毅编：《朱子语类汇校（二）》卷37《论语十九·可与共学篇》，徐时仪、杨艳汇校，上海古籍出版社2016年版，第1047—1048页。

第九章　中国古代立法的确定性与判例制度的形成

中国古代刑事立法技术中,在行为模式设定上类型化时采用具体化,法律后果采用数字化,让法律规范内涵十分确定,但也导致外延狭小,适用时具有确定性特征,却缺少可以自由裁量的空间,构成了中国古代立法中的基本特征。法律行为模式在设定类型化行为时采用具体化描述,让法律规范的前部分非常具体,当出现社会行为中某个不同因素,就无法涵盖社会行为。法律后果上采用数字化设制,每个法律后果或刑罚都有具体数量,让法律后果适用时与法律行为模式构成非常单一的一一对应。如刑罚规定笞、杖、徒各五等,每等都是绝对确定,之间不存在可以自由量裁的空间。立法中最多设有加等或减等规定,但每种特定情况下的加等或减等,在量刑上同样是确定的,因为等级之间的数量是确定的。可是,中国古代法律适用时却存在强烈的个案实质正义的追求,即每个个案与法律适用要达到一种"实质的"合理正义。

于是,法律规范的确定性与司法个案的实质正义之间造成了困境。为了适应个案情节的多样化,在法律适用中采用加等与减等的办法加以解决,然而会出现无穷多样的问题。为了解决这个问题,对同类案件适用先例成为司法上的一种功能冲动。中国古代司法中,为解决个案之间的多样化,在法律适用上采用类比解决案件事实类型,采用比类适应量刑等级的多样。这构成了中国古代判例的两种基本类型,即中国古代判例解决的基本法律问题是行为模式上的归类问题,法律后果上的适用确定性问题。这样导致了中国古代成文法下形成判例制度的司法需求,进而导致中国式判例制度的形成。① 这种特点在清朝存留下来的繁多司法史料中可以清楚看到,分析清朝成案以上的判例,基本上解决的是法律行为模式与法律后果两大类,其中法律后果成为重点。清朝"成案"中六七成属于改变处罚等级的判决,"通行"中大量解释属于对法律行为模式的细化。如《刑案汇览》中的成案解决量刑的大约占六七成。

一、绝对确定的立法技术

中国古代立法技术从法律适用上来看是构成判例法形成的重要原因。中国古代立法技术在行为模式和法律后果设置上过于精确、具体是导致法律适用中不得不采用判例来解释立法带来问题的主要原因。逻辑学揭示,在概念构成上,内涵与外延关系存在反比关系,这就解释了中国古代法律适用中判例法存在的逻辑原因。立法中法律概念非常具体、准确,导致法律概念涵盖的范围很小,于是法律适用时需要大量法律解释。然而,大量解释又会出现前后不一的问题,通过判例让解释稳定下来成为最优的选择。同时,为了解决判例出现过多带来适用上的混乱,通过立法把判例内容再类型化、规范化,使之成为解决这一问题的重要途径。

----

① 中国古代存在有传统中国式判例制度是可以肯定的,虽然学术界对中国古代判例制度的形态、特点及运行机制存在各种争议。对此,也有学者展开过讨论,如何勤华的《秦汉时期的判例法研究及其特点》(《法商研究》1998 年第 5 期)、《宋代的判例法研究及其法学价值》(《华东政法学院学报》2000 年第 1 期);武树臣的《"混合法"——成文法与判例法相结合》(《政治与法律》1996 年第 5 期);王志强的《中英先例制度的历史比较》(《法学研究》2008 年第 3 期);刘笃才的《中国古代判例考论》(《中国社会科学》2007 年第 4 期);汪世荣的《中国古代的判例研究:一个学术史的考察》(《中国法学》2006 年第 1 期)、《判例在中国古代传统法中的功能》(《法学研究》2006 年第 1 期)。笔者在《中国古代判例法运作机制研究》(北京大学出版社 2006 年版)一书中对中国古代判例制度进行过系统考察,发现中国古代是存在判例制度的,只是这种判例制度与近代普通法系下判例制度在特质上存在很多不同。

中国古代这种立法技术,从秦汉出土的法律文本中看当时就已经存在。如秦朝《睡虎地秦墓竹简》中的法律,特别是《法律答问》,汉朝《张家山二年律令》和"奏谳书"中的"疑难案件"都是这方面的代表。认真分析《法律答问》,其内容主要涉及法律适用中的行为模式、法律后果解决、细化的问题,具体表现在三个方面:概念的解释和界定、法律行为模式的类推、法律后果的精确化。"奏谳书"中"罪疑"案涉及的内容主要是法律行为模式和法律后果的问题。

(一)行为模式的精确、具体。在立法上,法律规范的重要部分是设定法律行为模式,把社会中种类繁多的行为类型化为可以操作的法律行为是立法的根本目的之一。中国古代立法上,对法律行为模式的设定上采用一种非常具体的立法。秦律在立法时用数字、具体行为作为立法技术,导致行为模式外延十分狭小。如法律中规定"人"的"大小",即成人与否,采用身高的具体尺寸作为标准,具体是男性"六尺五寸",女性"六尺二寸",两个设定都非常确定。"隶臣、城旦高不盈六尺五寸,隶妾、舂高不盈六尺二寸,皆为小;高五尺二寸,皆作之。"①财产数量采用具体数额和财产类别来界定"大中小",即现在的重大财产、数额较大与数额一般。《法律答问》中有"可(何)如为'大误'?人户、马牛及者(诸)货材(财)直(值)过六百六十钱为'大',其它为小"②。秦朝在涉及财产立法时把"重大财产"明确界定在"人口"、马牛和数额在660钱以上。这种立法表面上看非常确定,本质上问题却很多。这就能解释《法律答问》中为什么大量内容反复出现660钱或牛羊作为标准解释的原因。如"告人盗千钱,问盗六百七十,告者可(何)论?毋论。"③此条不承担法律责任的原因是由于670钱在660钱以上,在量刑上与1000钱是一致的。"甲盗羊,乙智(知),即端告曰甲盗牛,问乙为诬人,且为告不审?当为告盗驾

① 睡虎地秦墓竹简整理小组:《睡虎地秦墓竹简》,文物出版社1978年版,第49页。

② 睡虎地秦墓竹简整理小组:《睡虎地秦墓竹简》,文物出版社1978年版,第242页。

③ 睡虎地秦墓竹简整理小组:《睡虎地秦墓竹简》,文物出版社1978年版,第168页。

(加)臧(赃)。"①此条是因为牛属于重大财产,而羊不是,属于增加数额。《法律答问》第一条的出现是由于立法中两类要素界定上采用数量立法的结果,具体是"群盗"与"财产数额巨大"两个要素采用具体数字立法的结果。前者用5人为标准,5人以上为"群盗",5人以下为一般;后者用660钱为标准,660钱以上为"巨大",660钱至220钱之间为"较大",220钱至1钱为"一般"。更为严重的是,秦朝立法是把具体法律行为模式与之一一对应。《法律答问》中第一条是这种典型。"'害盗别徼而盗,驾(加)罪之',可(何)谓驾(加)罪?五人盗,臧(赃)一钱以上,斩左止;有(又)黥以为城旦;不盈一五人,盗过六百六十钱,黥臬(劓)以为城旦;不盈六百六十到二百廿钱,黥为城旦;不盈二百廿以下到一钱,□(迁)之。求盗比此。"②此条中第一种情况是人数上是"重",财产上是"一般";第二种情况是人数上是"一般",财产上是"巨大";第三种情况是人数上"一般",财产数额上是"较大";第四种情况是人数上"一般",财产数额上是"一般"。同时,从此条中可以看出,秦朝在对公职人员的法律责任上,在立法时采用具体类型作为主体界定,就是同为公职人员,不同类型在立法上是不同的,如"害盗"和"求盗"。因为这里解释的官员是"害盗",其他人员就存在是否适用的问题,最后的解释是"求盗"人员与此相同。当某一行为模式由两个以上要素构成时,就会出现不同要素错杂结合的社会行为类型模式,在法律适用上就构成量刑上的加等或减等。秦朝法律中有"律曰:斗决人耳,耐"。此条立法行为模式与量刑设置都十分确定,即一般人斗殴撕裂他人耳朵的处以耐刑。这种立法模式当出现略有不同情况时就会存在是否属于这种法律适用范围的问题。分析《法律答问》,会发现有4条涉及对此条的解释,具体是"妻悍,夫殴治之,夬(决)其耳,若折支(肢)指、胅体,问夫何(何)论? 当耐"③。此条出现的原因涉及丈夫殴打妻子是否属于"一般人"之间互殴关系;丈夫打折妻子肢

---

① 睡虎地秦墓竹简整理小组:《睡虎地秦墓竹简》,文物出版社1978年版,第170页。
② 睡虎地秦墓竹简整理小组:《睡虎地秦墓竹简》,文物出版社1978年版,第151页。
③ 睡虎地秦墓竹简整理小组:《睡虎地秦墓竹简》,文物出版社1978年版,第185页。

指、肤体是否属于"决耳"范围。法律适用时就得解释。《法律答问》另一条更为明显,是"决耳"具体指什么的问题。"律曰:斗夬(决)人耳,耐。今夬(决)耳故不穿,所夬(决)非珥所殴(也),可(何)论?律所谓,非必珥所入乃为夬(决),夬(决)残裂男若女耳,皆当耐。"①此条解决的问题是若撕裂的耳朵没有孔要不要加重处罚时就出现,男人的耳朵与女人的耳朵是不是要同样对待等。"或斗,啮断人鼻若耳若指若唇,论各可(何)殴(也)?议皆当耐。"②第三条涉及斗殴时咬断他人的鼻子、耳朵、手指、嘴唇,是不是类比适用撕裂耳朵。秦朝在斗殴立法上规定十分详细,对斗殴时使用的武器采用具体立法,然而同样导致问题累出。如"士五(伍)甲斗,拔剑伐,斩人发结,可(何)论?当完为城旦"③。此条明确规定使用的武器是"剑",于是当出现使用其他武器时如何量刑的问题。下一条就对"铍、戟、矛有室者,拔以斗,未有伤殴(也),论比剑"④。这里出现解释的原因是因为在立法上使用"剑"作为立法概念,而不是采用武器或带鞘的武器,导致适用范围太小,于是只好通过解释解决。

这种立法技术在秦朝以后基本上是沿袭使用,如后来对故意杀人罪在特定类型的量刑上就非常明确和确定,如谋杀时当出现情节轻或重时就产生如何量刑的问题。因为现实中虽然可能是谋杀罪,但每个案件中当事人的谋杀动机是不同的,在立法中是无法对之采用列举穷尽,于是量刑时只得采用比附来实现与规定相符。现代立法中只把杀人罪分为过失杀人罪和故意杀人罪两种;量刑上将三年至十年作为一个量刑段,十年到死刑作为一个量刑段。这样大涵摄力的罪名与刑名设置,在法律适用时审理者就有足够的自由裁量空间使司法人员处理案件时做到"罪刑法定",但很难做到"罪情相应",特别是"同案同判"的司法目标。这也是近年中国司法审判上同类案件判决时为什么会

① 睡虎地秦墓竹简整理小组:《睡虎地秦墓竹简》,文物出版社 1978 年版,第 185 页。
② 睡虎地秦墓竹简整理小组:《睡虎地秦墓竹简》,文物出版社 1978 年版,第 186 页。
③ 睡虎地秦墓竹简整理小组:《睡虎地秦墓竹简》,文物出版社 1978 年版,第 187 页。
④ 睡虎地秦墓竹简整理小组:《睡虎地秦墓竹简》,文物出版社 1978 年版,第 187 页。

出现争议的原因。中国古代立法中罪名具体化、量刑精确化导致罪名与刑名涵摄力低,所以得采取特别技术进行补救,于是出现大量适用同类先例的司法行为,进而导致判例制度的形成。如《张家山二年律令》在杀伤人立法上就相当详细。有"贼杀人、斗而杀人,弃市。其过失及戏而杀人,赎死;伤人,除";"谋贼杀、伤人,未杀,黥为城旦舂";"贼杀人,及与谋者,皆弃市。未杀,黥为城旦舂"。① 这里杀伤人行为设置非常具体,把杀人、伤人区分为贼杀、斗杀、过失杀、戏杀、谋杀等,结果是导致同样为故意行为,区分为多种法律类型。同时,刑罚结果与之一一对应。结果是只要出现法律行为模式中情节上的任何不同,就没有办法适用相应的法律后果。《法律答问》中大量存在这种情况。如在"父盗子,不为盗"中行为模式十分确定,适用时出现"义父"与"义子"关系是否属于"父"与"子"关系。在法律上解决此问题主要是因为出现了此类案件,司法时必须做出解决,于是才有"今段(假)父盗段(假)子,可(何)论?当为盗"②。从此条看,"今"说明遇到了具体个案,解释是不采用类比亲生"父子关系"。这样的法律会导致出现判例和司法解释两种结果。

清朝"谋杀人"立法上完全继承了这种风格,如规定:

> 凡谋或谋诸心,或谋诸人杀人,造意者,斩监候;从而加功者,绞监候;不加功者,杖一百、流三千里;杀讫乃坐。若未曾杀讫邂逅身死,止依同谋共殴人科断。

> 若伤而不死,造意者,绞(监候);从而加功者,杖一百、流三千里;不加功者,杖一百、徒三年。

> 若谋而已行未曾伤人者。造意为首者。杖一百、徒三年;为从者同谋同行。各杖一百。但同谋者虽不同行。皆坐。

> 其造意者,通承已杀、已伤、已行三项。身虽不行,仍为首论,从

---

① 张家山二四七号汉墓竹简整理小组编:《张家山汉墓竹简》,文物出版社 2006 年版,第11页。

② 睡虎地秦墓竹简整理小组:《睡虎地秦墓竹简》,文物出版社 1977 年版,第 159 页。

者不行，减行而不加功者一等。

　　若因而得财者，同强盗不分首从论，皆斩。行而不分赃，及不行、

及不分赃，皆仍依谋杀论。[①]

上面对谋杀罪中主谋、从犯；杀人不同结果，主谋与从犯同行、未同行，同行施行、未施行，谋杀人中获财、不获财等都进行了详细分类，每一种行为模式都有相应确定的量刑，仅从法律适用的理论上看，这种立法适用时会十分准确。然而这种立法在真实的司法实践中，就会表现立法的局限。这一问题可以从此条附的四条"条例"中看出。四条"条例"中第一、二条涉及对犯罪行为的再界定，因为律条中犯罪行为太确定，出现略有不同就得重新界定是否属于律条中定义的犯罪行为范畴的问题。条例第一条是对造意、加功、谋财害命比照强盗罪的三种情况进行界定，指出："果有诡计阴谋者，方以造意论斩，助殴伤重者，方以加功论绞；谋而已行，人赃见获者，方与强盗同辟"，"毋得据一言为造谋，指助势为加功，坐虚赃为得财"。这里是对律条中的造意、加功、谋财害命三种行为的再确定，目标是让行为模式更加确定。条例第二条是"对谋财害命"中两种杀人后取财行为的界定，目标是确定行为模式的准确，具体是对杀人后取走被杀者身上财物的不以强盗杀人论；杀人后掠去被杀者家里财产，特别是藏匿财产的以强盗杀人论。这里对杀人获财的两种行为进行明确界定。条例第三条对图财害命行为进行详细量行规定，具体是把"图财害命"行为分为两大类：得财与不得财；得财杀人的，首犯与从而加功的众犯都判斩立决；不加功的，斩监候；不行而分赃的，减等免例；伤人未死而得财的，首犯斩立决，从而加功的斩监候；不加功的，依律条规定；不行而分赃的，杖一百、流三千里。未得财，杀人为首的斩监候，伤人为首的绞监候，为从加功、不加功的分别各减等处罚。从第三条条例中可以看出，对律条中第四款进行了详细再分类，让量刑更加确定。条例第四条对因谋杀他人，他人知觉逃走或跌失或堕水

---

　　① 《大清律例》卷26《刑律·人命·谋杀人》，田涛、郑秦点校，法律出版社1998年版，第420—421页。

中的,虽没有受伤,死于他所的,造意者,满流;为从,满杖。因为迫于凶悍,当时跌死的,造意者绞监候,为从者杖一百、流三千里。从这里看,条例第四条主要是对因为谋杀他人,他人因为被谋杀而出现其他原因死亡,对主谋者和从者分别进行处罚。从上面律条四款和四条"条例"看,对谋杀人罪的行为类型规定十分详细、确定。

这种立法从理论上看,在适用时应是十分方便,然而现实是这种立法技术在适用时会出现更加复杂多样的问题。在《刑部比照加减成案》一书中,"谋杀人"罪下仅嘉庆十八年(1813年)至道光三年(1823年)11年间,刑部各司就在谋杀罪的具体案件中,因为情节不同,在量刑上通过加减量刑等创制出了26个成案。① 此外,清朝在此罪中,还有不同法律对谋杀人罪行为模式进行新的类型化。如《刑案汇览》中对谋杀种类进行了详细区别,对谋杀十岁以下幼孩首犯斩立决,从犯绞立决。然而这种确定立法导致现实中若有人因为图财或因奸情故意杀十岁以下幼孩案在情节上认定比一般谋杀幼孩要严重,于是出现情重于法问题。如嘉庆十四年(1809年)十二月,四川谢文彪因为贪图幼孩张狗儿项上银圈,将张狗儿溺死案。案发后,刑部按谋杀十岁以下幼孩判决,呈请嘉庆皇帝核准时,嘉庆认为这种行为"残忍已极",不加重处罚无以让"众共知儆惕",下旨刑部加刑。刑部遵旨加重判决谢文彪斩枭。这样导致同类案件中被适用,此案成为先例。刑部在判决中明确指出,以后若有人因为图财或奸情故意谋杀十岁以下幼孩的命案,首犯处以斩枭。把此案判决中包含的社会行为类型化。道光五年(1825年),广东张亚受等因图财谋杀幼孩高亚笼案就适用了此案判决,判决主犯张亚受斩枭,从犯邓亚胜加重判斩立决。②上面这些不同法律书中反映出来的情况,都是对谋杀人罪不同行为模式的再

① 参见(清)许梿、熊莪:《刑部比照加减成案·刑律·人命·谋杀人》,何勤华等点校,法律出版社2009年版,第126—130页。
② 参见《刑案汇览》卷22《刑律·人命·谋杀人·图财谋杀幼孩首从从重科罪》,北京古籍出版社2004年版,第809页。

类型化,然而若考察清朝在谋杀人罪中的具体定罪量刑的相关司法实践会发现这种立法的确定化,带来的是类型化数量的增加,于是只好通过大量司法实践进行归类,导致相应的判例在增加。

(二)法律后果的具体化。刑法中刑罚的数字化立法,导致法律适用中略有不同情况就得采用类推,于是出现先例作为后来案件法律适用的依据。中国古代刑事立法中设定刑罚十分具体,采用绝对确定的立法。如城旦舂、耐和徒刑中半年、一年、三年,笞刑中三十、五十下等。这种立法导致司法中量刑上不存在自由量裁的空间。当出现情节不同时,为达到"情罪相应"就得采用加等或减等量刑。这就是清朝刑部虽然成例累出,但绝大多数案件却是涉及加等或减等量刑的原因。此类案例汇编时直接用《刑部比照加减成案》为名。这种成案的出现本质上是立法技术所致。这种数字化立法导致刑名涵摄力很低,适用时得采用特别技术进行补救,于是出现大量适用同类先例的司法需要。如秦律规定"擅杀子,黥为城旦舂"①。此条量刑十分确定,当出现不同情况时,就会产生如何适用的问题。秦朝在法律上对继子、养子和奴隶主与奴隶关系都有不同规定,于是会出现同样是"擅杀子",当继父杀继子、养父杀养子或奴隶杀自己子女时就会产生是否需要加重或减轻量刑的问题。《法律答问》中有"士五(伍)甲毋(无)子,其弟子以为后,与同居,而擅杀之,当弃市"②。这里把继父与继子关系加重适用,而不是适用亲生父子关系。"人奴擅杀子,城旦黥之,畀主。"此处奴隶擅杀自己子女,处罚上采用减轻,不执行城旦刑,仅适用黥刑后还主人。"人奴妾治(笞)子,子以枯死,黥颜頯,畀主。"③这里采用减轻处罚。分析这些法律解释形成的原因与中国古代社会中对"人"的分类十分详细,同时不同"人"在法律上的关系差异繁杂有关,当出现社会主体不同时,同样的社会行为就会产生不同的法律后果,在量刑上就得

---

① 睡虎地秦墓竹简整理小组:《睡虎地秦墓竹简》,文物出版社1977年版,第181页。
② 睡虎地秦墓竹简整理小组:《睡虎地秦墓竹简》,文物出版社1977年版,第181—182页。
③ 睡虎地秦墓竹简整理小组:《睡虎地秦墓竹简》,文物出版社1977年版,第183页。

做出相应的调整。金朝在对杀奴婢立法上,量刑十分确定。如《泰和律》规定
"奴婢有罪,不请官司而杀者,杖一百;无罪而杀者,徒一年;若有愆罪决罚致
死者,勿论"①。这里把主人杀奴婢界定为三种情况,分别适用不同的法律
后果。

唐、明、清三朝时这种立法技术越来越显明,最为典型的是三朝在"官司
出入人罪"上的立法。《唐律疏议》中"官司出入人罪"条的规定十分详细,内
容主要涉及行为模式与量刑原则,在解释中主要是对律文中的具体法律概念
进行界定。

> 诸官司入人罪者,(谓故增减情状足以动事者,若闻知有恩赦而
> 故论决,及示导令失实辞之类。)若入全罪,以全罪论。(虽入罪,但
> 本应收赎及加杖者,止从收赎、加杖之法。)

> 【疏】议曰:"官司入人罪者",谓或虚立证据,或妄构异端,舍法
> 用情,锻炼成罪。故注云,谓故增减情状足以动事者,若闻知国家将
> 有恩赦,而故论决囚罪及示导教令,而使词状乖异。称"之类"者,或
> 虽非恩赦,而有格式改动;或非示导,而恐喝改词。情状既多,故云
> "之类"。"若入全罪",谓前人本无负犯,虚构成罪,还以虚构枉入全
> 罪科之。

> 注:虽入罪,但本应收赎及加杖者,止从收赎、加杖之法。

> 【疏】议曰:假有入官荫人及废疾流罪,前人合赎入者亦以赎论;
> 或入官户、部曲、奴婢并单丁之人,前人合加杖者亦依加杖之法收赎,
> 不用官当及配流、役身之例。此是官司入人罪,与诬告之法不同。

> 从轻入重以所剩论;刑名易者:从笞入杖、从徒入流亦以所剩论。
> (从徒入流者,三流同比徒一年为剩;即从近流而入远流者,同比徒
> 半年为剩;若入加役流者,各计加役年为剩。)从笞杖入徒流、从徒流

---

① 《元典章》卷42《刑部·诸杀·杀奴婢娼佃·殴死有罪驱》,陈高华等点校,天津古籍出
版社2011年版,第1460页。

入死罪亦以全罪论。其出罪者,各如之。

【疏】议曰:"从轻入重,以所剩论",假有从笞十入三十,即剩入笞二十;从徒一年入一年半,即剩入半年徒,所入官司,各得笞二十及半年徒之类。刑名易者,从笞入杖,亦得所剩之罪;从徒入流者,注云"三流同比徒一年为剩",谓从徒三年入流二千里,或二千五百里,或流三千里,远近虽异,俱曰流刑,至于配所役身,三流同有一年居作,故从徒入流,三流同比徒一年为剩。即从近流二千里,入至二千五百里,或入至三千里者,"同比徒半年为剩"。若从三流入至加役流者,"各计加役年为剩",但入加役者,加常流役二年,将加役二年以为剩罪。"从笞杖入徒、流,从徒、流入死罪",假有从百杖入徒一年,即是全入一年徒坐;从徒流入死罪,谓从一年徒以上至三千里流,而入死刑者,亦依全入死罪之法:故云"亦以全罪论"。其出罪者,谓增减情状之徒,足以动事之类。或从重出轻,依所减之罪科断,从死出至徒、流,从徒、流出至笞、杖,各同出全罪之法,故云"出罪者,各如之"。假有囚犯一年徒坐,官司故入至加役流,即从一年至三年,是剩入二年徒罪,从徒三年入至三流,即三流同比徒一年为剩,加役流复剩二年,即是剩五年徒坐。官司从加役流出至徒一年,亦准此。

即断罪失于入者,各减三等;失于出者,各减五等。若未决放及放而还获若囚自死,各听减一等。

【疏】议曰:"即断罪失于入者",上文"故入者,各以全罪论","失于入者,各减三等",假有从笞失入百杖,于所剩罪上减三等;若入至徒一年,即同入全罪之法,于徒上减三等,合杖八十之类。"失于出者,各减五等",假有失出死罪者,减五等合徒一年半;失出加役流,亦准此,"三流同为一减",减五等,合徒一年之类。若未决放者,谓故入及失入死罪,及杖罪未决,其故出及失出死罪以下未放;及已放而更获;"若囚自死",但使囚死,不问死由:"各听减一等",谓于故出入及失出入上各听减一等。

即别使推事，通状失情者，各又减二等；所司已承误断讫，即从失出入法。虽有出入，于决罚不异者，勿论。

【疏】议曰："别使推事"，谓充使别推覆者。"通状失情"，谓不得本情，或出或入。"各又减二等"，失入者于失入减三等上又减二等；若失出者于失出减五等上又减二等。"所司已承误断讫"，谓曹司承误通之状，已依断讫。"即从失出入法"，谓皆从在曹司出入法科之，并同减五等、三等之例。若未决放及放而还获若囚自死，各听减一等。其所司承误已断讫者，曹司同"余官案省不觉"法。"虽有出入，于决罚不异"，假有官户、部曲、官私奴婢，本犯合徒三年断入流罪，或从三流之法科徒三年，各止加杖二百，刑名虽有出入，加杖数即不殊者，无罪。故云"于决罚不异者，勿论"。

问曰：有人本犯加役流，出为一年徒坐，放而还获减一等，合得何罪？

答曰：全出加役流，官司合得全罪；放而还获减一等，合徒五年。今从加役流出为一年徒坐，计有五年剩罪；放而还获减一等，若依徒法减一等，仍合四年半徒。既是剩罪，不可重于全出之坐，举重明轻，止合三年徒罪。[①]

从上面看，唐朝此条立法更注重律文中概念和法律含义的界定与说明，由于唐朝在五刑上有二十等，其中每等量刑是确定的，整个法律的刑量也是准确的。

《大明律》中"官司出入人罪"条：

凡官司故出入人罪，全出全入者，以全罪论。（谓官吏因受人财及法外用刑，将本应无罪之人而故加以罪，及应有罪之人而故出脱之

---

① 刘俊文：《唐律疏议笺解》卷30《断狱·官司出入人罪》，中华书局2015年版，第2069—2072页。

者,并坐官吏以全罪。法外用刑,如用火烧烙铁烙人,或冬月用冷水浇淋身体之类。)

若增轻作重,减重作轻,以所增减论。至死者,坐以死罪。(谓如其人犯罪应决一十而增作二十之类,谓之增轻作重,则坐以所增一十之罪。其人应决五十而减作三十之类,谓之减重作轻,则坐以所减二十之罪。余准此。若增轻作重,入至徒罪者,每徒一等,折杖二十;入至流罪者,每流一等,折徒半年;入至死罪已决者,坐以死罪。若减重作轻者,罪亦如之。)

若断罪失于入者,各减三等,失于出者,各减五等。(谓鞫问狱囚,或证佐诬指,或依法拷讯。以致招承,及议刑之际,所见错误别无受赃情弊,及法外用刑致罪有轻重者,若从轻失入重、从重失出轻者,亦以所剩罪论。)并以吏典为首,首领官减吏典一等,佐贰官减首领官一等,长官减佐贰官一等,科罪。

若囚未决放及放而还获,若囚自死,各听减一等。(谓故入及失入人笞、杖、徒、流、死罪;未决,其故出及失出人笞、杖、徒、流、死罪未放,及放而更获;若囚人自死者,于故出入及失出入人罪上,各听减一等。)①

《大明律》在基本内容上继承唐律的同时,对量刑规定更为详细,体现出立法中法律后果的确定性。

《大清律例》中"官司出入人罪"条规定十分详细,共有 28 款,除前 4 款是基本规定外,其他 24 款具体规定故意入罪与故意出罪、过失入罪与过失出罪时不同等级上的量刑情况,内容十分详尽。前 4 款具体如下:

1　凡官司故出入人罪,合出全入者,(徒不折杖,流不折徒。)以全罪论。(谓官吏因受人财,及法外用刑,而故加以罪,故出脱之,者并坐官吏以全罪。)

---

① 《大明律》卷 28《刑律十一·断狱·官司出入人罪》,怀效锋点校,法律出版社 1999 年版,第 218 页。

2　若(于罪不至全入,但)增轻作重,(于罪不至全出,但)减重作轻,以所增减论至死者,坐以死罪。(若增轻作重,入至徒罪者,每徒一等,折杖二十;入至流罪者,每流一等,折徒半年;入至死罪已决者,坐以死罪。若减重作轻者,罪亦如之。)

3　若断罪失于入者,各减三等;失于出者,各减五等;并以吏典为首,首领官减吏典一等;佐贰官减首领官一等,长官减佐贰官一等科罪。(坐以所减三等、五等。)

4　若囚未决放,及放而还获,若囚自死,(故出入失出入。)各听减一等。(其减一等,与上减三等、五等,并先减而后算折其剩罪以坐;不然则其失增、失减、剩杖、剩徒之罪,反有重于全出,全入者矣。)

其他24款规定十分详细,可以说对每一种行为都设定相应的处罚等级和数量,如:

凡故增笞从徒,如犯笞一十,故增作杖八十、徒二年;徒三等折杖六十,原杖一百,通折杖一百六十;除犯该此笞一十,合坐官吏剩杖一百五十。未决者,减一等,杖七十、徒一年斗,折杖一百四十;除犯该笞一十,合坐剩杖一百三十,其剩罪俱全抵,不在收赎之限。

凡故增杖从徒,如犯杖八十,故增作杖六十、徒一年,通折杖一百二十;除犯该杖八十,合坐官吏剩笞四十。未决者减一等,杖一百;除犯该杖八十,合坐剩笞二十。

凡故增杖从流,如犯杖八十,故增作杖一百、流二千五百里;流二等折徒一年,三流原包五徒,折杖二百、徒一年;除犯该杖八十,合坐官吏乘杖一百二十、徒一年。未决者减一等,杖一百、徒三年,通折杖二百;除犯该杖八十,合坐乘杖一百二十。

……①

---

① 《大清律例》卷37《刑律·断狱下·官司出入人罪》,田涛、郑秦点校,法律出版社1999年版,第579—580页。

此法律中还有故减徒从笞、故减徒从杖、故减重徒从轻徒、故减流从笞、故减流从徒、故减死界从治杖徒流六款;失增笞从杖、失增笞徒、失增杖从流、失增轻徒从重徒、失增徒从流、失增笞杖徒流入死六款;失减杖从笞、失减徒从笞、失减流徒笞、失减流从徒、失减死罪从流徒杖笞五款。每个部分都对不同情况下的处罚进行明确设定,构成了中国古代立法中对处罚规定上的特色立法。

从上面可以看出,在立法上唐朝至清朝量刑越来越具体,特别是清朝,除了对"出入人罪"进行基本规定外,还明确规定故意和过失入罪、出罪的各种情况下的具体量刑进行规定,让法律看起来十分确定。

学术界对中国古代类推与比附司法技术的批判很多时候仅是一种想象比较后进行,因为没有比较两种立法技术所带来的不同裁量空间。若从确定性看,现代立法技术下的"罪刑法定"只能说是"罪名""刑名"法定,或说形式法定,从绝对罪情责一致上看就很难说实现了法定。若从相同案件相同判决的角度看,这种罪刑法定是很难获得保证的。中国古代在成文法下对比附先例的遵循说明了古代立法技术上的问题所在。

二、社会个案情节的无穷多样性

中国古代立法中的具体、确定、数量化等特点导致与社会中个案情节无限多样性无法一一对应。于是,通过具体司法解释、司法判例完善与类型化成为必然选择,构成了成文法下判例制度存在的技术原因。从技术角度看,判例制度的存在是因为成文法的涵摄力总是有限,人类永远无法预知明天将会出现什么社会事件,两者构成了司法实践中的基本矛盾。对此,乾隆皇帝在《御制大清律例序》中指出:"有定者律令,无穷者情伪也。"[1]这里指出立法是有限

---

[1]　《大清律例·御制大清律例序》,田涛、郑秦点校,法律出版社1999年版,第5页。

的,案件的情节是无穷的。其实,西方学术界,特别是司法实践部门有人认识到这种问题。波塔里斯指出:"如果只允许法官在法律已经指明的时候才宣判,司法进程会被中断。很少有诉讼案件是在明确的法律文件之下裁决的:大部分争议正是根据一般原则,法学学说,法律科学进行宣判的。"①个案情节的多样是无法通过立法来穷尽的,清代著名律学家王明德对此有很深理解。他指出:"殆逾三千,中古已然,况末季乎?汉唐而下,世风日薄,人性变态,一如其面。若为上下比罪,条析条隶,虽汗牛充栋,亦不足概与情之幻变。故于正律之外,复立八字,收属而连贯之。要毕于本条中,合上下以比其罪,庶不致僭乱差忒,惑于师听矣。"②他指出"中古"人的道德还没有完全堕落之时,法律就多达三千条,到汉唐以后,随着社会发展,人性多变,案件就像人的表情一样,变化穷尽。王夫之更加明确地指出:"夫法之立也有限,而人之犯也无方。以有限之法,尽无方之慝,是诚有所不能赅矣。于是而律外有例,例外有奏准之令,皆求以尽无方之慝,而胜天下之残。于是律之旁出也日增,而犹患其未备。"③这里指出个案的多样化是无法限定的。袁枚指出,司法上无法、也不可能做到"若设数万成例待数万人行事而印合之"④。这就是不可能设立无限多的法律行为模式来——对应解决社会中出现个案的矛盾。

个案情节的多样性,导致相应法律适用时不能做到"罪情相应"。立法是不能解决此问题的,只能通过个案来解决。中国古代司法中,在案件适用时,除了罪名要适当外,在量刑上还追求"罪情相应"的实质司法正义是司法的基本目标之一。国家为了实现这种实质正义司法,法律适用在罪名法定下,在量

---

① [法]雅克·盖斯旦、吉勒·古博:《法国民法总论》,陈鹏等译,法律出版社2004年版,第413页。

② (清)王明德:《读律佩觿》卷1《八字广义》,何勤华等点校,法律出版社2001年版,第2—3页。

③ (清)王夫之:《读通鉴论》卷4《汉宣帝·四缓刑不如定律》,载《船山全书》(第10册),岳麓书社1996年版,第159页。

④ (清)袁枚:《小仓房文集》卷15《书·答金震方先生问律例书》,上海古籍出版社1988年版,第1241页。

刑中形成"情重法轻""情轻法重""情有可矜"三种司法量刑情况。这三种情况是指具体案件与法律设定的行为模式相比,有的是具体案件情节重于法律规定的量刑,或轻于法律规定的情节,还有就是出现案件情节与法律规定的行为模式一致,但人犯的犯罪动机、原因等犯罪动因、主观、客观上有可以"矜悯"的情况。这些情况在法律适用时都得采用加重、减轻处罚。如元朝至治元年(1321年),福建宣慰司建宁路莆城县发生何庆七在野外设弩打猎致人死亡案。与此案类似的案件是至大元年(1308年),四川行省绍庆路秦正午设机关杀鹿误杀武才案。两案形式上十分相似,但情节上存在不同。秦正午下弓打鹿误杀武才案中武才本人有过错,因为事件发生前,秦正午妻子劝告他不要走小路,他的同伴也阻拦他,但当事人不听,才导致秦正午设下的杀鹿机关误杀武才。刑部的判决是秦正午不必赔偿烧埋钱。在何庆七误杀案中,虽然何庆七曾在路口设过标志,但取消标志后他并没有取走机关,才导致杨缘误触机关被杀。由于两案情节上的不同,刑部提出不能适用秦正午案,处以杖刑六十七下。① 由于两案在情节上构成两类,两案在同类案件中成为判例被适用成为司法上的必然。元朝判例有时在改变先例与法律适用时不是改变适用范围,而是改变处罚的等级或方式等。通过先例把某类案件的量刑更加具体、明确是元朝判例的重要功能。元初中都路发生秦丑厮、刘赛儿等车碾死回回也速案。此案是秦丑厮、刘赛儿驾车到中都送纳蒿草,到达六家店时有回回也速骑马走在他们车前,绳索惊着也速的马,也速仰面倒地,马撞着拽车的牛,牛受惊跑,拦挡不住,车左轮在也速胸上碾过,致也速死亡。在法律适用时,有"于城内街上及人众中无故走车马者,笞五十;以故杀伤人者,减斗杀伤一等。若有公私速要者,不坐;以故杀伤人者,以过失论,减二等。其惊骇不可禁止而杀伤者,又减二等。若便依准因车马惊骇杀人减过失四等合徒二年半听赎检拟"。从此法律看,立法内容十分详细,并且罪名构成与刑名设定十分准确,

---

① 参见《元典章·新集·刑部·诸杀·误杀·误踏药箭射死》,陈高华等点校,天津古籍出版社2011年版,第2200—2201页

且一一对应。分析法律,审理者会发现两者是不同的,因为法律规定适用的范围是在城内街上,而不是在野外大道上。"缘法议止是处分于城内街上弃乘骑头匹,因而惊骇,不可禁止,以致杀伤他人者,方合如此定罪","今秦丑厮等于大道上行驾车辆,回回也速走马自不能禁,走入车绳索内,马惊落马,其马奔走,以致牛惊拦当不住,将也速碾死。即是本人自犯,其秦丑厮、刘赛儿不合坐罪"。从情节上看是存在不同,所以在法律适用时,必须适用与此案一致的情节,审理者指出秦丑厮、刘赛儿的罪过是"止据不曾喝住车辆将也速救护",即没有把受伤的也速救治,提出"系不应得为而为,量情事重,依旧例,其秦丑厮为首,合杖八十,刘赛儿为从,减一等,合杖七十"。中书省在裁决时是"断秦丑厮二十七下,刘赛儿一十七下"[①]。分析此案,发现在适用时存在立法技术原因与个案情节的不一致,于是只好采用类比减轻适用。

清代法律适用时,当出现个案情节与可以适用的法律或先例不一致时,只得改变处罚等级,具体是通过先例改变原来罪名中的法定处罚等级,即加等或者减等,就是在应有的处罚等级上加一等或两等,减等就是在原有的处罚等级上减一等或两等。对清朝这种司法特征,可以从《刑部比照加减成案》《刑案汇览》中看出。从清朝较普遍的两个罪名成案的数量中,我们能看出这种司法带来的问题,如"强占良家妻女"[②]罪下仅《刑部比照加减成案》一书从道光四年(1824 年)至道光十四年(1834 年)间,刑部各司就通过加减等级判了 30 个个案。分析这 30 个成案,本质上构成了对本罪法律行为类型的再细化。[③]

---

① 《元典章》卷 42《诸杀·过失杀·车碾死人》,陈高华等点校,天津古籍出版社 2011 年版,第 1448 页。

② 《大清律例·强娶良家妻女条》中规定"凡豪(强)势(力)之人,强夺良家妻女,奸占为妻妾者,绞(监候,)妇女给亲。(妇归夫,女归亲。)配与子孙弟侄家人者,罪(归所主)。亦如之,(所配)男女不坐,(仍离异给亲)"。(《大清律例》卷 10《户律·婚姻·强占良家妻子》,田涛、郑秦点校,法律出版社 1999 年版,第 211 页)从此条看,对犯罪者的处罚十分明确,然而适用中却问题很多,需要大量的个案来类型化,适用时的具体化。

③ 参见(清)许槤、熊莪:《刑部比照加减成案·户律·婚姻·强占良家妻女》,何勤华等点校,法律出版社 2009 年版,第 388—394 页。

《刑案汇览》中此罪名下收录了 93 个成案。《刑案汇览》在"罪人拒捕罪"①下收录了 166 个成案。从具体成案看，就是对此罪的犯罪行为与量刑进行再分类。若从本罪律条看，在量刑上是明确的。如道光七年（1827 年），贵州苗人姜绍先因为妻子姜老仰没有春米，责打妻子，母亲杨老晚在房内喝阻，该犯没有听见，母亲出门拦阻，致使跌倒磕伤死亡。案发后刑部提出姜绍先并不是有心违反他母亲的命令，与田宗保案相比情节不同，是更轻，提出在田宗保案量刑基础上减等判处流刑。"核与该省田宗保之案情节尤轻，援案量减拟流。"②道光三年（1823 年），赵子潚聚众结拜案中温铁锚在入会后由于"复帮同纠人，更属济恶"，判决时加一等处罚，即"应于聚众结拜军罪上酌加一等，发新疆种地当差"③。后案加重是因为情节更重，通过加等实现情罪相应。

三、司法适用中案件情节与法律责任精确对应的理想追求

中国古代立法技术上存在以上问题，但司法适用中却有实现案件情节与

---

①　《大清律例·刑律·捕亡》中"罪人拒捕"条：凡犯罪（事发而）逃走，（及犯罪虽不逃走，官司差人追捕，有）抗拒（不服追）捕者，各于本罪上加二等，罪止杖一百、流三千里；（本应死者无所加）殴（所捕）人至折伤以上者，绞；（监候。）杀（所捕）人者，斩；（监候。）为从者，各减一等。若罪人持仗拒捕，其捕者格杀之，及（在禁或押解已问结之）囚逃走，捕者逐而杀之，若囚（因追逐）窘迫而自杀者，（不分囚罪应死、不应死）皆勿论。若（囚虽逃走）已就拘执；及（罪人虽逃走）不拒捕而（追捕之人恶其逃走，擅）杀之，或折伤者，（此皆囚之不应死者）各以斗杀、伤论。（若）罪人本犯应死（之罪），而擅杀者，杖一百。（以捕亡一时忿激言，若有私谋乃议。）《大清律例》卷 35《刑律·捕亡·罪人拒捕》，田涛、郑秦点校，法律出版社 1999 年版，第 543—544 页）从上面规定看，此罪刑量规定十分明确，法律行为模式也十分清楚，但在适用时还是需要大量个案来再类型化、细化各种法律行为。

②　《续增刑案汇览》卷 10《刑律·威逼人致死·理责其妻不期伊母向劝跌毙》，北京古籍出版社 2004 年版，第 295 页。

③　《刑案汇览》卷 12《刑律·贼盗·谋叛·听从聚众结拜弟兄复行纠人》，北京古籍出版社 2004 年版，第 443 页。

法律责任精确对应的理想追求,特别是在刑事案件中,表现出对案件罪名与量刑的绝对精确的理想追求。这种司法理想在中国古代称为"情罪相应"。中国古代这种"情罪相应"的原则更多体现在实质上、个案上的真实相应,与近代刑法学中的"罪责刑相应"原则更多体现在一种普遍性的、抽象性的相应是存在根本区别的。当然,从逻辑上看,出现上面立法技术的原因是由于对司法适用上存在这种追求所致。秦朝由于法家对法律适用上的教条化法治追求,导致立法中不得不详细立法,这在秦律十八种中体现十分明显。由于立法语言中采用扩大内涵,导致外延减少,法律适用时可适用对象减少,于是规范与规范之间存在的空隙就会越来越多,而社会中的案件又是情节复杂多样,导致法律适用时必须通过类推来实现法律适用中个案的特殊化,或说个案适用中的"情法相适应"。这种立法出现的问题相当于在一个固定的方框中,当我们划的方格越多,边界也越多,出现的法律空隙也越多,需要补的地方就越多。如元代司法判决中由于力求做到每个判决都情罪相当,于是才出现大量案件得上报刑部裁决。如至元十七年(1280年),平江路发生吴千三打死周千六案,判决时引用了先例大名府徐斌殴死张驴儿案。之所以适用徐斌殴死张驴儿案是因为吴千三打死周千六后,周千六的父亲周小十一先接受财物私和,与先例徐斌殴死张驴儿后,他母亲阿许受钱私和一致。按察司在判决中指出"吴千三所犯,比依大名府徐斌殴张驴儿、伊母阿许受讫钱准伏例,拟将吴千三减死流远"。但刑部比较两案后,指出吴千三打死周千六案是因为周千六生前嚇奸他人,吴千三劝说,死者殴打吴千三,吴千三防卫才打死周千六。按现在刑法属于防卫过当,在情节上与先例存在不同,相同的地方仅是双方父母同意受财私和,所以刑部判决是"已死周千六生前嚇奸人,挟恨寻闹,将劝和人吴千三殴打,致系本人还打,避后身死。其伊父周小十一不欲告官,自愿休和,将尸焚扬,即与徐斌殴死张驴儿、伊母告休事理一体。若依全免,其吴千三终是用棍将周千六还打致命,比依前例颇重。以此参详:将吴千三量情杖断一百七下,征烧埋银五十两,给付苦主相应"①。从判决看,刑部认为两案相似之处是当事人受财私和,但案件在情节上存在差异,量刑上应采用加重,于是改变先例的量刑幅度。

清朝在这方面追求更为明显。在当时称为"情罪相应"。这里"情"是一个复杂的概念,包括有案件的情节、案件的性质、案件在整个社会中的道德评价等。对这种司法价值的追求,清人王明德指出"人同,事同,而情同,其罪固同。即事异,人异,而情同,其罪亦无弗同也",他接着指出问题是"盖缘全律中,其各罪科法,原分首从、余人、亲疏、上下、尊卑、伦序、同姓、异姓、老幼、废疾、笃疾、监守、常人,并物之贵贱,轻重,赃之多寡,分否,以及事情之大小、同异"等②,这些差异导致法律适用中需要大量先例来保证。对此,清代刑部在批评地方巡抚拟判时说"此案情节迥不相侔,亦无比例量减成案"③。清代"成案"和"条例"最大功能是让律文在适用中做到"情罪相应"。从相关案例集看,很多案件往往是因为罪名适用不当,量刑已经适当,或是罪名已经适当,而量刑不当被驳回。于是,只好在司法判决中通过罪名与律相符,定性与条例相合,量刑与成案一致,才能实现上面的司法价值追求。清朝三种法律渊源大体是律设定罪名与刑名,条例再类型化罪名设定的行为模式,成案完成量刑中的确定性。如道光六年(1826年),江苏金叙沅因为沈方来强抢女儿,当场将沈方来打死案在法律适用上有两个先例,即嘉庆二十年(1819年),四川省姜有万欲娶向世宽侄女甲黄为妻前往强抢,被向世宽打死案和嘉庆二十一年(1816年),河南张九如因石狗留黄夜纠抢买休之妻打死石狗案。两个先例在情节上类似,判决时都适用了贼犯黑夜偷窃当场被事主捕殴致死判决徒刑。认真比较后,待判案与先例在情节上是相同的,但适用罪名上,江苏省巡抚提

① 《元典章》卷42《刑部四·诸恶·因奸杀人·傍人殴死奸夫》,陈高华等点校,天津古籍出版社2011年版,第1469页。

② (清)王明德:《读律佩觿》卷1《皆》,何勤华等点校,法律出版社2001年版,第6页。

③ 《刑案汇览》卷34《刑律·人命·威逼人致死·无故被打回殴胞兄悔忿自尽》,北京古籍出版社2004年版,第1261页。

出适用强奸未成，罪人被本女有服亲属当场致死罪更为适当。刑部比较后认为两个先例与江苏巡抚提出的拟判虽然在量刑上一致，但罪名上江苏巡抚提出的更为适当，"核与成案同一拟徒，且比例更觉允协，应请照覆"①，所以同意江苏巡抚提出改变适用罪名的拟判，仅参照先例中的量刑。若从判例视角看，此判决改变了先例，创立了新的先例。本案体现了清代在法律适用上，特别是类比适用罪名时是非常强调精确性和适当性。清朝酌情增减判决的案件时，当具有某类案件特征时，就会成为先例，被后来的案件适用。

结　　论

从上面分析中可以看出，中国古代立法中采用的确定化立法，让整个法律体系形式十分具体、准确。但在司法时，越是具体的法律，适用时裁量空间越小。这样就会造成大量类比适用，导致中国古代法律适用中类比适用，或说比附适用十分发达的原因，也是中国古代在强调罪刑法定的同时允许比附适用的原因。在这种法律体系中，当出现加重或减轻，或者类比适用时，中央政府为约束下级司法机构滥用职权，于是在程序上规定适用时需要报上级司法机构审查。从整个司法体系看，为了保持效率与适用中的稳定，通过对确定的个案体现出来的法律意义进行类型化，再适用于后来同类案件，成为这种法律技术和制度体系的内在必然。这在司法技术和司法体系内构成了判例制度存在的原因。

当然，从立法技术上分析中国古代判例制度形成的原因，并不是说中国古代判例制度的形成完全依赖于这种立法技术。同时，也并不是说中国古代立法技术具有绝对的特殊性。这种分析更多是一种技术层面的分析，但作为一种实践技术，它的出现与发展是会受到实践中的真实需要所制约的。从立法

---

① 《刑案汇览》卷9《户律·婚姻·强占良家妻女·强抢未婚媳媳氏父将其殴死》，北京古籍出版社2004年版，第306—307页。

技术看,当今大陆法系判例制度的出现原因与中国古代的判例制度是相反的。当代大陆法系中判例法的形成是因为立法技术过于抽象化导致法律适用时裁量空间过大,需要通过司法判例来约束裁量空间过大带来的问题,于是通过个案类型化裁量空间中的幅度,实现司法适用中相对稳定成为当代大陆法系重新引入判例的原因所在。

第十章　中国古代死刑分类制度
　　　　及其作用

　　中国古代死刑适用中具有相互冲突的价值追求：即"以杀止杀"威慑目的获得必须以死刑大量适用作为前提，这是帝制时期皇权至上和专制政体所决定的，因为只有通过司法的恐怖才能获得社会的稳定和权威的树立；相反，仁政、盛世的追求，特别是在"天人感应"理论下"天事"与"人事"的相互交感的"报应观"支配下，则要求国家在司法中要尽量减少死刑的适用，避免人为因素影响或损坏王朝政运的良性获得和运行。对此，中国古人认识到两者的冲突所在，即所谓"圣王之典刑，未详之甚，莫过于此。今死刑重，故非命者众；生刑轻，故罪不禁奸"①。两种目标要同时获得，在制度设置上是难以调和的，但中国古代却在两种相反的价值冲突中找到了相应的调和途径，具体是通过把死刑按不同的性质或特征进行分类，国家在死刑司法时对不同死刑类型采用不同的适用程序和行刑方式，从而达到判多执行少及有效打击"元恶大憝"的多重目的。

　　中国古代在死刑适用程序上把死刑案件进行分类，对不同种类案件进行分别对待，进而在实际中减少死刑实际执行数量，达到威慑和仁政结合的特殊

---

①　《晋书》卷30《刑法志》，中华书局1974年版，第931页。

制度设置。从相关史料看,把死刑进行分类产生的时间应是很早的,但较为成熟的应始于战国晚期,因为这时形成了殊死与非殊死的分类。在此之前,虽然已经存在决不待时与秋后处决的分类,但由于现有史料有限,很难肯定是否存在完善分类。把死刑分成不同类型,按照类型分别采用不同方式对待可以说是中国古代死刑制度中最具特色的内容。

一、决不待时与待时而决

先秦时期没有明确地把死刑分类并在适用程序上采取不同的审理和复核程序的记载,但在死刑行刑程序上已经有明确的分类。按史料记载,西周时出现了所谓四大重罪在死刑适用时采用"不待时"和"不以听"的特别程序。①"不待时"是指行刑时间上不必等待特定时日,这是因为西周时在死刑执行上有"协日而杀"的规定;"不以听"是指在死刑适用程序上不采用覆审、复核,即停止大司寇等官员集议覆审的程序等。《礼记·王制》中有"四诛不以听者",即对四大死罪案件可以即时处决。这种制度后来成为"决不待时"或"立决"与"秋后处决"或"监候"的前身。但从现在掌握的相关史料看,很难证明这一制度是否成为死刑适用中的重要程序和分类。

西周时把死刑分为即时处决与待时处决两类,成为死刑分类的先河。当然,这种分类是因为西周在死刑行刑时间上有"协日而杀",即选择特定时日进行的制度。中国古代死刑分类主要是受天人感应理论的影响,即认为人间政事必须按照自然规律来运作才能良性运行,否则会出现灾祸。这种分类从

---

①　具体是"析言破律,乱名改作,执左道以乱政者,杀;作淫声,造异服,设怪伎奇器以荡上心者,杀;行伪而坚,言伪而辩,学非而博,顺非而泽,以惑众者,杀;假于鬼神、时日、卜筮以疑人者,杀。此四诛者,不待时,不以听"。(《通典》卷163《刑一·刑制上》,王文锦等点校,中华书局1992年版,第4193—4194页)对此内容,《礼记·王制》中有相似的记载,仅是文字表述上有出入,且没有明确指出决不待时。但从"不复听"来看应是只要是这四类罪,审明判决后就可以执行,不需要相关机关覆审。(《礼记》卷3《王制》,北京古籍出版社1995年版,第739页)

功能上看,是刑罚的及时性与政事长远性冲突下的一种产物。

中国古代"决不待时"类的罪名历朝都有明确规定。孔颖达在对《礼记·月令》中的"仲春之月,毋肆掠"注释时指出,"盖是大逆不孝罪甚之徒,容得春时杀之,杀则埋之,故禁其陈肆"①,即认为大逆不孝罪可以在春天行刑,即决不待时。这里的记载更多是孔颖达本人所处王朝的情况。当然,西周时期上面四罪是明确的。唐朝时按《唐律疏议》所引《狱官令》的规定,对决不待时罪名进行明确规定,具体是"犯'恶逆'以上及奴婢、部曲杀主者,不拘此令"②,即以上几个罪是"决不待时"。唐朝时"恶逆以上"是指谋反、谋大逆、谋叛、恶逆等四恶罪。金世宗大定十三年(1173年)规定不决死刑日时的例外是"惟强盗则不待秋后"③。元朝在至元十二年(1275年)十一月的诏书中规定"今后杀人者死,问罪状已白,不必待时,宜即行刑,其奴婢杀主者,具五刑论"④。这里规定决不待时的罪名有杀人罪,特别是奴婢杀主罪。明朝结合唐朝和金朝的规定,同时增加了一些罪名,即"犯十恶之罪应死,及强盗者,虽决不待时"⑤。这里的罪名范围已经很广,因为它包括十恶罪中的死罪及强盗罪等。

从上面可以看出决不待时包括的罪名在中国古代死刑中是逐渐扩大。同时可以看出上面的分类是根据死刑行刑时间进行分类,当然,这种时间上的差异是源于对不同死刑罪名的性质分类,所以不同行刑时间也是不同死罪性质的体现。

---

① (东汉)郑玄:《礼记正义》卷15《月令第六》,载李学勤主编:《十三经注疏点校本》,北京大学出版社1999年版,第473页。

② 刘俊文:《唐律疏议笺解》卷30《断狱·立春后秋分前不决死刑》,中华书局2015年版,第2101页。

③ 《金史》卷45《刑法志》,中华书局1975年版,第1017页。"十三年,诏立春后、立秋前,及大祭祀,月朔、望,上、下弦,二十四气,雨未晴,夜未明,休暇并禁屠宰日,皆不听决死刑,惟强盗则不待秋后。"

④ 《元史》卷8《世祖纪》,中华书局1975年版,第171页。

⑤ 《大明律》卷28《刑律十一·断狱·死囚覆奏待报》,怀效峰点校,法律出版社1999年版,第222页。

二、殊死与非殊死

战国到南北朝时期对死罪分类主要采用殊死与非殊死。殊死与非殊死是指死刑行刑时人犯是否身首分离,或者说这种分类实质上是根据死刑的行刑方式标准进行区别。中国古代死刑行刑中是否采用身首分离的行刑方式是根据具体罪名性质进行区分的。所以本来是行刑特点变成了死罪的性质分类,在法律制度上创制出现以刑名分类作为罪名分类的体系,即出现把具体罪名分为殊死罪和非殊死罪。殊死罪与非殊死罪不仅指死刑的行刑方式,而且还导致死刑适用中出现行刑方式、时间,适用减刑和替代刑等上的不同。

《庄子·在宥篇》中有"今世殊死者相枕也,桁杨者相推也,刑戮者相望也"①,成为"殊死"的最早记载。庄子明确说出这是"今世",而庄子所生活时代是战国晚期,就是说殊死罪的分类最迟应始于这个时期。

(一)殊死与非殊死的区别

什么是殊死? 对此,《东汉会要》中的解释是:"殊死:或云弃市。"②这里的解释是有问题的,因为秦汉时期,死刑主流称为"弃市",并且弃市多指执行死刑后陈尸示众,而殊死则是指死刑行刑时的具体方法。"殊",是斩刑,或者说是让人犯身首分离。元代《吏学指南》中对殊死的解释是"汉律,斩刑也"③。北齐时四等死刑中斩刑与绞刑上有"其次斩刑,殊身首;其次绞刑,死而不殊"④。对此,沈家本认为:"殊死,斩刑也,刑之重者。重者赦则无不赦者

---

① 《庄子集解》卷 3《外篇·在宥篇第十一》,载《诸子集成(3)》,上海书店出版社 1986 年版,第 64 页。

② (宋)徐天麟:《东汉会要》卷 35《刑制》,中华书局 1998 年版,第 374 页。

③ (元)徐元瑞:《吏学指南》,杨纳校注,浙江古籍出版社 1998 年版,第 77 页。

④ 《隋书》卷 25《刑法志》,中华书局 1982 年版,第 705 页。

矣。"①其实,"殊死"最重要的是指处死时身首异处,而不一定仅是斩刑,因为腰斩等也属于此刑。中国古代死者流血是一种更为严厉的刑罚。因为当事人流血而死一般是不能葬入祖先坟茔中,认为死者会变成厉鬼,给家族带来不幸。对此,张斐指出:"枭首者恶之长,斩刑者罪之大,弃市者死之下。"②所以这个时期一般殊死死刑只有在重大犯罪中才使用,如大逆不道等罪中才采用。秦汉对死刑的这种分类是因为在实践中存在"殊死"与"非殊死"两种死刑。"殊死"往往是决不待时,"非殊死"则是立秋后执行。"制诏三公:方春东作,敬始慎微,动作从之。罪非殊死,且勿案验,皆须麦秋。"③

汉朝采用殊死与非殊死的最早记载是在汉高祖五年(公元前 202 年),因为当年他在所下诏书中有"兵不得休八年,万民与苦甚,今天下事毕,其赦天下殊死以下"④。三国时魏国明帝太和二年(228 年)四月有"赦系囚非殊死以下"⑤;晋朝武帝泰始七年(271 年)五月有"雍、凉、秦三州饥,赦其境内殊死以下"。十六国时前赵刘聪在嘉平三年(312 年)有"大赦境内殊已下"。西晋怀普永嘉四年(310 年)有赦州内殊死罪已下。刘曜在光初二年(319 年)有大赦境内殊死罪以下,七年(324 年)有曲赦陇右殊死罪已下。后赵石勒时期仍然沿用,如石勒元年(319 年)有赦殊死罪以下。前秦建元六年(406 年)十一月有大赦殊死罪以下。南朝南齐武帝永明四年(486 年)闰正月有"见刑罪殊死以下,悉原宥"⑥;南朝梁朝武帝普通七年(526 年)正月有"赦殊死已下";北魏兴安二年(453 年)八月"诸殊死已下各降罪一等"⑦;北周武帝保定元年(561年)七月有"其所在见囚:殊死以下,一岁刑以上,各降本罪一等"⑧。从这些

---

① 沈家本:《历代刑法考(二)·赦七·赦例一》,中华书局 2006 年版,第 681 页。
② 《晋书》卷 30《刑法志》,中华书局 1974 年版,第 931 页。
③ 《后汉书·志四·礼仪上·立春》,中华书局 1973 年版,第 3102 页。
④ 《汉书》卷 1《高祖纪下》,中华书局 1964 年版,第 51 页。
⑤ 《三国志》卷 3《魏书·明帝纪》,中华书局 1964 年版,第 94 页。
⑥ 《南齐书》卷 3《武帝纪》,中华书局 1974 年版,第 52 页。
⑦ 《魏书》卷 5《高宗纪》,中华书局 1974 年版,第 113 页。
⑧ 《周书》卷 5《武帝纪》,中华书局 1974 年版,第 65 页。

史料中可以看出,这种分类在秦汉三国两晋南北朝时期是死刑分类中的基本形式。

(二)殊死与非殊死在死刑司法中的作用

1.殊死。殊死作为死刑适用中的一种分类,主要是对待这类死刑行刑的方式、时间选择和替代刑的适用上具有相对特殊规定。如在行刑方式上采用斩刑,在时间选择上采用决不待时,一般不采用减刑和赎刑,在替代刑上采用宫刑。对死罪采用宫刑作为替代刑,汉朝始于汉景帝中元四年(公元前146年),因为该年秋天有"赦徒作阳陵者死罪,欲腐者,许之"①。这里并没有规定宫刑是作为殊死罪的替代刑,但东汉时则明确把宫刑作为殊死刑的替代刑来使用。如明帝永平八年(65年)十月下诏对于"其大逆无道殊死者,一切募下蚕室"②;章帝元和元年(84年)有"郡国中都官系囚减一等,勿笞,诣边县;妻子自随,占著在所。其犯殊死,一切募下蚕室,其女子宫"③。从这些记载看,汉朝时殊死刑在适用上较为严格,即使采用替代刑也采用比其他刑种更重的宫刑。

2.非殊死。非殊死作为死刑适用中的一种类别,行刑上主要采用绞刑,或说身首不分离,行刑要在特定的日期内进行,并且在实践中多采用减刑,也是就判而不执行。非殊死罪在采用减刑和替代刑时主要有戍边、赦免、赎刑、减一等。如汉高祖九年(公元前198年)十一月丙寅有"前有罪殊死以下皆赦之"④。这里殊死以下就包括有非殊死罪。光武建武五年(29年)五月丙子中有"令中都官、三辅、郡、国出系囚,罪非犯殊死一切勿案"⑤。这里明确指出"免刑"的是非殊死罪。永平十八年(75年)春三月诏有"自殊死已下赎,死罪

---

① 《汉书》卷5《景帝纪》,中华书局1964年版,第147页。
② 《后汉书》卷2《明帝纪》,中华书局1973年版,第111页。
③ 《后汉书》卷3《章帝纪》,中华书局1973年版,第147页。
④ 《汉书》卷1《高帝纪(下)》,中华书局1964年版,第57页。
⑤ 《后汉书》卷1(上)《光武纪帝》,中华书局1973年版,第39页。

缣三十匹"①;太和四年(230年)十月庚申"令罪非殊死听赎各有差"②。从上面史料中可以看出,非殊死罪在实践中往往采用替代刑而非实际执行死刑。

(三) 殊死与非殊死在司法实践中的适用

把死刑分为殊死与非殊死主要是为了在具体死刑适用中分类进行,以达到对死刑严格控制的目的。由于对"非殊死"死罪一般并不实际执行而是采用减刑、替代刑和赎刑,甚至是赦免,这样就减少了死刑的执行量。"今汉道至盛,历世二百余载,考自昭、宣、元、成、哀、平六世之间,断狱殊死,率岁千余口而一人。"③按这里记载,应该是在断狱中每一千人仅判一人为殊死,即殊死与人犯总数的比例是千分之一。东汉对"非殊死"的死罪一般不再具体执行,而是采用减刑或赎刑。东汉光武帝时最为明显,建武五年(29年)五月丙子有"久旱伤麦,秋种未下,朕甚忧之。将残吏未胜,狱多冤结,元元愁恨,感动天气乎? 其令中都官、三辅、郡、国出系囚,罪非犯殊死一切勿案,见徒免为庶人"④;建武二十九年(53年)"夏四月乙丑,诏令天下系囚自殊死已下及徒各减本罪一等,其余赎罪输作各有差"⑤。此后,东汉历朝皇帝继承了这一传统,和帝在永元十五年(103年)春二月"诏亡命自殊死以下赎:死罪缣四十匹,右趾至髡钳城旦春十匹,完城旦至司寇五匹;犯罪未发觉,诏书到日自告者,半入赎"⑥;汉安二年(143年)"冬十月辛丑,令郡国中都官系囚殊死以下出缣赎,各有差;其不能入赎者,遣诣临羌县居作二岁"⑦。非殊死罪在东汉发展成为采用赎刑或发徒边疆为兵,有效控制了死刑的实际执行量。

---

① 《后汉书》卷2《明帝纪》,中华书局1973年版,第123页。
② 《三国志》卷3《魏书·明帝纪》,中华书局1964年版,第97页。
③ 《汉书》卷23《刑法志》,中华书局1964年版,第1108页。
④ 《后汉书》卷1(上)《光武帝纪》,中华书局1973年版,第39页。
⑤ 《后汉书》卷1(下)《光武帝纪》,中华书局1973年版,第80页。
⑥ 《后汉书》卷2《明帝纪》,中华书局1973年版,第118页。
⑦ 《后汉书》卷6《顺帝纪》,中华书局1973年版,第273页。

从上面可以看出,把死刑分为"殊死"和"非殊死",其实是对不同性质的死罪进行分类处理,以达到减少死刑实际执行的数量,最终获得"慎刑""恤刑""仁政"的需要。三国两晋南北朝时期一直沿用这种分类,成为死刑的重要制度,对这个时期死刑制度的运行产生了直接的影响。

三、真犯死罪与杂犯死罪

隋唐至明朝前期真犯死罪与杂犯死罪是主要的死刑分类制度,清朝沿用这种分类至清末修律,只是明朝中后期开始在真犯死罪中再分为监候与立决,导致这一分类虽然存在,但实践中不再是死刑运行机制中的主要分类。

南北朝后期在死刑分类上开始发生变化,特别是隋朝时,具体表现在死刑上不再采用殊死与非殊死作为分类主体,而是采用真犯死罪与杂犯死罪作为分类主体。这种转变的主要原因是殊死与非殊死分类的依据是行刑方式,而在现实中出现一些罪虽然是绞刑,甚至是徒刑等,但也必须执行才能达到打击奸恶的目的,如不孝、无道、内乱等一些与宗法礼制相关的罪名。同样是殊死罪类型但不同罪名的性质也可能十分不同。这种分类形成其实是与汉朝以后法律儒家化的加快、加深有关,如汉朝开始出现谋反、大逆、无道等罪名,由于性质特殊,已经从其他殊死罪中区分出来,在司法时特别对待。东汉在大赦时开始对"殊死"类罪中谋反、大逆、无道等罪特别立法、司法等。东汉明帝永平八年(65年)十月丙子有"大逆无道殊死者,一切募下蚕室"[1];永平十六年(73年)九月丁卯有"谋反大逆无道不用此书"[2]等记载。于是,死罪分类上出现真犯死罪和杂犯死罪的分类,这种转变让死罪的分类从行刑方式转向罪名性质,而按罪名性质来分类要比按行刑方式更加科学合理。明朝在真犯死罪的行刑方式上就有凌迟、斩、绞三类,也就是这三类行刑方式中都有真犯死罪,而

---

[1]　《后汉书》卷2《明帝纪》,中华书局1973年版,第111页。

[2]　《后汉书》卷2《明帝纪》,中华书局1973年版,第121页。

用秦汉时期的殊死与非殊死分类就无法解决此问题。杂犯死罪在引入死罪分类后,形成了杂犯死罪判而少执行,或者不执行的司法习惯。明朝时杂犯死罪不再实际执行已经制度化,甚至出现三次犯杂犯死罪加重执行死刑时还必须"奏请裁定"。这让杂犯死罪在量刑上比三犯盗罪加重处以死刑还轻。

(一)真犯死罪与杂犯死罪的区别

隋唐时期真犯死罪的种类,《唐律疏议》中有"其杂犯死罪,谓非上文十恶、故杀人、反逆缘坐、监守内奸、盗、略人、受财枉法中死罪者"①。从这里看,唐朝已经把杂犯死罪与真犯死罪的种类明确区别开来,因为这里对真犯死罪的类别采用列举式立法,对杂犯死罪采用概括式立法,即除了真犯死罪就是杂犯死罪。从中可知,这种分类主要是按罪名性质进行。

宋朝时这种分类获得了进一步发展。《续资治通鉴长编》中记载有杂犯死罪,宋真宗咸平四年(1001 年)五月"上览囚簿,自正月至三月,天下断死罪八百人,怃然动容,谓宰相曰:'杂犯死罪,条目至多,官吏傥不尽心,岂无枉滥! 故事,死罪狱具,三覆奏,盖其重慎也,自何代罢之?'遂命检讨沿革,终虑淹系,亦不果行"②。这里宋真宗指出当时杂犯死罪是有明确规定。《宋史·刑法志》中记载有"天子岁自录京师系囚,畿内则遣使,往往杂犯死罪以下第降等,杖、笞释之,或徒罪亦得释。若并及诸路,则命监司录焉"③。这说明宋朝对杂犯死罪在具体执行上多采用替代刑执行,不再执行死刑。

辽金两朝在死罪分类上继承了唐朝以来的真犯死罪与杂犯死罪,并且在现实中采用相同的处理方式,主要是对杂犯死罪基本上不实际执行。如辽圣宗统和十二年(994 年)八月"录囚,杂犯死罪以下释之"④;兴宗重熙十六年

---

① 刘俊文:《唐律疏议笺解》卷 2《名例·除名》,中华书局 2015 年版,第 196 页。
② 《续资治通鉴长编》卷 48"宋真宗咸平四年五月甲申"条,中华书局 2004 年版,第 1060 页。
③ 《宋史》卷 201《刑法志(三)》,中华书局 1975 年版,第 5026 页。
④ 《辽史》卷 13《圣宗纪》,中华书局 1974 年版,第 145 页。

（1047 年）十月、十七年七月、十八年三月都有"赦杂犯死罪"的记载；道宗太康五年十二月有赦杂犯死罪以下的记载。金朝章宗明昌二年（1191 年）十月有"应杂犯及强盗已未发觉减死一等"①；金宣宗兴定四年（1220 年）六月有"京畿不雨，敕有司阅狱，杂犯死罪以下皆释之"②。南宋理宗绍定元年（1228 年）"壬戌，金以旱，赦杂犯死罪以下"③。

　　元朝对死罪分类沿用杂犯死罪与真犯死罪。元世祖至元六年（1269 年）有"正犯死罪明白者，各正典刑，其杂犯死罪以下量断遣之"④。明朝在《大明律·名例》中规定"凡犯十恶、杀人、盗系官财物及强盗、窃盗、放火、发冢、受枉法不枉法赃、诈伪、犯奸略人、略卖和诱人口、若奸党及谗言左使杀人、故出入人罪、若知情故听德行、藏匿、引送、说事过钱之类，一应真犯，虽会赦并不原宥"。这里把真犯死罪采用列举式明确规定下来，并且规定对真犯死罪不能采用赦宥。

　　隋唐时杂犯死罪与真犯死罪在具体执行上没有明显的区别，特别是杂犯死罪并没有成为采取生刑替代刑执行。《旧唐书》中有"又杂犯死罪，无杖刑，奏报三覆，然后行决"⑤。这说明唐朝时杂犯死罪仅是减少杖刑，但还是要执行死刑。当然在这一分类中，唐朝已经把两者进行区别对待，在真犯死罪上即使采用减刑也采用不同于杂犯死罪的形式，如在配流上，杂犯死罪有期限，一般在三到五年；真犯死罪则采用长流。从唐宣宗大中四年（850 年）正月敕文看，唐朝配流期限最长有七年、十年。"徒流人比在天德者，以十年为限……止于七年，如要住者，亦听。"⑥但真犯死刑减死配流则采用"长流"，即永远。开元二十四年（736 年）十月有"敕两京城内及京兆府诸县囚徒反逆、缘坐及十

---

① 《金史》卷 9《章宗纪》，中华书局 1975 年版，第 219 页。
② 《金史》卷 16《宣宗纪（下）》，中华书局 1975 年版，第 353 页。
③ 《续资治通鉴》卷 164《宋纪·理宗绍定元年》，中华书局 1979 年版，第 4471 页。
④ 《元史》卷 6《世祖纪（三）》，中华书局 1975 年版，第 122 页。
⑤ 《旧唐书》卷 98《裴耀卿传》，中华书局 1975 年版，第 3082 页。
⑥ 《旧唐书》卷 18（下）《宣宗纪》，中华书局 1975 年版，第 626 页。

恶、故杀人、造伪头首死罪，特宜免罪，长流岭南远恶处。其余杂犯死罪，隶配效力五年"①。这里明确规定对于杂犯死罪采用配流五年，而真犯死罪则采用长流岭南。宋朝在死刑适用中通过杂犯死罪与真犯死罪来区分死刑的具体种类，进而达到分别对待的目的。宋太祖建隆二年（961年）五月，由于皇太后生病，"赦杂犯死罪已下"②。此后历朝多有减、赦杂犯死罪以下罪的记载。

明朝在死刑分类上沿用"真犯死罪"与"杂犯死罪"的同时再对真犯死罪区分为"决不待时"和"秋后处决"两种。这种分类在明朝始于明太祖洪武年间。《大明会典》在记载洪武三十年（1397年）死刑类别时，在"真犯死罪"下记载有"决不待时"7罪，"秋后处决"51罪。③ 这是官方法律文献上的记载，实践应早于此，因为洪武五年（1372年）九月有"自今杂犯死罪可矜者免死，发临濠输作"④。弘治十年（1497年）时把死刑分为两类三种已经很成熟了，因为当年记载全国死罪中有真犯死罪和杂犯死罪两类，其中真犯死罪分为"决不待时"，具体是凌迟罪名12个，斩刑罪名35个，绞刑罪名13个；真犯死罪"秋后处决"中斩刑罪名93个，绞刑罪名75个；杂犯死刑中斩刑罪名4个，绞刑罪名7个。⑤ 明清两朝杂犯死罪明确规定不再具体执行而是采用徒五年，即杂犯死罪具体刑罚是徒五年。"杂犯斩绞准徒五年。"⑥这样导致杂犯死罪在法律上虽然有死刑之名，但已无死刑之实。所以清末沈家本主持法律改革时，在废改死刑时首先就提出废除杂犯死罪，因为它徒有死罪之名却无其实，却导致刑法中死罪数量增多。

---

① 沈家本：《历代刑法考（二）·赦八·赦例二》，中华书局2006年版，第704页。
② 《宋史》卷1《太祖纪》，中华书局1975年版，第9页。
③ 参见《（万历）大明会典》卷173《刑部十五·罪名一》，载《续修四库全书》（第792册），上海古籍出版社2002年版，第113—117页。
④ 《明太祖实录》卷76"洪武五年九月戊子"条，中国台北"中研院"点校版，第1399页。
⑤ 参见《（万历）大明会典》卷174《刑部十六·罪名二》，载《续修四库全书》（第792册），上海古籍出版社2002年版，第118—126页。
⑥ （清）席裕福、沈师徐：《皇朝政事类纂》卷369《刑一·名例律·五刑》，中国台湾文海出版社1983年版，第8015页。

从《大明律》看,"决不待时"和"秋后处决"的分类并没有纳入立法,更没有"立决"和"监候"的用语,"监候"和"立决"用语是出现在《明实录》和《大明会典》中,实质上属于"决不待时"和"秋后处决"的简称。

(二)真犯死罪与杂犯死罪在司法实践中的运用

唐朝以来,司法实践中对真犯死罪和杂犯死罪是存在明确区别的,具体是真犯死罪一般不采用赦免、减刑、充军戍边、赎罪等非死刑执行方式,就是采用减刑也是流放到边境地区永远充军。杂犯死罪则主要采用赦免、减刑、充军戍边和赎罪等非死刑执行方式。

宋朝自太祖朝就开始对杂犯死罪采用赦、减等处理方式。宋真宗咸平三年(1000年)十月"诏原川峡路系囚杂犯死罪以下"①;咸平六年(1003年)"十一月癸巳,虑囚,杂犯死罪以下递减一等,杖释之"②;建炎元年(1127年)十一月己丑,诏:杂犯死罪有疑及情理可悯者,抚谕官同提刑司酌情减降,先断后闻"③。《宋史》中有几十处关于杂犯死罪或真犯死罪的记载,其中涉及杂犯死罪的地方多采用赦、减、赎等。《宋会要·刑法五·亲决狱》中有数十次关于杂犯死罪减一等为生刑的记载,如治平四年(1067年)"杂犯死罪已下递降一等"。④ 宋朝的"真犯死罪"主要包括有"劫、谋、故、斗并为已杀人者,并十恶、官典正枉法赃、监主自盗、伪造符印、放火依法外"⑤。对真犯死罪与杂犯死罪,宋朝司法中有严格区分。《庆元条法事类·刑狱门》中有元祐七年(1092年)七月六日尚书省札付地方官员公文中有"诸赦降称劫、谋、故、斗杀

---

① 《宋史》卷6《真宗(一)》,中华书局1975年版,第113页。
② 《宋史》卷7《真宗(二)》,中华书局1975年版,第122页。
③ 《宋史》卷24《高宗(一)》,中华书局1975年版,第450页。
④ 《宋会要辑稿·刑法五·亲决狱之10》,刘琳等校点,上海古籍出版社2014年版,第8508页。
⑤ 《宋会要辑稿·刑法五·亲决狱之8》,刘琳等校点,上海古籍出版社2014年版,第8507页。后来总称为"十恶四杀,官典犯赃,监主自盗,伪造符印,放火依法",其中"四杀"具体是"劫杀""谋杀""故杀""斗杀"。

正犯所载详备,其不载者,即系杂犯。缘以斗杀以故杀论,并斗殴误杀傍人等,既非编敕,与正犯同,即系杂犯,不得便引律文'以者',与真犯同定断"①。这里要求对杀人罪中什么是真犯和杂犯严格区分,禁止采用律文中的"以者"作为解释。对于"以者"含义,元人在《刑统赋解·一韵》中有"以者,谓以盗论,同真犯,当除名,有陪赃"②。

在对真犯死罪与杂犯死罪上,元朝继承了宋朝的传统。元朝至元六年(1269 年)七月有"诏遣官审理诸路冤滞,真犯死罪明白者,各正典刑,其杂犯死罪以下量断遣之"③。元至元十九年(1282 年)十一月规定:"天下重囚,除谋反大逆,杀祖父母、父母,妻杀夫,奴杀主,因奸杀夫,并正典刑外,余犯死罪者,令充日本、占城、缅甸军。"④这里对杂犯死罪采用改充军人。元朝国家在"赦"时往往把杂犯死罪作为减死对象,有效减少了死刑的执行数量。

明朝在杂犯死罪上采用充军、赎刑等非死刑执行方式已经法制化。《明史》中记载有"然自洪武中年已三下令,准赎及杂犯死罪以下矣……及颁行《大明律》,御制《序》:'杂犯死罪、徒流、迁徙等刑,悉视今定赎罪条例科断。'于是例遂辅律而行"⑤。这说明明朝"杂犯死罪"不再执行死刑已经法制化。明朝在这方面的分类适用达到了顶峰,因为专业制定了《真犯、杂犯死罪条例》来规范这两类死刑的适用情况。明朝杂犯死罪主要采用赎刑、充役、减死。如洪武八年(1375 年)二月敕刑官"自今凡杂犯死罪者免死,输作终身"⑥。洪武十四年(1381 年)九月"自今惟十恶真犯者决之如律,其余杂犯死

---

① 《庆元条法事类》卷75《刑狱门三·检断·检断·随敕申明·名例》,中国书店出版社1990 年版,第 392 页。

② 《刑统赋解》,载《丛书集成续编(第 52 册)》,中国台湾新文丰出版社 1990 年版,第426 页。

③ 《元史》卷6《世祖纪(三)》,中华书局 1975 年版,第 122 页。

④ 《元史》卷 12《世祖》,中华书局 1975 年版,第 248 页。

⑤ 《明史》卷 93《刑法》,中华书局 1974 年版,第 2293—2294 页。

⑥ 《明太祖实录》卷 97"洪武八年二月甲午"条,中国台北"中研院"点校版,第 1658 页。

罪,皆减死论"①。洪武十六年(1383年)春正月命刑部"凡十恶真犯死罪者,决处如律……杂犯死罪者罚戍边"②。洪武二十五年(1392年)夏四月中有"徒流、杂犯死罪并重罪罚役者,悉发戍于边"③。宣德元年(1426年)十二月宣宗亲自录囚,"真犯死罪悉依律,若叛逆者之伯叔兄弟及拒捕、妖言免死,谪戍边;增减制书、监守自盗、受财枉法,亦免死追赃;及徒流以下,俱运砖赎罪"④。宣德七年(1432年),"发杂犯死罪应充军者,于陕西行太仆寺养马"⑤;"纳米振济赎罪者,景帝时,杂犯死罪六十石,流徒减三之一,余递减有差"⑥;宣德二年(1427年)五月有三法司审录死刑案件上奏宣宗,宣宗作出批谕是"除十恶不宥,其诈为敕书,强盗、杀人放火、故烧公廨及官物、抢夺伤人、拒捕伤人者,皆如律;若因公科敛、监守自盗等项,非真犯死罪及徒流以下,各以轻重罚工"⑦。宣德七年(1432年)六月中有"凡真犯死罪如律,杂犯死罪皆宥死,发戍边"⑧。从这些可以看出,明朝已经把真犯死刑和杂犯死刑分类运用到了极致。

明朝中后期在死刑分类上虽然仍采用真犯和杂犯两大类,但在具体运用上开始采用"情真"和"情可矜疑"两种次分类。这是由于明朝中后期开始采用会审制度,而在会审中所审死刑犯都是真犯死罪,因为杂犯死罪已经在法律上明确规定例减死徒五年刑处罚。为了让会审中真犯死罪能够进一步减少实际执行的数量,形成了把真犯死罪分为"情真"和"情可矜疑"两种。在会审

---

① 《明太祖实录》卷139"洪武十四年九月辛丑"条,中国台北"中研院"点校版,第2190页。
② 《明太祖实录》卷151"洪武十六年春正丁卯"条,中国台北"中研院"点校版,第2379—2380页。
③ 《明太祖实录》卷217"洪武二十五年夏四月乙亥"条,中国台北"中研院"点校版,第3194页。
④ 《明宣宗实录》卷23"宣德元年十二月辛未"条,中国台北"中研院"点校版,第612页。
⑤ 《明史》卷75《职官(四)》,中华书局1963年版,第1845页。
⑥ 《明史》卷78《食货(二)》,中华书局1963年版,第1909页。
⑦ 《明宣宗实录》卷28"宣德二年五月戊寅"条,中国台北"中研院"点校版,第751页。
⑧ 《明宣宗实录》卷91"宣德七年六月癸卯"条,中国台北"中研院"点校版,第2081页。

中,对"情真"类一般同意执行死刑,仅有很少的部分采用充军等替代死刑执行;对"情可矜疑"类则主要采用充军作为替代刑执行。此外,还有监候来年再审或者杖后释放等方式,仅有少量被实际执行。如弘治十七年(1504年)九月辛卯会审中有"情真"125人,"情可矜疑"73人,"有词"(即当事人提出申诉)5人。上报皇帝裁决后,最后是"情真"的125人中有2人免死充军,"情可矜疑"中有51人被充军,"有词"的被纳入再审。① 嘉靖三十一年(1552年)十二月、嘉靖三十五年(1556年)、嘉靖三十七年(1558年)十二月、嘉靖四十三年(1564年)十二月会审时全国上奏的死刑犯中属于"矜疑"的分别是378、243、1087、365人②,对这些人犯采用的是"诏俱免死发戍",即发配充军。从这些记载中可以看出,明朝中后期死刑分类在司法中的适用效果。

四、立决罪与监候罪

清朝死刑适用分类是立决和监候。清朝的立决与监候是在真犯死罪与杂

---

① 参见《明孝宗实录》卷216"弘治十七年九月辛卯"条,中国台北"中研院"点校版,第4066—4067页。原文是"刑部、都察院会官审录重囚,情真者百二十五人,情可矜疑奏请裁处者七十三人,有词者五人。情真者依律处决,有词者再问;其奏请裁处内免死充军者五十一人,内系人命者二人,杖而遣之"。

② 以上数据具体见下面诸条:嘉靖三十一年(1552年)十二月癸亥:"法司上是岁天下恤刑官论囚矜疑之数,北直隶八十四人,南直隶江南七十二人,河南十九人,山东二十六人,山西二十九人,陕西十四人,四川十五人,湖广二十三人,广西十八人,福建三十七人,江西十七人,浙江十六人,云南贵州八人,诏俱免死发戍。"(《明世宗实录》卷392"嘉靖三十一年十二月癸亥"条,中国台北"中研院"点校版,第6884—6885页)嘉靖三十五年(1556年)十二月丁酉:"法司类奏是岁所录天下矜疑死罪囚二百四十三人,俱减有差。"(《明世宗实录》卷442"嘉靖三十五年十二月丁酉"条,中国台北"中研院"点校版,第7561页)嘉靖三十七年(1558年)十二月丁未:"法司上是岁天下恤刑官谳矜疑重囚之数,南直隶江南六十三人,江北八十八人,河南一百一人,山东九十六人,山西五十一人,陕西七十三人,四川一百八十三人,湖广二十五人,广东七十一人,广西二十九人,福建八十三人,浙江五十八人,江西六十四人,云南贵州一百二人,俱命减死戍边。"(《明世宗实录》卷467"嘉靖三十七年十二月丁未"条,中国台北"中研院"点校版,第7866页)嘉靖四十三年(1564年)十二月丁丑:"法司上是岁天下恤刑官所谳矜疑重囚之数,南直隶江北五十七人,浙江三十二人,山西六十五人,广东四十一人,广西三十六人,四川一百三十四人,诏各减死戍边。"(《明世宗实录》卷541"嘉靖四十三年十二月丁丑"条,中国台北"中研院"点校版,第8755页)

犯死罪的分类基础上发展起来的,是对真犯死罪的再次分类结果。

把真犯死刑分为"立决"和"监候"虽然源于明朝,但明朝在《大明律》上并没有把此种分类明确写入律典,所以《明史》中也没有用"立决"和"监候"来对真犯死罪进行再次分类。但从《明实录》《大明会典》看,明宣德年后开始在真犯死罪中进一步区分"决不待时"和"秋后处决"两种,特别是在会审制度建立后,这种分类变得十分重要,因为只有把真犯死罪区分为这两类才能让秋后的会审制度与国家对严重罪名人犯处罚相结合。清朝初年在修订《大清律集解附例》时虽然抄袭《大明律》的内容,但有一个重大变化,那就是在死刑罪名下明确注明是监候还是立决,同时在加修的"条例"中有死罪时也明确注明是立决还是监候。"顺治初定律,乃于各条内分断注明,凡律不注监候者,皆立决也;凡例不言立决者,皆监候也。"①这里明确记载清朝顺治初年已经在律典的死罪中进行明确区别的。通过这种分类让死罪适用时"罪干立决,旨下,本司派员监刑;监候则入朝审"②。这样形成"自此京、外死罪多决于秋,朝审遂为一代之大典"③。正因为通过以上分类,才导致清朝能把全国死刑覆审基本上集中在秋审、朝审中。明朝《太祖实录》中记载洪武十五年(1382 年)有"方春万物发生,而无知之民,乃有犯法至死者,虽有决不待时之律,然于朕心有所不忍,其犯大辟者皆减死论"④。在"秋后处决"的死刑案中往往用"监候"称之。这样形成了后来的立决和监候的分类。可以肯定地说,立决和监候区分死刑起源于明朝,但到清朝时才被正式写入律典中,成为国家死刑分类中的法定形式。把死刑的分类从真犯死罪与杂犯死罪转向立决与监候的立法,其实是把死刑分类从罪名性质转向执行时间上,因为立决与监候是死刑执行时间上的一种分类。由于两种分类在执行时间上的不同,导致死刑适用程

---

① 《清史稿》卷 143《刑法志(二)》,中华书局 1977 年版,第 4194 页。

② 《清史稿》卷 144《刑法志(三)》,中华书局 1977 年版,第 4206—4207 页。

③ 《清史稿》卷 143《刑法志(二)》,中华书局 1977 年版,第 4194 页。

④ 《明太祖实录》卷 141"洪武十五年春正月已丑"条,中国台北"中研院"点校版,第 2224 页。

序和罪名性质出现新的分类。

清朝在死刑中区分"立决"和"监候"主要是对两者的执行、复核、核准等程序进行不同设置。清朝立决死刑案件主要有两类:一是某些死刑罪名直接归入立决死刑;①二是监候死刑案件在秋审和朝审时被归为情实类案件,上奏皇帝裁决时获得核准,成为立决死刑案。其实,清朝就是通过把死刑案件分为立决和监候,再通过秋审把"监候"类案件分为情实、可矜、留养承嗣、缓决四种,其中后三种,特别缓决类一般采用减刑和在一定秋审次数后不再适用死刑。通过对死刑的分类后按类分别对待,让死刑案件的实际执行数量得以减少。对此,可以从清朝乾隆年间每年一般新增秋审案件在 2400—3000 件左右,但最后归入情实执行的只有 1000 件左右中看出这种分类的作用。

结　论

从上面分析中可以看出,中国自秦汉以后对死刑进行了复杂的分类,让死刑在保持应有威慑功能的前提下,达到减少死刑实际执行数量和体现"皇恩浩荡"的目的。在分类后对某一类死刑案件得以进行标准化、规范化的减刑,或者赎刑,甚至是赦免,以达到"恤刑""慎刑"的目的,否则就不能理解中国古代为什么会有不同的死刑分类。从文化学视角看,这种分类出现是在相应的目的下形成的,在相应的文化体系中形成并为其服务的。

中国古代死刑适用中分类的出现具有重要的意义和作用,因为它们的出现适应了中国古代刑罚,特别是死刑制度的特有价值追求,即一种双重的、矛盾的价值追求。它们让死刑司法在保持大量判决的前提下,可以制度化地减少死刑的具体执行数量。

---

① 根据郑秦在《清代司法审判制度研究》中统计,乾隆五年(1740 年)的《大清律例》有凌迟 17 条,斩绞立决 137 条,斩绞监候 287 条,杂犯死罪 13 条。因为凌迟与斩绞立决都是立决,所以立决应是 154 条。(湖南教育出版社 1988 年版,第 152 页)

中国古代在死刑适用上的双重价值导致国家必须在制度设置上进行协调。为此,自西周起就把死刑分为决不待时和秋后处决的原始的、不系统的分类,到秦汉至三国两晋南北朝时期把死刑分为殊死与非殊死;再到隋唐至明朝把死刑分为真犯死罪与杂犯死罪;最后清朝把死刑分为监候和立决,甚至现在的立即执行和缓期执行,本质上都是一脉相承,具有相同功能。虽然在这当中可能存在价值追求中理论基础上的不同,但在死刑适用上功能却是相同的,那就是要达到多判以获得威慑,少执行以实现仁政及减少"天运"对"政运"的人为影响。

西周把死刑分为决不待时和秋后处决是出于"天人感应"的理论,即认为人事会影响政事、天事的运行。"人心逆则怨,木、金、水、火、土气为之伤。伤则冲胜来乘眚之,于是神怒人怨,将为祸乱。故五行先见变异,以遣告人也。及妖、孽、祸、痾、眚、祥皆其气类,暴作非常,为时怪者也。"①而死刑作为特殊的刑种,对政事的影响十分严重,所以减少杀戮是避免出现人为导致节气运行不畅的主要途径。于是,需要通过把死刑进行制度化处理以达到所追求的价值。

秦汉以后殊死与非殊死的分类却更为复杂,既是以上价值追求的沿袭,同时也是国家为了把死刑从判多执行少制度化运行的开始。殊死与非殊死其实是一种死刑行刑时间上的分类。由于行刑的方式与罪名的性质有关,所以国家在这种分类后一般按类分别处理。比如在"赦"时对非殊死采用免、减、赎等,对殊死采用实际执行或替代刑、减刑等。这可以让前面所说的多判与少执行得以实现。当然,这种分类也存在着一定问题,主要是这种分类下,同一类型的死刑类别在具体罪名性质上往往不同,随着社会发展,特别是"赦"和"仁政"等价值追求和打击侵犯社会基本价值的犯罪要求,导致国家必须把各种罪名按罪的性质进行分类,不同性质的罪分别对待。如对危害王权、违反家庭

---

①　《后汉书》卷103《志第十三·五行一》,中华书局1973年版,第3267页。

伦理等相关的谋反、谋大逆、无道、不孝等罪类必须严格打击。但这些罪名在司法适用时并不一定被判殊死刑，所以这种分类的缺点必须得以纠正。于是，在实践中按罪的性质分为真犯死罪和杂犯死罪。按罪的性质来分类，真犯死罪在行刑上是斩刑、绞刑，宋朝以后甚至是凌迟刑，同样杂犯死罪中同样存在斩刑或绞刑。

从上面的分析中可以看出，从殊死与非殊死到真犯死罪与杂犯死罪分类，不管在立法还是司法上看都能更好适应汉朝开始法律儒家化、皇权绝对化的需要，因为它们是按罪名性质来划分的，而不是按死刑行刑方式来划分的。但是这种分类在发展中慢慢出现问题，那就是在死刑适用中，宋朝以后，特别是明朝时杂犯死罪在法律上已经法定规定不再实际执行。同时，在真犯死罪中国家为了加强对死刑适用数量的控制，各种形式的会审制度开始在明朝中后期迅速发展起来。国家需要把真犯死罪再进行分类，以对"元恶大憝"的及时处罚和慎刑仁政的有效实现，于是只有把真犯死罪分为决不待时和监候才能更好适应这种需要。新的分类随着需求相应产生，当决不待时和监候出现后，大量真犯死罪会被纳入监候，在秋季会审制度出现后，两者成为相互适应的机制。秋季会审制度的出现对国家来说获得了两大好处，首先是把全国死刑有效控制在中央，特别是皇帝手中；其次是获得了慎刑仁政的好名声。当然，要实现这两个目的，国家在会审时必须通过覆审把监候死刑进一步分类，否则就会失去覆审的价值。

死刑中的真犯死罪按覆审程序来分类能适应国家会审制度运行的需要。所以明朝中后期在死刑分类上出现立决和监候分类是与会审制度密切相关的。特别是清朝时由于国家把主要死刑覆审程序纳入秋审、朝审之中，促使了立决与监候在清朝成为主要死刑分类机制。明清时期死刑的这种分类也导致明清时期死刑大赦的次数减少，因为通过每年的会审，国家把已经可以减免的死刑犯都减免了，剩下执行的都是"元恶大憝"，不必通过"大赦"来减少死刑执行的数量。

　　从以上分析中可以看出,中国古代死刑分类的历史在本质上载负着中国古人对死刑的不同价值追求,同时这些分类也能有效实现中国古人赋予死刑的价值功能。

主要参考文献

一、古籍

(东汉)班固:《白虎通义》,中国书店 2018 年版。

(东汉)郑玄:《礼记正义》,北京大学出版社 1999 年版。

(明)刘宗周:《论语学案》,载《文渊阁四库全书》。

(明)陆容:《菽园杂记》,中华书局 1985 年版。

(明)邱浚:《大学衍义补》,林冠群、周济夫点校,京华出版社 1999 年版。

(明)王樵:《尚书日记》,载《文渊阁四库全书》。

(南朝)刘勰:《文心雕龙》,中州古籍出版社 2009 年版。

(清)董诰等:《全唐文》,上海古籍出版社 1995 年版。

(清)黄宗羲:《宋元学案》,陈金生、梁运华点校,中华书局 2020 年版。

(清)库勒纳等:《日讲书经解义》,载《文渊阁四库全书》。

(清)阮元:《续资治通鉴》,中华书局 1979 年版。

(清)孙奇逢:《四书近指》,载《文渊阁四库全书》。

(清)王夫之:《船山全书》,岳麓书社 2011 年版。

(清)王明德:《读律佩觿》,何勤华等点校,法律出版社 2001 年版。

(清)王先谦:《荀子集解》,上海书店出版社 1986 年版。

(清)王先慎:《韩非子集解》,钟哲点校,中华书局 1998 年版。

(清)席裕福、沈师徐:《皇朝政事类纂》,中国台湾文海出版社 1983 年版。

(清)徐松:《宋会要辑稿》,刘琳等校点,上海古籍出版社 2014 年版。

(清)许梿、熊莪:《刑部比照加减成案》,何勤华等点校,法律出版社 2009 年版。

（清）袁枚：《小仓房文集》，上海古籍出版社 1988 年版。

（宋）晁公武，（清）阮元辑：《郡斋读书志》，江苏古籍出版社 1988 年版。

（宋）陈淳：《北溪字义》，熊国祯、高流水点校，中华书局 1983 年版。

（宋）陈振孙：《直斋书录解题》，徐小蛮、顾美华点校，上海古籍出版社 1984 年版。

（宋）程颢、程颐：《二程集》，王孝鱼点校，中华书局 1981 年版。

（宋）黄士毅：《朱子语类汇校》，徐时仪、杨艳汇校，上海古籍出版社 2016 年版。

（宋）黎靖德：《朱子语类》，王星贤点校，中华书局 1994 年版。

（宋）李昉：《文苑英华》，中华书局 1982 年版。

（宋）李焘：《续资治通鉴长编》，中华书局 2004 年版。

（宋）吕祖谦：《历代制度详说》，上海古籍出版社 1992 年版。

（宋）欧阳修：《新唐书》，中华书局 1975 年版。

（宋）时澜：《增修东来书说》，载《文渊阁四库全书》。

（宋）司马光：《司马光集》，四川大学出版社 2010 年版。

（宋）王溥：《唐会要》，上海古籍出版社 2012 年版。

（宋）王溥：《五代会要》，上海古籍出版社 2012 年版。

（宋）王应麟：《玉海》，江苏古籍出版社、上海书店 1987 年版。

（宋）夏僎：《尚书详解》，载《文渊阁四库全书》。

（宋）徐天麟：《东汉会要》，中华书局 1998 年版。

（宋）叶梦德：《石林燕语》，侯忠义点校，中华书局 1984 年版。

（宋）真德秀：《西山政训》，中华书局 1985 年版。

（宋）郑樵：《通志》，中华书局 1987 年版。

（宋）朱熹：《四书集注》，中华书局 1983 年版。

（宋）朱熹：《朱子全书》，上海古籍出版社、安徽教育出版社 2002 年版。

（唐）杜佑：《通典》，王文锦等校，中华书局 1992 年版。

（唐）孔疑达：《春秋左传正义》，北京大学出版社 1999 年版。

（唐）李涪：《刊误》，辽宁教育出版社 1998 年版。

（唐）李林甫：《唐六典》，陈仲夫点校，中华书局 1992 年版。

（唐）李隆基：《孝经注疏》，国家图书馆出版社 2018 年版。

（唐）刘肃：《大唐新语》，许德楠、李鼎霞点校，中华书局 1984 年版。

（唐）吴兢：《贞观政要集校》，谢保成集校，中华书局 2003 年版。

（元）陈栎：《书集传纂疏》，中国社会科学出版社 2018 年版。

（元）陈师凯：《蔡氏传旁通》，上海古籍出版社 1987 年版。

(元)陈天祥:《四书辨疑》,光洁点校,中国社会科学出版社 2021 年版。

(元)胡祗遹:《紫山大全集》,载《文渊阁四库全书》。

(元)李简:《学易记》,上海古籍出版社 1987 年版。

(元)刘有庆:《故唐律疏议》,"中华古籍资源库·善本书号 A00886"。

(元)孟奎:《粗解刑统赋》,载《丛书集成续编(第 52 册)》,中国台湾新文丰出版社 1990 年版。

(元)郗韵:《刑统赋解》,载《丛书集成续编(第 52 册)》,中国台湾新文丰出版社 1990 年版。

(元)沈仲纬:《刑统赋疏》,载《丛书集成续编(第 52 册)》,中国台湾新文丰出版社 1990 年版。

(元)史伯璿:《四书管窥》,载《文渊阁四库全书》。

(元)王充耘:《读书管见》,载《文渊阁四库全书》。

(元)王充耘:《四书经疑贯通》,载《文渊阁四库全书》。

(元)徐元瑞:《吏学指南》,杨纳点校,浙江古籍出版社 1988 年版。

(元)赵汸:《周易文诠》,载《文渊阁四库全书》。

(元)郑玉:《师山集》,载《文渊阁四库全书》。

《朝鲜王朝实录》,日本学习院东洋文化研究所刊 1953 年版。

《大明律》,怀效峰点校,法律出版社 1999 年版。

《大清律例》,田涛、郑秦点校,法律出版社 1998 年版。

《大清律例集要新编》,载沈云龙:《近代中国史料丛刊三编》(第二十二辑),中国台湾文海出版社 1987 年版。

《大清五朝会典》,线装书局 2006 年影印。

《大唐开元礼》,民族出版社 2000 年版。

《光绪大清会典》,中华书局 2013 年版。

《国语直解》,复旦大学出版社 2000 年版。

《汉书》,中华书局 1964 年版。

《后汉书》,中华书局 1973 年版。

《黄帝内经》,中华书局 2022 年版。

《金史》,中华书局 1975 年版。

《晋书》,中华书局 1974 年版。

《旧唐书》,中华书局 1975 年版。

《康熙大清会典》,凤凰出版社 2016 年版。

《辽史》,中华书局 1974 年版。

中国社会科学院历史研究所宋辽金元史研究室:《名公书判清明集》,中华书局 1987 年版。

《明实录》,中国台北"中研院"点校版。

《明史》,中华书局 1974 年版。

《南齐书》,中华书局 1974 年版。

《清实录》,中华书局 1985 年影印版。

《清史稿》,中华书局 1977 年版。

《庆元条法事类》,中国书店出版社 1990 年版。

《三国志》,中华书局 1964 年版。

《史记》,中华书局 1963 年版。

《四库全书总目》,中华书局 2016 年版。

《宋史》,中华书局 1975 年版。

《宋刑统》,岳纯之校证,北京大学出版社 2015 年版。

《太平御览》,中华书局 1960 年版。

《通制条格》,方龄贵点校,中华书局 2001 年版。

《万历大明会典》,中国台湾文海出版社 1988 年影印本。

《魏书》,中华书局 1974 年版。

《新唐书》,中华书局 1975 年版。

《刑案汇览》,北京古籍出版社 2004 年版。

《盐铁论》,王贞珉注译,吉林文史出版社 1996 年版。

《元代奏议集录》,陈得芝等辑点,浙江古籍出版社 1998 年版。

《元典章》,陈高华、张帆等点校,中华书局、天津古籍出版社 2011 年版。

《元史》,中华书局 1975 年版。

《张家山汉墓竹简》,文物出版社 2006 年版。

《至正条格》,Humanist 出版集团 2007 年版。

《周书》,中华书局 1974 年版。

[朝鲜]郑麟趾:《高丽史》,韩国首尔大学藏太白山史库本(万历四十二年刻本)。

[日]《令集解》,吉川弘文馆 1981 年版。

[越南]潘辉注:《历朝宪章类志》,越南国家图书馆藏本。

[越南]吴志连等撰:《大越史记全书》,西南师范大学出版社、人民出版社 2015 年版。

陈松长主编:《岳麓书院藏秦简(四)》,上海辞书出版社 2015 年版。

陈松长主编:《岳麓书院藏秦简(五)》,上海辞书出版社 2015 年版。

郭成伟主编:《大清律例根原》,上海辞书出版社 2012 年版。

汉语大词典编纂处:《康熙词典》(标点整理本),汉语大词典出版社 2002 年版。

李学勤主编:《十三经注疏点校本》,北京大学出版社 1999 年版。

睡虎地秦墓竹简整理小组:《睡虎地秦墓竹简》,文物出版社 1978 年版。

辛志凤、蒋玉斌等:《墨子释注》,黑龙江人民出版社 2003 年版。

杨一凡点校:《皇明制书》,社会科学文献出版社 2013 年版。

杨一凡主编:《中国律学文献》(第三辑),黑龙江人民出版社 2006 年版。

杨一凡主编:《中国律学文献》(第四辑),黑龙江人民出版社 2006 年版。

中华书局编辑部编:《康熙字典》(检索本),汉语大词典出版社 2015 年版。

二、现代著作

高明士:《唐代东亚教育圈的形成——东亚世界形成史的一个侧面》,中国台北"国立"编译馆 1984 年版。

胡兴东:《宋朝立法通考》,中国社会科学出版社 2018 年版。

胡兴东:《宋元断例考辑》,社会科学文献出版社 2020 年版。

荆州博物馆、武汉大学简帛研究中心编著:《荆州胡家草场西汉简牍选粹》,文物出版社 2021 年版。

李均明:《秦汉简牍文书分类辑解》,文物出版社 2009 年版。

刘俊文:《唐律疏议笺解》,中华书局 2015 年版。

刘俊文:《日本学者研究中国史论著选译(第八卷)》,中华书局 1993 年版。

沈家本:《寄簃文存》,中华书局 2006 年版。

沈家本:《历代刑法考》,中华书局 2006 年版。

孙猛:《日本国见在书目录考》,上海古籍出版社 2015 年版。

杨鸿烈:《中国法律在东亚诸国之影响》,商务印书馆 1938 年版。

杨鸿烈:《中国古代法律思想史》,上海书店出版社 1984 年版。

杨一凡、[日]寺田浩明主编:《日本学者中国法制史论著选(先秦秦汉卷)》,中华书局 2016 年版。

杨一凡:《明大诰研究》,社会科学文献出版社 2009 年版。

尤韶华纂:《归善斋〈尚书〉别诂十种章句集解》,中国社会科学出版社 2018 年版。

张家山二四七号汉墓竹简整理小组:《张家山汉墓竹简》,文物出版社 2006 年版。

郑秦:《清代司法审判制度研究》,湖南教育出版社 1988 年版。

中国政法大学法律史研究院编:《日本学者中国法论著选译》,中国政法大学出版社 2012 年版。

朱红林:《张家山汉简〈二年律令〉集释》,社会科学文献出版社 2005 年版。

[法]雅克·盖斯旦、吉勒·古博:《法国民法总论》,陈鹏等译,法律出版社 2004 年版。

[日]穗积陈重:《法典论》,李求轶译,商务印书馆 2014 年版。

[日]大庭脩:《秦汉法制史研究》,徐世虹等译,中西书局 2017 年版。

[日]古濑奈津子:《遣唐使眼中的中国》,郑威译,武汉大学出版社 2007 年版。

[日]仁井田陞:《唐令拾遗》,栗劲等译,长春出版社 1989 年版。

[日]中田薰:《法制史论集》,岩波书店 1964 年版。

三、期刊论文

白寅:《中国古代文学批评中的"比类"型思维特征》,《中南大学学报(社会科学版)》2003 年第 5 期。

陈宝良:《从"无讼"到"好讼":明清时期的法律观念及其司法实践》,《安徽史学》2011 年第 4 期。

陈灵海:《〈大清会典〉与清代"典例"法律体系》,《中外法学》2017 年第 2 期。

陈孟麟:《从类概念的发生发展看中国古代逻辑思想的萌芽和逻辑科学的建立——兼与吴建国同志商榷》,《中国社会科学》1985 年第 4 期。

戴建国:《唐格后敕修纂体例考》,《江西社会科学》2010 年第 9 期。

邓长春:《西晋律令法制体系研究》,西南政法大学博士学位论文,2015 年。

丁华东:《清代会典和则例的编纂及其制度》,《档案学通讯》1994 年第 4 期。

葛荃:《比类逻辑与中国传统政治文化思维特点析论》,《华侨大学学报(哲学社会科学版)》2004 年第 2 期。

谷振诣:《论〈墨经〉的"类"概念》,《中国青年政治学院学报》2001 年第 1 期。

韩长耕:《关于〈大唐六典〉行用问题》,《中国史研究》1983 年第 1 期。

何勤华:《秦汉时期的判例法研究及其特点》,《法商研究》1998 年第 5 期。

胡兴东、唐国昌:《义在中国古代法律中的作用》,《中西法律传统》(第 14 卷)2018 年。

胡兴东:《中道:传统司法制度中正向原则与补救原则的形成及实践》,《河南财经政法大学学报》2022 年第 6 期。

黄伟明:《〈荀子〉的"类"观念》,《逻辑学研究》2009 年第 3 期。

霍存福:《中国传统法文化的文化性状与文化追寻——情理法的发生、发展及其命运》,《法制与社会发展》2001 年第 3 期。

季蒙:《〈周易·说卦传〉中的类问题》,《周易研究》2004 年第 3 期。

蒋鲁敬、李志芳:《胡家草场简牍的若干个"最"》,《人民日报》2020 年 2 月 8 日第 5 版。

金禹彤:《高丽礼制研究》,延边大学博士学位论文,2010 年。

康渝生:《"比类相观"浅析》,《理论探讨》1991 年第 4 期。

李均明:《简牍法制史料概说》,《中国史研究》2005 年第 S1 期。

李玉生:《魏晋律令分野的几个问题》,《法学研究》2003 年第 5 期。

李振宏:《萧何"作律九章"说质疑》,《历史研究》2005 年第 3 期。

刘安志:《关于〈大唐开元礼〉的性质及行用问题》,《中国史研究》2005 年第 3 期。

刘笃才:《律令法体系向律例法体系的转换》,《法学研究》2012 年第 6 期。

刘笃才:《明代事例的演变与律例法体系的确立》,《盛京法律评论》2016 年第 1 辑。

刘笃才:《中国古代判例考论》,《中国社会科学》2007 年第 4 期。

吕丽:《论〈清会典〉的根本法与行政法的合一性》,《吉林大学社会科学学报》1998 年第 2 期。

吕丽、王侃:《汉魏晋"比"辨析》,《法学研究》2000 年第 4 期。

孟彦弘:《秦汉法典体系的演变》,《历史研究》2005 年第 3 期。

宁志新:《〈唐六典〉性质争议》,《中国史研究》1996 年第 1 期。

苏亦工:《论清代律例的地位及其相互关系》(上、下),《中国法学》1988 年第 5、6 期。

汪世荣:《中国古代的判例研究:一个学术史的考察》,《中国法学》2006 年第 1 期。

王前:《中国传统科学中"取象比类"的实质和意义》,《自然科学史研究》1997 年第 4 期。

王志强:《中英先例制度的历史比较》,《法学研究》2008 年第 3 期。

吴勇:《传统无讼思想对当代中国法治的影响》,《广西社会科学》2005 年第 6 期。

吴建国:《中国逻辑思想史上类概念的发生、发展与逻辑科学的形成》,《中国社会科学》1980 年第 2 期。

吴丽娱:《从经学的折衷到礼制的折衷——由〈开元礼〉五方帝问题所想到的》,《文史》2017 年第 4 期。

吴丽娱:《对〈贞观礼〉渊源问题的再分析——以贞观凶礼和〈国恤〉为中心》,《中国史研究》2010 年第 2 期。

吴丽娱:《关于〈贞观礼〉的一些问题——以所增"二十九条"为中心》,《中国史研究》2008 年第 2 期。

吴丽娱:《兼融南北:〈大唐开元礼〉的册后之源》,《魏晋南北朝隋唐史资料》(第 23 辑)2006 年。

吴丽娱:《营造盛世:〈大唐开元礼〉的撰作缘起》,《中国史研究》2005 年第 3 期。

吴秋红:《论汉代"比"广泛适用的原因及影响》,《海南师范大学学报(社会科学版)》2004 年第 4 期。

武树臣:《"昆和法"——成文法与判例法相结合》,《政治与法律》1996 年第 5 期。

肖洪泳:《秦汉律令性质及其关系新解》,《中南大学学报(社会科学版)》2019 年第 6 期。

徐进、易见:《秦代的"比"与"廷行事"》,《山东法学》1987 年第 2 期。

许传秋:《再论"类"概念的发生、发展——从思维发生学角度》,《现代农业》2007 年第 8 期。

杨华:《论〈开元礼〉对郑玄和王肃礼学的择从》,《中国史研究》2003 年第 1 期。

杨一凡:《论事例在完善明代典例法律体系中的功能》,《暨南学报(哲学社会科学版)》2019 年第 4 期。

杨一凡:《明代典例法律体系的确立与令的变迁——"律例法律体系"说、"无令"说修正》,《华东政法大学学报》2017 年第 1 期。

杨一凡:《质疑成说,重述法史——四种法史成说修正及法史理论创新之我见》,《西北大学学报(哲学社会科学版)》2019 年第 6 期。

杨振红:《从〈二年律令〉的性质看汉代法典的编纂修订与律令关系》,《中国史研究》2005 年第 4 期。

杨振红:《秦汉律篇二级分类说——论〈二年律令〉二十七种律均属九章》,《历史研究》2005 年第 6 期。

张斌峰:《荀子的"类推思维"论》,《中国哲学史》2003 年第 2 期。

张博泉:《金代礼制初论》,《北方文物》1988 年第 4 期。

张建国:《魏晋律令法典比较研究》,《中外法学》1995 年第 1 期。

张建国:《中国律令法体系概论》,《北京大学学报(哲学社会科学版)》1998 年第 5 期。

张良佐:《〈内经〉的"比类"释》,《中医研究》1991 年第 2 期。

张中秋等:《传统中国的司法理念及其实践》,《法学》2018 年第 1 期。

张忠义:《浅析〈墨经〉中"比"的逻辑意蕴》,《燕山大学学报(哲学社会科学版)》2004 年第 4 期。

章明蕾、胡鹏:《论墨家逻辑思想中的类概念》,《湘潭师范学院学报(社会科学版)》2009 年第 2 期。

赵澜:《〈大唐开元礼〉初探——论唐代礼制的演化历程》,《复旦学报(社会科学版)》1994 年第 5 期。

钟兴龙:《唐六典注文撰修研究》,《古籍整理研究学刊》2016 年第 4 期。

周立斌:《简论比类取象、直观外推的传统思维方法》,《长白学刊》1996 年第 5 期。

周尚荣:《论"比"的逻辑功能》,《西北师范大学学报(社会科学版)》1983 年第 1 期。

朱腾:《从君主命令到令、律之别——先秦法律形式变迁史纲》,《清华法学》2020 年第 2 期。

朱腾:《秦汉时代律令的传播》,《法学评论》2017 年第 4 期。

后　记

　　本书由笔者近二十年内在不同时期写成的论文组成,但具有较强的内在逻辑性,这与笔者在研究中国古代法律形式演进史、中国古代司法技术等问题时,是有意识、有计划展开系统研究这一点紧密相关。本次对相关论文进行了以下几个方面的修改:一是把各章的内容全面收录,保留相关章节的"原始"状态;二是对全书涉及的注释进行了统一,因为在不同时期写论文时使用的同一本书和史料会存在版本上的不同,导致不同章节的同一书和史料引文存在差异,特别是在页码上;三是对文中一些内容进行了适当删改增补,以便让各章节之间基本观点统一,因为笔者在不同时期,随着阅读研究的推进,在观点上会发生变化。

　　为了让本书具有简约性,对中国古代法律形式演进史、中国古代司法技术两个问题的研究成果进行了筛选收录。本书由上下两篇组成,各篇由五章构成,全书共有十章。本书所选论文发表情况如下:

　　第一章以《中国古代法律形式结构研究》为名发表于《北方法学》2014年第3期;第二章以《秦汉与西晋律令在法律形式和法典法中的转变——兼论中华法系法律体系特质的确立》为名发表于《法律史评论》2022年第2卷;第三章以《周制想象下中国古代法典法体系的再造——基于唐朝"开元六典"的考察》为名发表于《厦门大学学报(哲学社会科学版)》2019年第5期;第四章

以《"开元六典"的继受传播及对中华法系的影响》为名发表于《中国法学》2020 年第 3 期;第五章以《明清"典律—例"法律形式和法律体系形成及意义——兼论中华法系后期的特质》为名发表于《荆楚法学》2022 年第 6 期;第六章以《比、类和比类——中国古代司法思维形式研究》为名发表于《北方法学》2021 年第 6 期;第七章以《中道:传统司法制度中正向原则与补救原则的形成及实践》为名发表于《河南财经政法大学学报》2022 年第 6 期;第九章以《中国古代确定性立法特征及其影响研究》为名发表于《南京大学法律评论》2016 年第 1 期。第八章和第十章没有在公开期刊上发表过。

本书在统稿工作中,我的 2023 级中国法律史博士生何娟进行了全面通读,并提出了相应的意见;2022 级硕士生汪恬羽,2023 级硕士生周继敏、王兰秋进行了通读,并对其中一些注释进行了校对,在此深表感谢。

本书得以顺利出版,感谢人民出版社张立老师的辛苦工作!

2024 年 4 月 5 日

责任编辑:张　立
封面设计:周方亚
责任校对:秦　婵

图书在版编目(CIP)数据

中华法系特质新探:基于法律形式和司法技术/胡兴东 著. —北京:人民出版社，
　2024.6
ISBN 978－7－01－026424－0

Ⅰ.①中…　Ⅱ.①胡…　Ⅲ.①法系-研究-中国　Ⅳ.①D909.2

中国国家版本馆 CIP 数据核字(2024)第 059370 号

中华法系特质新探:基于法律形式和司法技术

ZHONGHUA FAXI TEZHI XINTAN JIYU FALÜ XINGSHI HE SIFA JISHU

胡兴东　著

人民出版社 出版发行

(100706　北京市东城区隆福寺街 99 号)

北京九州迅驰传媒文化有限公司印刷　新华书店经销

2024 年 6 月第 1 版　2024 年 6 月北京第 1 次印刷
开本:710 毫米×1000 毫米 1/16　印张:20.5
字数:295 千字

ISBN 978－7－01－026424－0　定价:98.00 元

邮购地址 100706　北京市东城区隆福寺街 99 号
人民东方图书销售中心　电话 (010)65250042　65289539